普通高等教育"十四五"规划教材

高级财务管理

（第四版）

柴斌锋　裘益政 / 主编

图书在版编目(CIP)数据

高级财务管理 / 柴斌锋，裘益政主编. —4 版. —上海：立信会计出版社，2023.9
ISBN 978-7-5429-7424-2

Ⅰ. ①高… Ⅱ. ①柴… ②裘… Ⅲ. ①财务管理 Ⅳ. ①F275

中国国家版本馆 CIP 数据核字(2023)第 161471 号

责任编辑　赵志梅
美术编辑　吴博闻

高级财务管理(第四版)
GAOJI CAIWU GUANLI

出版发行	立信会计出版社	
地　　址	上海市中山西路 2230 号	邮政编码　200235
电　　话	(021)64411389	传　　真　(021)64411325
网　　址	www.lixinaph.com	电子邮箱　lixinaph2019@126.com
网上书店	http://lixin.jd.com	http://lxkjcbs.tmall.com
经　　销	各地新华书店	
印　　刷	常熟市人民印刷有限公司	
开　　本	710 毫米×960 毫米　1/16	
印　　张	24	
字　　数	470 千字	
版　　次	2023 年 9 月第 4 版	
印　　次	2023 年 9 月第 1 次	
书　　号	ISBN 978-7-5429-7424-2/F	
定　　价	49.00 元	

如有印订差错，请与本社联系调换

第四版前言

党的二十大提出,"高质量发展是全面建设社会主义现代化国家的首要任务"和"坚持和完善社会主义基本经济制度,毫不动摇巩固和发展公有制经济,毫不动摇鼓励、支持、引导非公有制经济发展"。另外,党的二十大还强调要充分发挥市场在资源配置中的决定性作用。

"高级财务管理"是对企业(特别是民营企业)财务管理中特殊的、复杂的财务理论和实践问题,尤其是资本市场运动进行专题研究的一门课程。本书主要探讨企业在发展过程的财务战略选择、并购决策、集团资本运动和财务危机处理等涉及企业高质量发展的关键财务实践问题。本书第三版自2020年出版以来,在全国部分高校使用,得到良好的社会反馈,也收到了关于书稿修改的意见和建议。经立信会计出版社与本书主编的认真研讨,我们决定对本书进行再版修订。本书第四版在第三版的基础上,充分借鉴使用本书教学的教师与同学的意见,从结构和内容的安排上作了以下三个方面的改进:

(1) 更新了相关法律、法规。第三版出版是在2020年,距今已3年,其间关于企业并购、私募股权投资基金、非营利组织会计与财务等方面出台了新的法律、法规。本书根据新的法律、法规对书稿的内容作了部分调整,以突出书稿内容的实用性。

(2) 为深入贯彻落实习近平总书记关于教育的重要论述和全国教育大会精神,全面推进高校课程思政建设,发挥好课程的育人作用。本书第四版每章都增加了课程思政的内容。本书通过公司的实践案例增强对学生的爱党、爱国、爱社会主义、爱人民、爱集体、政治认同、家国情怀、文化素养、宪法法治意识、道德修养等教育。

(3) 结合企业财务管理实践新趋势,对部分章节的案例进行了更新或替换并对习题作了动态更新。

本书主要特点如下:

(1) 紧扣财务理论与实际问题安排选题,体现"务实"特性。

(2) 为便于教学,本书在每章伊始就明确提出学习目标和课程思政,在每章最后附有与该章内容紧密结合的教学案例,并配有相关教学课件,体现"易用"特性。

(3) 本书的教学案例均来自最近几年企业的财务管理实践,部分案例是实地研究的最新成果,体现了"新颖"特性。

(4) 本书将"高级财务管理"课程内容定位为在"财务管理"课程中未曾涉及的,但是对现代企事业单位又甚为重要的财务管理内容与方法。

本书第四版由浙江工商大学财务与会计学院柴斌锋副教授、裘益政教授制定修订提纲并组织编写。具体编写分工如下:第四章、第五章、第九章和第十章由柴斌锋副教授执笔;第一章、第三章由裘益政教授执笔;第二章、第七章由涂必胜副教授执笔;第六章和第八章则分别由任家华、徐丽芳老师执笔;第十一章由顾玲艳老师和浙江大学医学院附属儿童医院财务科王阿贞执笔。最后,由柴斌锋和裘益政完成对全书的修改和定稿。

在本书的编写过程中,我们参阅了大量的国内外文献资料。在此,谨向这些文献资料的作者表示衷心的感谢!本书可作为财经类院校的教学用书,也可作为实务工作者的参考用书。

书中若有不妥之处,敬请读者批评指正,以便再版时修订。

编 者

2023 年 9 月

目 录

第一章 财务战略管理 ································· 1
 第一节 财务战略概述 ································· 1
 第二节 财务战略管理过程 ····························· 7
 第三节 财务战略决策方法 ···························· 11
 案例1-1 高科技企业 Cisco 的财务战略 ·················· 23
 案例1-2 浙江传化集团的财务战略管理创新 ············· 29
 复习与思考题 ······································· 31
 计算与分析题 ······································· 31

第二章 财务预算管理 ································· 33
 第一节 企业预算管理概述 ···························· 33
 第二节 财务预算管理模式 ···························· 42
 第三节 财务预算管理控制 ···························· 48
 案例2-1 山东华乐集团目标利润预算管理的分析 ········· 54
 案例2-2 上海宝钢集团有限公司以现金流量为起点实施
     预算管理的分析 ···························· 58
 案例2-3 上海宝钢集团的预算调整和预算追加 ··········· 60
 案例2-4 杭州鸿雁电器"三位一体"的战略预算 ········· 61
 复习与思考题 ······································· 69

第三章 业绩评价 ··································· 70
 第一节 业绩评价概述和功能 ·························· 70
 第二节 责任中心业绩评价 ···························· 74

第三节　基于 EVA 的业绩评价模式 ……………………… 82
　　第四节　基于战略的业绩评价模式 ……………………… 87
　　案例 3-1　"长虹"的两种利润语言 …………………… 100
　　案例 3-2　把生产过程的时间指标用于服务业 ………… 101
　　案例 3-3　基于 EVA 的管理变革 ……………………… 102
　　复习与思考题 …………………………………………… 105
　　计算与分析题 …………………………………………… 106

第四章　公司价值评估 ……………………………………… 108
　　第一节　公司价值评估概述 ……………………………… 108
　　第二节　现金流量折现模型 ……………………………… 112
　　第三节　相对价值法 ……………………………………… 124
　　第四节　经济利润法 ……………………………………… 136
　　复习与思考题 …………………………………………… 140
　　计算与分析题 …………………………………………… 140

第五章　并购 ………………………………………………… 141
　　第一节　并购概述 ………………………………………… 141
　　第二节　并购的筹资规划 ………………………………… 148
　　第三节　并购的财务分析 ………………………………… 151
　　第四节　反并购措施 ……………………………………… 156
　　案例 5-1　吉利收购沃尔沃 ……………………………… 160
　　复习与思考题 …………………………………………… 166
　　计算与分析题 …………………………………………… 167

第六章　集团公司财务管理 ………………………………… 168
　　第一节　集团公司概述 …………………………………… 168
　　第二节　集团公司财务管理体制 ………………………… 173
　　第三节　集团母子公司财务控制系统 …………………… 178
　　第四节　集团公司资金集中管控 ………………………… 186
　　案例 6-1　华润集团的财务管理模式 …………………… 188
　　案例 6-2　浙江大华的财务共享中心 …………………… 192
　　复习与思考题 …………………………………………… 198
　　计算与分析题 …………………………………………… 198

第七章　国际财务管理 …… 202
- 第一节　国际财务管理概述 …… 202
- 第二节　外汇风险管理 …… 205
- 第三节　国际筹资管理 …… 212
- 第四节　国际投资管理 …… 219
- 第五节　国际营运资本管理 …… 224
- 第六节　国际税收管理 …… 227
- 案例 7-1　中信泰富衍生金融工具投资损失案分析 …… 231
- 复习与思考题 …… 234
- 计算与分析题 …… 234

第八章　股份公司 IPO 决策 …… 235
- 第一节　股份公司 IPO 概述 …… 235
- 第二节　股份公司 IPO 的发行定价 …… 245
- 第三节　中国证券市场的 IPO …… 249
- 第四节　全球主要资本市场 …… 263
- 案例 8-1　阿里巴巴的上市之路 …… 272
- 复习与思考题 …… 282
- 计算与分析题 …… 282

第九章　私募股权投资 …… 284
- 第一节　私募股权投资概述 …… 284
- 第二节　私募股权投资的交易程序 …… 292
- 第三节　私募股权投资的投资方式及控制策略 …… 301
- 第四节　私募股权投资的退出方式 …… 307
- 案例 9-1　对赌企业中的赢家和输家 …… 313
- 案例 9-2　蒙牛集团的对赌协议 …… 317
- 复习与思考题 …… 320

第十章　财务危机、重整与清算 …… 321
- 第一节　财务危机 …… 321
- 第二节　破产重整 …… 326
- 第三节　公司清算 …… 330
- 案例 10-1　浙江海纳的财务危机与破产重整 …… 334

复习与思考题 ·················· 339
计算与分析题 ·················· 339

第十一章　非营利组织财务管理 ·········· 341
　第一节　非营利组织概述 ············ 341
　第二节　非营利组织财务管理概述 ········ 346
　第三节　非营利组织的预算管理 ········· 349
　第四节　非营利组织的筹资管理 ········· 350
　第五节　非营利组织的投资管理 ········· 356
　案例 11-1　某高校预算的编制 ·········· 358
　案例 11-2　公立医院资产运行效率实证研究——以 A 省
　　　　　　省级公立医院为例 ·········· 361
　复习与思考题 ·················· 368
　计算与分析题 ·················· 369

计算与分析题参考答案 ················ 370

主要参考文献 ···················· 374

第一章

财务战略管理

课程思政

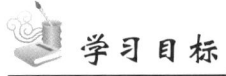

> **通过本章学习，要求理解和掌握：**
> - 财务战略的概念和分类；
> - 财务战略管理的主要过程；
> - 财务战略决策的方法；
> - 财务战略管理在企业中的实际应用。

财务战略管理是公司战略管理的重要组成部分。企业管理以财务管理为中心渐成共识，如何根据企业战略目标设计、规划实施企业财务战略，已经成为企业财务管理亟须解决的一个突出问题。本章将在辨析财务战略相关概念的基础上，讨论财务战略管理的主要过程和财务战略决策的方法。

第一节 财务战略概述

一、财务战略的含义

（一）公司战略与职能战略

公司战略是指一个公司为谋求竞争优势并实现股东价值最大化目标所确立的资源配置与未来发展必须遵循的总体思路、基本方向与运行轨迹。从战略的层次性分析，一个公司的战略体系可以分为公司总体战略、事业部战略和职能战略三个层次。

公司总体战略是指公司总的行动纲领,是公司最高层次的战略。它所关注的主要问题是公司的整个经营范围,从业务和财务的角度来考虑应该如何经营,如何优化配置公司的资源。事业部战略是在总体战略的制约下,指导与管理具体业务单元的计划、行动,主要关心应开发哪些产品或服务,将其提供给哪些市场,如何合理配置业务单元资源等问题。职能战略是职能领域制定的战略,涉及研究开发、生产作业、供应采购、市场营销、财务等职能部门,包括公司职能战略和战略业务单元职能战略两个层次。通常,职能战略分为财务战略和其他职能战略两个方面,而其他职能战略又称为经营战略。其他职能战略主要强调与外部环境和企业自身能力相适应,而财务战略主要强调企业所处的发展阶段并符合利益相关者的期望。

财务战略是公司战略体系的一个分支,属于职能战略,分为公司和经营单位两个层级,分别属于公司总体战略和经营单位战略。财务战略管理是对战略型财务活动的管理,它既是公司战略管理一个不可或缺的环节和组成部分,也是公司财务管理的一个十分重要的方面。财务战略定位的准确性和财务战略实施的效果,直接决定着公司整体资源配置的有序性、资源利用的高效性和生产经营的效益性,对企业持续发展具有至关重要的作用。财务战略与公司总体战略、经营单位战略及其他职能战略的关系如图1-1所示。

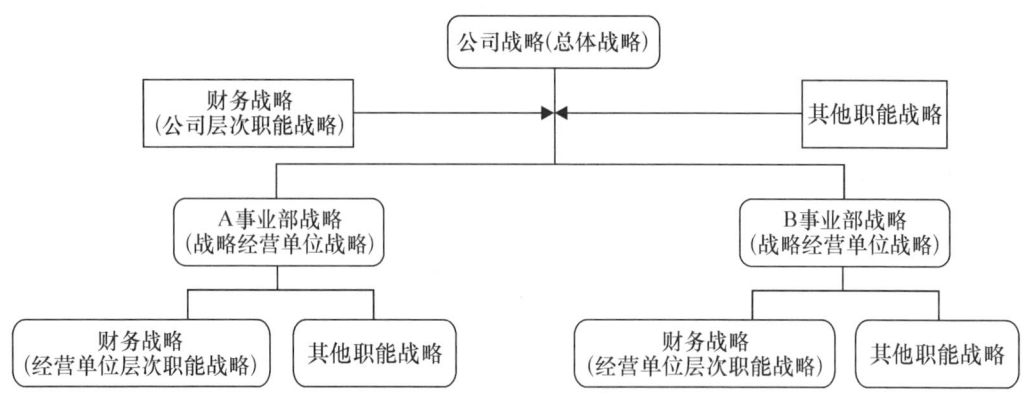

图1-1 财务战略在公司战略体系中的地位

(二)财务战略的内涵

财务战略是为谋求企业资金均衡有效地流动和实现企业战略,为增强企业财务竞争优势,在分析企业内外部环境因素对资金流动影响的基础上,对企业资金流动进行全局性、长期性和创造性的谋划,并确保其执行的过程。财务战略对企业总体的长期发展有重大影响。

财务战略的内涵包括三个方面:一是财务战略的目标是适应或实现企业战略

目标；二是强调财务战略的战略性，是对财务活动进行全局性、长期性的规划与控制；三是财务战略主要考虑资金的筹集方式以及所筹集资金的使用和管理的战略问题。

二、财务战略的特点

公司财务战略是基于公司总体战略，支持或者配合其他战略的一个子战略。因此，与总体战略相比，财务战略更加技术化、具体化。这就衍生出财务战略的几个基本特点。

（一）从属性

从属性是指公司的财务战略必须服从和反映公司战略要求，支持公司总体战略的实现。

财务战略属于公司战略体系中的一个组成部分，因此财务战略的规划与控制要服从于公司目标，要服从于公司总体战略与经营单位战略，公司总体战略和经营单位战略对财务战略的制定起指导性作用。不同的企业总体战略必然会导致差异化的企业财务战略。

财务战略对总体战略的支持表现在它是总体战略的执行战略。总体战略是全局性的决策战略，侧重通过分析竞争对手来确定自己的经营定位，如总体战略可能定位为争取更大的市场份额、更好的产品质量、比竞争对手更低的成本、消费者心目中更佳的市场信誉、某一技术的领先等，为其职能战略的制定提供依据。财务战略则是局部性的、执行性的，它根据总体战略对公司的财务活动提出自己的目标，如高速增长的收入、较高的毛利率等。因此，财务战略必须目标明确，行动上具有可操作性。

（二）长期性

长期性是指财务战略要谋求企业的长远发展。长期性确定企业的发展方向和趋势，也规定企业各项财务活动的基调。财务战略不是详细的、具体的资金运筹实施计划，而是用来指导较长时期内各种资金运筹活动的一种纲领性谋划，规定着资金运筹的总方向、总目标和总方针等重要内容，是制定各具体资金运筹计划和措施的依据。因此，它对企业未来较长时期的财务活动和经营活动都将产生重大影响。

（三）风险性

财务战略并不能消除风险。财务战略对企业长期经营有重大影响，成功的财务战略会给整个企业带来生机与活力，使企业得以迅速、稳健发展；而失败的财务战略则会给企业带来损失和较大的财务风险，企业甚至可能因此陷入破产、倒闭的局面。

(四)全员性

财务战略决策需要进行多个层次的沟通与交流,包括公司最高管理层与相关职能部门之间、总部与事业部之间、事业部总经理和三级财务管理人员之间的交流。原因在于财务战略不仅涉及总部,而且更重要的是涉及财务资源在不同产品、产业、事业部、控股企业、工厂之间的配置与整合,牵动各方利益。

财务战略的全员性体现在:从纵向看,财务战略的制定与实施是集团公司高层主管(如财务副总裁)、总部财务部门、事业部财务及下属各子公司或分厂财务多位一体的管理过程;从横向看,财务战略必须与其他职能战略相配合,财务战略意识要渗透到横向职能的各个层次,最终由总部负责协调。财务战略的全员性意味着财务战略管理是以总体战略为主导、以财务职能战略管理为核心、以其他部门的协调为依托进行的全员管理。

(五)动态性

财务战略必须保持动态调整。环境变动的经常性使得战略必须以变应变。这种以变制变的结果表现为:当环境出现较小变动时,一切行动必须按战略行事,体现战略对行动的指导性;当环境出现较大变动并影响全局时,公司战略必须作出调整,财务战略也随之调整。

三、财务战略的意义

制定与实施财务战略对企业的长期健康发展具有以下重要意义:

(1) 明确投资方向,优化资金配置。通过财务战略的制定,可以使公司合理配置有限的资金,优先保障符合公司总体战略和经营战略方向的投资项目,从而提高资金的利用效率。

(2) 筹集资金,支持公司战略的实施。筹措必要的资金是公司战略实施的前提,筹资渠道和方式选择的不同会给公司带来不同的财务影响。因此,通过财务战略的制定与实施,不仅可以为公司战略的实施提供可靠的资金支持,而且可以通过对筹资渠道和方式的系统筹划提高公司的筹资效益。

(3) 改善财务状况,适应环境变化。公司要在急剧变动的市场中生存和发展,就必须控制财务风险,从长远的观点制定财务战略,规划公司各种财务活动,有效改善财务现状,努力适应未来环境变化,从而实现公司股东价值最大化。

(4) 发挥财务功能,确立财务优势。建立合理的公司战略是公司形成核心竞争力、提高价值管理能力的前提条件。财务战略规划与实施,有利于控制财务活动,发挥财务功能,从而建立起相对于竞争对手的财务优势,为公司股东价值最大化目标的实现提供有力支持。

四、财务战略的类型

公司财务战略可以从不同角度进行分类。

(一) 从资金筹措与使用的角度分类

根据财务风险承受态度不同,从资金筹措与使用的角度分类,财务战略可分为快速扩张型财务战略、稳健发展型财务战略和防御收缩型财务战略。

(1) 快速扩张型财务战略,是指以企业资产规模的快速扩张为目的的一种财务战略。为了实施这种财务战略,企业往往需要将绝大部分乃至全部利润留存,同时进行大量外部筹资,以弥补内部积累对于企业扩张需要的不足。在外部筹资中更多地利用负债而不是股权筹资,这是因为负债筹资既能为企业带来财务杠杆效应,又能防止净资产收益率和每股收益的稀释。

企业资产规模的快速扩张,也往往会使企业的资产收益率在一个较长时期内表现为相对低的水平,因为收益的增长相对于资产的增长总是具有一定的滞后性。快速扩张型财务战略一般表现为"高负债、高收益、少分配"的财务特征。

这种财务战略的优点是通过推出新产品或扩大市场发展空间,可能会给公司未来带来新的利润增长点和现金净流量。它的缺点是一旦投资失误,公司财务状况可能恶化,甚至导致公司破产。

(2) 稳健发展型财务战略,是指以实现企业财务绩效的稳定增长和资产规模的平稳扩张为目的的一种财务战略。实施稳健发展型财务战略的企业,一般将尽可能优化现有资源的配置和提高现有资源的使用效率及效益作为首要任务,将利润积累作为实现企业资产规模扩张的基本资金来源。

为了防止过重的利息负担,这类企业对利用负债实现企业资产规模的扩张往往持有十分谨慎的态度。这种财务战略的特点是充分利用现有资源,对外集中竞争优势,兼有战略防御和战略进攻的双重特点,一般表现为"适度负债、中收益、适度分配"的财务特征。但是,当公司现有产品或服务本身已属夕阳产业,发展前景黯淡时,如果仍然实行这种财务战略,则可能给公司带来财务危机,影响公司未来的盈利能力和现金流量。

(3) 防御收缩型财务战略,是指以预防出现财务危机、求得生存及新的发展为目的的一种财务战略。实施防御收缩型财务战略的企业,一般将尽可能减少现金流出和尽可能增加现金流入作为首要任务,通过采取削减分部和精简机构等措施,盘活存量资产,节约成本支出,集中一切可以集中的资源用于企业的主导业务,以增强企业主导业务的市场竞争力。由于这类企业多在以往的发展过程中曾经遭遇挫折,也很可能曾经实施过扩张的财务战略,历史上所形成的负债包袱和当前经营上所面临的困难,就成为迫使其采取防御收缩型财务战略的两个重要原因。防御收缩型财务战略一般表现为"低负债、低收益、高分配"的财务特征。

这种战略的特点是公司规模迅速收缩,现金流入量增加,资产收益率提高,债务负担减轻。它的优点是公司财务状况稳健,财务风险降低,为将来选择其他财务战略积聚资金。它的缺点是公司会因此失去一部分业务领域和市场空间,若不能及时创造机会调整战略,则会影响公司未来的盈利增长和现金流量。

(二)从财务活动的具体内容角度分类

从财务活动的具体内容角度,可以将财务战略分为筹资战略、投资战略和分配战略。

(1)筹资战略,即反映公司资金筹集的战略,主要解决长期内与公司战略有关的筹集资金的目标、原则、方向、规模、结构、渠道和方式等重大问题。筹资战略是根据公司内外理财环境的状况和趋势,对公司资金筹措的目标、结构、渠道和方式进行长期和系统的筹划,旨在为公司经营的实施和提高公司的长期竞争力提供可靠的资金保证,并不断提高公司的筹资效益。筹资战略的直接目的就是既要使公司资本成本最小化,又要确保公司财务风险最小化。

(2)投资战略,即反映公司资金投放的战略,主要解决长期内与公司战略有关的公司资金投放的目标、原则、方向、规模、方式和时机等重大问题。投资战略是公司财务战略管理的核心内容,决定着公司能否把有限的资金和资源合理配置并有效利用。投资战略的直接目的是既要确保投资有可靠、及时和足额的资金来源,又要在控制投资风险的前提下尽可能获得预期投资效益。

(3)分配战略,即反映公司利润分配的战略,主要解决长期内与公司战略有关的公司收益特别是股利分配与发放等重大问题。恰当的股利分配政策,不仅可以树立公司良好形象,而且能够激发广大投资者对公司持续投资的热情,从而能够使公司获得长期、稳定的发展条件和机会。分配战略的内容主要涉及资本收益的管理、股利分配政策的制定等。

(三)从涉及的时间跨度分类

按照所涉及的时间跨度,财务战略可以分为长期财务战略、中期财务战略和短期财务战略等类型。

(1)长期财务战略所涉及的时间跨度一般在 10 年以上,属于公司的远景规划,主要涉及公司财务的长远发展目标,具有趋势性和方向性,一般不涉及具体细节问题。

(2)中期财务战略所涉及的时间跨度一般为 3~5 年,是长期财务战略的阶段性分解。中期财务战略是长期财务战略的阶段具体化,是长期财务战略执行的阶段保证。

(3)短期财务战略是中长期财务战略目标在近期的落实,时间一般在 3 年以内。它明确了最近一个时期的财务战略目标和实现这一目标的行动方案,是执行中长期战略的行动纲领。

第二节 财务战略管理过程

财务战略管理过程一般可以分为财务战略规划、财务战略实施和财务战略控制三个阶段。

一、财务战略规划

财务战略规划是在审视公司以往财务战略和进行公司环境分析的基础上,着重分析公司内外部环境因素对财务活动的影响,并根据公司在未来发展阶段的目标定位、总体战略和事业部战略,进一步解决财务战略选择路径、拓展方向、措施和目标体系等问题,对公司未来发展阶段的筹资、投资和分配等财务活动进行全局性、长期性和创造性的筹划。财务战略规划的结果是形成财务战略,为财务战略实施提供依据。财务战略规划在财务战略管理过程中具有核心地位,如果没有形成财务战略,那么财务战略实施就无从谈起。

(一)财务战略环境分析

1. 财务战略环境的构成

环境分析是财务战略管理的起点,也是财务战略规划的起点。财务战略环境是指财务战略规划和实施时企业所处的环境,包括外部环境和内部环境。外部环境是指存在于企业外部、影响企业资金运动的客观条件和因素的总和,即影响企业财务活动的宏观环境,范围较广,主要包括政治法律环境、经济环境、社会文化环境、产业环境和金融环境等。内部环境是指存在于企业内部的影响资金流动的条件和因素的总和,即与公司财务活动密切相关的微观环境,范围较窄,主要包括组织、财务、生产、营销等。财务战略环境中的内外部环境之间有着密切的联系。一方面,公司外部环境对公司内部环境起着制约作用;另一方面,改善公司内部理财环境,可以增强公司实力,又将反作用于外部环境。全面了解公司外部和内部环境是确立公司财务战略目标并保证财务战略顺利实施的前提。分析、预测这些环境因素对公司资金运动的长期影响,是进行财务战略规划的出发点和重要依据。

2. 财务战略环境分析的程序

财务战略环境分析就是通过对企业财务环境的检测确定影响企业资金流动目标的机会和威胁的工作过程。财务战略环境分析的程序大致如下:

(1)收集财务战略环境的信息。外部环境信息一般可以从各种宣传媒介、专业会议、行业组织、科研机构和管理者个人的经验中获得。内部环境信息可通过组织的内部资料、档案及管理人员和员工的经验等渠道获得。

(2) 分析环境因素对企业资金流动的影响。在掌握大量环境信息对其趋势进行预测分析的基础上,要进一步分析各环境因素对企业资金流动可能造成的影响,估计影响的性质、大小和发生的时间,从而明确企业未来在资金流动方面受到的威胁和可以利用的机会。

(3) 归纳环境分析的结果。将各种资料和数据进行归纳整理,编写环境分析报告书。这一环节应包括以下几项内容:① 企业今后将面临什么样的财务环境;② 各种环境因素会如何变化,对企业资金流动将造成什么影响;③ 未来财务环境对企业资金流动来说,存在哪些机会和风险,它们出现的可能性有多大。

(二) 确定财务战略

1. 财务战略目标

财务战略目标是在保障企业总体战略目标实现的基础上,努力谋求企业资金的均衡和有效流动。财务战略目标按照其内容可分为筹资战略管理目标、投资战略管理目标和分配战略管理目标。不同财务战略管理目标之间具有较大的差异性,我们将逐一讨论具体的财务战略管理目标。

在制定财务战略管理目标时应注意目标制定的原则,除了通常目标制定所需要考虑的系统性原则、动态性原则和先进合理性原则,还需要考虑以下原则:

(1) 目标制定的时限性原则。财务战略管理目标在确定时,一般就有一个比较严格的时间限制,即在什么时间内达到一个什么样的目标。如果逾越这个时间界限达到目标,就不能算真正完成了财务战略管理的目标任务。由此可见,时限性是财务战略管理目标确定的重要内容。

(2) 目标制定的可分性原则。财务管理战略目标在整体上形成一个系统,是企业各部门、各基层单位以及个人的分目标、子目标共同形成的一个行为目标。同时,财务管理战略目标应当具有可分性,可以按照一定的标准层层分解为各部门的分目标。这种原则保证了目标的具体落实,保证了目标能够调动全体员工的积极性。

(3) 目标制定的具体性和可评价性原则。虽然一般目标也具有用来评价、检验实践活动的作用,但是财务战略管理目标应具有较强的可评价性,如果所设置的目标可评价性很差,就会给目标管理工作带来影响。而要增强目标管理的可评价性,就要使目标具有具体性的特点,就要在目标设置阶段,尽可能地使所设置的目标明确、具体、数量化。

2. 财务战略的确定程序

制定财务战略首先要对财务战略环境进行分析,即要收集各环境的信息及其变化过程与规律,分析预测环境的未来状况及其对资金流动所产生的更大影响,如影响的性质、程度、时间等;其次要分析企业自身的财务能力,并结合企业整体战略的要求,编制、设计具体财务战略方案;最后通过对各战略方案的评价,选出满意的方案。

二、财务战略实施

要把战略变成行动,就必须通过详细安排把战略变为行动的步骤和组织工作,这种安排就是战略实施。它一般包括宣传解释、行动规划和预算安排。

(1) 宣传解释是财务战略实施首要的一项,其作用表现在两个方面:一是对财务战略的说明有助于企业的高级管理人员就企业的财务战略达成共识,即将公司的财务战略转化为一套完整的目标测评指标,得到所有高级经理的认可,并能描述推动成功的长期因素。二是通过经理在组织中对战略进行上下沟通,使组织中的各个层次都能理解企业的财务战略,而且使部门与个人财务活动目标保持与企业财务战略一致。

(2) 行动规划是战略实施的第二项重要内容,包括确定实施战略应当采取的每一项行动、人员配备、工作进度安排等具体事项。人员配备是战略实施计划中十分关键的一项。实施战略的人员必须既有实施的能力又有实施的权力。如果某些人员由于专业知识水平等原因而显得能力不足,则要对其进行有针对性的培训。如果某些人员所在职位与部门不具备实施战略的权力,则要通过适当授权,授予他们必要的权力。当要求战略实施人员努力完成任务时,尤其是当要求他们改变过去的行为习惯与态度时,还必须建立起一套有效的激励机制与约束机制。

(3) 预算安排是财务战略实施的重要环节。财务战略反映的是未来较长时期内的重大财务活动的策划和安排,其目标具有综合性,因此需要通过转化为一个公司具体年度的经营活动才能得以实施。这样,公司需要以具体年度为对象,通过分析战略规划对于经营活动各方面的基本要求,明确影响战略目标实现的关键成功因素,形成更为具体的战略计划。关键成功因素应该既包括财务方面的,也包括非财务方面的。就财务战略而言,需要转化为年度预算,站在财务的角度分析并细化财务方面的关键成功因素。换言之,财务战略目标进一步分解和落实需要依赖预算工具来完成,也就是说,年度预算是对财务战略规划的具体化、系统化和定量化,是财务战略规划得以实现的保证。预算编制的方法本书在第二章有详细介绍。

财务战略在实施过程中如果实际结果与预定目标有明显差距,则需要对财务战略进行必要的修正与调整,相应地,也需要对公司的年度预算作调整。公司进行财务战略调整的原因很多。例如，企业外部环境发生剧烈变化等，如果不对战略方案进行调整，就会严重脱离实际，从而带来不良后果。又如，由于制定的战略本身就不符合客观发展规律，甚至本身就是错误的，在执行一段时间后发现了战略的失误之处，必须对其进行修正。总之，战略调整既是由客观因素所决定的，又是由主观因素决定的。进行战略调整是更好地实现公司目标和战略目标的一个重要程序，而预算调整则总是与战略调整相伴相随的。

三、财务战略控制

财务战略在实施过程中会出现各种偏差，因此需要对战略实施的整个过程进行追踪分析，检查公司内部各有关部门和员工为达到战略目标所进行的各项财务活动的进展情况，评价实施战略后取得的效果，把它与预定的战略目标进行比较，分析产生偏差的原因并采取措施纠正偏差，使财务战略的实施能够更好地与公司当前所处的内外部环境协调一致，从而最终实现战略目标。这就是财务战略管理过程中的财务战略控制阶段，包括内部报告、业绩评价和激励制度等步骤。

（一）内部报告

对于管理者而言，没有信息就不可能作出决策，就不知道战略实施的效果与战略计划目标的差异程度，也就无法进行差异分析和采取纠正偏差的措施，战略实施也就难以控制。信息只有通过反馈和沟通才能取得。沟通包含着信息的有效传递和正确理解。在实践当中，很多企业既有战略目标和战略规划，也有战略计划，但是战略实施却缺乏效果和效率，原因之一就是战略计划的执行流于形式，没有根据战略计划建立相应的信息反馈和沟通机制。信息反馈与沟通机制的设计包括对会计信息系统和业务统计信息系统的设计，它们分别可以提供财务信息和非财务信息，最终形成一套完整的内部报告系统。

内部报告的编制一般是随着经营活动的实际进度进行的，根据不同的管理要求按日、月、季或年进行，通常是在期末编制。例如，周报通常是在周末编制，而年度内部报告一般是在年底编制。内部报告的编制应该符合管理者的相关决策信息需求。

（二）业绩评价

为了提高管理者执行战略计划的动力，需要对其战略实施的效果和效率进行评价。业绩评价是指依据内部报告和内部报告分析提供的信息，对该单位经营活动的效果和效率作出恰当的评价，对其战略计划执行情况作出公允的评价。这里的业绩评价更侧重于对管理者的业绩评价，本阶段的业绩评价结果及其处理还会为下一阶段的战略计划形成提供支持性信息，甚至影响到战略目标和战略规划的调整。

业绩评价方法目前在实践中应用较为广泛的主要有三类：单一评价方法、综合评价方法和多角度平衡评价方法。单一评价方法就是应用一个最综合的指标评价经营业绩的方法，以 EVA 方法为典型代表。综合评价方法是运用一系列指标从不同角度和侧面评价经营业绩的方法，具体又分为指标分解评价方法和指标综合评价方法，前者以杜邦分析体系为代表，后者包括综合指数法等。多角度平衡评价方法本质上也属于指标综合评价方法，但是这一类型的方法与传统的评价方法相比，更多地注重不同类型指标之间的平衡关系，强调不同类型指标之间的因果关系或互动关系，并且在评价指标设计、评价程序确立等方面有一定的创新，因此单独列为一类方法，其中又以平衡计分卡为典型。

（三）激励制度

对一个组织而言，如果不将业绩评价结果与管理者的激励挂钩，那么业绩评价就会失去其应有的功能，就很可能导致战略控制失败，也就不容易实现战略计划了。在实践中，很多企业战略计划的执行缺乏严肃性，原因就在于没有将业绩评价与激励制度相互结合，业绩评价依据的是一套业绩评价指标体系，而管理者的薪酬却又取决于其他的因素。激励制度的设计应该和业绩评价系统设计相配合。

合理的激励制度应当是精神激励与物质激励相结合、短期激励与长期激励相结合。在上市公司中可以积极探索股权激励方式，股权激励在实践中又存在实股激励、期股激励和期权激励三种具体形式。

第三节　财务战略决策方法

财务战略管理包括筹资战略管理、投资战略管理和分配战略管理。由于财务战略实施和控制具有更多的共性特点，本书主要讨论财务战略的决策方法。同时，收益分配是指公司赚得的利润中，有多少作为股利发放给股东，有多少留在公司作为再投资。因此，在一定意义上，股利政策是一个企业内部筹资的问题。

财务战略的决策方法有多种，如波士顿矩阵分析法、产品生命周期分析法以及基于财务风险与经营风险搭配的分析方法等。

一、波士顿矩阵分析法

波士顿矩阵分析法是美国波士顿咨询公司（BCG）在 20 世纪 60 年代提出的一种投资组合分析方法。该方法将企业生产经营的全部产品或业务的组合作为一个整体进行分析，其着眼点是企业各种业务的相对市场份额以及给企业带来的现金流量,因此,该方法非常有利于财务战略的制定。

波士顿矩阵的分析前提是认为企业的相对竞争地位(以相对市场份额表示)和行业增长率决定了企业业务组合中的某一特定业务应当采取何种战略。企业的相对竞争地位越强,其获利率越高,该项业务能够为企业产生的现金流越大;行业增长率越高,说明企业获取利润的能力和现金投入的需求也越大,行业的吸引力也越大。波士顿矩阵分析法主要包括以下三项内容:

(1) 划分并评估战略经营单位(SBU)。管理者先把整个企业划分为若干个战略经营单位,在企业实践中,战略经营单位一般都是按所处的产品市场情况来划分的。划分战略经营单位之后,要根据相对市场占有率和行业增长率两个指标对其进行评估。其中,相对市场占有率高意味着高竞争地位。

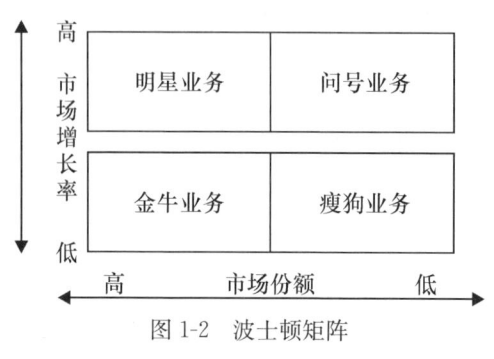

图 1-2 波士顿矩阵

(2) 比较 SBU 或经营活动。如图 1-2 所示,以相对市场份额和行业增长率为二维,构成一个矩阵,再将各个 SBU 的评估结果标在该矩阵中进行比较。根据波士顿矩阵分析法,企业的全部经营业务定位在四个区域中,分别是明星业务区域、问号业务区域、金牛业务区域和瘦狗业务区域。

处于高增长/高竞争地位的业务称为明星业务。此区域中的 SBU 不仅在高增长行业中,而且拥有较高的相对市场占有率。市场占有率高,使得产品可以获得较多利润和营业现金流入。市场增长率高,使得产品具有投资价值,需要大量投资支出。明星业务需要的现金流量和产生的现金流量都很大,两者相抵净现金流量很小。对于明星业务,为了保护或扩展明星业务在增长的市场中占主导地位,企业首选的战略是大力投资,巩固或进一步扩大市场占有率。

处于高增长/低竞争地位的业务称为问号业务。此区域内的 SBU 具有较低的相对市场份额和较弱的竞争能力,不过它们所依托的行业是高速增长的行业,因此为企业提供了长期获利和发展的机会。由于市场增长率高,具有投资价值,问号业务需要大量进行投资;由于市场占有率低,产品盈利性不好,营业现金流入较少,问号业务的净现金流量是负数。对于问号业务,首选的战略是扩大市场占有率,大力投资使其转变成明星业务。如果失去转变的希望,则应当及时退出。

处于低增长/高竞争地位的业务称为金牛业务。它们是成熟行业中的成本领先者,本身不需要投资,反而能够保持利润,产生大量的正现金流量,用于支持其他业务的发展。不过,行业的低增长率预示着缺少未来的发展机会,因此不能向其进行大量的投资。对于金牛业务,首选的战略是巩固市场份额,尽量延长获取大量现金流入的时间。

处于低增长/低竞争地位的业务称为瘦狗业务。它们所在的行业处于饱和的市场竞争中,没有吸引力,并且本身又缺乏竞争力,因此对企业的贡献不大,虽然也能带来正现金流量,但是利润很低或亏损。即使要维持其很低的市场份额,也需要大量的资本投资,然而,这种投资往往得不偿失,成为资金的陷阱。同时,尽管瘦狗产品只能带来一般的现金流入或者流出,投资回报不高,是融资的现金陷阱,但是,作为一个完成产品,它们是将竞争者驱赶出去的有力工具。市场中有很多较小的业务很难进行合并,虽被视为瘦狗,但是仍然很成功。因此,如果这类经营业务还能自我维持,则应缩小经营范围,加强内部管理。如果这类业务已经彻底失败,企业则应当及早采取措施,清理业务或退出经营。

综合企业各类业务分析,一个企业拥有足够的明星业务和问号业务,才能确保利润和发展;拥有足够的金牛业务才能保证对明星业务和问号业务的资金支持。如果企业缺少足够的金牛业务、明星业务和问号业务,就应采取兼并退出等战略对整个组织加以全面调整。

波士顿矩阵指出了每个经营业务在竞争中的地位,使企业了解它的作用或任务,从而有选择和集中地运用企业有限的资金。如果对经营业务不加以区分,按照相同的比例分配资金和人员,往往会造成企业资源的浪费,使急需资金的业务得不到充足的资金,而将资金浪费在没有前途的业务上。

二、产品生命周期分析法

产品生命周期分析法是根据企业各项业务所处的产品/市场生命周期阶段和业务的大致竞争地位决定战略类型的方法。

产品生命周期理论假设产品都要经过引入阶段、成长阶段、成熟阶段和衰退阶段。这些阶段的划分,以产品销售额增长曲线的拐点为标志。在引入期,由于消费者对产品的怀疑使得销售增长缓慢;一旦产品被证明是成功的,买主就会大量涌入,开始进入成长期,销售额快速增长;当购买力与市场供应基本平衡后,增长放缓,进入成熟期;当新的代用品出现之后,产品逐步衰退,直至完全退出市场。生命周期理论不仅适用于特定产品,也适用于相关的一组产品(业务单位)。如果企业只有一个产品或业务单位,它也适用于企业。在不同的产品生命周期阶段和产品竞争能力的作用下,企业产品的竞争能力体现出不同的特点,如表1-1所示。

表 1-1

产品生命周期分析法

阶　段	竞争能力		
	强	中	弱
引入阶段	盈利	问号	亏损
成长阶段	盈利	盈利或问号	可能亏损
成熟阶段	盈利	盈利	亏损
衰退阶段	盈利	亏损	亏损

产品生命周期分析法对企业制定投资战略具有如下的指导作用：① 对处于引入阶段的盈利业务一般采取迅速扩大规模和提高差别化程度的投资发展战略。② 对成长阶段的盈利业务还应当争取使其具备成本优势。③ 处于成熟阶段的盈利业务有能力将市场上其他竞争对手驱赶出去，因此还能在该产业中继续经营下去，但是不宜作过多投资。④ 处于衰退阶段的盈利业务虽然通过集中于某个细分市场在目前尚可盈利，但是由于市场在逐渐消失，所以仍应当做好撤退的打算。⑤ 处于引入阶段和成长阶段的问号业务有两种处理方案：一是在盈利业务的资金支持下提高竞争地位而成为盈利业务；二是通过紧缩或退出战略，将转移出去的资金用于支持处于成长阶段的盈利业务或发展新的业务。⑥ 处于引入和成长阶段的亏损业务尚有提高市场竞争地位的可能，只是需要追加大量的资金。⑦ 处于成熟和衰退阶段的亏损业务多数只有撤资退出一条出路。

三、波士顿矩阵与生命周期理论相结合的分析方法

如果把生命周期理论与波士顿矩阵结合起来，我们可以将引入期的产品视为问号产品，将成长期的产品归于明星产品，将成熟期的产品归于金牛产品，将衰退期的产品归于瘦狗产品。在产品生命周期的不同阶段，竞争环境和采取的经营战略不同，导致了不同的经营风险。

（一）引入期

引入期的产品用户很少，只有高收入的用户在尝试新的产品。产品虽然设计新颖，但是质量有待提高，尤其是可靠性。由于产品刚刚出现，前途未卜，只有很少的竞争对手。为了说服客户购买，营销成本高，广告费用大。由于销量小，产能过剩，生产成本高。产品的独特性和高收入客户，使得价格弹性较小，可以采用高价格、高毛利的政策，但是销量小，净利低。

企业的战略目标是扩大市场份额,争取成为领头羊;主要战略路径是投资研究与开发、技术改进,提高产品质量。

该时期的经营风险非常高。研制的产品能否成功,研制成功的产品能否被顾客接受,被顾客接受的产品能否达到经济的生产规模,可以进行规模生产的产品能否取得相应的市场份额等,都存在很大的不确定性。通常,新产品只有成功和失败两种可能,成功则进入成长期,失败则无法收回前期投入的研发、市场开拓和设备投资成本。

(二)成长期

成长期的标志是产品销量节节攀升,产品的买主群已经扩大。此时消费者会接受参差不齐的质量,对于质量的要求不高。各厂家的产品在技术和性能方面有较大差异。广告费用较大,但是每元销售的广告费用下降。生产能力不足,需要向大批量生产转换,并建立大宗分销渠道。由于市场扩大,竞争者涌入,开始争夺人才和资源,会出现兼并等意外事件,市场动荡。由于需求大于供应,此时产品价格最高,单位产品净利也最高。

企业的战略目标是争取最大市场份额,并坚持到成熟期的到来。如果携带较小的市场份额进入成熟期,则在开拓市场方面的投资很难补偿。成长期主要的战略路径是市场营销,此时是改变价格形象和质量形象的好时机。

成长期的经营风险有所下降,主要是产品本身的不确定性减少。但是,经营风险仍然维持在较高水平,原因是竞争激烈了,市场的不确定性增加。这些风险主要与产品的市场份额以及该份额能否保持到成熟期有关。

(三)成熟期

成熟期开始的标志是竞争者之间出现挑衅性的价格竞争。成熟期虽然市场巨大,但是已经基本饱和。新的客户减少,主要靠老客户的重复购买支撑。产品逐步标准化,差异不明显,技术和质量改进缓慢,生产稳定,局部生产能力过剩。产品价格开始下降,毛利率和净利率都下降,利润空间适中。

由于整个产业销售额达到前所未有的规模,并且比较稳定,任何竞争者想要扩大市场份额都会遇到对手的顽强抵抗,并引发价格竞争。既然扩大市场份额已经变得很困难,企业战略的重点就应转向巩固市场份额,提高投资报酬率,主要的战略途径是提高效率,降低成本。

成熟期的经营风险进一步降低,达到中等水平。因为引入期和成长期的高风险因素已经消失,销售额和市场份额、盈利水平都比较稳定,现金流量变得比较容易预测。经营风险主要是稳定的销售额可以持续多长时间以及总盈利水平的高低。企业和股东希望长期停留在能产生大量现金流入的成熟期,但是价格战随时会出现,衰退期迟早会到来。

（四）衰退期

衰退期产品的客户大多很精明,对性能价格比要求高。各企业的产品差别小,因此价格差异也会缩小。为降低成本,产品质量可能出现问题。产能严重过剩,只有大批量生产并有自己销售渠道的企业才具有竞争力。有些竞争者先于产品退出市场。产品的价格、毛利都很低,并且会下降。只有到后期,多数企业退出,价格才有望上扬。

企业的经营战略目标首先是防御,获取最后的现金流。战略途径是控制成本,以求能维持正的现金流量。如果缺乏成本控制的优势,就应采用退却战略,尽早退出。

进入衰退期后,经营风险会进一步降低,主要的悬念是什么时间产品完全退出市场。生命周期各阶段的特点如表 1-2 所示。

表 1-2

生命周期各阶段的特点

项目	引入期	成长期	成熟期	衰退期
销售额	小,增长慢	较大,增长快	大,增长慢	小,下降
买方	高收入,追求时尚的客户	可以接受参差不齐的质量	巨大市场,饱和,重复购买	精明,挑剔
产品	设计新颖,经常变换,质量一般	差异大,质量不断改进	质量好,差异缩小	差异小,质量可能出问题
竞争者	少	竞争者涌入	价格竞争	部分竞争者退出
战略重点	扩大市场份额,研发和技术是关键	扩大市场份额,市场营销是关键	巩固市场份额,降低成本是关键	控制成本或退出
投资需求	很大	较大	较小	不投资或收回
净现金流量	负数	小(正或负)	很大的正数	正数,下降
盈利性	高价格、高毛利、低净利	高净利	价格下降、净利适中	低价格、低毛利、低净利
经营风险	很大	较大	较小	小

四、基于财务风险与经营风险搭配的分析方法

经营风险的大小是由特定的经营战略决定的,财务风险的大小是由资本结构决定的,它们共同决定了企业的总风险。经营风险与财务风险的结合方式可以有四种类型。

（一）高经营风险与高财务风险搭配

这种搭配具有很高的总风险。例如，一个引入期的高科技公司，假设能够通过借款取得大部分资金，其破产的概率很大，而成功的可能性很小。

这种搭配符合风险投资者的要求，他们只需要投入很小的权益资本，就可以开始冒险活动。如果碰巧成功，投资者可以获得极高的收益；如果失败了，他们只损失很小的权益资本。由于风险投资者已经考虑了失败的概率，通过一系列风险投资的组合分散了自己的风险，他们可以承受大部分投资项目失败的后果。

这种搭配明显不符合债权人的要求，损害了债权人的利益，因此往往由于无法找到债权人而无法实现。

（二）高经营风险与低财务风险搭配

这种搭配具有中等程度的总体风险。例如，一个引入期的高科技公司，主要使用权益筹资，较少使用或不使用负债筹资。

这种资本结构对于权益投资人有较高的风险，也会有较高的预期报酬，符合他们的要求。权益资本主要由专门从事高风险投资的专业投资机构提供。它们运用投资组合在总体上获得很高回报，不计较个别项目的完全失败。

这种资本结构对于债权人来说风险很小。不超过清算资产价值的债务，债权人通常是可以接受的。因此，高经营风险和低财务风险的搭配是一种可以同时符合股东和债权人期望的现实搭配。

值得注意的是，权益筹资对于投资人来说风险大，而对于企业来说风险小。企业没有必须偿还权益投资的法定义务；企业可以给股东分红也可以不分红，有很大弹性；分红多少可以视企业现金流量的情况而定，是一种酌量性支出。债务筹资对于债权人来说风险小，而对于企业而言风险大。企业必须按合同的约定偿还债务本金，没有弹性；企业必须按期支付固定的利息，不能根据经营好坏而改变，是一种固定支出。因此，经营风险高的企业，现金流量不稳定，企业经理人员愿意使用权益资本，因其具有支付弹性，股利支付可以根据经营状况酌情改变。

（三）低经营风险与高财务风险搭配

这种搭配具有中等的总体风险。例如，一个成熟期的公用企业，大量使用借款筹资等。这种资本结构对于权益投资人来说经营风险低，投资资本回报率也低。如果不提高财务风险（充分利用财务杠杆），则权益报酬率也会较低。他们希望"利用别人的钱来赚钱"，愿意提高负债权益比例，因此可以接受这种风险搭配。

对于债权人来说，经营风险低的公司有稳定的现金流入，可以为偿债提供保障，可以为其提供较多的贷款。因此，低经营风险与高财务风险搭配也是一种同时符合股东和债权人期望的现实搭配。

(四) 低经营风险与低财务风险搭配

这种搭配具有很低的总体风险。例如，一个成熟期的公用企业，只是借入很少的债务资本。对于债权人来说，这是一个理想的资本结构，可以为它放心提供贷款。公司有稳定现金流，并且债务不多，偿还债务有较好的保障。

对于权益投资人来说很难认同这种搭配，其投资资本报酬率和财务杠杆都较低，自然权益报酬率也不会高。更大的问题是，这种资本结构的企业是理想的收购目标，绝大部分成功的收购都以这种企业为对象。收购者购入企业之后，不必改变其经营战略（通常要付出成本并承担较大的风险），只要改变财务战略（这很容易），就可以增加企业价值。因此，只有不明智的管理者才会采用这种风险搭配。低经营风险与低财务风险搭配，不符合权益投资人的期望，不是一种现实的搭配。

综上所述，经营风险与财务风险的反向搭配是制定资本结构的一项战略性原则。产品或企业的不同发展阶段有不同的经营风险，企业应当采用不同的财务战略。

五、不同发展阶段的财务战略

(一) 引入期的财务战略

(1) 资本结构。引入期的经营风险很高，因此应当选择低财务风险战略，应尽量使用权益筹资，避免使用负债。引入期企业存在很大的违约风险，债权人会要求更高的利息率；引入期企业大多亏损，不能从负债筹资中获得节税的好处。因此，使用负债也未必能降低资本成本。

(2) 筹资来源。大众投资者不是引入期企业筹集权益资本的主要目标。在筹集权益资本时，应寻找从事高风险投资、要求高回报的投资人。这些人被称为风险投资者。他们知道投资可能完全失败并为此准备了投资组合。一旦企业成功，他们将出售股份赚取资本利得，转向其他新兴的创业投资中。他们的投资期限一般为3~5年。

(3) 股利分配政策。支付股利的基本条件是必须有可供分配的利润和现金。引入期企业大多亏损，没有可供分配的利润，支付股利会遇到法律障碍。净现金流量是负值，缺少支付股利的现金。因此，引入期企业的股利支付率大多为零，股东寄希望于未来的资本利得。风险投资者要求的高回报全部由资本利得支持，需要有良好的成长预期。引入期企业必须保持非常高的成长预期，显示出转化为成长期的较大可能性，才能够支撑股价。一旦这种可能性消失，既没有当前的股利，也没有股价升值的潜力，就会背离股东的期望，企业也就失去了存在的基础。因此，引入期必须投资具有潜在市场、高成长性的产品。

（二）成长期的财务战略

（1）资本结构。由于此时的经营风险有所降低，但是仍然维持较高的水平，不宜大量增加负债比例。

（2）筹资来源。在成长阶段，风险投资者很可能希望退出，去寻找其他处于引入期的企业。风险投资者一旦退出，企业就需要寻找新的权益投资人。一种办法是通过私募解决，寻找新的投资主体，他们不仅准备收购股份，而且准备为高成长阶段企业提供充足的资金。另一种办法是公开募集权益资金，这要受到诸多的法律限制。还有一种更为具有吸引力的做法，就是让股票公开上市（IPO）。

（3）股利政策。进入成长期之后，企业开始有了不多的盈利，具备了支付少量股利的条件。为了支持高速增长，需要扩大投资，大部分利润应当再投资，通常没有多余的现金。因此，成长期企业大多采用低股利政策。

成长期支持股东回报的主要因素是预期资本利得，需要较高的预期增值率，因此仍然需要较大的投资。

（三）成熟期的财务战略

（1）资本结构。由于经营风险降低，应当扩大负债筹资的比例。公司具有较高的盈利水平，利用债务可以获得节税的好处。经营资产处于价值最高的时期，减少了财务危机成本，债务的利息率相对较低。成熟期公司有财务能力进行债务筹资，但是此时有很多的经营现金流入，而再投资需求在减少，往往留存收益已经能够满足再投资的需要。一个可行的办法是借债并回购股票，可以快速调整资本结构。

（2）筹资来源。在成熟期，企业权益投资人主要是大众投资者，尤其是对股利更感兴趣的投资者。有些企业不是在成长期上市，而是在成熟期的初期上市。这两种上市的目的不同。成长期企业上市的目的是筹集资金，用以支持高增长。成熟期企业不需要那么多资金，上市的目的是让现有股东快速收回资金，而不必年复一年地等候分红。成长期企业的股东对于高成长和资本利得更感兴趣，他们可以利用上市的机会把股份转让给对股利感兴趣的投资人。

（3）股利分配政策。公司的多余现金应当还给股东。一种方式是提高股利支付率；另一种方式是用多余的现金回购股票。从理论上说，回购股票比支付现金更有效率，在税务上也会有所区别。由于提高了股利支付率，股东对未来成长的预期会下降。如果股利支付率达到100%，则向股东表明公司未来不再成长，已经进入稳定状态。

（四）衰退期的财务战略

（1）资本结构。衰退期企业应当设法进一步提高负债融资的比例，以获得节税的好处。

(2) 筹资来源。利用企业现有资产借钱,设法借入与公司资产最终变现价值相等的钱。这样股东可以提前收到最后的资本份额,极大地降低未来的财务危机成本。负债的成本总是低于权益成本,并且具有节税的好处,因此可以增加企业价值。

(3) 股利分配政策。经营中获得的多余现金,全部用来分配股利。衰退期的企业再投资回报率低于投资者的要求,必然引起高股利分配,支付比例甚至超过100%。超过盈利的股利,实际上是资本的返还。

在生命周期的衰退期,适当的财务战略同样可以为股东创造价值。也存在某些可以避免或延缓清算的选择。例如,以较低的价格收购其他衰退期的企业,迅速获得市场的控制权,使产品变为市场份额最大的金牛产品,可以获得比重组前更高的报酬率。

基于发展阶段的财务战略分析方法,提供了不同发展阶段的基本财务战略,尤其是其经营风险与财务风险的搭配原理以及各项财务政策的逻辑一致性,为财务战略的选择提供了指导。但是,它也有明显的局限性:① 把影响产品竞争战略的因素简化为市场增长率和市场占有率两个因素,显得过于简单,致使战略选择的多样性不够。② 难以判断产品(或企业)所处的发展阶段。不同产品的生命周期有很大的差别,人们并不清楚它处于哪一个阶段。生命周期并非一成不变,一旦对于所处阶段的判断失误,整个战略就会出现方向性的错误。③ 实际增长有时与理论上的曲线并不一致。有时产品会跳过成熟期直接走向衰退期;有时在一段衰退之后又重新上升。公司通过产品创新和产品重新定位,可以影响增长曲线的形状。

为了解决基于发展阶段的财务战略分析模型存在的问题,出现了基于创造价值/增长率的财务战略分析模型。

六、基于创造价值/增长率的财务战略选择

(一) 增长率、筹资需求与创造价值

根据可持续增长率的概念,在资产周转率、销售净利率、资本结构、股利支付率不变并且不增发和回购股份的情况下,销售增长率与现金余缺之间的关系如下:

(1) 销售增长率超过可持续增长率时企业会出现现金短缺。我们将这种增长状态定义为高速增长。这里的"现金短缺"是指在当前的经营效率和财务政策下产生的现金,不足以支持销售增长,需要通过提高经营效率、改变财务政策或增发股份来平衡现金流动。

(2) 销售增长率低于可持续增长率时企业会出现现金剩余。我们将这种增

长状态定义为缓慢增长。这里的"现金剩余"是指在当前的经营效率和财务政策下产生的现金,超过了支持销售增长的需要,剩余的现金需要投资可以创造价值的项目(包括扩大现有业务的规模或新的项目),或者还给股东。

(3)销售增长率等于可持续增长率时企业会出现现金平衡。我们将这种增长状态定义为均衡增长。这里的"现金平衡"是指在当前的经营效率和财务政策下产生的现金,与销售增长的需要可以平衡。这是一种理论上的状态,现实中的不平衡是绝对的。

从财务的战略目标考虑,必须区分两种现金短缺:一种是创造价值的现金短缺;另一种是减损价值的现金短缺。对于前者,应当设法筹资以支持高增长,创造更多的市场增加值;对于后者,应当提高可持续增长率以减少价值减损。同样道理,也有两种现金剩余:一种是创造价值的现金剩余,企业应当用这些现金提高股东价值增长率,创造更多的价值;另一种是减损价值的现金剩余,企业应当把钱还给股东,避免更多的价值减损。

(二)创造价值/增长率矩阵

创造价值/增长率矩阵也称为财务战略矩阵,它是一种评价和制定战略的分析工具,把创造价值(投资资本回报率—资本成本)和现金余缺(销售增长率—可持续增长率)联系起来。

财务战略矩阵假设一个公司有一个或多个业务单位。纵坐标是一个业务单位的投资资本回报率与其资本成本的差额。当回报率差为正数时,该业务单位为股东创造价值;当回报率差为负数时,该业务单位减损股东价值。横坐标是销售增长率与可持续增长率的差额。当增长率差为正数时,企业现金短缺;当增长率差为负数时,企业有剩余现金。

据此建立的矩阵有四个象限:处于第一象限的业务,属于增值型现金短缺业务;处于第二象限的业务,属于增值型现金剩余业务;处于第三象限的业务,属于减损型现金剩余业务;处于第四象限的业务,属于减损型现金短缺业务。

处于不同象限的业务单位(或企业),应当选择不同的财务战略,具体如下。

1. 增值型现金短缺业务

处于第一象限的业务(或企业)可以为股东创造价值,但是自身经营产生的现金不足以支持销售增长,会遇到现金短缺问题。如何解决现金短缺问题,应先判明这种高速增长是暂时性的还是长期性的。高速增长是供不应求的反映,会引来许多竞争者,通常是不可持续的,增长率迟早要降下来。如果高速增长是暂时的,企业应通过借款来筹集所需资金,等到销售增长率下降后企业会有多余现金归还借款。如果预计这种情况会持续较长时间,不能用短期周转借款来解决,企业则必须采取战略性措施解决资金短缺问题。长期性高速增长的资金问题有两种解决途径：一是提高可持续增长率，使之向销售增长率靠拢；二是增加权益资本，提供增长所需的资金。

（1）提高可持续增长率。提高可持续增长率的方法包括提高经营效率和改变财务政策两种：

第一，提高经营效率。这是应对现金短缺的首选战略，它不但可以增加现金流入，还可以减少增长所需的资金数额。但是，通常企业改善经营效率的努力从未停止过，绝大多数企业的经营业绩已经达到现有经营条件的极限，一般的降低成本或加快资金周转的措施很难解决面临的问题。需要改变经营战略，寻求突破性的改善。具体包括：① 提高销售利润率。一是降低成本。进行作业分析，重构作业链，消除无增值作业，提高增值作业的效率。二是提高价格。改变价格形象，在维持利润的同时抑制销售增长，减少资金需要。② 提高资产周转率。一是降低营运资金。重构价值链，减少资金占用。二是剥离部分资产。将资产利润率较低的资产剥离出去，用节省出的资金支持核心业务增长。三是改变供货渠道。增加外购以减少自制，减少资产占用，提高资产周转率。

第二，改变财务政策。它包括停止支付股利，增加借款的比例等。

（2）如果可持续增长率的提高仍不能解决资金短缺问题，就需要设法增加权益资本。不能因为资金短缺就降低增长率，那将不利于创造价值。增加权益资本包括增发股份和兼并成熟企业两种：

第一，增发股份。在增发股份的同时按照目标资本结构增加借款，以维持目标资本结构。增发股份的必要前提是所筹资金要有更高的回报率，否则不能增加股东财富。缺点是分散了控制权，而且会稀释每股收益。

第二，兼并成熟企业。兼并"金牛"，即增长缓慢、有多余现金的企业。

2. 增值型现金剩余业务

处于第二象限的业务可以为股东创造价值，但是增长缓慢，自身经营产生的现金超过销售增长的需要，出现现金剩余。因此，关键的问题是能否利用剩余的现金加速增长，使增长率接近可持续增长率。

（1）利用剩余现金加速增长。加速增长的路径包括：① 内部投资。扩大产销规模，增加生产线，增加分销渠道等。② 收购相关业务。收购与该项业务相关的业务，迅速扩大规模。不过，经过几次盲目乐观的收购之后，逐渐积累的证据表明，收购的增长并没有给股东带来多少好处。收购所支付的大笔溢价，使买主得到的只是中等或较差的投资。

（2）如果加速增长后仍有现金剩余，找不到进一步投资的机会，则应当把多余的钱还给股东。分配剩余现金的途径包括：① 增加现金股利支付，陆续把现金还给股东。② 回购股份，快速把现金还给股东。

3. 减损型现金剩余业务

处于第三象限的业务减损了企业价值,但是企业现金有剩余。减损型现金剩余表明资源尚未得到充分利用,存在被收购的风险。减损型现金剩余的主要问题是盈利能力差,而不是增长率低,简单地加速增长很可能有害无益。

一方面,应分析盈利能力差的原因,寻找提高投资资本回报率或降低资本成本的途径,使投资资本回报率超过资本成本。这是一个艰巨的过程,经常要增加开发费用(技术创新),进行矛盾重重的组织结构变动(管理创新)等。提高投资资本回报率的常见途径有:① 提高税后经营利润率,包括扩大规模、提高价格、控制成本等。② 提高经营资产周转率,降低应收账款和存货等资金占用等。

另一方面,在提高投资资本回报率的同时,审查目前的资本结构政策,如果负债比率不当,可以适度调整,以降低平均资本成本。

如果企业不能提高投资资本回报率或者降低资本成本,无法扭转价值减损的状态,不如把它出售给能够管理得更好的人。

4. 减损型现金短缺业务

处于第四象限的业务(或企业)会减损股东财富,并且遇到现金短缺问题。这种业务不能通过扩大销售解决问题。由于股东财富和现金都在被蚕食,需要快速解决问题。

(1) 彻底重组。如果盈利能力低是本公司独有的问题,应仔细分析经营业绩,寻找价值减损和不能充分增长的内部原因,对业务进行彻底重组。这样做的风险是:如果重组失败,股东将蒙受更大损失。

(2) 出售。如果盈利能力低是整个行业的衰退引起的,企业无法对抗衰退市场的自然结局,应尽快出售以减少损失。即使是企业独有的问题,由于缺乏核心竞争力,无法扭转价值减损的局面,也需要选择出售。在一个衰退行业中挽救一个没有竞争力的业务,成功的概率不大,往往会成为资金的陷阱。

案例 1-1　高科技企业 Cisco 的财务战略

Cisco(Cisco Systems Inc.)成立于 1984 年年底,总部设在美国加利福尼亚州圣何塞,主要为业界提供网络硬件产品、互联网操作系统(IOS)软件、网络设计和实施等专业技术支持,并与合作伙伴合作提供网络维护、优化等方面的技术支持和专业化培训服务。Cisco 是美国最成功的公司之一,从 1986 年生产第一台路由器以来,Cisco 在其进入的每一个领域都占有第一或第二的市场份额,成为市场的领导者。2005 年,Cisco 的净销售收入超过 248 亿美元,净利润超过 57 亿美元,雇员超过 34 000 人。

Cisco 总体上采用的是相关多元化战略，即围绕 IT 产业这个相关领域，通过实施有效的并购战略以实现相关多元化。因此，Cisco 的并购战略在一定程度上可以看作其总体发展战略。作为一家新兴高科技企业，Cisco 并没有像其他传统企业一样耗费巨资建立自己的研发队伍，而是把整个硅谷当作自己的实验室。它采取的策略就是收购面向未来的新技术和网罗开发人员，以填补自己未来产品框架的空白，从而迅速地建立起自己的研究与开发体系、制造体系和销售体系，乃至塑造出自己的品牌，使自身的核心竞争力不断得到增强和拓展。现在，Cisco 已经成为高科技领域中成功实施并购战略的一个样板，并被授予"并购发动机"的美誉。

在财务战略方面，Cisco 表现出高科技企业的典型特征，如采用权益性融资方式、比较低的股利支付率等。具体来说，Cisco 的财务战略主要体现在如下几个方面。

一、Cisco 的融资战略

在融资方式的选择上，Cisco 完全依靠发行股票和保留盈余，没有采用长期债务融资的方式。1996—2005 年，Cisco 融资情况如表 1-3 所示。

表 1-3

Cisco 融资情况（1996—2005 年）

单位：百万美元

融资项目	1996 年	1997 年	1998 年	1999 年	2000 年	2001 年	2002 年	2003 年	2004 年	2005 年
股票融资	116	280	555	954	1 564	1 262	655	578	1 257	1 087
保留盈余	1 777	2 487	3 828	5 782	8 358	7 344	7 733	6 559	3 164	506
长期负债融资	0	0	0	0	0	0	0	0	0	0

注：股票融资是个流量概念，是指整个财务年度通过发行股票所筹集的资金。

Cisco 之所以采用如此融资战略，主要是基于以下考虑因素：首先，股票融资、保留盈余的使用以及不采用长期债务融资都可以在很大程度上降低财务风险，从而平衡作为高科技企业通常具备的高经营风险，使公司整体风险水平得到有效的控制。其次，公司通过保留盈余以及发行股票的方式就能够低成本地筹集到足够的资金。这是因为：一方面，长期的高收益以及零现金股利支付率使公司积累了大量的盈余现金，可以为公司的投资提供资金来源；另一方面，Cisco 作为一个处在高速发展行业中具备技术与市场优势的领先企业，对投资者有极大的吸引力，因而可以在股票市场上以较低的成本筹集资金。再次，基于外部环境的动态变化以及自身的高风险、高收益等特点，高科技企业必须采用灵活的经营方式。但是，如果企业使用过多的长期债务，如银行长期贷款，则债权人出于对自己权益的保护,可能通过借款契约中限制性条款的规定给高科技企业的运作施加很多的限制,从而降低企业的运作灵活性。因此,不使用长期债务融资可以保证高科技企业经营的灵活性。

二、Cisco 的投资战略

Cisco 的投资战略中最重要也最为关键的就是其并购战略。在过去的十几年里,Cisco 前后一共并购了超过 100 家企业,这些企业基本上都是具有相当发展潜力的高科技 IT 企业,它们的技术优势总是为当时的 Cisco 所缺乏,由此提升了 Cisco 的整体核心竞争力,使 Cisco 得以占据了市场的领先地位。与此同时,通过并购,Cisco 也获得了大量急需的技术人才,公司现有的 34 000 多名员工中,其中 1/3 的工程师和高管人员来自并购企业。例如,Cisco 2003 年 3 月对 Linksys 公司的收购就充分体现了其并购思想和并购战略。

Linksys 公司是一家生产家庭网络设备的供应商,为小型或者家庭网络提供先进设备,在 Cisco 收购的时候,这家公司已经拥有了家庭网络 38% 的市场份额。家庭网络市场与企业和电信运营市场相比是一个新兴的并有巨大增长潜力的市场。通过对 Linksys 的收购,Cisco 不仅仅获得了家庭网络方面的技术优势,同时也成功地进入了家庭网络市场。

Cisco 的并购历史可以划分为三个阶段:第一个阶段是从 1993—2000 年,为 Cisco 并购快速发展阶段。在此阶段,基于互联网及 IT 产业的高速发展,Cisco 的股价上升极快,因而其并购增长也很快。2000 年,Cisco 并购企业达 23 家,涉及总价值高达 120.51 亿美元。Cisco 此阶段的并购,尤其是涉及金额比较大的并购,主要是采用股票交换的方式,较少涉及现金流动以及资金的筹集问题,从而能够降低财务风险。并且,与现金并购方式相比,换股方式能够节省交易成本、合理避税以及产生股价预期增长效应。第二个阶段是 2001—2003 年,为 Cisco 并购调整阶段。Cisco 的股价自 2000 年 3 月到达历史巅峰后就一路下挫,2001 年只剩下了当时的两成左右。随着股票价格的下跌,Cisco 的并购速度明显放缓。Cisco2001 年的并购仅有 2 例,2002 年和 2003 年分别为 5 例和 4 例,此阶段的并购依然主要采用了换股方式。从 2004 年开始,Cisco 进入了其并购的第三个阶段——重新加速阶段。2004 年,Cisco 在寻求、开拓新市场过程中再次大规模采取了并购战略,并购企业达到了 12 家,2005 年为 10 家。不过,与以往不同的是,2004 年与 2005 年的 Cisco 并购主要是采用现金以及期权方式,而不是换股。究其原因:一是 Cisco 股价自从 2001 年跌落谷底后长期在 20 美元左右波动,换股方式缺乏对被购并方的吸引力;二是 Cisco 长期发展积累了大量现金,可以用于并购的支付;三是经历了 2001 年 IT 产业的冬天后,经过连续几年的发展,Cisco 的销售收入以及净利润已经基本恢复或者超过历史最高水平,因而其权益融资能力大大增强,也可以为现金并购筹集资金。

Cisco 的投资战略另外两个关注的重点分别是研究开发与市场开发推广。Cisco 在 1997—2005 年的研发费用及销售费用情况如表 1-4 所示。从表 1-4 可以看出,尽管 Cisco 以并购著称,但是对于自身研发也相当重视。从 1997 年到 2005 年,每年的研发费用占销售收入的比重都在 10% 以上,后 7 年这个比重更是超过了 13%。从研发费用的绝对数额来看,其基本趋势也是上升的,后 5 年的年研发费用的绝对数额更是超过了 30 亿美元。与其他高科技企业相比,Cisco 每年的研发投入也并不低。2004 年,Cisco 研发费用占销售收入的比重为 14.48%,远远超过同期的 IBM 公司(2004 年研发费用占总收入的比重为 5.89%),也比 INTEL 公司(2004 年研发费用占总收入的比重为 13.97%)要高。以上情况表明,Cisco 非常重视对技术资产以及技术创新的投入,主要体现在两个方面:一方面,公司通过持续有效并购来获得技术与市场的领先优势;另一方面,通过大力加强自身的研发,提高公司的技术整合能力和技术创新能力,最终增强公司的核心竞争力。

表 1-4

Cisco 研发费用及销售费用情况(1997—2005 年)

单位:百万美元

项目	1997 年	1998 年	1999 年	2000 年	2001 年	2002 年	2003 年	2004 年	2005 年
销售净收入	6 440	8 459	11 092	18 928	22 293	18 915	18 878	22 045	24 801
研发费用	698	1 020	1 663	2 704	3 922	3 448	3 135	3 192	3 322
占销售收入比重	10.84%	12.06%	14.99%	14.29%	17.59%	18.23%	16.61%	14.48%	13.40%
销售费用	1 160	1 564	2 465	3 946	5 296	4 264	4 116	4 530	4 721
占销售收入比重	18.01%	18.49%	22.22%	20.85%	23.76%	22.54%	21.80%	20.55%	19.00%

从表 1-4 中还可以看出,Cisco 对于市场开发与推广的投入也非常大,销售与市场费用占当年销售收入的比重接近和超过了 20%。2004 年,Cisco 销售与市场费用占销售收入比重为 20.55%,而同期的 IBM 公司为 20.13%,INTEL 公司为 13.62%,这也是 Cisco 对于市场开发与推广高度重视的一个证明。

三、Cisco 的收益分配战略

自成立至今的 20 多年中,Cisco 的收益分配战略的第一个主要特点为从不采用现金股利政策。这样做的最大益处是减少公司现金的流出,从而减轻现金压力和降低财务风险。

Cisco 的收益分配战略的第二个主要特点是对股东利益的重视。1991—

2000年,Cisco利用其股价不断高涨的大好时机不断分拆股票,实际上是采用股票股利的政策,让股东以资本利得的方式获得收益,同时企业并不发生现金流出,减少财务风险。Cisco 1991—2000年股票分拆情况如表1-5所示。

表1-5

Cisco股票分拆情况(1991—2000年)

项目	1991年	1992年	1993年	1994年	1995年	1996年	1997年	1998年	1999年	2000年
拆分方式	1拆2	1拆2	1拆2	1拆2		1拆2	2拆3	2拆3	1拆2	1拆2
拆前价格	57	78	92	79		89	80.1	96.6	123.1	144.4
拆后价格	28.5	39	46	39.5		44.5	53.4	64.4	61.6	72.2

从表1-5中可以看出,Cisco股票的分拆几乎每年一次,分拆后股价下降,但每次分拆后股价都会重回拆分前的高位。1991—1999年的八次分拆,除1993年分拆后股价虽回升但没有达到拆分前的水平外,其余七次分拆后的股价都回升并超过分拆前的水平。Cisco的股价自从2001年跌落到底部以后,长期在20美元上下徘徊,股东很难以资本利得的方式再度获益。因此从2001年开始,Cisco主要采用股票回购的方式来满足股东利益。作为现金股利的替代,股票回购既可以满足股东的获利要求,同时也可以保证公司经营上的灵活性(公司可以灵活决定股票回购的具体日期和数额)。基于此,Cisco董事会2001年9月批准了一项股票回购计划。根据该计划,公司将在今后两年以公开市场价格或协议的方式回购总值达30亿美元的股票。2002年8月,公司董事会将回购股票价值提高到80亿美元,时间期限是2003年9月以前。2003年3月,Cisco董事会又将回购股票价值增加了额外的50亿美元,且没有时间限制。2004年7月31日,董事会批准的股票回购价值增加到了250亿美元。2004年11月8日,Cisco董事会又批准了价值约为100亿美元无截止日期的普通股回购计划,按照这项计划,已获批准的待购股票总额约为150亿美元。根据股票回购计划,公司分别在2002年、2003年以及2004年财务年度回购了价值19亿美元的12 400万股、60亿美元的42 400万股以及91亿美元的40 800万股股票。

Cisco的收益分配战略的第三个主要特点是对员工利益的重视。Cisco广泛执行的员工受益计划主要有三个方面:员工股票购买计划、股票期权计划和员工401(K)计划。① 根据持续修正和延续的员工股票购买计划,Cisco的每个合格员工可以购买限定数量(根据1995年的规定,每个合格员工在不超过其现金工资总额10%的范围内,每年最多可以认购25 000美元)的公司股票,购买价格是预先指定的某一个时期(1995年的规定是过去的6个月)的股票市场价格(1995年规定的是开盘价与收盘价中的较低者)的 85％。② Cisco 目前主要有两种股票期权计划:1996 年股票激励计划(1996 计划)和 1997 年追加股票激励计划(1997 计划)。1996 年计划中规定可发行的最大股份数量被限定为 25 亿股。1997 年 Cisco 采用了一个追加股票激励计划(追加计划),在该计划下期权可以授予或将股份直接发行给符合条件的雇员,管理人员和董事会成员不能参加追加计划,900 万股份被储备起来用于追加计划,其中 300 万股股份将用于发行期权。所有的股票期权(包括 1996 计划和追加计划中的期权)的执行价格等同于 Cisco 股票在期权授予日期的公平市场价格。③ Cisco 发起的 401(K)计划为其员工提供了退休收益。根据该计划,员工可将税前薪金的 1％～15％ 投入该计划,公司每年也投入相应的款项。按照美国法律的规定,计划参与人暂时无须就供款及投资所得的利润缴纳税项,直到退休提领时才缴纳;而由于员工年老时收入较低,加上有较多赋税优惠,所以届时需交的税款便相对减少,因此该计划可以为员工的退休提供收益。

四、Cisco 的风险管理战略

Cisco 的风险管理战略涉及其融资战略、投资战略和收益分配战略的各个方面。首先,从融资战略来看,Cisco 主要选择了普通股和保留盈余的融资方式,以有效降低财务风险,平衡作为高科技企业所固有的高经营风险,从而将企业的总体风险控制在可以接受的范围之内。其次,从投资战略来看,Cisco 广泛采用购并的方式来获得在 IT 行业内技术与市场领先的优势,这样可以在一定程度上避免完全依靠自我研发的高技术风险和市场风险。并且在并购中,Cisco 利用其股票持续上涨的机会,广泛采用股票交换的方式,降低了交易成本,减少了公司的现金支出,最终降低了财务风险。同时,对自身研发投入的增强可以提升公司的创新技术平台,为并购获得的新技术以及技术人员快速有效地整合并融入公司原有的技术体系当中提供便利条件,这可以在很大程度上降低公司的技术风险。而公司对于市场开发的广泛投入则可以降低市场风险。再次,从收益分配战略来看,公司没有采用现金股利政策,而是在股票持续上涨的时候(1991—2000 年)进行股票分拆,在股票价格相对比较低的时候采用股票回购(2001—2005 年),这样既可以满足股东的收益需求,又可以保持公司经营的灵活性(因为股票分拆不需要公司支付现金,且公司可以在一定或无限时期内自由选择股票回购的时间),降低风险。另外,收益分配战略中员工受益计划的广泛执行能够激励员工提升其工作积极性和工作效率,增强凝聚力,降低员工风险。

资料来源:曾萍,蓝海林.高科技企业可持续发展的财务战略:来自 Cisco 的实证分析[J].科技管理研究,2006(10):117-120.

案例 1-2 浙江传化集团的财务战略管理创新

浙江传化集团(以下简称"传化")是知名的多元化现代民营企业集团,致力于化工、物流、农业、科技城、投资五大领域事业。

一、传化财务战略管理的环境分析导向

2006年年初,集团财务部对内部、外部环境做了冷静的剖析与论证,重点是分析在当时外部宏观形势背景下企业自身的优势与不足、制约企业发展的主要因素和可能存在的财务风险,在此基础上提出财务战略管理规划。

（一）传化环境分析

通过对集团资本积累、现金流量、投资结构等指标的分析,集团财务部认为集团主要面临两大问题:第一,虽然集团拥有了大量的土地、品牌、股权、技术、市场网络等潜在资源,但由于没有通过交易行为,无法在财务账面得到价值体现。资本积聚和现金流入问题,导致企业对外投资能力不足,成为影响集团持续发展的主要障碍。第二,企业财务管理缺乏与集团总体战略、项目投资方向及其资本筹划之间的有效联动,影响效率,因此,集团必须运用市场化、资本化、流动化等手段,对企业资源进行统一的财务战略谋划和策略运筹,确保资源效益,并逐步转向外延式发展。

（二）基于环境分析的财务战略规划

在内部环境分析企业集团自身的优势与劣势的基础上,集团财务部提出了扭转劣势、发挥优势的系列财务战略规划。

(1) 实施资源资本化工程。合理利用集团已经拥有的资源,通过合理合法的途径和方法使其转化为资本,并使资本迅速得到增值,同时改善集团的现金流。

(2) 调整财务结构。传化对财务结构优化的思路是:投资结构调整主要是合理地确定实业性投资与财务性投资的比重,加大对商业模式好、增值潜力大、预期回报高的财务性投资的比重,加快资本积累的速度。

(3) 参与金融领域,进行适度的资本运营。集团的财务性投资应遵循风险低、回报高以及回收期短的要求,适时、积极参与金融市场。此外,企业集团还可以通过适度的资本运作,对产业上下游进行收购兼并等。

二、投资战略管理创新

传化以社会责任投资理念为特色的新产业选择,以高度前瞻性为特色的产业布局,以研究性投资为特色的投资节奏控制以及以制度和信息保障为特色的投资风险控制,共同构建了传化投资战略管理创新体系。

（一）传化的产业选择与产业布局理念创新

传化强调战略规划的指导作用,提出了"提前十年想、提前五年干"的理念。

"提前十年想",需要的是商业智慧和对宏观经济未来发展的良好判断,需要对行业的深入研究。无论你的公司经营什么,都必须了解行业及其竞争状况。"提前五年干",要求企业在行业初步研究基础上,在行业处于起步阶段就介入该行业中,争取行业的先发优势,在逐步加大投资的基础上总结经验,形成相对固定的盈利模式,并逐渐成为行业的标准制定者。

(二)传化资源资本化创新

传化的资源资本化要求企业经营理念从"实物"转向"价值",将所有利用和支配的资产、资源等生产要素都当作经营资本,用最少的要素投入获得最大的收益。

1. 有形资源资本化

传化财务部门2007年提出了股权转投方案。在实施这一工作之前,集团公司拥有传化的股权相对较低,而三个自然人则拥有51%的控股地位,并同时拥有集团公司10%的控股权。传化实施了股权转投工作,将三个自然人在股份公司的19.92%的股权经依法评估后对集团公司进行增资,然后再增加集团公司对传化的持股比率,使之拥有第一大股东的地位。

2. 品牌资源资本化

传化物流具有较为先进的经营模式和巨大的品牌价值。传化将其品牌资源资本化,即在对外复制过程中,通常会寻求当地的企业参与物流园区的建设,并将其传化物流的品牌价值、管理模式以及核心的软件管理系统量化,在此基础上,向合作方收取一定的加盟费。

3. 客户资源资本化

充分认识竞争环境,并结合自身行业的特点,传化在某些子行业逐步实践与客户结成利益链,将客户作为传化的资本来经营,以维护企业的竞争优势。

(三)投资风险控制创新

传化制定了详细规范的治理细则,在集团和产业分别设立了股东会、董事会、监事会、战略投资委员会、预算委员会和审计委员会,在各企业也建立了相应的股东会、董事会、监事会和经营管理委员会,明确了决策、执行、监督等方面的职责权限,设置了规范有效的议事规则和实施细则,制定了股东、董事、监事、总裁、财务负责人等的职责权限、绩效评价和激励约束机制,形成了科学有效的职责分工和制衡机制。

传化对外投资坚持把好"九道关口"、切实防范风险的原则,即准确把握宏观环境和国家政策、注意听取专业机构的意见、充分借鉴集团内部的经验教训、战略管理部门进行战略评估、法律部门进行法律风险评估、财务部门进行财务分析、人事部门进行人力资源评估、集团董事会集体决策、审计部门对投资过程和结果进行审计。

传化充分利用信息系统强化对投资风险的监控。为避免投资规模过大给企业集团带来严重损失的风险,传化注重在项目投资时把握投资节奏,创造了一种研究性投资新理念。即通过少量投资实现对拟投资行业的深入了解,待成熟后再加大对该行业的投资,如传化的物流产业。对于研究性投资,传化保持一定的行业选择性,关注"低碳"经济、生产性服务业以及部分第三产业,坚持社会有需求的、政府支持的、企业有能力做的基本原则。

三、融资战略管理创新

在有效控制风险的前提下,传化实现了多渠道、高效率、低成本获取资金和资本的目标。总结传化在融资战略管理的创新,主要有以下几点。

1. 融资战略管理的理念创新

集团财务部在"企业管理以财务管理为中心"的理念基础上,进一步提出了"财务管理以资金管理为重点"的新理念,树立了融资战略管理在财务战略管理中的中心地位,并得到了广泛认同;同时集团财务部还提出了"以融资多元化应对投资多元化"的理念,为融资战略管理提供了方向性、原则性的指导。

2. 以"融资多元化"和"产业融资平台"为核心的融资战略规划

集团的融资战略设计首先表现在融资多元化,在融资规划中应用了多样化的融资手段:增发融资、配股融资、信托融资、票据融资、项目融资等,应用了多种金融工具:股票、债券、短期融资券、银行承兑汇票、集合债等;其次集团的融资战略还创新性地根据集团产业布局设计了四个产业融资平台,以产业替代集团或每个公司作为融资平台是其创新之处。

3. 构建融资风险控制体系

从体制保障、融资总量与结构控制以及融资渠道多元化等多个方面控制了融资风险,使企业集团的资金链具有很强的抗打击能力。

资料来源:裘益政,杨柏璋.民营企业集团财务战略管理创新:以传化集团为例[M]//中国总会计师协会.2010年度中国总会计师优秀论文选.中国宇航出版社,2011.

复习与思考题

1. 财务战略的概念与特征是什么?
2. 财务战略管理一般需要经历几个环节?举例说明。
3. 财务战略决策有哪几种方法?相互有何联系?
4. 企业制定财务战略需要考虑哪些因素?为什么?

计算与分析题

在深圳证券交易所上市的"钱江啤酒"成功地在中国西部一个拥有 300 万人

口的 C 市收购了一个啤酒厂,不仅在该市取得了 95% 以上市场占有率的绝对垄断,而且在全省的市场占有率也达到了 60% 以上,为该省啤酒业名副其实的龙头老大。

距 C 市 100 千米有家天目山啤酒公司,3 年前也是该省的老大。然而,最近天目山啤酒公司因经营不善,全资卖给了一家境外公司。

天目山啤酒公司在被收购后,立刻花了近亿元的资金搞技改,还请了世界第四大啤酒公司的专家坐镇狠抓质量。但是新老板清楚地认识到,天目山啤酒公司最短的那块板就是营销。为了一举获得 C 市的市场,天目山啤酒公司不惜代价从外企挖了 3 名营销精英,高薪聘请 20 多名大学生,花大力气进行培训。

省内啤酒市场的特点是季节性强,在春末和夏初及初秋的半年多时间是旺季。一年的大战在 4 月、5 月、6 月 3 个月基本决定胜负。作为快速消费品,啤酒的分销网络相对稳定,主要被大的一级批发商控制。天目山啤酒公司没有选择正面强攻,主要依靠直销作为市场导入的手段,派销售队伍走遍 C 市的数以万计的零售终端虎口夺食。

天目山啤酒公司的攻势在春节前的元月份开始,成功地推出了"1 月 18 日 C 市要下雪"的悬念广告,还有礼品附送。覆盖率和重复购买率都大大超出预期的目标。但是,天目山啤酒公司在取得第一轮胜利的同时,也遇到了内部管理问题。该公司过度强调销售,以至于把结算流程、财务制度和监控机制都甩在一边。销售团队产生了骄傲轻敌的浮躁,甚至上行下效不捞白不捞。公司让部分城区经理自任经销商,白用公司的运货车,赊公司的货,又做生意赚钱,又当经理拿工资。库房出现了无头账,连去了哪儿都不知道。

面对竞争,"钱江啤酒"在检讨失利的同时,依然对前景充满信心。认为对手在淡季争得的市场份额,如果没有充足的产量作保障,肯定要跌下来;而且大的分销渠道没有受到冲击。

"钱江啤酒"的投资回报率和资本成本分别为 22% 和 8%,预计销售增长率和可持续增长率分别为 30% 和 16%,预计销售的高增长态势可以延续。如今,啤酒销售的旺季,也就是决战的时候快到了。

要求:

(1) 运用 SWOT 分析法,分析钱江啤酒面临的环境。

(2) 评价天目山啤酒公司的竞争战略。

(3) 分析钱江啤酒应当采取的竞争战略。

(4) 依据"价值创造/增长率矩阵",分析钱江啤酒所采用的财务战略以及应该采取的措施。

第二章

财务预算管理

课程思政

> 通过本章学习,要求理解和掌握:
> - 企业预算管理的概念、种类与功能;
> - 企业预算管理循环;
> - 财务预算管理的四种模式;
> - 财务预算控制的方法与程序。

　　预算管理是利用预算对企业内部各部门、各单位的各种财务及非财务资源进行分配、考核和控制的活动,以便有效地组织和协调企业的生产经营活动,完成既定的经营目标。在企业规模日渐扩大、日益向国际化、集团化方向发展的今天,预算管理在企业财务控制体系中的地位更为突出,其方法也不断创新,从传统的以销售为核心的预算体系,发展到利润核心模式、成本核心模式、现金流量核心模式和销售核心模式等预算管理模式,其预算控制的程序也日臻完善。"财务管理"和"管理会计"课程讲述了财务预算及其编制的基本方法和基本原理,本章将在介绍企业预算管理概述的基础上,重点探讨财务预算管理的四种模式及其适用环境,介绍企业常用的财务预算控制方法和程序。

第一节　企业预算管理概述

一、预算的概念

　　"预算"一词首先出现于政府部门的财政年度报告中。现代政府预算制度起源于英国,其初衷是控制王室的支出。随后,美国在"进步时代"(1880—1920)对预算制度的引进和发展深化了现代政府预算的内涵。预算管理在政府部门变成了一种实施集权与分权的工具和制度,预算的这一机制作用,后来在企业组织中得到了体现。

企业预算(管理)与政府预算(管理)之间的主要区别是预算运行的组织环境发生了变化,但通过预算追求资源使用效率的本质没有变化,因为无论是营利性组织还是非营利组织,所使用的资源都是稀缺的,都存在最小化投入、最大化产出的动力和压力,只是不同类型的组织产出的形式不同而已。早期的企业预算主要模仿政府预算的实践和方法,如预算直接由高层管理者制定,其主要功能就是控制,但企业预算逐渐脱离了政府预算向多功能发展。

现代企业预算是对企业未来一定时期预计经营活动的数量说明。广义上的预算是指全面预算,它是所有以货币及其他数量形式反映的、有关企业未来一段时间内全部经营活动的行动计划与相应措施的数量说明,包括业务预算、资本预算、筹资预算和财务预算四大类。

预算是公司治理结构下的游戏规则,它是一种与企业发展战略相配合的战略保障体系,是与整个公司业务流、资金流、信息流以及人力资源流的要求相一致的经营指标体系;预算是与日常经营管理过程相渗透的行为规范与标准体系;预算是与期终总结相关的业绩评价与奖惩体系。预算管理包括编制预算、执行预算与考核评价等环节,预算往往涉及大量的数据和表格,但从本质上来说,预算管理绝不是数据的罗列,而是一种与公司治理结构相适应,涉及企业内部各个管理层次的权利和责任安排,以及相应利益分配来实现的内部管理与控制机制。

二、预算的种类

(一)按预算涉及的内容分类

企业预算按包括的内容分类,可以分为业务预算、资本预算、筹资预算和财务预算四个类别。

(1)业务预算是反映预算期内企业可能形成现金收付的生产经营活动(或营业活动)的预算,一般包括销售或营业预算、生产预算、制造费用预算、产品成本预算、营业成本预算、采购预算、期间费用预算等。

(2)资本预算是企业在预算期内进行资本性投资活动的预算,主要包括固定资产投资预算、权益性资本投资预算和债券投资预算。

(3)筹资预算是企业在预算期内需要新借入的长短期借款、经批准发行的债券以及对原有借款、债券还本付息的预算。

(4)财务预算是在预测和决策的基础上,围绕企业战略目标,对一定时期内企业资金取得和投放、各项收入和支出、企业经营成果及其分配等资金运动所作的具体安排。它以业务预算、资本预算为基础,以经营利润为目标,以现金流为核心进行编制,并主要以现金预算、预计资产负债表和预计利润表等形式反映。财务预算一般按年度编制,业务预算、资本预算、筹资预算分季度、月份落实。

财务预算与业务预算、资本预算、筹资预算共同构成企业的全面预算。

(二)按预算管理的功能分类

由于企业管理可以分为经营与管理两个层次,企业预算也可以分为经营预算和管理预算两个层次。

经营预算是企业高层次的全面的预算,往往以较为综合的财务指标为主;管理预算是企业较低层次的、具体执行性的预算,往往综合运用财务指标和非财务指标,并且越低层次非财务指标运用越多。

(三)按预算是否存在期间限制分类

按预算是否存在期间限制分类,企业预算可以分为期间预算和项目预算。期间预算是以一定时期内的生产经营活动为规划对象的预算,以涉及的时期长短为标准,又可分为长期、中期和短期预算。一般来说,涉及较长时期的预算往往是有战略意义的远景规划,带有方向性,但在数据上较为粗略,正常业务预算和财务预算大多是以 1 年为期,年内再按季、月细分的短期预算,指标较为具体和确定。

项目预算是针对特定问题的将来活动预算,它是不受时期制约的预算。例如,新产品开发预算、设备投资预算、研究预算、追加投资预算等,是对个别问题或项目制定的。经营的最上层所决定的预算,差不多都是项目预算。项目预算中,也有很长时期才能实现的,也有短期内可以完成的。

(四)按预算管理的核心点分类

从预算管理的核心点来看,企业预算体系可选择不同的模式:包括以销售为核心、以目标成本为核心、以现金流量为核心和以目标利润为核心构建的不同侧重的预算管理体系。

以销售为核心构建的全面预算体系,它能使企业内部的各项生产经营活动围绕市场需求这一核心来组织,使预算较为客观。以目标成本为核心进行预算管理的企业的竞争优势主要来源于较低的成本,因此成本控制是管理的重心,如邯钢的管理模式正是适应了这种市场特点。以现金流量为核心的预算体系则是通过对现金流量的规划和控制来达到对企业内部各项生产经营活动的控制。我国宝山钢铁集团采用的就是这一模式。以目标利润为核心的预算管理较为强调所有者对经营者的利益要求,一般用于企业较高层次的经营预算。

各种预算模式并不是相互排斥的,大型企业集团可以以一种模式为主、其他为辅,针对不同层次的企业组织特点选择多种模式,形成综合的、全面的、系统的预算管理体系。

三、企业预算管理的基本功能

企业管理的方法很多,预算管理被认为是一种有效的管理手段。一般认为,企业预算管理功能主要表现在以下几方面:

(1) 资源综合配置。企业管理的重要特征之一就是优化配置资产结构,发挥规模经营效益,它需要借助于各种管理机制与手段,其中预算管理扮演着重要角色。预算管理能将企业资源加以整合优化,使资源浪费最小化和利用效率最大化。

(2) 管理协调。对于企业尤其是大企业来说,管理跨度的加大,信息的利用与控制功能的加强,需要通过一个机制来强化管理的协调,而预算管理无疑成为这样一种机制,即通过预算本身的制定、执行与监督,来保证各子公司间、母公司与子公司间及各职能部门间的管理协调。预算管理是一种制度化的程序,它通过制度的运行来替代管理,是一种制度管理而不是人的管理。

(3) 全员参与,调动管理积极性。预算管理不是单一部门或单一个人的管理行为,预算管理过程涉及方方面面,涉及企业的各个部门及所有员工,那种将预算管理视为部门管理或权威管理的想法都是不正确的。管理的对象是人,但管理的主体同样是人,如何调动全方位的积极性,不是一句口号,而必须付诸实施,从管理实践看,预算确实能够调动各方面的积极性,将企业管理作为人人自发的一种管理。

(4) 战略支持。企业管理最为核心的是战略管理,它对未来走向进行规划,具有前瞻性特征。预算管理从本质上是对未来的一种管理,它通过规划未来的发展来指导现在的实践,因而具有战略性,对集团战略起着全方位的支持作用,战略支持最充分地体现在预算的动态性上。它通过滚动预算和弹性预算的形式,将未来留于现实之中。

(5) 自我控制。企业管理的一个重要问题是如何加强对各成员的控制,以保证企业目标与战略的实现。预算管理作为一种控制机制,它将预算主体和预算单位的行为落实在"自我约束"与"自我激励"这一层面上。预算作为一根"标杆",使所有预算执行主体都知道自己的目标是什么、现在做得如何,以及如何努力去完成预算,预算完成与否是如何与其自身收益挂钩的等,从而起到一种自我约束与自我激励相对等的作用;同时,对于预算管理主体也有了明确的依据来考核执行主体,从而控制企业管理的运行过程,并保证结果的实现。从这一层面上,预算管理对于企业管理总部而言,既是对执行主体的行为过程的控制,同时也是对其行为结果控制的一种机制。

按照西方企业集团管理的经验,预算控制至少有以下好处:①通过预算目标、实际业绩的比较,预算控制能使经理人员随时了解预算主体范围内的企业实际业绩进展情况。②通过分析目标与实际的差异,揭示产生差异的原因。③能够反映原始预算的现实性与可行性,并由此而决定是否修改原始预算,使之更有利于目标的科学与合理。④通过实际业绩与预算业绩的定期比较可以最大限度地提高企业的经营效率;在集团范围内更有利于实施责任会计,有利于企业的控制与经营。

四、预算管理组织

为保证预算管理工作的顺利进行,企业应当设置预算管理机构,负责预算的组织、协调工作。预算管理组织的主要职责如下:①审议、确定预算目标、预算政策和程序。②审定、下达正式预算。③根据需要,调整或修订预算。④收集、研究、分析有关预算与执行的业绩报告,制定相关控制政策和奖罚制度。⑤仲裁有关预算冲突等。

企业设立预算管理机构主要有几种形式:

(1) 设置专门的预算部门。通过专职的预算部门负责经营活动、财务状况的调查、预测、规划,预算的制定和预算管理。

(2) 设置作为最高经营管理阶层的总参谋部,专门负责总体预算。总参谋部是指负责综合性规划的人员,或者是为全面经营管理服务的人员,他们不一定都要集中于某一部门。

(3) 组织委员会。在制定和推行经营预算方面,有时还采用委员会制度。例如,设立直属于总经理或常务董事会的下级机构预算委员会(委员长由副总经理或董事兼任),以便征求有关部门的意见,促进各部门间的意见交流,在预算实施阶段保证更好地完成预算。

(4) 为弥补部门组织或委员会的缺陷,有的设立机动的单位,如专项小组或特别工作组。这两种都是针对课题的专家临时组成的,在课题完成之前专职从事本项目的组织,在课题完成之后工作组解散。

通常,企业预算管理由预算委员会负责,预算委员会由董事会成员、总经理等高级领导组成;由总经理、财务总监担任预算领导工作,董事会通过预算委员会审议由总经理提出的预算方案;财务、会计、人事等职能部门则成为预算管理的辅助参谋部门;而采购、营销、生产等部门则负责编制分部预算报告、分解部门预算、提出预算修正案等工作。各预算管理相关组织的职责通常如表 2-1 所示。

表 2-1

预算管理组织职责

项目	预算委员会	预算领导	辅助参谋部门	直线部门
组成人员	董事会有关成员、总经理等高级领导	总经理、财务总监等	财务、会计、人事等部门	采购、营销、生产等部门
预算管理责任	1. 提出公司预算总目标、总方针和预算编制基本要求。 2. 提出预算组织工作的改进方案。 3. 审查、批准公司重大项目预算、年度预算。 4. 协调公司预算冲突。 5. 审核预算修正方案。 6. 批准决算。 7. 批准预算奖惩办法	1. 设计整体预算制度。 2. 组织预算编制、分解。 3. 向预算委员会提出预算报告。 4. 组织预算实施培训、教育。 5. 监控预算实施过程。 6. 处理或报告预算差异。 7. 提出决算报告和奖惩方案	1. 财务部是预算管理机构。 2. 会计部负责提供预算资料、对预算执行进行实时报告。 3. 人事部负责预算评价和报酬计划。 4. 提供专业性协助、督导。 5. 预算改进建议	1. 熟悉公司预算方针、方案。 2. 分解部门预算。 3. 组织预算实施。 4. 提出预算修正提案。 5. 编制分部预算报告

五、预算管理循环

公司预算管理流程是由预算编制、预算执行与控制、预算考评与激励,以及预算修正与改进四个阶段构成的预算管理循环。

(一)预算编制

1. 预算目标的确定

预算目标确定是预算编制的首要环节。从战略管理角度,年度预算目标都必须建立在公司战略及长远发展计划的基础上。在现实中,有三种方法来支持预算目标的确定:

(1)标杆法。它以最佳的业绩(财务和非财务)作为公司未来发展的战略目标,公司的任务是找出与标杆企业间的业绩差距,并通过战略规划,用年度计划方式来逼近和缩小它们间的差距。

(2)持续改善法。在公司战略目标确定中,提倡未来目标必须是对现实业绩的改善。如过去的市场占有率为10%,未来几年要求每年增加1%。持续改善法所确定的目标是过去式的,具有可实现性,考虑了环境变化等因素的影响。

(3) 创新改善法。除非公司未来在某些方面,如技术、市场、产品、服务、人力、管理结构与管理效率等方面具有重大转变和创新,否则公司战略目标仍然以标杆法或持续改善法为基础。考虑创新因素对公司的重大影响(如公司通过技术革新,发明一种能大大节约成本的关键技术,从而显著降低各相关成本),公司战略目标的确定具有一定的或然性,在目标上具有跳跃性。

战略目标、战略计划为公司预算目标的确定提供了一个基本框架。无论是标杆法、持续改善法还是创新改善法,我们都能从这些方法的运用中得到关于公司年度预算目标确定的数据。比如,有的公司在战略中明确规定,"要在未来5年内将公司变成世界一流公司"。这一表述意味着什么? 它意味着在5年内公司将用世界一流公司的业绩(财务和非财务)作为衡量标杆,以财务业绩为例,它需要定义世界一流公司的财务业绩,以及公司与这些世界一流公司在财务上的差距,并将这一差距作为公司未来5年预算控制的目标。

2. 预算编制程序

预算管理由若干个密切联系的环节组成,从编制到执行,从考核到奖惩,任何一个环节的疏漏都会造成管理上的失误,甚至出现重大的经营管理失败。因此,预算管理的每一个组成部分都要给予足够的关注,而在环环相扣的各部分中,预算的编制无疑是整个预算管理体系的基础和起点。

通常,预算编制可以采用自上而下、自下而上或上下结合的主动参与性编制方法。整个过程为:①先由高层管理者提出企业总目标和部门分目标。②各级责任单位和个人根据一级管理一级的原则据以制定本单位的预算方案,呈报分部门。③分部门再根据各下属单位的预算方案,制定本部门的预算草案,呈报预算委员会。④预算委员会审查各分部预算草案,进行沟通和综合平衡,拟订整个组织的预算方案。⑤预算方案再反馈回各部门征求意见。经过自下而上、自上而下的多次反复,形成最终预算,经企业最高决策层审批后,成为正式预算,逐级下达各部门执行。

3. 预算编制的方法

预算编制可以采用多种方法,根据预算编制所依据的业务量的数量特征,可分为固定预算和弹性预算两种编制方法;根据预算编制的出发点特征不同,可分为增量预算和零基预算两种编制方法;根据预算期的时间特征不同,有定期预算和滚动预算两种预算编制方法。

不同类型的预算编制方法各有利弊,公司可以根据不同预算编制方法的适用条件和适用范围加以选择,如表2-2所示。

表 2-2

预算编制方法及其优缺点

项目	编制方法	定　　义	优　　点	缺　　点
按业务量的数量特征不同	固定预算	根据预算期内正常的、可实现的某一业务量（如生产量、销售量）水平作为唯一基础编制预算的方法	容易操作,工作量小	过于机械呆板;可比性差
	弹性预算	按照预算期可预见的各种业务量水平,编制能适应多种情况预算的方法	预算范围宽;可比性强	很难划分变动成本和固定成本;如果手工编制,工作量大
按出发点的特征不同	增量预算	以基期成本费用水平为基础,根据业务量变化调整有关原有费用项目而编制预算的方法	容易理解,便于操作	受原有费用项目限制,可能导致保护落后
	零基预算	以所有的预算支出均为零为出发点,一切从实际需要与可能出发	不受现有费用项目限制;能调动各方面积极性	工作量很大,难以突出重点
按预算期的时间特征不同	定期预算	在编制预算时以不变的会计期间（如日历年度）作为预算期的一种编制预算的方法	预算期间与会计年度相配合,便于考核和评价预算的执行结果	滞后性;间断性
	滚动预算	在编制预算时,将预算期与会计年度脱离开,随着预算的执行不断延伸补充预算,逐期向后滚动,使预算期永远保持 12 个月的一种方法	透明度高;及时性强;连续性、完整性和稳定性突出	预算工作量较大

（二）预算执行与控制

预算编制完成以后,在执行之前,还需要经过预算的分解、下达和具体讲解等准备步骤来保证预算的有序执行,保证预算体系运转良好。

预算开始执行之后,必须以预算为标准进行严格的控制,如支出性项目必须严格控制在预算之内,收入项目务必要完成预算,现金流必须满足企业日常和长期发展的需要。预算控制的内容就是预算编制产生的各级各类预算,即经营预算、资本支出预算和财务预算。预算的执行与控制是整个预算管理工作的核心环节，需要企业上下各部门和全体人员的通力合作。

在预算执行与控制过程中以及预算完成后，一个尤为重要的环节便是预算差异的分析，即指对预算执行中产生的各种预算与预测、实际与预算的差异以及有利与不利等差异（实践中，预算差异的分析主要是针对实际和预算的差异进行对比）的分析，并确定差异、分析原因、总结经验教训。在分析实际和预算差异的时候，一般按照以下几个步骤进行：①对比实际业绩和预算目标找出差异。②分析出现差异的原因。③提出恰当的处理措施。其中，预算执行过程中的差异分析可以根据周围环境和相关条件的变化帮助调控预算合理而顺利地执行；预算完成后的差异分析则可以总结预算完成情况，帮助评价预算期间工作的好坏，进而为企业评价激励制度的公平有效提供数据依据。因而说，它贯穿于预算管理的全过程，既为预算的执行与控制明确了工作重点，也为下期进行预测、编制预算提供了可供借鉴的丰富经验。

（三）预算考评与激励

预算考评是对企业内部各级责任单位和个人预算执行情况的考核与评价。对预算的执行情况进行考评，监督预算的执行、落实，可以加强和完善企业的内部控制。在企业全面预算管理体系中，预算考评能够检查、督促各级责任单位和个人积极落实预算任务，及时提供预算执行情况的相关信息以便纠正实际与预算的偏差，有助于企业管理当局了解企业生产经营情况，进而实现企业总体目标。同时，从整个企业生产经营循环来看，预算考评作为一次预算管理循环的结束总结，它为下一次科学、准确地编制企业全面预算积累丰富资料和实际经验，是以后编制企业全面预算的基础。

由于预算提供了明确的、在一定期间要求达到的经营目标，是对企业计划的数量化和货币化的表现，为业绩评价提供了考评标准，是业绩评价的重要依据，便于对各部门实施量化的业绩考核和奖惩制度，使得企业有效激励相关部门和人员有了合理、可靠的依据。确立"考评与奖惩是预算管理工作生命线"的理念可以确保预算管理落实到位。严格考评不仅是为了将预算指标值与预算的实际执行结果进行比较，肯定成绩，找出问题，分析原因，改进以后的工作，也是为了对员工实施公正的奖惩，以便奖勤罚懒，调动员工的积极性，激励员工共同努力，确保企业战略目标的最终实现。由此可见，预算考评与激励在整个企业全面预算体系中占有极其重要的地位。

（四）预算修正与改进

当公司内外环境发生改变，预算与实际出现较大偏差，原有预算将不再适宜，因而需要进行必要的预算修正。原则上，为维护预算的严肃性，预算一经制定并下达执行,不应当随意变动。但是预算并不是僵化的,为引导管理行为长期化,追求企业战略目标的实现,往往需要建立预算调整制度。

通过预算调整可以更好地发挥预算管理职能。系统地、周期性地调整预算使企业在不断变化的经营环境中受益。较为常见的预算调整的实现方式是编制季度滚动预算。季度滚动预算不仅是年度损益调整的工具,而且是公司各部门经营控制和考核评价的基础。

【法规链接】

财政部于 2001 年 5 月出台了《企业国有资本与财务管理暂行办法》(财企〔2001〕325 号),并于 2002 年以财企〔2002〕102 号文件的形式颁布了《关于企业实行财务预算管理的指导意见》,以及 2006 年 12 月颁布新《企业财务通则》,2010 年 4 月发布《企业内部控制应用指引第 15 号——全面预算》。2007 年 5 月国务院国有资产监督管理委员会发布 18 号令《中央企业财务预算管理暂行办法》。这一系列法规是指导企业全面预算管理实践的最为权威的文件,尤其是《关于企业实行财务预算管理的指导意见》,对财务预算管理的基本内容、财务预算管理的组织机构、财务预算的形式及其编制依据、财务预算的编制程序和方法、财务预算的执行与控制、财务预算的调整、财务预算的分析与考核等方面,提出了规范意见。

第二节 财务预算管理模式

预算管理模式是指在预算编制中各预算之间的逻辑关系,其核心问题是预算编制起点的确定。现代企业的预算管理模式一般有四种:以销售为核心、以目标利润为核心、以目标成本为核心以及以现金流量为核心。除此之外,还有基于经济增加值、企业战略、作业以及基于平衡计分卡等预算管理模式的创新。

事实上,由于不同的企业面临着不同的市场环境、行业竞争激烈程度、产品生命周期、企业的规模与组织,所以不同的企业预算编制核心也会有所不同。由于不同核心的预算管理模式具有各自的特点,企业在选择预算管理模式时,应该注意以下几点:①根据自身特点选择合适的预算管理模式。②企业在选择了预算管理模式后,应充分了解该模式的优缺点。③企业预算管理模式不应一成不变。

一、以销售为核心的预算管理模式

以销售为核心构建的预算管理模式是一种较为传统的预算管理模式,它以一个竞争性的市场为前提,其逻辑是销售决定生产、生产决定设备、物料采购和人力聘用,进而决定筹资和投资。其规划程序是以销售预测为基础的销售预算为起点,根据销售预算考虑期初、期末的存货变动制定生产预算,最后综合各项预算形成汇总的年度财务预算。

在以销售为核心的预算管理模式中,销售预算是一切预算的基础,销售预算的准确性、合理性成为整个预算体系成功的关键因素,而销售预算又是以销售预测为前提的,因此,在该模式中,预算编制的重点就是科学、准确地预测销售水平。一般来说,进行销售预测时必须同时考虑内部和外部两种因素,外部因素指不能被个别公司控制的影响因素,如一般经济状况、行业发展趋势、总的市场潜力等;而内部因素与企业的内在条件有关,由生产能力、产品质量、销售经历和历史、特殊的广告和促销计划、定价政策、销售方法的变化等因素构成。

以销售为核心的预算管理模式优点是:符合市场需求,能够实现以销定产;有利于不断提高市场占有率,使企业快速成长;有利于减少资金沉淀,提高资金使用效率。缺点主要有:可能会忽略成本降低,不利于提高企业利润;可能出现过度赊销,而增加企业坏账损失;可能会造成产品过度开发,不利于企业长远发展。

以销售为核心的预算管理模式主要适用于以下类型的企业:

(1) 以快速成长为目标的企业。这种类型的企业目标并不是一时一刻利润的高低,而是追求市场占有率的提高,可以采用以销售为核心的预算管理模式。

(2) 处于市场增长期的企业。这种类型的企业产品逐渐被市场接受,市场占有份额直线上升,产品的生产技术较为成熟,这一时期企业的主要管理工作就是不断开拓新的市场以提高自己的市场占有率、增加企业销售收入。

(3) 季节性经营的企业。这种企业所面临的市场不确定性较大,其生产经营活动必须根据市场变化灵活调整。

二、以目标利润为核心的预算管理模式

以目标利润为核心的预算管理模式是指以出资者的目标收益为起点,根据市场预测,倒挤出内部责任预算目标并形成详细预算的过程,该模式的重点是通过内部管理改善,充分挖掘潜力以保证出资者收益目标的实现。

在以目标利润为核心的预算管理模式中,目标利润的确定作为整个预算系统的起点,一旦被确定就成为管理的导向,在执行预算的全过程产生制约作用,因此其合理性、可行性,决定着预算运行的实施效果。目标利润既要反映出资者的必要报酬,同时还应兼顾企业的现实条件以及预算执行者的自身利益,也就是要平衡出资人和经营者之间的利益关系。目标利润制定得过低,难以激发企业潜力,容易给企业带来大量无效资本,而过高的目标非但没有激励的效果反而会使经营者失去实现目标的动力。因此,确定合理的目标利润是实施以目标利润为导向的

企业预算管理的一个关键环节。

以目标利润为核心的预算管理模式优点是：有利于企业增强其盈利能力，明确工作目标，激发员工工作的积极性。其缺点是：可能引发短期行为，使企业只顾预算年度利润，忽略企业长远发展；可能引发冒险行为，使企业只顾追求高额利润，增加企业财务和经营风险。因此，这种管理模式需要从制度上防范管理层的短期行为和冒险行为。

以目标利润为核心的预算管理模式主要适用于以下类型的企业：

(1) 以利润最大化为目标的企业。如果企业的目标是追求利润最大化，则在预算管理中一般都会选择以利润为核心的预算管理模式。

(2) 大型企业集团的利润中心管理。在大型企业集团，一般都设有若干责任中心，其中利润中心一般选择以利润为核心的预算管理模式。

三、以目标成本为核心的预算管理模式

以目标成本为核心的预算管理模式就是要以成本目标的控制为预算编制和管理的核心内容，预算编制以成本预算为起点，预算控制以成本控制为主轴，预算考评以成本为主要考评指标的预算管理模式。

它在明确企业目前实际情况的前提下，通过市场调查，结合企业潜力和预期利润进行比较，进而倒挤出企业目标成本，加以适当的量化和分类整理，形成一套系统完善的预算指标，进而将之分解落实到各级责任单位和个人，并明确相应的以成本指标完成情况为考评依据的奖惩制度，使相关责任单位和个人权责利紧密结合。在企业生产经营过程中跟踪成本流程，按照预算指标进行全过程的控制管理。

以目标成本为核心的预算管理模式下，预算编制主要包括三个基本环节：设定目标成本、分解落实目标成本和实现目标成本。

(一) 设定目标成本

设定目标成本是以整个成本为核心的全面预算管理模式的起点，从理论上讲，目标成本主要包括理想的目标成本、正常的目标成本和现实的目标成本三种。其中，理想的目标成本是以现有生产经营条件处于最优状态为基础确定的最低水平的目标成本。它未考虑客观存在的实际情况，提出的要求过高，一般不宜作为业绩考评依据；正常的目标成本是根据正常的耗用水平、正常的价格和正常的生产经营能力利用程度制定的目标成本。这种总目标成本是依据过去较长时期实际成本的平均值，剔除其中生产经营活动中的异常情况，并考虑未来的变动趋势来制定的。因为正常的目标成本是一种经过努力可以达到的成本目标，且在生产技术和经营管理条件无较大变化的情况下，不必修订。因此，在经济形势稳定的

情况下,正常的目标成本得到了广泛的应用;现实的目标成本是在现有生产技术条件下进行有效经营的基础上,根据下一期最可能发生的各种生产要素的耗用量、预计价格和预计的生产经营能力利用程度而制定的目标成本。这种目标成本可以包含管理当局认为短期内还不能完全避免的某些不应有的低效、失误和超量消耗。现实目标成本由于目标容易达到,因此往往缺乏激励性质。这种目标成本最适于在经济形势变化多端的情况下采用。

从技术上来说目标成本的设定一般有两种方式:修正方式和倒挤方式。

(1) 修正方式是结合企业未来成本挖掘的潜力及相关环境变化,对企业历史成本指标进行适当修正以得到当期成本目标的方式。采用此方式设定企业目标成本时,必须搞清楚可能对企业成本产生影响的一切内外部因素以及这些因素对成本降低或升高的不同影响。有两个问题需要着重注意:一是在分析预算期间可能对目标成本产生影响的因素时,既要看到企业内部的相关因素影响,更要充分重视企业外部因素的影响作用,如原材料价格的涨落、同行企业的竞争,乃至国际贸易发展趋势和国际政治经济状况等都需要认真考虑并在企业目标成本的设定中有所体现;二是在确定目标成本时还要结合企业的战略目标、实际技术水平以及管理工作基础进行修正。

(2) 倒挤方式是企业在充分的市场调查、初步明确产品售价以及市场占有份额的基础上,结合企业利润预期,倒挤出企业目标成本的方式。其中,预期单位产品售价可以通过与同行业同类产品的横向对比,或与本企业历史水平的纵向对比,结合预算期间企业的相关状况确定。

(二) 分解落实目标成本

在目标成本确定之后接下来要做的工作就是将各成本预算指标按照一定的要求,采用一定的形式和方法,细化为各责任单位和个人的具体目标,并通过对这些细化后明确落实到各责任单位和个人的指标的考评、控制和奖惩,来确保目标成本的实现。

在目标成本的分解过程中要坚持三个原则:一是因地制宜原则。结合企业产品生产、技术和经营管理的特点来科学地选择目标成本分解的具体依据和方法。二是彻底分解原则。为明确成本责任,强化成本控制,应当尽量把目标成本细化到最小单元。三是一致性原则。一方面要保证分解后的各子目标之和与被分解的目标值相等,即目标总成本等于各子目标成本之和,使得各责任单位和个人在都完成了自身目标成本的同时实现企业整体目标成本。

目标成本的分解方法,主要有以下三种:一是沿成本控制的对象,即物的要素进行分解,具体可按照产品结构、产品功能、产品加工过程和成本项目分解。二是沿成本控制的主体,即人的要素进行分解,即按企业组织管理系统,如子公司、车间、班组、个人，或按经济责任制系统，即各级责任单位和个人进行分解，分解后形成一个由责任单位和个人组成的子目标控制体系。三是沿成本控制的时间序列，即预算期间进行分解，如按年、季、月、周、日等进行分解，分解后形成一个用时间段表示的子目标体系，其中包括年度成本目标、季度成本目标、月度成本目标等。

（三）实现目标成本

目标成本的实现过程实质上就是一个成本控制的过程，亦即企业内部对成本目标负有经管责任的各级责任单位和个人，在成本的形成过程中，根据事先制定的目标成本，按照一定的原则，对各级责任单位和个人日常发生的各项成本和费用进行严格的控制、分析、调整和考评，以保证目标成本的实现。主要有以下几方面的工作要做：

（1）建立责任会计制度，为每个对成本负有经管责任的责任中心编制责任预算，作为日常成本控制的依据；定期编制责任中心实绩报告，和企业预算对比，发现差异，分析原因并及时作出应对措施；根据各责任中心的考评结果进行奖惩，使责权利紧密结合。

（2）建立信息反馈系统，及时反映成本目标控制的偏差。在目标成本实现的过程中企业要建立一个成本信息反馈中心，及时反映实际成本与目标成本的差异，揭示差异产生的原因，以便于企业采取有效措施纠正偏差，保障目标成本的实现。企业全面预算和责任预算已经把企业生产经营活动的全部过程和环节以及完成这些预算的责任目标都规定得比较明确了。为了能够适时地掌握和控制整个企业预算执行的情况与各级责任单位和个人的责任预算的履行情况，就需要建立及时、高效的有关预算执行情况的信息反馈系统，以便企业管理当局和各方管理者及时了解预算执行的进展情况，并根据反馈信息作出相应的决策，控制经济活动的实际状况脱离预算的差异，保证企业全面预算管理目标的实现。

以目标成本为核心的预算管理模式优点是：有利于企业采取低成本战略，不断降低成本，提高盈利水平；有利于企业采取低成本扩张战略，扩大市场占有率，提高企业成长速度。其缺点是：企业可能只顾产品成本降低而忽略了新产品开发和产品质量。

（四）以目标成本为核心的预算管理模式的适用

（1）产品处于市场成熟期的企业。在这一阶段，市场增长速度放缓，销售份额增长空间不大而相对稳定，因此企业经营风险较低，现金流等各项指标均相对稳定。为提高企业效益，可供选择的较好的方案就是严格控制成本支出。对于成熟期产品而言，定价策略对于期望利润率的高低及其实现程度影响已经微乎其微，而成本控制却显得格外重要。

（2）大型企业集团的成本中心。在大型企业集团，一般都设有若干责任中心,其中成本中心一般选择以成本为核心的预算管理模式。

四、以现金流量为核心的预算管理模式

以现金流量为核心实施预算管理模式,旨在解释企业现金从何处来？用到何处去？未来何时需要现金？如何筹资以用于到期的现金支付？等等。所有这些问题都与现金预算管理模式相关。离开这一点,企业财务管理就失去了管理的依据和管理的重心。以现金流量为核心的预算抓住了财务决策、控制和协调的核心问题,通过对现金流量的规划和控制来达到对企业内部各项生产经营活动的控制。这一模式较为适用于业务迅速发展、企业组织处于扩张阶段的企业管理或大型企业集团的内部控制。

（一）预算内容

以现金流量为核心的预算管理模式就是主要依据企业现金流量预算进行预算管理的一种模式。该模式主要由现金流量预算、业务预算和资本预算、筹资预算组成。

现金流量预算是以现金流量为核心的预算管理体系中预算编制的起点,也是最为关键的环节,按照收付实现制的原则来全面反映企业生产经营活动的一种预算。其编制通常包括现金流入和现金流出。其中,现金流入与现金流出均按照现金流量表的口径,从经营活动现金流量、投资活动现金流量和筹资活动现金流量三个方面考虑。

现金流量预算有利于企业合理规划现金收支,协调现金收支与经营、投资、融资活动的关系,保持现金收支平衡和偿债能力,同时也为现金控制提供依据。短期现金流量预算一般按年分季进行,还可进一步按月或更短的期间进行。现金流量预算依据的数据资料主要有:业务预算、资本预算、利润预测或预计利润表、筹资计划及现金收支的历史资料等。

除了现金流量预算,企业还应当认真编制并执行包括销售预算、生产预算、供应预算、成本费用预算以及利润预算等在内的各项业务预算。在有重大资本活动的情况下,企业还应编制并执行相应的资本支出预算和筹资预算,并据以进行预算考评与激励。

（二）预算编制程序

在以现金流量为核心的预算管理模式下,预算编制的程序通常是采用先自上而下、再自下而上的多次反复的程序。一般来说,主要包括三个步骤：

首先,资金管理部门根据各组织单位的责任范围,下达现金流量预算应包括的内容和格式。只发生现金流入的部门编制现金收入预算；只发生现金流出的部门编制现金支出预算；既发生现金流入又有现金流出的部门,其预算内容应包括

现金收入预算和现金支出预算。预算的内容至少应包括有关收入额和支出额的金额和时间,预算的详略程度视管理的需要而定。

然后,各责任部门根据资金管理部门的要求和自身的实际情况编制相应的现金流量预算并向上报出,逐级汇总。

最后,资金管理部门将各组织单位编制的现金流量预算进行汇总,按照"量入为出"的原则进行统筹安排,将预算的调整数通知各下级预算编制单位并与之进行协商,两者协商一致的金额就是最后确定的现金流量预算数。

以现金流量为核心的预算管理模式优点是:有利于增加现金流入;有利于控制现金流出;有利于实现现金收支平衡;有利于尽快摆脱财务危机。其缺点是:往往预算比较保守,错过企业发展良机。

（三）以现金流量为核心的预算管理模式的适用

（1）产品处于市场衰退期的企业。在衰退期,由于产品已被市场抛弃或出现了更价廉物美的替代产品,产品市场急剧缩小。如何做好现金的回流工作以及如何寻找新的投资机会以维持企业的长远生存就成了财务工作的重点。可见,在该阶段以现金流量预算作为整个预算管理体系的核心,是由该阶段的生产经营特点决定的,有其必然性。

（2）处于财务困境的企业。当企业出现财务困难,现金短缺时,也应该采用以现金流量为核心的预算模式,以便摆脱财务危机。

（3）重视现金回收的企业。有些企业虽然不存在财务危机,但理财比较稳健,重视现金流量的增加,这样的企业也应采用以现金为核心的预算管理模式。

第三节 财务预算管理控制

一、预算控制的内容

预算控制的内容就是预算编制产生的各级各类预算,即业务预算、资本预算、筹资预算和财务预算。

（一）业务预算的控制

业务预算中包括的销售预算、生产预算、成本、费用预算等都是预算控制的内容。

1. 销售预算的控制

在销售预算的控制中,关注目标应该集中于销售价格和销售数量,监督两者在预算期间的变化,可以采取以下措施:

（1）将销售预算涉及的地区划分为若干部分,每部分由专人负责,如分区销售经理。

(2) 建立销售预算完成计划时间进度表,随时检验预算完成情况。

(3) 建立有效的预算评估程序,对每一阶段预算执行情况进行评价。

另外,在销售预算中还涉及了对产品期初期末存货的考虑。销售量的波动由于各种环境的影响会比较频繁,为了生产的稳定,对存货的预算也应该进行控制,使存货数量处在最低安全存量和最高安全存量之间。

2. 生产预算的控制

(1) 产量预算的控制。产量会受到销售预算和存货预算控制结果的影响,一般来说,产量预算控制的指导原则应包括:①对每项或每类产品决定其标准存货周转率。②利用每项或每类产品的标准存货周转率和销售预测值来决定存货数量的增减。③预算期内的生产数量就等于销售预算加减存货增减数量。

总之,产量预算的控制必须符合管理控制政策,使生产稳定,将存货数量保持在最低安全存量以上,但要使之处在可能的最低水平,同时,还要处在管理决策所决定的最高存货量以下。

(2) 直接材料预算控制。直接材料控制的基本目的有两个:一个是关于直接材料存货,通过预算控制使相关人员能够在最适当的时候发出订单,以适当价格和质量获得适当数量的直接材料;一个是关于直接材料消耗,通过控制使材料消耗符合预算标准,将损失控制在确定范围之内。

有效的直接材料存货控制必须做到:供应生产所需的材料,保证生产的连续性;在供应短缺时(季节性等因素造成),设法提供充足的材料供应,并预期价格波动;以最少的处理时间和成本储存材料,并避免火灾、盗窃等意外情况以及减少自然消耗;有系统地报告材料状况,使过期、过剩、陈旧的材料项目降到最低程度。这些要求可以通过定期汇报、定期检查、限定材料存货最低最高量等手段来实现。

直接材料消耗控制应该使生产过程中的材料消耗控制在预算标准范围之内,尽量减少不必要的浪费和损失,提高材料利用率。实现直接材料消耗控制的方法有:限额领料制、配比领料制、盘存控制法。在使用这几种方法的时候,要注意严格执行标准,如果有超标现象,需要说明原因,并经有权作出决策的部门和人员批准。另外,还应该注意材料的品种、规格要符合工艺技术的要求,防止大材小用或者优材劣用。

(3) 直接人工的预算控制。有效的直接人工预算控制取决于各级主管人员的持续监督和观察,以及主管人员与员工的接触。直接人工预算中最重要的环节是单位小时人工标准的确定,另外工作流程的规划以及物料、设备的布置安排,都会对直接人工总成本产生影响。同时,在一定的工时标准基础上,员工的工作效率如何会直接影响生产数量和质量。所以,对直接人工的预算控制可以从两个角度着手：

一是通过控制人工标准和员工人数，控制工资费用总额。从最终的财务结果来讲，总的工资费用才是直接相关的，所以必须对总的工资费用进行预算控制。首先，要控制员工工资、奖金等的支付标准，结合国家、行业的相关规定和企业的实际情况制定出适合本企业的人工支付标准。其次，要控制员工人数，遵守定员标准，增减员工要通过一定的审批程序来进行。

二是监督劳动生产率情况。监督劳动生产率主要是控制生产工人的出勤率、工时利用率以及工时定额的完成情况。目的在于通过提高劳动生产率来提高产品产量，从而降低单位产品成本中的工资费用。但是，也不能盲目地追求产量增加，还要注重对产品质量的控制。

（4）制造费用预算的控制。制造费用预算控制的基本原则是区分可控和不可控因素。制造费用预算控制中的可控因素与材料和人工预算控制都有关联，制造费用中的材料和人工控制方法可以参照直接材料和人工的预算控制。制造费用预算控制中的不可控因素，如分摊来的折旧和管理费用等，则只能由负责计算分摊这些费用的部门实施控制，调控费用总额和分配给相应受益部门的份额。接受这些间接费用的部门则不须承担控制责任。

3. 成本、费用预算的控制

（1）成本预算的控制。成本预算是对直接材料、直接人工、制造费用预算的总结概括，因此成本预算控制就是站在一个更高层次的角度对产品成本总的监督，而不是分项目的详细控制。如果在以销定产，而且在从目标利润倒推生产成本的情况下，对成本预算的控制就是对直接材料、直接人工和制造费用预算的基础，通过成本预算中要求的各项目的完成情况，详细制定各项目的控制措施。

（2）销售费用预算的控制。销售费用可以分为变动销售费用和固定销售费用，对这两种销售费用的控制方法也不同。变动销售费用是指与产品销售数量成正比例变动的费用，如销售佣金、包装费、运输费等。对于变动销售费用，一般应在不影响销售的前提下控制其单位消耗，如通过采用更科学的打包技术，降低包装物的消耗，从而减少单位产品的包装费。固定销售费用是指与产品销售数量没有直接关系的销售费用，如广告费、销售部门管理人员的工资等。由于固定销售费用与销售量没有直接关系，所以控制的时候以总额控制为主，如限定预算期间用于广告费用的支出金额。

（3）管理费用预算的控制。管理费用预算由许多明细项目组成，对于不同项目的费用，应采用不同的控制方法，但就费用水平而言，应采用费用预算总额控制的方法。比如，对于可能发生的坏账，事先应该按照应收账款的一定比率和账龄长短核定预算年度的坏账准备，如果实际发生的坏账超过了预算数额，则在核销的时候应该由有权控制的部门核准,并查找发生超额坏账的原因,写出报告。

(二) 资本预算的控制

对资本预算,在控制的时候并非仅仅是压制支出,还应该根据实际情况的变化,随时调整支出项目,使资本资产的取得、维护、重置等能够顺利进行,一旦发生无法预计和解决的问题,需要及时停止资本支出项目以最大限度地减少损失。资本预算的控制分为三个阶段:

第一阶段是正式授权进行特定资本项目的计划。对主要的资本支出计划,需要最高管理当局批准,批准的形式可以是正式或非正式的通知,相应的,对重要性程度递减的资本性支出计划,则由相应级别负责的管理部门授权即可。

第二阶段是资本支出项目进行中的支出控制。一旦资本性支出项目经过批准并开始实施,应立即设立专门档案加以记录发生的成本、费用支出,并根据责任范围编制工作进度作为补充资料。每个资本支出项目的进展情况报告,都应该每隔一段时间呈报给相应的管理机构,重要的资本项目则需要将报告呈送企业最高管理当局审核。在报告中,应包括的项目有:

(1) 成本项目。成本项目中应列明资本项目的预算金额,到报告期为止的累积支出和尚需支付的待付款项,预算中未使用的金额,已经超过或低于确定支出的数额。

(2) 收入项目。如果资本项目投入后马上就可以产生收益,或在报告期内产生了收入,则应在报告中列明收入数额,取得收入的原因和方式等。

(3) 进度报告。进度报告中需要说明项目的开始日期,预计的进度表,实际的进展程度,预计项目完成尚需的时间。

(4) 其他需要说明的情况。没有包括在上述三个项目中,但又比较重要的问题可以放在这个项目中,如项目的质量,一些事先没有估计到的问题等。

第三阶段是资本项目完成后的记录归档。项目完成后,关于该项目的资料档案也记录完毕,实际情况、预算情况,以及两者的对比、分析、解决,项目的验收和试运行情况等一一包括在内。这些档案资料经相应管理机构核准后可以归档。

经过以上阶段,对资本支出预算的控制已经基本完成,但如果是重大的资本支出项目,还需要跟踪观察,进行定期研究,确定该项目是否产生当初分析时所预期的结果。这样的考察是十分必要的,因为可以对初始分析的适当性提供良好的测验,还可以为将来的经营决策提供有价值的参考资料。

(三) 筹资预算的控制

筹资预算的控制,主要关注筹资方案的可行性、筹资渠道与方式的合法性、筹集资金使用的合理性、筹资风险的可控性。

企业应当根据经营和发展战略的资金需要,确定融资战略目标和规划,结合年度经营计划和预算安排,拟定筹资方案,明确筹资用途、规模、结构和方式等相关内容,对筹资成本和潜在风险作出充分估计。如果是境外筹资,还必须考虑所在地的政治、经济、法律和市场等因素。企业应组织相关专家对筹资方案进行可行性论证,可行性论证是筹资预算控制的重要环节。通过可行性论证的筹资方案,需要在企业内部按照分级授权审批的原则进行审批,重点关注筹资用途的可行性。重大筹资方案,应当提交股东(大)会审议,筹资方案需经有关管理部门批准的,应当履行相应的报批程序。企业应根据审核批准的筹资方案,编制较为详细的筹资计划,经过财务部门批准后,严格按照相关程序筹集资金。企业要严格按照筹资方案确定的用途使用资金,确保款项的收支、股息和利息的支付、股票和债券的保管等符合有关规定。筹资活动完成后要按规定进行筹资后评价,对存在违规现象的,严格追究其责任。

(四)财务预算的控制

财务预算的控制主要是针对现金预算的,因为通过对前面的各项预算的控制,预计利润表和预计资产负债表已经得到了较好的保证,而对现金还没有专门进行管理控制。

良好的现金控制制度是非常重要的,因为现金的多余和不足,特别是不足,给企业带来的潜在影响是无法准确衡量的。

实际的现金收支与预算收支的差异是一定存在的,发生差异的原因可能有:现金影响因素的变化;突然和意想不到的情况对生产经营的影响;现金控制不得力。管理当局为了缩小差异,避免出现现金不足情况,可以采取下面的方法:①加大应收账款的催收力度。②减少付现费用。③延迟资本支出。④推迟待付的款项。⑤在不影响生产经营的基础上减少存货数量。一般来说,对现金预算进行控制的方法有:

(1)对现金及未来可能的现金状况作出适当和连续的评价。这个程序涉及定期评估和报告截至报告期止所发生的实际现金流动情况,同时对下一期间可能发生的现金流量再预测。

(2)保存逐日(或更长间隔期间)的现金状况资料。为减少利息费用,确保现金充足,有条件的企业可以对现有现金状况每天进行评估。这个方法特别适用于现金需求波动幅度较大,并且分支机构分散而有庞大现金流动的企业。在实际经济生活中,有很多企业都编制现金收支日报表来控制现金流量。

二、预算变更

预算变更是对预算执行中发现的错误和由于环境因素变化造成的不恰当的预算标准进行更改,更改要求由具体的预算执行人提出,视重要程度由相应级别的管理人员批准，并经预算管理委员会审核。

预算编制中的错误是不可能完全避免的，对其更改也不需经过讨论研究，基本的更改审批程序与环境变化造成的预算更改相同，所以下面主要对由于环境变化引起的预算更改加以说明。

（一）预算变更的原因

预算变更的最重要原因就是时间和空间的变化和不协调。

1. 时间变化

预算执行所在的期间和预算编制的期间一般来说是不相同的，这种时间的差距很可能使预算编制环境和执行环境、预算编制人员和执行人员乃至企业具体的短期目标发生变化。这些因素的变化都需要预算作出相应调整。

（1）预算编制环境和执行环境不同。由于预算编制的时候是以当时情况和未来预测发展为基础的，虽然考虑了可能出现的不确定性，但无法做到与未来环境的完全一致。在预算执行中，如果环境发生变化，使得原来编制的预算已经不能适应新情况的需要，为了企业预算期间的目标实现，乃至长远的发展，就必须对已经不合时宜的预算标准进行更改。

（2）预算编制人员和执行人员不同。企业的预算一般是在预算年度开始之前几个月就着手编制，预算执行要在一段时间之后，在这期间，如果出现人事变动，使某一具体项目预算编制和执行的人员不同，可能会由于每个人的思考和解决问题的方式和能力不同，造成原有的预算标准不恰当。这时，适当的及时更改是必要的。

（3）预算编制的短期目标和执行中的短期目标不同。预算编制的时候需要充分考虑企业的长期和短期目标，为了实现这些目标而努力。但在预算执行中，企业的短期目标很可能发生变化，与预算编制时确定的目标不同。比如，企业预算中确定的预算期间的目标是销售额增加 200 万元，但在预算执行中，由于应收账款回收渠道不畅通等原因，造成企业现金严重短缺，这时，企业的短期目标就不是扩大销售，而是保障正常生产经营的现金需要。相应的，有关预算标准也要变更。

2. 空间变化

空间变化主要指的是进行预算编制和预算执行的部门和人员不同。

预算编制是通过上下级之间的反复沟通协调实现的具有普遍接受性的目标。在这个过程中，具体的预算执行人员虽然参与了预算编制，但预算框架体系、关键数据、重大任务还是主要由财务部门和各级管理人员，特别是高级管理人员确定的。这样，预算编制和具体的预算执行人员的不统一，可能会造成目标和实际情况脱节，财务部门和管理人员不可能完全了解预算具体执行中遇到的问题。所以，在预算执行中，具体的操作人员会发现在预算中没有明确提出或描述一些特殊或突发情况。

对涉及这些情况的预算标准,必须及时修改,才能使计划和实际合拍。

(二)预算变更的程序

预算是企业预算期间生产经营的标准,保证其稳定性能够使企业的业务目标连续、一致,并且有利于员工的理解和执行。因此,预算变更必须经过严格的审批程序,不能随意更改。企业的预算变更一般要经过以下程序:

(1)发现和报告预算错误和环境变化引起的预算更改。预算中的错误和不当之处一般都是由具体的预算执行人员发现的,但是他们并没有更改预算的权力,所以,预算执行人员在发现需要修改的预算标准以后,需要作出一个简明的报告,呈送主管人员。

报告中应该包括的内容有:原有的预算标准、需要更改的原因、更改预算之后可能出现的结果、相关人员签字。

(2)主管人员审查预算更改报告,判断是否需要修改。预算执行人员的直接主管人员需要对预算更改报告进行分析,加以筛选。对限额标准以下并且确实需要修改的情况,批准修改,并将修改情况写出报告,一份交上级主管机构审核,一份留存备查。对限额标准以上需要修改的项目,在原预算更改报告中加注自己的意见并签名呈送上级主管机构。

这一程序根据企业规模和员工级别设置情况,可以逐级向上传递,直到预算管理的最高机构——预算管理委员会。预算管理委员会对重大预算更改直接负责。

(3)跟踪预算更改后业务进展。预算更改之后,相关项目业务还要继续进行,通过对其进展情况的跟踪报告,可以发现更改的效果如何,作为业绩评价和今后预算执行的一个参考资料。

案例2-1　山东华乐集团目标利润预算管理的分析

山东华乐集团是一家由7万元资产的乡镇企业改制而成,以棉纺为主业的股份制民营企业集团。该集团自1988年开始探索,实施全面预算管理模式,当年实现利税240万元,比1987年增长了60%。该集团从1989年开始全面推行预算管理模式,当年实现利税550万元,比1988年又翻了一番。在以后的管理实践中,该集团一方面优化措施,加大力度,推行和完善全面预算管理制度;另一方面不断总结全面预算管理模式的运行经验,并从管理学角度进行深入探讨,将其上升到理论的高度。经过十多年的不断探索、归纳,总结出了一套适合我国国情的企业全面预算管理模式。随着全面预算管理模式的推行,集团经济效益一直保持稳定增长,销售收入、利税连年平均以34%、40%的幅度稳步递增,1999年创出了利税

700万元的全国领先水平。

该集团之所以能够连续十几年保持业绩快速增长,原因很多,而其中实施以目标利润为导向的预算管理发挥了主要作用。

(一) 以目标利润为导向预算管理的创新点

以目标利润为导向的预算管理,是以目标利润为出发点和经营纲领,将预定期限内为实现目标利润所涉及经济资源的取得和利用,以货币或数量的预算形式表示出来的企业各个部门的总和的行动计划。该集团以目标利润为导向的预算管理则是将企业预算管理与目标管理进行有机结合,以目标利润为企业管理主线,考虑到企业目标利润的实现和资本投资的目的,针对我国企业的现状而设计出的一种新的预算管理模式。这一预算管理模式有三个主要特点。

1. 提出了预算平衡点

传统的盈亏平衡点理论是销售收入弥补总成本时的水平,称为盈亏平衡点。该集团在此基础上,将目标利润作为固定值确定下来、销售收入弥补总成本后再弥补目标利润,弥补目标利润时的销售水平,称为目标利润预算平衡点。

目标利润预算平衡点对企业生产经营管理具有重要的指导意义。在预算平衡点下方,销售收入无法实现目标利润时,就需要其他固定成本的降低或者是变动成本降低来编制目标利润实现,或者通过技术革新、减少人工成本支出来降低变动成本或通过完善管理来降低固定费用,以促使目标利润实现。在预算平衡点上方,销售收入已实现目标利润,公司以此为基础,积极进行技术革新,节约人工耗费,主动降低成本费用,追求超目标利润的实现。

在销售市场和生产能力相对稳定时,公司销售收入不可能有大幅度增长,单位变动成本对公司来说具有相对稳定性,这时固定费用成为调节预算平衡点的重要杠杠。在这种情况下,公司积极寻求新的改善点,合理降低固定费用开支,追求目标利润和超目标利润的实现,公司预算部负责整理各子公司、各职能部门、各责任中心每天的费用、成本和利润,研究论证预算平衡点每天的变动情况,密切跟踪、分析产品销售量、销售收入、成本、利润之间的变动关系,每天作出详细的预算平衡分析报告供公司董事会研究参考。

2. 将企业预算管理与目标管理以目标利润为切入点有机结合起来

以目标利润为导向的预算管理是借鉴目标管理思想,将目标管理与预算管理以目标利润为切入点进行有机结合,将经过科学预测确定的企业应实现的目标利润作为企业经济活动的总目标,以利润作为目标导向来统筹企业的全面预算管理活动,预算编制、执行、考评都围绕实现目标利润来进行。它是一个纲,起到纲举目张的作用。目标利润是企业总目标,将目标利润分解,围绕目标利润的实现编制的各项预算目标成为目标利润的子目标。子目标落实到各个责任中心后,在企业内部就形成了纵横交错、完整严密的目标连锁体系,企业各个层次都组织在目标利润预算体系内,各个职能部门、各个责任中心、每一位员工的工作都与目标利润连接起来。目标利润通过预算的编制得到细化,预算的执行为实现目标利润提供了可靠保障,而预算的编制又是以目标利润为依据来进行的,即以目标指导预算,以预算支持目标。

以目标利润为导向的企业预算管理是一种预算管理,但又不是单纯的预算管理,它吸收了目标管理的积极思想,从这种意义上说,它同时又是一种目标管理。

3. 把成本费用中心看作是利润中心,利润中心也看作是成本费用中心

预算被批准后就是企业内部的"宪法",具有硬性约束力,对于成本费用中心来说,没有不可抗拒的外部原因不能突破预算。但是如果强化管理使成本费用降低,对于预算来说就等于增加了相同金额的纯利润,所以也将其看作是一个利润中心。在利润中心也是这样,利润中心也有费用预算,对于费用项目也要按照费用控制的思想来控制,所以也把利润中心看作是成本费用中心。

(二)编制目标利润预算的组织结构

该集团在推行以目标利润为导向的预算管理过程中,先建立健全科学的组织机构。组织机构由预算管理委员会、预算部、各级预算责任中心、专业委员会组成。预算管理委员会居于领导核心地位,集团公司总经理担任委员会的主任,集团公司各部门主管均为委员会的委员。预算管理委员主要职责是组织专家和公司有关部门对目标利润进行预测;审议、确定目标利润,提出预算编制的方针和程序;审查各部门编制的预算草案及整体预算方案,提出改善建议;在预算编制、执行过程中协调各部门间的关系;将经过审查的预算提交董事会,经董事会讨论通过后向公司下达正式预算文件。预算部作为专门办事机构负责处理与预算相关的日常事务,负责在总预算确定、通过之前对公司各部门提供的分预算草案进行必要的审查、协调与平衡,使总预算与分预算达成一致。以投资中心、利润中心、成本、费用中心为标志各级预算责任中心构成了公司预算责任网络。

(三)测算目标利润采用的主要方法

该集团在测算目标利润时,既立足于企业实际,又坚持战略性、可行性、科学性、激励性相结合的原则,即公司始终关注企业的长远发展规划,追求目标利润的最大化。目标利润一经确定便成为预算编制的总纲领,在集团公司整个年度的经营运作中起着主导作用,统率各项经营业务。

在目标利润测算过程中,该集团主要通过本量利分析和标杆瞄准,再结合相关指标进行综合测算来确定。

1. 本量利分析

在本量利分析中,公司针对市场行情、自身的经营状况及历年销售业绩(特别

是近3年的产品销售收入),分析研究产品的市场容量、价格走势、市场占有率、原材料价格状况及竞争对手的产品质量、价格、规格、技术研发、市场占有率情况,对产品的销售量和销售收入作出预测,然后分析、确定企业的固定成本、变动成本、贡献毛利率,以此为依据预测目标利润,得出预测利润$_1$。其计算公式为:

$$\text{预测利润}_1 = \text{预计产品销售收入} \times \left(1 - \text{预计变动成本率}\right) - \text{预计固定成本总额}$$

$$= \text{预计产品销售量} \times \left(\text{销售单价} - \text{预计单位变动成本}\right) - \text{预计固定成本总额}$$

2. 标杆瞄准

在确定目标利润的过程中,公司预算管理委员会组织专人对国际、国内的棉纺市场进行研究,对知名企业的产品占有率进行分析,将竞争力最强的企业树为标杆,再结合自身经营状况与标杆企业进行对比分析,寻找差距,如与标杆企业相比产品的单位成本能降低多少;通过管理上的改善,费用能降低多少;通过销售策略的调整产品市场能扩大多少等,确定出合理的利润预期增长率,以此为基准确定出集团公司的预测利润$_2$。其计算公式为:

$$\text{预测利润}_2 = \text{集团上年利润额} \times (1 + \text{企业利润预期增长率})$$

两个利润预测值测算完成后,公司预算管理委员会综合考虑公司的长期发展战略、子公司目标资产的报酬率、股东期望收益率等指标,将相关内容融入预测利润之中,并利用 EVA 系统对利润测算值进行评价、分析。以此为基础,集团公司邀请权威专家、公司业务骨干、职工代表结合市场前景、当前经济形势、公司整体发展规划、管理改善状况等关键因素对得出的目标利润值进行评价和论证,论证后交公司董事会审核确定。

(四) 以目标利润为导向编制公司预算的主要步骤

(1) 采用综合预算编制方式。这种方式是先自上而下,再自下而上,然后上下结合的综合编制方式,整个预算的编制过程也是目标利润的分解过程。由公司董事会根据目标利润、市场行情制定预算编制方针,预算管理委员会将预算编制方针和确定的目标利润层层向下传达、分解,确定出各利润中心应分担的目标利润。集团公司作为投资中心制定公司资本、投资预算。在预算编制方针的指引下,子公司销售部门对市场行情、产品市场占有率及历年销售业绩进行分析,依据分担目标利润编制销售预算、销售费用预算。

(2) 把预算具体到每个产品、每位员工、每一天。集团公司在预算编制中坚持做到两个细化:一是项目细化。公司把生产经营过程中所有的工作都用预算加以明确,大到公司项目投资、资本运作,小到办公室的笔墨纸张,车间的纱锭、螺丝,每件产品的用料都制定详细的预算,并将预算分解落实到每位员工,严格实行预算目标责任制。二是时间细化。公司将预算由年分到季,由季分到月,由月分到天,公司的每一位员工、每一个部门每天的工作量都由预算来进行规范。

(3) 一切费用预算从零开始。公司在编制诸如招待费、办公费、宣传费、差旅费等管理类费用预算时,采用零基预算法。

(4) 实行预算目标递进优化制。预算目标递进优化制就是规定预算责任中心每期预算目标必须以上期的实际发生额为基准进行优化,即本期收入和收益预算要比上年有所增加,成本、费用预算要不断减少。几年来,华乐集团每年通过目标优化递进创造利润上百万元。

(5) 预留预算预备费。集团公司在保持预算刚性的同时,认为预算是对未来工作的安排,无论预测的结果多么准确,实际运作中一些项目不可能与预算完全一致,需要在进行预算编制时留有适当比例的预备费,以处理预算执行中突发性的预算外支出。

(五) 确保目标利润预算实现的措施

(1) 严格进行预算控制,确保目标利润实现。预算将该集团各种生产经营管理活动用数据表示出来,为管理控制提供了依据。也就是说,该集团推行的预算管理是一个数据化管理。在该集团,预算一经制定审议批准下达,就成为公司的"宪法",具有企业内部法律效力。公司内部从董事长到普通员工都要严格执行,人人都在搞预算管理,人人也都在预算管理控制之中。

(2) 建立科学的业绩考核标准。预算是一个标准,它是考核、评定部门、单位、员工工作的一个非常科学的数据标准。公司依据预算执行信息对各部门、责任中心和员工的工作业绩进行考核,达到人人肩上有指标,项项指标连收入,以有效激发和调动各部门、单位及其员工的积极性。公司制定了预算管理奖惩条例,设立效益奖,对于超额完成预算目标的子公司、职能部门、责任中心进行奖励,按实际利润与目标利润、与费用及预算费用差额部分的不同比例进行奖励。

资料来源:熊筱燕,解宝贵,王殿龙. 全面预算管理案例分析[M]. 西宁:青海人民出版社,2009.

案例 2-2　上海宝钢集团有限公司以现金流量为起点实施预算管理的分析

一、宝钢推行全面预算管理的背景及发展沿革

宝钢一二期工程全面建成后,为适应计划经济向市场经济的转轨、提升企业市场竞争能力,迫切需要建立与市场经济相适应的经营管理体制。宝钢于

1993年开始进行全面预算管理这一全新经营管理体制的探索。

公司从全面预算推行至今经历了三个阶段：1993—1994年是宝钢预算管理体系的初步形成阶段。公司设置了经营预算管理部门，并编制了第一本年度预算。1994—2002年为预算管理的规范完善阶段，这一阶段通过完善相关预算管理制度和预算管理技术，推出了月度执行预算，形成了规范的预算管理模式。2002年以后，公司预算管理在原有基础上进一步深化发展，以6年经营规划为指导，进行季度滚动预算，以每股盈余作为预算编制起点，强调资本预算管理，逐步完善预算信息化平台。至此，宝钢形成了以战略目标、经营规划为导向，年度预算为控制目标，滚动执行预算为控制手段，覆盖宝钢生产、销售、投资、研发的全面预算管理体系。

二、宝钢以现金流量为核心实施预算管理的特点

（一）以成本为基础，以现金流量为核心

成本预算为预算管理提供各类预算标准。以现金流量为起点的预算编制方式，要求企业管理必须围绕现金收回与合理支出的核心，强调预算控制的核心是现金流量，以防止现金被滥用，同时也为下一轮新产品开发和新的利润增长点积蓄资本实力。

（二）全面参与性

宝钢全面预算管理的基本思想是全员参与、全面覆盖和全程跟踪、控制。通过上下结合参与性的预算编制程序，使各层级之间的信息得到良好的沟通。在预算编制过程中，集团公司提出总的战略目标要求和指导思想，各子公司、基层单位根据总体目标结合自身实际，上报预算方案，经过多轮的协调沟通，最后决定预算方案。在这一过程中，由于信息得到沟通，也就有效地防止信息不对称所造成的负面影响。对于预算执行者来说，亲自参与预算编制可以得到精神上的认同和满足感，增强其责任感；对自己亲自参与制定的预算标准也更能深刻理解并努力执行，从而发挥员工自我控制、自我管理的能力。此外，参与行为本身是一个联合决策过程，联合决策可以使企业目标整体化，预算执行者在参与预算编制的过程中会融入个人目标和预期，使个人目标、预算目标和企业目标达成一致。

（三）将预算作为企业管理的导向

预算对预算期内公司的生产经营活动具有导向作用。预算为公司决策提供具有指导性的参考意见，为公司各预算责任部门提供明确的目标和方向。通过对预算执行结果与预算的差异进行分析，又可以及时发现公司生产经营管理过程中存在的问题，并加以改进。

三、宝钢以现金流量为核心实施预算管理的具体做法

宝钢现金流量预算依据"以收定支，与成本费用匹配"的原则，采用"零基预算"的编制方法，按收付实现制反映企业业绩。具体编制时，采取自上而下的方式,由资金管理部门制定统一格式、要求,并对各部门预算的子项目进行细化,对所有数据均要求提高计算公式及对应的业务量,由各预算责任单位根据成本、费用预算编制现金流量预算。由资金管理部门汇总、初审、平衡后,报预算委员会审查。其间经过多次上下反复、平衡,并与公司的经营目标相对应,最终形成年度现金流量预算。同时,根据公司年度预算制定各部门的动态现金流量预算,按季、月、周对各部门的现金流量制定分时段的预算,据以对其日常现金流量进行动态控制。责任部门在执行预算的过程中,须按月上报执行情况并加以说明,由资金管理部门汇总各部门资金使用情况,跟踪分析(尤其是重大出入项目分析),及时反馈信息,以利于各部门调整现金流量控制。

对现金流量预算的调整,宝钢建立了逐项申报、审批制度,由预算责任部门提出申请,资金管理部门提出调整意见,预算委员会批准。预算调整分为预算内调整和预算外调整。预算内调整指总流量不变,在某些项目或部门间调整;预算外调整则指要求增加流量的调整。各部门始终执行最新调整过的预算,以确保统一口径,即时跟踪经营情况的变化。

对现金流量预算的监督、考核,则根据各部门现金流量使用的特点,建立起以预算为基准的指标考核体系。由资金管理部门根据各部门实际执行预算的业绩,按月、季、半年及年度进行分析,提出相关建议。对预算编制部门考核预算制定精度,对预算执行部门考核预算完成情况。有效的监督、考核手段为提高公司资金使用效率,促进有效使用资金打下了良好的基础。

资料来源:熊筱燕,解宝贵,王殿龙.全面预算管理案例分析[M].西宁:青海人民出版社,2009.

案例2-3 上海宝钢集团的预算调整和预算追加

上海宝钢集团的预算管理制度《上海宝钢集团公司预算管理实施细则》规定了预算调整和追加制度,即预算调整、追加实行逐项审批、逐级审批制度,统一由预算办公室办理。预算调整、追加的最小权力单位是预算办公室。

(1) 年度预算调整、追加流程。由预算申请单位向预算办公室提出预算调整或追加的申请,填写预算调整追加申请表,上报预算办公室,由预算办公室根据申请项目的性质向预算归口管理部门发放预算调整、追加审核表,提请预算归口管理部门审核,预算办公室再根据预算归口管理部门的审核意见,结合调查情况进行综合平衡提出审核意见,填报预算调整、追加审批表,根据审批权限,审批完毕后由预算办公室下发预算调整、追加通知书,通知相关部门执行。

(2) 月度的调整、追加流程。月度执行预算调整、追加流程基本与年度预算调整、追加流程相同。对不影响年度预算目标完成的预算调整、追加申请表报预算办公室,由预算办公室根据项目的性质提请预算归口管理部门审核,预算办公室再根据审核意见和综合平衡情况,确定是否同意该项预算调整、追加申请,并书面通知各相关部门执行,并纳入"否决"考核体系。

如果月度执行预算调整、追加项目对年度预算目标产生了重大影响,必须报请预算办公室主任或公司领导审批,才能执行。

资料来源:中国集团公司促进会,等.中国企业集团制度创新案例精选[M].北京:中国财政经济出版社,2001.

案例 2-4　杭州鸿雁电器"三位一体"的战略预算

一、公司概况

杭州鸿雁电器有限公司(以下简称"杭州鸿雁")是中国普天信息产业集团有限公司旗下在杭大型央企,创立于1981年,注册资本8 000万元。经过30多年的发展,公司已形成完善的"电工电气""智能电气""照明电器""水电管道"四大产品族群,其中在细分领域智能电气领域家庭信息化产品的市场占有率为全国第一,开关插座产品市场占有率稳居行业前三名。

二、从全面预算到"三位一体"的战略预算的工作历程

杭州鸿雁从基本的全面预算管理工作,到现行的战略-预算-平衡计分卡"三位一体"的战略预算管理,共经历了四个阶段。

(一)第一阶段:尝试探索

2000年前后,杭州鸿雁开始探索预算管理工作。在这一时期,预算管理没有前期的基础数据支撑与市场分析,基本上依照前一年的销售收入与利润实现情况,结合上级管理部门的要求,倒推形成成本费用预算,预算的重点是期间费用的控制。预算仅仅由财务部门主导,与生产经营实践脱节。主要的预算数据往往来自主观想象,由目标、期间费用倒推而成,缺乏系统的分析和预测。预算前松后紧、忽紧忽松,缺乏过程控制。

(二)第二阶段:总结提高

2005年开始,杭州鸿雁面对不断上涨的原材料价格和紧张的流动资金状况,提出以效益为中心,以发展为导向,通过强化战略思维,提升组织能力,严格控制成本费用,实现精细化管理。通过大幅提升企业的现金状况和盈利能力,企业的销售规模和盈利能力持续位于行业前两名。为此,杭州鸿雁在第一阶段的全面预算管理经验基础上,对全面预算管理进行系统统筹、全面发动、充分利用信息技术、预算工作与绩效考核并行。

（三）第三阶段：精益求精

2008年，杭州鸿雁审时度势，利用波特五力模型、SWOT分析等战略工具，对前期花费近5个月调研、撰写、讨论形成的3年规划达成一致后定稿。据此，杭州鸿雁的全面预算管理有了战略依据，为启动平衡计分卡的绩效考核工作奠定了基础，从而也形成了杭州鸿雁的"一机二翼"，"一机"指战略规划，"二翼"指全面预算管理与基于战略地图的平衡计分卡的绩效考核工作，机是核心，翼是保障。

（四）第四阶段：战略预算

2013年，杭州鸿雁以获得杭州市政府质量奖为契机，推行战略-预算-平衡计分卡这一"三位一体"的战略预算管理模式。

三、"三位一体"战略预算管理的组织架构、职责分工与实施步骤

（一）组织架构

公司战略-预算-平衡计分卡"三位一体"战略预算管理工作主要由战略管理委员会、卓越绩效管理委员会、预算管理委员会组成。

战略管理委员会，由公司领导班子组成，日常工作机构为战略科技部。

卓越绩效管理委员会，由公司领导班子成员、各职能负责人（研发、营销、质量、财务、人力资源部负责人），日常工作机构为人力资源部。

预算管理委员会，由公司领导班子组成，由公司总经理担任预算委员会主任，日常工作机构为财务部。

（二）职责分工

1. 战略管理委员会职责

（1）负责明确公司的愿景、使命、价值观，确定公司中长期战略发展方向和发展目标，确定公司战略主题。

（2）负责确定公司级平衡计分卡（即BSC，下同）。

（3）负责指导各事业部和子公司根据集团战略，承接集团战略主题指标，制定各自年度战略规划，并负责落地实施。

2. 卓越绩效管理委员会职责

（1）负责根据公司战略，确定公司级指标库，根据公司级BSC，明确主题的承接单位，进行层层分解，将战略主题分解指标作为承接部门和关键考核指标。

（2）负责指导提炼各职能平台战略规划指标分解，将职能平台指标与产业单位联动承接。

（3）负责组织编制各单位平衡计分卡模板编制工作，指导并审核各三级及以上经理目标责任书，负责日常检查分析，监督目标分解落地。

3. 预算管理委员会职责

（1）确定年度预算编制的重大前提条件和年度生产经营目标，审批集团年度

预算方案,包括集团年度重大资本投资及融资预算等。

(2) 审批集团及各产业年度预算目标的审核。

(3) 负责预算执行过程监督、偏差分析,并提出调整方案,确保完成年度目标。

(三) 实施步骤

实施步骤如表 2-3 所示。

表 2-3

实施步骤表

具体步骤	主要工作	时间计划	主责部门
启动公司年度战略编制工作	组织各单位进行战略分析,梳理提炼公司战略主题,明确各主题的承接部门及主责部门	每年 10 月份开始启动	战略科技部
战略制定过程	梳理修改战略工具,并指导各产业及职能平台编制相关战略	12 月月末	战略科技部
启动预算工作	结合普天集团预算工作安排,公司启动下年度战略规划及预算编制工作	每年 10 月份	预算管理委员会
公司级战略指标审定发布	根据战略目标梳理并提炼公司战略指标,并发布	12 月月末	卓越绩效管理委员会
各单位 BSC 审定修改	组织各部门根据对战略指标分解表及年度考核指标,更新公司指标库,并审核各单位目标责任书	次年 1 月月初	卓越绩效管理委员会
进行预算质询	组织各部门编制年度预算并组织质询会确认	次年 2 月	财务部
各单位 BSC 签订发布	各单位在学习交流会上发布宣传本单位年度目标并组织签订	次年 2 月月末	人力资源部
公司级指标库发布	根据战略规划整理汇总形成指标库	次年 2 月月末	人力资源部
目标层层分解	根据战略主题和对应的指标库,将目标向二三级经理分解并订立个人目标责任书,确保人人有目标,目标同向,相互融合	次年 3 月中旬	人力资源部
过程监控	对财务类 KPI 指标通过信息化决策系统进行数据监控;对非财务类 KPI 指标通过过程检查进行督查。每季度/月对问题进行反馈并要求制定改进计划,持续改善确保战略目标达成	每季度、每月	卓越绩效管理委员会

(续表)

具体步骤	主要工作	时间计划	主责部门
考核实施	各部门根据目标完成情况进行自评，自评结果送直接领导或分管领导审核后送人力资源部审核反馈	每季度、月度	人力资源部

四、战略目标分解

(1) 每年9～10月，战略管理委员会根据外部环境及内部运营情况，初步确定未来三年(主要是次年)的发展方向和目标，以及年度战略规划的核心思路，初步制定集团战略主题及举措。

(2) 每年10～11月，根据战略管理委员会形成的战略规划核心思路对战略规划框架及编写重点、各类模板进行修订，编制年度战略规划工作时间表，并对各单位进行宣传并将战略编制工作进行分解。

(3) 每年11～12月，各单位进行战略评估、内部管理诊断、内部资源能力分析、外部环境分析，并进行战略识别后，初步确定战略主题及举措并完善集团战略主题及举措。

(4) 每年12月～次年1月，战略管理委员会对各单位拟定的战略规划进行评审确定，最后形成公司年度战略规划。

五、全面预算

(一)预算内容

全面预算内容主要为业务预算、投资预算、筹资预算及财务预算。

业务预算是反映公司生产经营活动的预算，主要包括销售预算、采购预算、生产预算、成本预算、费用预算和存货预算等。业务预算由各业务部门负责，各事业部和子公司可根据实际情况具体编制。

投资预算是进行资本性投资活动的预算，主要包括固定资产投资预算、权益性资本投资预算和债券投资预算，由业务承办部门按项目编制。

筹资预算是需要新借入的长短期借款，主要依据集团有关资金需求决策资料、发行债券审批、期初借款余额及利率等编制。

财务预算主要为预计现金流量表、预计资产负债表和预计利润表等形式。

(二)年度预算编制主要过程

(1) 每年10月份，结合普天集团预算工作安排，杭州鸿雁启动下年度战略规划及预算编制工作。

(2) 预算编制办公室启动预算编制前期调研工作，结合普天集团预算要求和公司战略主题草稿，初步确定下年度预算增长线和预算编制要求。

（3）财务部根据普天集团下达的预算指导意见，组织召开年度预算员会议，布置预算编制工作。各单位在每年12月前后完成年度预算草案的编制，并按要求报送预算编制办公室。

（4）预算编制办公室对各单位报送的年度预算方案进行初审，检视各单位数据是否匹配战略目标要求，较同期增幅是否合理，预算编制是否有详尽的编制说明和依据。

（5）预算编制办公室将初审意见和各单位年度预算方案，一并报预算管理委员会审核，并在每年的1~2月召开各单位的预算质询会，对各单位的各类预算进行质询，各单位根据最终确定的预算指标布置年度工作。

（三）月度预算

（1）为提高月度预算精细化管理，实现损益和资金科目的刚性控制，要求各单位月度预算形成对应的预算利润表与预算资金表。层层审批以及有据可查，确保公司生产经营情况有序落实推进。

（2）上报时间：每月25日各部门预算员结合部门业务状况、年度指标完成情况、经营计划及销售预测合理上报下月各项预算数据并报部门领导审批；每月月初各单位系统汇总形成各单位月度预算利润表及月度预算资金表，由各事业部、子公司总经理审批。月初司务会上，财务部将合并预算利润表及合并资金预算表报司务会审批，通过后下达月度预算。

（3）月度收入、成本预算编制：营销中心、各单位产品部按照《销售计划编制管理办法》合理预估收入预算，财务部根据按各单位产品系列毛利率数据，由系统汇算形成各单位月度成本预算。

（4）月度费用预算编制：各单位、部门预算员应按照《月度预算编列细则》，根据费用类型和编制要求，提供相应预算编制依据，在规定时间节点前完成月度预算编制工作。

（5）月度销售到款预算编制：营销中心与各单位产品部需合理预估本月销售到款情况以及内部往来资金分配情况，并上报财务部。

（四）预算调整

（1）公司严格控制年度预算追加、调整流程，基本流程为预算员上单→部门领导审批→监管部门领导审批→公司级主管领导审批→财务经理审批→总经理审批→系统执行追加、调整。

（2）为提高各单位月度预算管控意识，月度预算除司务会特批可追加科目外，其他预算一律不允许追加。月度预算追加流程与年度预算追加一致。

（五）预算的执行与控制

（1）年度预算一经批准，即具有指令性，各预算责任部门必须认真组织实施。

(2) 加强对月度预算核心点的管控,预算编制以利润为核心,把年度目标分解到月,按量入为出的原则编制费用预算,若收入出现偏差,各单位必须保证利润的前提下减少费用预算。

(3) 针对各单位月度预算上报情况,集团在月初司务会议上进行月度预算审核会议,评估各单位上月完成情况、累计完成情况来下放月度预算,严格实施收入、成本、费用匹配原则,确保利润产出。

(六) 预算分析

(1) 每月结束后次月10号前,各单位应对本单位的预算执行情况进行分析,对主要指标的实际完成情况及差异进行对比分析,并对预算执行过程中的重要项目或异常变动进行说明。

(2) 每月月初预算经营会上,财务部向预算委员会上报各单位上月预算执行情况以及本月预算目标。主要内容包括但不限于:各单位收入、毛利率、费用执行情况,各单位两金压降、呆滞管理情况,各单位资金情况。

(七) 预算考核

公司的预算考核落实在平衡计分卡的绩效考核制度中。

六、平衡计分卡

为了使战略更加清晰,通过战略指标分解表来承接和描述公司战略规划,并通过平衡计分卡(BSC)作为战略执行工具,衡量战略实施与预算达成情况。

(一) 维度及含义

平衡计分卡具体包括:财务、客户、内部运营、学习成长四个维度。

(1) 财务维度要解释的是企业怎样对投资者即股东负责,满足其利润要求,并进而实现社会贡献。是客户、内部运作流程和学习与成长维度的出发点与落脚点,是企业内部控制的重要体现。

(2) 客户维度解释的是如何满足客户需求这一目标。客户维度体现了企业对外界的反映,企业必须从顾客关心的质量、性能、服务和成本等方面努力,提高服务质量、保证服务水平、降低定价等。

(3) 内部运营维度着眼于提升企业的核心竞争力,解释的是企业擅长什么的问题。该维度包括评价企业创新能力的指标,如新产品销售额在总销售额中所占的比例;评价企业生产经营绩效的指标如经营周转时间、服务的成本等。

(4) 学习成长维度主要是解释如何提高并创造价值这类问题。从组织资本、信息资本、人力资本准备度三个层面评价。

(二) 指标分类及含义

根据战略分解表将各考核指标分为三个层级:

一级指标:根据利润表、资产负债表、现金流量表可直接计算得出。考核集团、产业一级,一般为 BSC 中财务层面指标。

二级指标:为完成一级指标进行指标分解考核项。支撑一级指标,主要产业及相关职能部门承接,一般为财务、客户、内部运营层面指标。

三级指标:为完成二级指标目标进行指标分解的考核项。过程指标;阶段性考核指标,一般为内部运营、学习成长层面指标。

(三)指标考核周期

为保证战略指标分解落地,公司将考核指标分为年度考核指标,季度考核指标及过程考核指标。

年度考核指标:直接承接公司、产业战略分解表中的指标项,年初签订 BSC 后即开始考核,考核周期为年度。

季度考核指标:为保证年度考核目标的达成,对于年度目标进行分解,考核周期为每季度。其中可直接按照数值或者比例进行分解,如销售收入、存货、应收账款金额等;如无法直接分解的可按照具体实施步骤按每季度行动方案进行分解考核。

关键运营过程的核心环节作为业绩实现的提升内部运营质量关键点,采用即时奖惩的考核方式,奖惩标准按照对应的管理办法执行,体现时效性。

(四)考核指标设置原则

结构化原则:BSC 各指标根据公司战略重点、战略主题结构进行设置。

逻辑化原则:与公司战略、预算紧密相连,层层分解,明确具体指标承接人,在确定目标值时,要注意各个指标应当具有一定的挑战性但又可实现。

数据化原则:目标值可量化,从公司信息系统中客观取值。BSC 取年度完成值作为当年目标设置参考基准值,如无法取数,可对标相关行业同类指标。目标建议值应不低于(或不差于)当年该指标的财务预算值。

(五)BSC 考核指标及权重设置原则

三级以上经理 BSC 权重分配原则表如表 2-4 所示。

表 2-4

三级以上经理 BSC 权重分配原则表

分类	职务	财务指标层面		客户层面、内部运营		学习成长层面	
		权重	核心指标	权重	核心指标	权重	核心指标
产业单位	第一责任人	80%	销售收入、营业利润、成本费用利润率、人均利润	原则上不超过5~7项,每项指标权重最少为10%	承接公司战略指标分解表,如客户满意度(发货及时率、差错率)、两金压降管理等	倒扣分,根据实际情况调整	企业负责人法治建设、党风廉政建设;一岗双责等

(续表)

分类	职务	财务指标层面		客户层面、内部运营		学习成长层面	
		权重	核心指标	权重	核心指标	权重	核心指标
产业单位	营销类三级以上经理	80%	销售收入、销售毛利、人均销售额、逾期应收账款余额等	原则上不超过5~7项,每项指标权重最少为10%	承接公司、产业战略指标分解表	倒扣分,根据实际情况调整	信息准备度:知识管理系统维护、管理流程优化
	其他三级以上经理	≥50%	研发类:新产品销售收入、研发费用 生产类:车间标准利润、成本差异率 计划采购:呆滞库存、存量资产 其他:资产负债率、成本费用利润率				组织准备度:管理体系实施、管理标准废、改、立 人力准备度:QC小组完成数、内部培训交流、核心人才队伍建设
职能平台	部门负责人	≥50%	经营性现金流、各类费用管控、质量损失、人均利润等		承接各职能平台战略分解表中的指标		
	其他三级以上经理		如无法提炼损益,则与上级部门损益挂钩				
销售系统	销售管理	80%	销售收入、营业利润		承接营销战略分解表中指标,如客户开发相关指标		
	销售支持	≥50%	信用额度、逾期应收账款余额等				

（六）BSC 的执行与监督

（1）BSC 一经确定即要求录入工作计划系统，各部门或单位三级以上经理将签订的目标责任书录入工作计划管理系统中年度考核模块。并在以后每月的月度、周计划中对列入的考核目标进行关联考核。

（2）过程监督。公司利用 ERP 系统建立绩效考核决策系统，各财务类考核指标均能通过系统支持获取并形成报表。每月 10 日前各部门、单位须在工作计划系统中对上月目标执行情况进行自评，并保存提交。人力资源部根据决策系统数据完成检查通报。

七、总结

杭州鸿雁的战略-预算-平衡计分卡"三位一体"战略预算管理模式是在全面预算管理基础上推行的,战略是发动机,战略牵引预算与平衡计分卡,预算是保障机制,平衡计分卡是保障工具,总体目标是推动杭州鸿雁持续发展,完成使命,达成愿景。可供我们借鉴的经验总结如下:

(1) 全程管理:通过信息化管理平台,实现了从预算编制到预算控制、到预算分析、到预算调整(追加)到预算考核的一个完整流程。

(2) 流程透明:预算编制过程清晰透明,而且大大缩短了编制时间。

(3) 全员参与:从预算编制到预算考核,其参与的部门、员工极其广泛,员工参与性强,关注度高。预算并不是财务部一个部门或几个人的事情,而是大家的事情,是与每个员工的考核均挂钩的。

(4) 预算准确:在编制预算时,可以参考查询到大量的相关数据,使得预算编制的准确性大大提高。

(5) 实时监控:预算系统与财务系统的集成应用,可实时按照部门及费用类别进行预警、控制,加大了控制的力度。

(6) 全面分析:可通过信息系统方便快捷地进行大量的分析工作,可随时获得实时费用执行情况,使得预算分析工作真正对以后的工作产生指导作用。

(7) 信息支持:统一的企业信息化管理平台为杭州鸿雁通过全面预算管理实现精细化管理提供了必不可少的支撑。

(8) 战略引领:战略规划对预算管理的统率确保了目标的一致性与长期性,同时也保证了战略措施的到位与实施,也保障了预算目标的精准度。

(9) 考核到位:平衡计分卡是预算管理的有效工具与手段,预算与考核有机融合,刚性考核,形成了有机的统一体。

(10) 系统平衡:平衡计分卡可以系统考虑企业业绩驱动的多维度因素,而不仅仅关注财务指标,规避目标的短视考核行为。

复习与思考题

1. 企业预算可以分为哪些类型?
2. 预算管理有哪些基本功能?
3. 企业设立预算管理机构主要有几种形式?各有何利弊?
4. 预算管理循环有哪些内容?
5. 财务预算管理有哪些模式?各自有哪些特点、优缺点和适用范围?
6. 财务预算管理控制包括哪些内容?

第三章

业绩评价

课程思政

> **通过本章学习,要求理解和掌握:**
> - 业绩评价的概念及类型;
> - 业绩评价系统的构成及其要素之间的关系;
> - 责任中心的业绩评价方式;
> - 以 EVA 为核心的业绩评价方式;
> - 平衡计分卡的原理及其在战略业绩评价中的作用。

业绩评价是与建立和完善现代企业制度相适应的企业控制制度。有效的业绩评价体系是合理的企业激励机制的前提和基础。现代企业业绩评价是在传统的财务业绩评价指标基础上发展起来的,包括责任中心业绩评价、以经济增加值(EVA)为核心的业绩评价和以平衡计分卡(BSC)为核心的业绩评价三种特殊的业绩评价形式。本章将在介绍业绩评价基本理论的基础上,深入分析上述三种业绩评价方式。

第一节 业绩评价概述和功能

一、业绩评价的概念和功能

业绩评价是按照企业目标设计相应的评价指标体系,根据特定的评价标准,采用特定的评价方法,对企业一定经营期间的价值实现程度作出客观、公正和准确的综合判断。业绩评价具有三个基本功能：

（1）激励与约束功能。业绩评价具有激励与约束功能，对于评价下属单位经理人员的工作成绩，进行调配、提升、奖励等决策提供有力的支持，具有重要的参考价值。

（2）资源再配置功能。将竞争对手的有关指标作为企业业绩评价的标准，对企业的战略分析及资源的合理配置非常有用。成功的企业应在其所在行业或产品线具有竞争优势。大型企业集团和跨国公司往往同时经营不同的行业或同一行业内几个不同的产品线。这时，将企业所涉及的行业或产品的业绩水平与同行业的主要竞争对手进行对比，可以使企业认清自己在哪些行业或哪些产品具有竞争优势，从而对原有资源配置进行重新调整。

（3）战略管理功能。业绩评价在战略管理中发挥着重要作用。战略管理可以大致分为战略设计与战略实施两大阶段，在战略设计阶段，业绩评价可以发挥项目再评估功能和资源再配置功能，为形成最优战略提供信息；在战略实施阶段，业绩评价可以激励各级人员努力实现战略目标。业绩评价是联系战略管理循环的纽带。

二、业绩评价系统的构成要素

业绩评价系统作为企业管理系统的一个相对独立的子系统，其构成要素包括：评价主体、评价客体、评价目标、评价指标、评价标准、评价方法和评价报告。

业绩评价系统各要素之间相互联系，评价主体和评价客体的相互作用是业绩评价系统的基础，由评价指标、评价标准和评价方法构成的评价指标体系是业绩评价系统的核心，评价指标体系的科学性直接决定了评价报告的内容与可信度。

（一）业绩评价的主体和客体

1. 评价主体

业绩评价系统的主体是指谁需要对客体进行评价。对企业进行业绩评价的主体往往是企业的利益相关者，包括资产所有者、投资人、经营管理者、政府部门以及其他相关利益主体。不同评价主体评价的目的和侧重点不同。一般来说，政府是作为社会公众利益的代表对企业的社会贡献进行评价，评价的内容主要是企业上交的税金、提供的就业机会、对职工的福利保障、环境保护等；投资者则主要从投资决策角度对企业业绩进行评价，其重点在于对拟投资企业的经营成果、财务状况、未来发展能力进行全面评价；所有者是从委托人角度对企业的资本保值增值情况进行评价，同时还要对作为代理人的企业经营者在企业价值创造中的贡献进行评价。对于经营者业绩的评价不仅要为选择经营者提供决策依据，更重要的是要协调委托人和代理人的利益冲突，充分激励经营者为委托人利益而努力；

企业经营者通过对内部各管理层面及其管理者的业绩评价,以形成有效的约束和激励机制。这一层面的业绩评价也是企业内部控制系统的有效组成部分。

2. 评价客体

业绩评价系统的客体,是指对什么进行评价,客体是由评价主体根据需要确定的,是与主体相对应的矛盾的另一方。评价客体主要包括整个企业、部门、经营管理者和普通员工等。不同的客体具有不同的特性,这些特性在设计具体系统时直接影响着指标体系的构成。

对于企业整体业绩的评价主要看企业整体目标是否得以实现。典型的企业目标有三种:利润最大化、价值最大化和相关者利益最大化。前两个目标可以依靠财务指标进行评价,但是相关者利益最大化已经不能完全依靠财务指标来进行评价。以财务指标作为企业目标只是企业追求的结果,它并不能告诉管理者如何实现这些结果,实现这一结果的过程就是企业的战略,对于过程或手段的描述更多的是依靠非财务指标。受信息获取方式的限制,外部评价主体对企业的评价以企业对外披露的财务信息为主。对企业业绩评价的频度取决于企业披露信息的频度。从企业内部对企业整体业绩进行评价,不但可以使用财务指标,也可以使用非财务指标。

责任会计制度是企业部门业绩评价的典型方法。它依据责权利相结合的原则,在企业中划分了不同的责任中心,如投资中心、利润中心和成本中心等,对每个责任中心的业绩进行评价。并且对每个责任中心都设计了不同的业绩评价指标及业绩评价报告。责任会计制度中,对于责任中心的评价均为财务指标。经济增加值和平衡计分卡都从不同角度弥补了财务指标的不足。

个人层次的业绩评价则包括对经营者的业绩评价和对员工的业绩评价。现代企业理论中,一般员工被称为"依赖性资源",企业的高级管理人员被称为"核心资源"。核心资源在通常情况下具有不可替代性,这些资源一旦离开企业,企业的其他资源就会无法发挥正常作用,从而导致企业价值的减少。而一般人力资源属于从属地位,属于合作性资源,不可替代性弱,这些资源离开企业,只会导致他们自身价值的减少。鉴于这两种人力资源地位的不同,应区别对待,着重考虑对核心资源的业绩评价问题。

(二) 业绩评价的指标和标准

1. 评价指标

业绩评价的依据就是指标,评价指标就是确定对评价客体的哪些方面进行评价,评价指标的选择要依据客体的特性和系统目标按照系统设计的原则进行。按照业绩评价中指标的不同作用,将能够计量企业的关键成功因素的指标称为关键业绩指标,它是可以反映企业竞争能力增强和战略成功的战略性指标。与此相对应,用来监督经营活动是否保持在控制范围内的指标称为日常指标,当例外事件发生时,日常指标可以进行及时反馈。

业绩评价指标有财务方面的,如投资报酬率、销售利润率、每股盈余等;也有非财务方面的,如售后服务水平、产品质量、创新速度和能力等。在进行评价指标研究时,应注意区分对企业的评价和对管理者的评价,因为对两类评价客体的评价目的是不同的,因此应设计适合两类不同评价客体的指标体系。评价指标的选择要尽量避免重复或相互涵盖,在不影响评价结果的情况下,数量越少越好,这样才能符合简便性的要求。

业绩评价指标的设计应坚持以下八项原则:系统全面原则、灵活可靠原则、科学实用原则、可拓展性原则、可比性原则、统一性原则、可分解原则和成本效益原则。

2. 评价标准

业绩评价标准是对评价客体进行分析评判的标准。某项指标的具体评价标准是在一定前提条件下产生的,具有相对性。由于评价的目标、范围和出发点不同,必然要有相应的评价标准与之相适应。一般来讲,评价客体为经营者时,采用年度预算标准较为恰当;而评价客体为企业时,通常采用历史水平标准和竞争对手标准。常用的评价标准有以下几种:

(1) 历史标准。历史标准是企业根据过去的业绩制定的标准。在进行业绩评价时,历史标准的具体运用方式有三种:与上年实际比较、与历史同期实际比较、与历史最高水平比较。在与历史数据进行对比时,要注意剔除物价变动、会计核算方法变更等带来的一系列不可比因素,以便合理评价企业经营业绩。

(2) 预算标准。预算标准是企业力争达到的业绩标准。企业事先确定的目标、计划、预算、定额、标准等都可以看作是预算标准。通过与预算标准对比,可发现实际业绩与目标业绩之间的差距。预算标准与激励机制联系最为紧密。

(3) 经验标准。经验标准是在长期的实践中总结出来,被实践证明是比较合理的标准。有绝对标准和相对标准之分。比如,全部收入应大于全部成本、资产总额大于负债总额、流动资产总额大于流动负债总额等,都属于绝对标准;而流动比率等于2最好,速动比率等于1最好,负债比率在$50\%\sim70\%$比较合适,则属于相对标准。

(4) 行业标准。行业标准就是以企业所在行业的特定指标数值作为业绩评价的标准。行业标准可以是同行业公认的标准指标,也可以是同行业的先进水平指标,还可以是同行业的平均水平指标。通过行业标准指标比较,有利于揭示本企业与同行业的差距。

(5) 竞争标准。竞争标准是企业基于竞争战略的需要而制定的评价标准。在企业的实践中,"标杆"成为竞争标准的代名词。标杆管理由施乐公司于20世纪70年代末首创。当时,具有世界复印机市场垄断地位的施乐公司遭遇到佳能、NEC等公司的强劲挑战。面对竞争威胁,施乐公司在全公司开展标杆管理,对竞争对手进行全方位的比较分析,找出与竞争对手的差距,调整战略和战术,改善经营管理,从而重新夺回了失去的市场份额。竞争标准与行业标准有许多相似之处,但是它强调的是与同行中最优秀的公司比较、或与本公司最主要的竞争对手比较。

上述前两种评价标准属于内部标准,后三种属于外部标准。与采用外部标准的公司相比,采用内部标准的企业更容易平滑各年的利润,从而使各年的奖金变化不大。竞争标准是一项外部标准,它是在企业收集同行业最好公司的财务、市场、经营等相关资料的基础上制定出来的,是为了实现战略成功而制定的评价标准。在竞争日益激烈的时代,企业必须关注外部竞争对手的变化,学习竞争对手的长处,才能生存、发展和壮大。

第二节 责任中心业绩评价

对各级主管人员的业绩评价,应当以其在完成企业目标和计划中的贡献和职责履行情况为依据。他们负责的部门和单位有不同的职能,按照其责任和控制范围的大小,这些责任单位分为成本中心、利润中心和投资中心。

一、成本中心的业绩评价

(一) 成本中心的概念

一个责任中心,如果不形成或考核其收入,而着重考核其所发生的成本和费用,这类中心就称为成本中心。任何发生成本的责任领域,都可以确定为成本中心,大的成本中心可能是一个分公司,小的成本中心可能是一台卡车和两个司机组成的单位。一个成本中心可以由若干个更小的成本中心所组成。成本中心的职责,是用一定的成本去完成规定的具体任务。

成本中心分为标准成本中心和费用中心,标准成本中心是指那些有明确、具体的产品,且对生产单位产品所需各种要素的投入量能合理预计的成本中心。通常,标准成本中心的典型代表是制造业工厂、车间、工段、班组等。在生产制造活动中,每个产品都可以有明确的原材料、人工和间接制造费用的数量标准和价格标准。实际上,任何一种重复性的活动都可以建立标准成本中心,只要这种活动能够计量产出的实际数量,并且能够说明投入与产出之间可望达到的函数关系。

银行业根据经手支票的多少,医院根据接受检查或放射治疗的人数,快餐业根据售出的盒饭多少,都可以建立起标准成本中心。

费用中心则是指那些工作成果不是明确的实物,无法用财务指标有效计量,或者投入与产出之间没有密切联系的成本中心。这些单位包括一般行政管理部门,如会计、人事、劳资、计划等;研究开发部门,如设备改造、新产品研制等;还有某些销售部门,如广告、宣传、仓储等。一般行政管理部门的产出难以度量,研究开发和销售活动的投入量和产出量之间没有密切的联系。对于费用中心,唯一可以准确计量的是实际费用,无法通过投入和产出的比较来评价其效果和效率,从而限制无效费用的支出,因此,有人称为"无限制的费用中心"。

(二)成本中心的考核指标

两种成本中心的评价方法是不同的。一般说来,标准成本中心的考核指标,是既定产品质量和数量条件下的标准成本。标准成本中心不对生产能力的利用程度负责,而只对既定产量的投入量承担责任。值得指出的是,如果标准成本中心的产品没有达到规定的质量,或没有按照计划生产,则会对其他单位产生不利的影响。因此,标准成本中心必须按照规定的质量、时间标准和计划产量来进行生产。这个要求是"硬性"的,很少有伸缩余地。过高的产量、提前产出造成积压、超产以后销售不出去,同样会给企业带来损失,也应当视为未按照计划进行生产。

费用中心的业绩涉及预算、工作质量和服务水平。工作质量和服务水平的量化很困难,并且与费用支出关系密切,这正是费用中心与标准成本中心的主要差别。标准成本中心的产品质量和数量有良好的量化方法,如果能以低于预算水平的实际成本生产出相同的产品,则说明该中心业绩良好。而对于费用中心则不然,一个费用中心的支出没有超过预算,可能该中心的工作质量和服务水平低于计划的要求。因此,费用中心通常使用费用预算来评价成本控制业绩。由于很难依据一个费用中心的工作质量和服务水平来确定预算数额,一个解决办法是考察同行业类似职能的支出水平。如有的公司根据销售收入的一定百分比制定研究开发费用预算。另一个解决办法是零基预算法,即详尽分析支出的必要性及其取得的效果,确定预算标准。此外,还有很多企业依据历史经验来编制费用预算。这种方法虽然简单,但是缺点也十分明显:管理人员为在将来获得更多的预算,倾向于把能花的钱全部花掉。越是勤俭度日的管理人员,将越容易面临严峻的预算压力。从根本上说,费用中心预算水平有赖于了解情况的专业人员的判断。上级主管人员应当信任费用中心的经理,并与他们密切配合,通过协商确定适当的预算水平。在考核预算完成情况时,要利用有经验的专业人员对该费用中心的工作质量和服务水平作出有根据的判断,才能对费用中心的控制业绩有客观的评价。

（三）责任成本

责任成本是以具体的责任单位（部门、单位或个人）为对象，以其承担的责任为范围所归集的成本，也就是特定责任中心的全部可控成本。可控成本是指在特定时期内、特定责任中心能够直接控制其发生的成本。其对称概念是不可控成本。

可控成本总是针对特定责任中心来说的。一项成本，对某个责任中心来说是可控的，对另外的责任中心来说则是不可控的。例如，耗用材料的进货成本，采购部门可以控制，使用材料的生产单位则不能控制。有些成本，对于下级单位来说是不可控的，而对于上级单位来说则是可控的。例如，车间主任不能控制自己的工资（尽管它通常要计入车间成本），而他的上级则可以控制。

区分可控成本和不可控成本，还要考虑成本发生的时间范围。通常情况下，在消耗或支付的当期成本是可控的，一旦消耗或支付就不再可控。有些成本是以前决策的结果，如折旧费、租赁费等，在添置设备和签订租约时曾经是可控的，而使用设备或执行契约时已无法控制。

从整个公司的空间范围和很长的时间范围来观察，所有成本都是人的某种决策或行为的结果，都是可控的。但是，对于特定的人或时间来说，则有些是可控的，有些是不可控的。

计算责任成本的关键是判别每一项成本费用支出的责任归属。

1. 判别成本费用支出责任归属的原则

通常可以按以下原则确定责任中心的可控成本：

（1）假如某责任中心通过自己的行动能有效地影响一项成本的数额，那么该中心就要对这项成本负责。

（2）假如某责任中心有权决定是否使用某项资产或劳务，它就应对这些资产或劳务的成本负责。

（3）某管理人员虽然不直接决定某项成本，但是上级要求他参与有关事项，从而对该项成本的支出增加了重要影响，则他对该成本也要承担责任。

2. 制造费用的归属和分摊方法

将发生的直接材料和人工费用归属于不同的责任中心通常比较容易，而制造费用的归属则比较困难。为此，需要仔细研究各项消耗和责任中心的因果关系，采用不同的分配方法。一般是按下述五个步骤来处理：

（1）直接计入责任中心。将可以直接判别责任归属的费用项目，直接列入应负责的成本中心。

（2）按责任基础分配。对不能直接归属于个别责任中心的费用，优先采用责任基础分配。有些费用虽然不能直接归属于特定成本中心，但它们的数额受成本中心的控制,能找到合理依据来分配,如动力费、维修费等。如果成本中心能自己控制使用量,可以根据其用量来分配。分配时要使用固定的内部结算价格,防止供应部门的责任向使用部门转嫁。

(3) 按受益基础分配。有些费用不是专门属于某个责任中心的,也不宜用责任基础分配,但与各中心的受益多少有关,可按受益基础分配,如按装机功率分配电费等。

(4) 归入某一个特定的责任中心。有些费用既不能用责任基础分配,也不能用受益基础分配,则考虑有无可能将其归属于一个特定的责任中心。

(5) 不能归属于任何责任中心的固定成本,不进行分摊。

二、利润中心的业绩评价

(一) 利润中心的概念

一个责任中心,如果能够同时控制生产和销售,既要对成本负责又要对收入负责,但是没有责任或没有权力决定该中心资产投资的水平,因而可以根据其利润的多少来评价该中心的业绩,那么,该中心称为利润中心。

利润中心有两种类型:一种是自然的利润中心,它直接向企业外部出售产品,在市场上进行购销业务。例如,某些公司采用事业部制,每个事业部均有采购、生产、销售的职能,有很强的独立性,这些事业部就是自然的利润中心。另一种是人为的利润中心,它主要在企业内部按照内部转移价格出售产品。例如,大型钢铁公司分成采矿、炼铁、炼钢、轧钢等部门,这些生产部门的产品主要在公司内部转移,它们只有少量对外出售,或者全部对外销售由专门的销售机构完成。这些生产部门可以视为利润中心,并称为人为的利润中心。

(二) 对利润中心的考核

对于利润中心进行考核的指标主要是利润。但是,也应当看到,任何一个单独的业绩衡量指标都不能够反映出某个组织单位的所有经济效果,利润指标也是如此。因此,尽管利润指标具有综合性,利润计算具有强制性和较好的规范化程度,仍然需要一些非货币的衡量指标作为补充,包括市场地位、产品质量、职工态度、社会责任、短期目标和长期目标的平衡等。

在计量一个利润中心的利润时,我们需要解决两个问题:第一,选择一个利润指标,包括如何分配成本到该中心;第二,为在利润中心之间转移的商品规定价格。

1. 部门利润的计算

评价利润中心业绩时,至少有四种有关利润的指标可以选择:边际贡献、可控边际贡献、部门边际贡献和部门税前经营利润。

【例 3-1】 甲公司的某一部门的数据如下(单位：元)：

部门销售收入	15 000
已销商品变动成本和变动销售费用	10 000
部门可控固定间接费用	800
部门不可控固定间接费用	1 200
分配的公司管理费用	1 000

假设该部门的利润相关指标如下(单位：元)：

收　　入	15 000
变动成本	－10 000
(1) 边际贡献	5 000
可控固定成本	－800
(2) 可控边际贡献	4 200
不可控固定成本	－1 200
(3) 部门边际贡献	3 000
公司管理费用	－1 000
(4) 部门税前经营利润	2 000

部门经理至少可以控制某些固定成本，并且在固定成本和变动成本的划分上有一定选择余地，因此边际贡献 5 000 元作为业绩评价依据不够全面，可能导致部门经理尽可能多支出固定成本以减少变动成本支出，即使这样做并不能降低总成本。业绩评价至少应包括可控制的固定成本。

可控边际贡献 4 200 元作为部门经理的业绩评价依据可能是最好的，它反映了部门经理在其权限和控制范围内有效使用资源的能力。部门经理可控制收入、变动成本和部分固定成本，因而可以对可控边际贡献承担责任。这一衡量标准的主要问题是可控固定成本和不可控固定成本的区分比较困难。例如，折旧、保险等，如果部门经理有权处理这些有关的资产，那么，它们就是可控的；反之，则是不可控的。

以部门边际贡献 3 000 元作为业绩评价依据，可能更适合评价该部门对企业利润和管理费用的贡献，而不适用于对部门经理的评价。如果要决定该部门的取舍，部门边际贡献是有重要意义的信息。如果要评价部门经理的业绩，由于有一部分固定成本是过去最高管理阶层投资决策的结果，现在的部门经理已很难改变，部门边际贡献则超出了经理人员的控制范围。

以部门税前经营利润 2 000 元作为业绩评价的依据通常是不合适的。公司总部的管理费用是部门经理无法控制的成本，由于分配公司管理费用而引起部门利润的不利变化,不能由部门经理负责。不仅如此,分配给各部门的管理费用的计算方法常常是任意的,部门本身的活动和分配来的管理费用高低并无因果关系。许多企业把所有的总部管理费用分配给下属部门,其目的是提醒部门经理注意各部门提供的边际贡献必须抵补总部的管理费用,否则企业作为一个整体就不会盈利。其实,通过给每个部门建立一个期望能达到的可控边际贡献标准,可以更好地达到整体盈利的目标。这样,部门经理可以集中精力增加收入并降低可控制成本,而不必在分析那些分配来的、不可控的管理费用上花费精力。

2. 内部转移价格

分散经营的组织单位之间相互提供产品或劳务时,需要制定一个内部转移价格。转移价格对于提供产品或劳务的部门来说表示收入,对于使用这些产品或劳务的购买部门来说则表示成本。因此,转移价格能影响到这两个部门的获利水平,部门经理非常关心转移价格的制定。

制定转移价格的目的有两个:防止成本转移带来的部门间责任转嫁,使每个利润中心都能作为单独的组织单位进行业绩评价;作为一种价格引导下级部门采取明智的决策,生产部门据此确定提供产品的数量,购买部门据此确定所需要的产品数量。通常可以考虑的内部转移价格有以下几种:

(1) 市场价格。在中间产品存在完全竞争市场下,市场价格减去对外的销售费用,是理想的转移价格。值得注意的是,外部供应商为了能做买卖可能先报一个较低的价格,同时期望日后提高价格。因此,在确认外部价格时要采用可以长期保持的价格。另外,企业内部转移的中间产品比外购产品的质量可能更有保证,并且更容易根据企业需要加以改进。因此,当经济分析无差别时,一般不应该依靠外部供应商,而应该鼓励利用自己内部的供应能力。

(2) 以市场为基础的协商价格。如果中间产品存在非完全竞争的外部市场,可以采用协商的办法确定转移价格,即双方部门经理就转移中间产品的数量、质量、时间和价格进行协商并设法取得一致意见。

成功的协商转移价格依赖于下列条件:首先,要有一个某种形式的外部市场,两个部门经理可以自由地选择或是拒绝某一价格。其次,在谈判者之间共同分享所有的信息资源。

协商转移价格被广泛采用,它的好处是有一定弹性,可以照顾双方利益并得到双方认可。它的缺点是浪费时间和精力,可能会导致部门之间的矛盾,部门获利能力大小与谈判人员的谈判技巧有很大关系。少量的外购或外卖是有益的,它可以保证得到合理的外部价格信息,为协商双方提供一个可供参考的基准。

(3) 变动成本加固定费转移价格。

这种方法是要求中间产品的转移用单位变动成本来定价,与此同时,还应当向购买部门收取固定费,作为长期以低价获得中间产品的一种补偿。这样,生产部门有机会通过每期收取固定费来补偿其固定成本并获得利润,购买部门每期支付特定数额的固定费之后,对于购入的产品只需支付变动成本。

(4) 全部成本转移价格。当上述几种方法均无法采用时,企业可以考虑采用全部成本加成法制定内部转移价格。不过,这种方法既不是业绩评价的良好尺度,也不能引导部门经理作出有利于企业的明智决策。以目前成本为基础,会鼓励生产部门经理维持比较高的成本水平,并据此取得更多的利润;在连续式生产企业中,成本随产品在部门间流转,成本不断积累,即使采用相同的成本加成率也会使后序部门的利润明显大于前序部门。如果扣除半成品成本转移,则会因各部门投入原材料出入很大而使利润分布失衡。因此,只有在无法采用其他形式转移价格时,才考虑使用全部成本加成办法来制定转移价格。

三、投资中心的业绩评价

(一) 投资中心的概念

投资中心是指某些分散经营的单位或部门,其经理所拥有的自主权不仅包括制定价格、确定产品和生产方法等短期经营决策权,而且还包括投资规模和投资类型等投资决策权。投资中心的经理不仅能控制除公司分摊管理费用外的全部成本和收入,而且还能够控制占用的资产。因此,评价时不仅要衡量其利润,而且要衡量其资产,并把利润与其占用的资产联系起来。

(二) 投资中心的考核指标

投资中心的业绩评价指标通常有以下四种。

1. 投资报酬率

这是最常见的考核投资中心业绩的指标,这里所说的投资报酬率是部门边际贡献除以该部门拥有的资产额。

用投资报酬率来评价投资中心业绩有许多优点:它是根据现有的会计资料计算的,比较客观,可用于部门之间以及不同行业之间的比较。投资人非常关心这个指标,公司总经理也十分关心这个指标,用它来评价每个部门的业绩,促使其提高本部门的投资报酬率,最终有助于提高整个企业的投资报酬率。投资报酬率可以分解为投资周转率和销售利润率两者的乘积,并可进一步分解为资产的明细项目和收支的明细项目,从而对整个部门经营状况作出评价。

投资报酬率指标的不足也是十分明显的:部门经理会放弃高于资金成本而低于目前部门投资报酬率的机会,或者减少现有的投资报酬率较低但高于资金成本的某些资产,使部门的业绩获得较好评价,但却伤害了企业整体的利益。从引导部门经理采取与企业总体利益一致的决策来看,投资报酬率并不是一个很好的指标。

2. 剩余收益

为了克服由于使用比率来衡量部门业绩带来的次优化问题,许多企业采用绝对数指标来实现利润与投资之间的联系,这就是剩余收益指标。

$$\text{剩余收益} = \text{部门税前经营利润} - \text{部门平均经营资产应计报酬} = \text{部门税前经营利润} - \text{部门平均经营资产} \times \text{要求的报酬}$$

剩余收益的主要优点是可以使业绩评价与企业的目标协调一致,引导部门经理采纳高于企业资金成本的决策。此外,剩余收益指标允许使用不同的风险调整资金成本。从现代财务理论来看,不同的投资有不同的风险,要求按风险程度调整其资金成本。因此,不同行业部门的资金成本不同,甚至同一部门的资产也属于不同的风险类型,例如,现金、短期应收款和长期资本投资的风险有很大区别,要求有不同的资金成本。在使用剩余收益指标时,可以对不同部门或者不同资产规定不同的资金成本率,使剩余收益这个指标更加灵活。而投资报酬率评价方法并不区别不同资产,无法分别处理风险不同的资产。

当然,剩余收益是绝对数指标,不便于不同部门之间的比较。规模大的部门容易获得较大的剩余收益,而他们的投资报酬率并不一定很高。因此,许多企业在使用这一方法时,事先建立与每个部门资产结构相适应的剩余收益预算,然后通过实际与预算的对比来评价部门业绩。

3. 现金回收率

现金回收率是以现金流量为基础的业绩评价指标,是营业现金流量除以总资产,其中营业现金流量为年现金收入与现金支出的差额,总资产用部门资产的历史成本平均值计算。

如果各年的现金流量相同,则现金回收率为回收期的倒数。对于长期资产来说,例如寿命在 15 年以上的资产,现金回收率近似于内含报酬率,即接近实际的投资报酬率。因此,这个指标可以检验投资评估指标的实际执行结果,减少为争取投资而夸大项目获利水平的现象。

尽管在计算现金回收率时未遵循权责发生制,但经验表明企业的现金回收率是稳定的,并且从长期来看净现值与现金净流入总量相等,因而可以作为业绩评价的标准。

4. 剩余现金流量

由于现金回收率是一个比率指标,也会引起部门经理投资决策的次优化,其情况与投资报酬率类似,即当现金回收率高于资金成本而低于部门现在的现金回收率时,他会拒绝该项投资。为了克服这个缺点,可以使用剩余现金流量指标来

评价部门业绩:

$$剩余现金流量 = 营业现金流量 - 部门资产 \times 资金成本率$$

使用剩余现金流量评价部门业绩,可以使部门经理在决策时能和企业目标保持一致。

第三节 基于 EVA 的业绩评价模式

20世纪80年代以来,股东价值观念在美国掀起了第二次高潮,"价值基础管理"和"股东价值分析"这些观念更加深入人心。企业管理思想的这种改变同时也影响着传统企业业绩评价方法的改变。在这种背景下,美国先后出现了几种新的企业业绩评价方法,其中最引人注目和应用最为广泛的就是经济增加值(EVA)方法。

一、EVA 的提出

EVA 这一指标是由美国斯特恩·斯图尔特(Stern-Stewart)咨询公司于1982年正式提出的。EVA 指标之所以出现,主要原因在于传统的会计基础指标存在内在缺陷:第一,会计收益的计算未考虑所有资本的成本,仅仅解释了债务资本的成本,却忽略了对权益资本成本的补偿;第二,由于会计方法的可选择性以及财务报表的编制具有相当的弹性,使得会计收益存在某种程度的失真,往往不能准确反映企业经营业绩;第三,传统会计指标评价体系的最大问题,是它们偏离了企业的根本目标——价值最大化。不论是利润、总资产收益率(ROA)还是净资产收益率(ROE),指标的增长并不一定代表企业价值的增长,以它们为评价指标会造成企业非价值最大化的经营导向;第四,综合的业绩评价体系的问题在于"多指标和多目标"上,Stern-Stewart 公司引用 Michael C. Jensen 的话,认为"多重目标即是无目标","在没有一个整体的目标时,决策者无法作出合理的选择。面对十几个、二十几个指标,不知道如何在其间进行权衡,一个典型的管理者将无法有目标地行动,其结果也将是混乱的"。

EVA 指标最重要的特点是从股东角度重新定义了企业的利润,考虑了企业投入的所有资本的成本。这种利润的实质是属于投资者所有的真实利润,也就是经济学家所说的经济利润。EVA 指标由于在计算上考虑了企业的权益资本成本,并且在利用会计信息时尽量进行调整以消除会计失真,因此能够更加真实地反映一个企业的业绩。更为重要的是,EVA 指标的设计着眼于企业的长期发展,而不是像利润一样仅仅是一种短视指标,因此应用该指标能够鼓励经营者进行那些能够给企业带来长远利益的决策,如新产品的研究和开发等,这样就能减少企业管理者短期行为的发生。

EVA 指标另一个重要的特点是 EVA 评价体系提供了一个单一的、协调的目标,使得所有决策都模式化,都可以监测,都可以用同样的尺度来评价一个项目是增加了还是减少了股东的财富。Stern-Stewart 公司所谓的同一尺度即"是否增加了 EVA",在 EVA 评价体系下,它是所有决策的标准。

此外,应用 EVA 能够建立有效的激励报酬系统,这种系统通过将管理者的报酬与从增加股东财富的角度衡量企业业绩的 EVA 指标相挂钩,正确引导管理者的努力方向,促使管理者充分关注企业的资本增值和长期经济效益。

自 EVA 评价方法产生以来,有不少著名的跨国公司采用了该方法评价本企业以及企业内部各业务部门的经营业绩,如 AT&T、Coca-Cola、Briggs Stration、Chrysler、Compaq Computer、GE 等,由此进一步推动了 EVA 的应用。

二、基于 EVA 的指标体系

(一)经济增加值

1. 经济增加值的含义

经济增加值指标衡量的是企业资本收益和资本成本之间的差额。简单地说,EVA 是经过调整的税后经营利润(NOPAT)减去该公司现有资产经济价值的机会成本后的余额,可以表述为:

$$经济增加值 = 税后经营利润 - 资本投入额 \times 加权平均资本成本率$$

运用 EVA 衡量企业业绩的基本思路是:企业的投资者可以通过股票市场,自由地将其投资于企业的资本加以变现,进而转作其他投资。因此,投资者至少应从企业获得投资的机会成本,亦即企业加权平均的资本成本。

2. 经济增加值基础业绩评价的优点

EVA 最直接地与股东财富的创造联系起来。追求更高的 EVA,就是追求更高的股价。对于股东来说,EVA 越多越好。从这个意义上说,它是唯一正确的业绩计量指标。它能连续地度量业绩的改进。

EVA 不仅仅是一种业绩评价指标,它还是一种全面财务管理和薪金激励体制的框架。EVA 的吸引力主要在于它把资本预算、业绩评价和激励报酬结合起来了。以 EVA 为依据的管理,其经营目标是 EVA,资本预算的决策基础是以适当折现率折现的经济增加值,衡量生产经营效益的指标是 EVA,奖金根据适当的目标单位 EVA 来确定。这种管理变得简单、直接、统一与和谐。

在 EVA 的框架下,企业可以向投资人宣传他们的目标和成就,投资人也可以用 EVA 选择最有前景的企业。

3. 经济增加值基础业绩评价的缺点

由于 EVA 是绝对指标,它不具有比较不同规模公司业绩的能力。在计算 EVA 时,对于什么应该包括在投资基础内,净收益应作哪些调整以及资本成本的确定等,尚存在许多争议。这些争议不利于建立一个统一的规范。而缺乏统一性的业绩评价标准,只能在一个公司的历史分析以及内部评价中使用。

(二) 市场增加值

1. 市场增加值的含义

EVA 是一种从基本面来评价企业的指标,可以衡量企业为股东创造财富的状况,全面反映企业当期的盈利表现,适用于任何企业。对于上市公司来说,市场是通过股票价格对其进行评价的。基于这个原因,Stern-Stewart 公司设计了另一个指标即企业的市场增加值 (MVA)。MVA 说明股东财富获得增加的方式是通过使得一个企业的总市场价值和投资者已提供给企业的资本总量之间的差额的最大化来实现的。其计算公式为:

$$市场增加值 = 企业总市值 - 企业总资本$$

总市值是债务的账面价值与权益的市场价值之和,总资本是债务与权益的账面价值之和。某一年的市场增加值,可以根据当前的总市值减去累计投入资本的当前价值来计算。市场增加值与经济增加值指标的关系可以表示为:

$$市场增加值 = 未来经济增加值的现值$$

市场增加值是一个非常关键的业绩衡量指标,它表明了股东投入资本的增值部分,直接与股东财富的创造相关。市场增加值标志着企业合理运用稀缺资源的能力。EVA 能起作用的原因在于它扣除了资金成本,减去了投资者迫切希望的最低投资回报。所以,当市场认为企业的经济增加值将为零时,从经济增加值的角度看,企业只是做到了收支平衡,投资者也只是获得了最低回报,而企业的市场增加值也将为零。此时,企业的市值与资金的账面价值相等。

2. 市场增加值基础业绩评价的优点

MVA 是一个公司增加或减少股东财富的累积总量,是从外部评价公司管理业绩的最好方法。市场增加值计算的是现金流入和现金流出之间的差额,即投资者投入一家公司的资本和按当前价格卖掉股票所获现金之间的差额。

3. 市场增加值基础业绩评价的缺点

首先,股票市场是否能真正评价公司的价值,一直是一个令人怀疑的问题。由于信息不对称,投资人经常作出不正确的预期,使得股价偏离公司价值。

其次,从短期来看,股市总水平的变化可以"淹没"管理者的作为。股价价格不仅受管理业绩的影响,还受股市总水平的影响。股价每天有升降,并非由于公司业绩天天有变化。

再次,大部分公司没有上市,没有恰当的市值估计数据,限制了市场增加值的应用。

最后,即使是上市公司也只能计算它的整体经济增加值,对于下属部门和内部单位无法计算其市场增加值,也就不能用于内部业绩评价。

(三)未来增长价值

未来增长价值(FGV)是企业市场价值与当前营运价值(COV)的差额,其中当前营运价值=当前经济增加值/资本成本率+投入资本总额。当市场预测企业业绩将增长时,该企业市场价值将高于当前营运价值。

假设企业有 30 亿元资本,能够持续实现每年 1 亿元的经济增加值,而资金成本率为 10%,那么企业价值可以评估为 40 亿元(1÷10%+30)。如果其市值为 90 亿元,那么其未来增长价值(FGV)就是 50 亿元。它代表了市场预期公司 EVA 未来增长部分的折现。

2000 年,中国上市公司的 FGV 占市值的比例达到 75%,这意味着 2000 年股市的价值有 25%由当前盈利能力决定,而 75%的价值是基于对企业未来盈利能力的预期。无论与成熟的证券市场相比,还是同新兴市场相比,这都属于过度预期。如果从资本回报率的角度分析,设上市公司 2000 年平均资本成本不变,作为一个整体,上市公司必须保持 35%的资本回报率才能支撑现有市值。但是我国股市平均回报率只有 9.3%。[①]

(四)修正的经济增加值

EVA 关注的仅仅是公司当期的经营情况,没有反映出市场对公司未来经营业绩预测的修正,因此经济学家们对 EVA 进行了修正,由 Bacidore,Jeffrey (1997)提出了修正的经济增加值(REVA)概念。其计算公式为:

$$REVA_t = NOPAT_t - K_W \times MV_{t-1}$$

式中:$NOPAT_t$ 表示 t 期末企业调整后的税后营业净利;K_W 表示加权平均资本成本率;MV_{t-1} 表示($t-1$)期末企业资产的市场价值,等于企业所有者权益的市场价值加上经过调整的企业负债价值(总负债减去无息的流动负债)。

由上述计算公式可以看到,REVA 与 EVA 的区别在于资产价值的确定方法有异。在 REVA 的理念下,认为企业用于创造利润的资产价值总额既不是企业资产的账面价值,也不是企业资产的市场价值。

在发展 EVA 用于企业业绩评价的同时,Stern 公司进一步提出了基于 EVA

---

① 资料来源:周炜炜,华彬.谁在创造财富,谁在毁灭财富[J].财经杂志,2001(8).

的管理体系,这就是建立起以 EVA 为核心的管理理念、激励机制和绩效评价标准。为了提高企业的整体 EVA 水平,部门管理者还必须找出影响 EVA 的关键因素,并了解哪些因素是他们可以通过自己的管理行为直接影响的,从而建立一套评价指标用以测评、报告并改善本部门的业绩表现。

由于 EVA 评价系统所选择的评价指标是唯一的,从而造成评价主体只关心管理者决策的结果,而无法了解驱动决策结果的过程因素,结果 EVA 评价系统只能为战略制定提供支持性信息,而为战略实施提供控制性信息这一目标不易达到。EVA 评价系统的另一局限性在于 EVA 指标的计算。EVA 的计算本身是个复杂的问题,其难点反映在两个方面:其一,EVA 的会计调整;其二,资本成本的计算。由于这两个问题的存在增加了 EVA 计算的复杂程度,结果对 EVA 的应用造成了一定的负面影响。

(五) 国资委 EVA

1. 国资委 EVA 考核介绍

国资委 2009 年年底修订的《中央企业负责人经营业绩考核暂行办法》在年度经营业绩考核指标中,经济增加值(EVA)指标取代原有的净资产收益率成为业绩考核的核心指标。经济增加值是指经核定的企业税后净营业利润减去资本成本后的余额。

在计算企业经济增加值时,应取得企业一定时期资产负债表和利润表及附注等资料,并进行初步分析,再按照国资委考核细则中的规定对企业利润表中的会计利润进行调整,计算出税后净营业利润;按照国资委经济增加值细则要求对资产负债表中的相关项目进行调整确定投入资本总额,计算企业全部资本的加权平均资本成本率,测算企业全部资本的成本。根据经调整计算出的企业税后净营业利润和经分析测算出的企业全部资本成本,计算企业经济增加值。

$$\text{经济增加值} = \text{税后净营业利润} - \text{资本成本} = \text{税后净营业利润} - \text{调整后资本} \times \text{平均资本成本率}$$

$$\text{税后净营业利润} = \left(\text{净利润} + \text{利息支出} + \text{研究开发费用调整项} - \text{非经常性收益调整项} \times 5\%\right) \times (1-25\%)$$

$$\text{调整后资本} = \text{平均所有者权益} + \text{平均负债合计} - \text{平均无息流动负债} - \text{平均在建工程}$$

2. 国资委 EVA 计算解读

(1) 只调整影响决策判断和鼓励长期发展的重要因素,体现成本效益原则。国资委出台的经济增加值计算办法,只对会计利润中的利息费用、当期形成无形资产的研发支出、当期未形成无形资产而在管理费用中列支的研发费用、投资收益中的变卖主业优质资产收益、非投资类企业集团转让股权(产权)收益以及营业外收入中的与主业无关的资产置换收益、与经营活动无关的补贴收入等进行调整,简单易行,符合成本效益原则,增强了经济增加值计算的可操作性。

(2)考虑国家经济政策,体现做强主业、优化产业结构的总体要求。国资委副主任黄淑和指出,国资委决定从2010年开始在中央企业全面推行经济增加值考核,进一步引导中央企业更加注重资本使用效率,提高发展质量;更加注重做强主业,调整优化结构;更加注重风险防控,实现平稳较快发展;更加注重可持续发展,增强国际竞争力。在经济增加值指标的会计利润调整项中,对不符合主业发展、产业结构调整要求的变卖主业优质资产收益、企业集团(不含投资类企业集团)转让股权(产权)收益进行剔除;对投入资本总额的计算中将符合主业发展的在建工程进行剔除,充分体现了国资委对中央企业做强主业、调整优化结构的总体要求。对为获取国家战略资源,勘探投入费用较大的企业,经国资委认定后,将其成本费用情况表中的"勘探费用"视同研究开发费用调整项按照一定比例予以加回。这一规定无疑是一项鼓励资源采掘企业加大勘探力度的重要举措。

(3)与股东财富最大化的财务管理目标相一致。研究开发费按照现行企业会计准则规定,企业研究阶段的支出全部费用化,计入当期损益,开发阶段的支出符合无形资产确认条件的资本化,不符合资本化条件的计入当期损益。研究开发费用对当期经济增加值贡献的有限性及收益与费用支出不配比性,使企业管理者可能通过减少研发投入来改善短期的经营业绩,从而损害企业长期利益。在国资委经济增加值考核指标中将研发费用视为利润的一部分,目的是鼓励企业管理者积极开展研发活动,提升企业长期可持续发展的竞争力,这与股东财富最大化这一财务管理目标相一致。

3. 考虑企业可持续发展,体现长期发展目标

对符合公司主业发展的基础建设投资、生产线的改建、扩建、技术改造、设备的更新换代等影响企业长期发展项目,在工程项目未交付使用前,不会创造效益增加经济增加值,这样就会使企业的经营者采取能提高经济增加值的短期行为,不利于企业的长远发展。国资委经济增加值指标对符合主业发展的在建工程占用资本进行扣除,可以有效地克服企业经营的短期行为,体现企业的长远发展目标。

第四节 基于战略的业绩评价模式

一、平衡计分卡的产生、发展与应用

(一)平衡计分卡产生的背景

战略管理业绩评价模式起源于20世纪90年代,此时人类社会开始由工业经

济向知识经济转轨。引入非财务指标并将评价指标与战略相联系是战略管理业绩评价模式的显著特点。平衡计分卡（Balanced Score Card，简称 BSC）是这一模式的典型代表，强调财务指标和非财务指标之间的平衡。

如果说工业经济时代强调的是财务资本，那么在知识经济时代限制企业发展的关键因素是知识或者说智力资本。无形资产在企业生产管理中起到越来越重要的作用，是影响企业价值的关键驱动因素。因此，企业界的管理者基于传统财务业绩指标的固有局限性，感觉到有必要对股东价值创造的流程进行监控，有必要评价企业在非财务领域上的业绩。在这种背景下，实务界和理论界逐渐致力于将财务指标、非财务指标和战略联系起来，对战略业绩评价的研究迅速升温。

（二）平衡计分卡形成过程

罗伯特·卡普兰是哈佛大学工商管理学院的教授，戴维·诺顿是复兴方案公司的总裁。1990 年，美国诺兰诺顿学院设立了一个项目准备研究开发一个新的绩效测评模式，该项目由戴维·诺顿任组长，罗伯特·卡普兰任学术顾问，全美国有 12 家公司参与了项目的开发，这些公司包括美标、苹果电脑、杜邦、通用电气、惠普、贝尔等。当时 Analog 公司使用一种名为"公司计分卡"的方式对公司绩效进行考核，该方法仅包括财务和流程方面的指标，如：交货期质量、生产周期、新产品开发周期等。项目小组对"公司计分卡"进行研究以后对其考核范围作了扩充，扩大到财务、客户、流程、发展四个方面，并于 1990 年 12 月将这种新的测评方法命名为：平衡计分卡。大量企业组织采用了平衡计分卡评价指标体系，并取得了立竿见影的效果。卡普兰和诺顿发现这些企业组织不仅用平衡计分卡使财务评价指标和未来业绩动因相匹配，而且还通过他们为平衡计分卡所选择的各种指标实现了战略沟通，解决了企业不能把长期战略和短期行为联系起来的严重缺陷。1992 年，两人在《哈佛商业评论》1992 年 1/2 月号发表论文《平衡计分卡：良好绩效的测评体系》。

平衡计分卡不单单是一种绩效考核的工具，更是一种战略管理工具。1993 年，卡普兰和诺顿对平衡计分卡进行了理论总结，并在两个公司内进行了验证，这两个公司的最高决策层都不约而同地将平衡考核的概念延伸到了组织的战略领域，并根据公司战略发展建立起相适应的组织结构。两位专家对此进行理论深化：根据对企业战略的成功实施之重要性来选择绩效考核指标，使平衡计分卡由战术绩效指标考核扩展到战略发展目标管理。两人因此在 1993 年的《哈佛商业评论》上发表论文《平衡计分卡的实际应用》。

1996 年，卡普兰和诺顿对平衡计分卡的实践过程又进行了理论提升，用系统管理的理论，设计了一个管理流程的框架，这些流程包括目标设定、组织结构、资源配置、预算计划、薪酬以及反馈和学习等。通过多角度来分解企业战略,通过目标指标、行动计划、预算、反馈、学习提高等流程的实施来贯彻企业的发展战略。两人在1996年的《哈佛商业评论》上发表论文《把平衡计分卡作为战略管理体系的基石》,至此形成了平衡计分卡较为系统的理论体系。

(三)平衡计分卡的应用

1996年,安永公司举办的一次银行首席财务官圆桌会议表明,平衡计分卡已为60%的大银行所采用。另外一项对236家北欧大型公司调查(Kald and Nilssom,2000年)表明,61家已经使用了平衡计分卡,还有140家打算在两年之内引进平衡计分卡。根据Gartner Group调查表明:在《财富》杂志公布的世界前1 000位公司中,有70%的公司采用了平衡计分卡系统。Bain & Company调查也指出,50%以上的北美企业已采用它作为企业内部业绩评价的方法。并且平衡计分卡所揭示的非财务的评价方法在这些公司中被广泛地运用于员工奖金计划的设计与实施中。《哈佛商业评论》更是把平衡计分卡称为75年来最具影响力的战略管理工具。

平衡计分卡应用最有影响的案例之一是美国美孚营销精炼事业部(Mobil U S M & R)案例。该公司1994年开始实施平衡计分卡,1998年的成果报告显示营销和运输成本降低20%、正常生产损耗降低了70%、意外安全损失降低了80%、环境事故损失降低了63%、现金流量净额提高到12亿美元,行业竞争力从末位跃居首位,员工对公司发展战略的理解度由20%提高到80%。平衡计分卡不仅在制造业,而且在其他各个行业,如金融行业、医疗行业、酒店服务业,甚至在非商业领域,如政府机构,也得到了越来越广泛的使用。平衡计分卡的关键在于全面揭示组织内部的各种关系,然后按照系统管理的原则对组织的战略发展进行规划、实施和调整。它在各行业的成功应用,充分说明其具有广泛的可操作性和生命力。

二、平衡计分卡的概念与内容

(一)平衡计分卡的概念

根据卡普兰教授在《高级管理会计》一书中对平衡计分卡的定义,平衡计分卡是被用来表达那些多样的、互相联系的目标,这些目标是企业在生产能力基础上的竞争和在生产技术革新的竞争中必须达到的,并不仅是有形资产。平衡计分卡把任务和决策转化成目标和指标,由四个部分组成:财务、客户、流程、学习和创新,见图3-1。

平衡计分卡是一套能使高层经理快速而全面地考察企业业绩的评价系统。卡普兰和诺顿将平衡计分卡比作"飞机驾驶舱",在这个驾驶舱的仪表盘上显示了

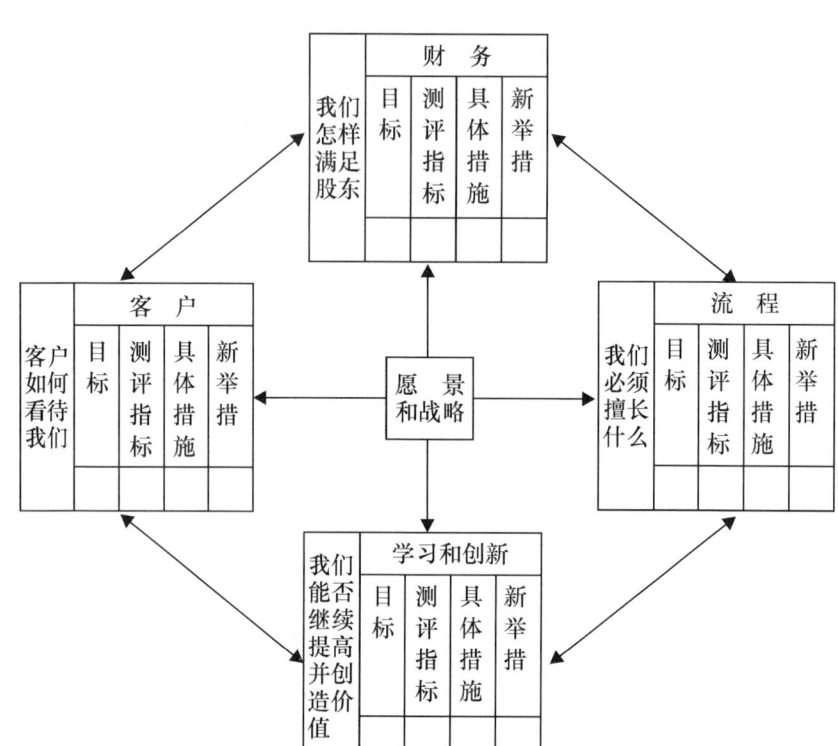

图 3-1 平衡计分卡

与企业战略相关的各种信息。平衡计分卡包含财务指标和业务指标,财务指标用以反映已采取的行动所产生的结果,而业务指标是未来财务业绩的推进器,通过对顾客满意度、内部程序及组织的创新和提高活动进行测评的业务指标,可以有效地补充财务指标。

平衡计分卡包括六个基本要素:角度、战略目标、绩效指标、目标值、行动方案和任务。其中角度是观察组织和分析战略的视点。每个角度都包含战略目标、绩效指标、目标值、行动方案和任务五个部分。企业最通用的四个角度是:财务、客户、流程以及学习和创新。目标是由公司战略分流出来的关键战略目标,每一个战略目标都包含一个或多个绩效指标。绩效指标是衡量公司战略目标实现结果的定量(或定性/主观)的尺度,通常称为战术指标。目标值是对期望达到的绩效目标的具体定量要求,即战术指标值。行动方案和项目类似,它由一系列相关的任务或行动组成,目的是达到每个指标的期望目标值。任务是执行战略行动方案过程中的特定行为。平衡计分卡最大的优势之一就是把目标、指标、目标值、行动方案联系起来。对于公司平衡计分卡的每一个目标,高层管理者都要设定至少一个或几个绩效指标。每一个指标必须要明确它的目标值。行动方案指的是为实现目标和达到目标值而单独设计的行动计划,包括的步骤有:确立关键任务,跟踪关键任务的进行,以确保行动方案的实施。

(二) 平衡计分卡的内容

平衡计分卡的中心就是企业战略。使用平衡计分卡评价企业业绩所考察的四个方面,并非孤立的四个方面内容的简单集合,而是围绕着体现和实现企业战略这一核心展开的、具有逻辑联系的四个方面。因此,企业欲采用平衡计分卡,首先必须形成明确且切实可行的企业战略,否则,平衡计分卡就会庸俗化为纯粹的折中主义。当然,如果企业形成了战略,但是没有平衡计分卡这个有效的工具,就难以将企业战略落到实处。一句话,清晰的战略是建立平衡计分卡业绩评价体系的前提和基础,而企业战略则需要通过平衡计分卡加以"分解"落实。

如前所述,平衡计分卡的企业业绩评价指标体系包括四个方面的基本内容,但四个方面各有侧重,相互影响,共同构成了企业业绩评价的指标体系。它们沟通了企业战略,平衡了企业发展中的短期和长期利益、局部利益与整体利益。

1. 财务方面

平衡计分卡保留有财务方面的内容,是因为财务指标对概述已发生方案的经济结果是有价值的。

财务方面主要关注股东对企业的看法和企业的财务目标。用来评估这些目标是否已达到的方法主要是考察管理层过去的行为,以及这些行为导致的财务上的结果。财务业绩的指标能反映出公司的战略制定与实施是否可以促进净利润的提高。财务指标通常与企业的盈利能力相联系,如营业利润、资本报酬率以及经济增加值等。除此以外,财务指标也可以是销售增长的速度或现金流量的高低。

2. 客户方面

管理者要确定营业单位需要面对的竞争性客户和市场份额,计量营业单位的目标客户和细分的市场类型,并确定其在目标市场中的业绩指标。典型的客户方面包括几个能够充分描述并有助于执行公司战略的核心结果指标。核心结果指标包括客户满意度、客户保持程度、新客户的获得、客户获利能力以及在目标范围内的市场份额(销售量)和会计份额(销售额)。这些指标通常在各种类型的企业中都会出现。然而,为了适合不同的战略,指标应当根据那些经营单位预计能快速增长和可获利的目标客户群而制定。

真正使战略具有独特性的是营业单位在其目标范围内用以吸引和保持客户份额的价值观念。虽然价值观念在不同的行业以及行业内的各个细分市场之间都不相同，但是在制造业和服务业中有一个普遍形式的企业价值观念属性。这些属性可以分为三个种类：产品和服务属性；客户关系；形象和声誉。其中：产品和服务属性包含产品或服务的功能及其价值和质量；客户关系包括交送产品或服务，也包括市场反应、交货时间及客户对购买商品的感觉；形象和声誉可以使公司主动地在其客户前定义自己。总之，客户方面可以使营业单位的管理者把他们的重要客户和市场战略结合起来考虑，产生更好的未来财务收益。

3. 流程方面

在流程方面，经营部门要确认那些企业必须做好的关键内部经营过程，使经营单位做到：① 传达在目标市场中吸引和保持客户所需的价值观念。② 满足股票持有者对更好的财务收益的期望。内部业务指标着重在那些对客户的满意程度和达到企业的财务目标有最大反应的内部经营上。

每项经营都有一系列独特的、为客户创造价值和产生财务结果的过程。然而，一个通用的价值链模型可以为企业提供一种范式，每个公司可以据此确定自身在业务流程方面的目标和具体计量指标。通用的价值链模型包含三个主要的经营过程：创新、经营和售后服务。

在创新过程中，营业单位探寻客户显露出来的和潜在的需要，然后创造产品或服务来满足这种需要。创新过程表现为价值创造的"长波"，企业在设计、开发新产品和服务以满足新市场、新客户的需要时，延续了价值创造和增长的"长波"过程。相反，作为通用价值链的第二个主要步骤，经营过程表现为价值创造的"短波"，经营过程从接受顾客订单开始，到把产品或服务提供给顾客结束。这一过程的重点在于高效、统一、及时地将现有产品或服务交付给顾客。

经营过程早已被大多数企业作为绩效衡量体系的焦点，优质服务和降低成本成为生产和服务过程中的重要目标。近些年，在日本制造业的全面质量管理和以时间为基础的实时制竞争实践的影响下，许多公司在传统成本和财务指标中，增加了质量和循环时间的指标。经营过程的质量、时间和成本指标的某些方面成为所有企业业绩计量的关键指标。

内部价值链的第三个也是最后一个阶段是在销售产品或提供服务之后给客户提供的售后服务。售后服务包括保证和维修、次品的处理和更换、支付手段的管理（如信用证的管理）。在公司支付给客户的价值链中，一个主要的因素是灵敏的、友好的、可信赖的服务工作。售后服务的另一方面是发票和收款过程，有大量的销售是用信用形式或公司专门的信用卡结算的，需要用成本、质量和循环时间等来计量账单、收款和解决纠纷的过程。

分析内部经营过程表明，业绩指标传统的方法与平衡计分卡存在两个基本的不同点。传统方法是监督和改进现在的经营过程，虽然传统方法也使用以质量和时间为基础的非财务指标,但是传统方法只是改进现有的生产过程。然而,平衡计分卡是在那些企业为了达到财务目标和客户要求而必须做好的方面确定全新的过程。平衡计分卡的第二个部分是把创新过程结合到内部经营流程中,传统的业绩指标系统着重于交付今天的产品或服务给今天的客户过程。但是长期财务成功的动因,可能要求企业生产全新的产品或服务来满足现在和未来客户的需要。对于很多公司而言,与短期经营循环相比,创新过程是提高未来财务业绩的更有力的动因。平衡计分卡的内部经营过程方面结合了"长波"型的创新循环和"短波"型的经营循环的目标和指标。

4. 学习和创新方面

平衡计分卡的第四个方面,即学习和创新方面,确立了企业必须建立长期成长和进步的基础结构;客户方面和流程方面,确立了现在和未来成功的关键因素。仅凭今天的技术和生产能力,企业是不能达到他们的客户和内部过程的长期目标的。同时,日益激烈的全球竞争要求公司不断提高他们为客户和股东提供价值的能力。

企业的学习和创新有三个主要来源:人员、信息系统和企业的程序。在平衡计分卡的财务目标、客户目标和内部经营过程目标中,通常显示出现有的人员、系统和程序的生产能力与实现突破性业绩目标所要求的生产能力之间的巨大差距。为了弥补这些差距,企业必须投资于培训雇员,提高信息技术和信息系统,矫正企业程序和日常工作,这些目标与平衡计分卡的学习和创新方面是相互关联的。在客户方面,雇员基础指标包括如下一般性的结果指标:雇员满意程度、雇员保持、雇员培训、雇员技术。学习和创新方面包括这些一般性指标的特别动因,如细节的、特殊经营的、新的竞争环境所要求的专门技术指数。信息系统的生产能力可以通过及时准确地把关键客户和内部经营的信息传递给制定决策和工作的一线雇员所用的时间来计量。企业程序可以检查员工激励与全面的企业成功因素及内部经营的提高率的结合情况。

学习和创新方面尤其强调雇员的能力。在信息时代,几乎所有的日常工作都已经是自动化,一遍遍做同样的工作,同一水平的效率和生产率已不能使企业获得成功了。如果公司想超过今天的财务业绩和客户业绩,仅仅依靠由企业精英们制定的标准经营步骤是不够的,改进过程和客户业绩的想法必须来自最接近内部过程和企业客户的一线雇员。这要求企业对雇员进行再培训,以调动他们的思维和创造力来实现企业的目标。大多数公司是根据三个核心结果指标的思想来制定其雇员目标的。这些核心结果指标是对结果的明确动因的补充,三个核心雇员指标是:雇员满意程度、雇员保持和雇员生产率。在这三个核心指标中,雇员满意程度目标通常被认为是其他两个指标即雇员保持和雇员生产率的动因。

分属不同行业的一些企业为它们的雇员再培训目标建立了一个新的以雇员为基础的指标：战略工作覆盖率。为了计算这个比率，经理必须首先确定为了有效开展工作并从组织的角度推广组织战略，重要的一线员工及管理职位所具有的技能。其次，经理们必须计量目前在那些职位上的雇员所具有的知识和技术，以及这些技术和知识是否能传达关键的生产能力以达到特定的财务、客户和内部经营过程目标。战略工作覆盖率可以用从事战略性关键工作的合格雇员的百分比来计算。通常，战略工作覆盖率揭示了现在的能力（如技术、知识和态度的计量）和未来需要之间的差距。这个人力资源的差距促使企业在开始制定战略时就缩小差距。企业需要大量的再培训，因此，另一个指标可以设定为使现有员工适应新技术要求所需的时间。为了实现大量的再培训目标，企业必须善于缩短每名员工实现再培训目标所需的时间。

5. 业绩评价指标之间的关系

利用平衡计分卡，企业管理者可以计量经营单位如何为现在和未来的客户创造价值，如何建立和提高内部生产能力，以及如何为提高未来经营业绩而对人员、系统和程序进行投资。

平衡计分卡使财务和非财务指标成为企业各层员工信息系统的一部分。一线员工可以从他们的决策和行动中理解财务结果，高级管理者也可以理解长期财务成功的动因。平衡计分卡表现了把经营单位的任务和策略转化为有形的可计量目标的转换。平衡计分卡着重分析四个方面的平衡关系：① 在长期和短期目标之间。② 在外部计量（股东和客户）与内部计量（经营过程、创新、学习与成长）之间。③ 在所要求的结果和这些结果的执行动因之间。④ 在强调客观性测量和强调主观性测量之间。这里着重分析业绩评价四个方面指标之间的因果平衡关系。

典型的平衡计分卡有四个方面，每个方面有 4~7 个单独的指标。因此，一个平衡计分卡大约要有 25 个指标。一个由多个指标组成的指标体系应被视为一个做单一决策的工具，即企业要用一个具有因果关系的指标体系来阐述和传达它的战略。

在平衡计分卡中，财务方面的指标是企业追求的结果，其他三个方面的指标是取得这种结果的动因。比如，投资报酬率作为财务方面的计量指标，客户方面的客户忠诚对投资报酬率有极大的影响。但如何保持客户呢？分析表明，按时交货对客户有很大作用。因此，改善按时交货可以产生较高的客户忠诚，同时也将产生较好的财务结果。客户忠诚和按时交货在平衡计分卡的客户方面被结合在一起。为了达到按时交货，公司可能会要求在经营过程中缩短周转时间并提高产品质量,于是这两项内容被纳入流程方面。那么企业如何改善质量并缩短内部经营的周转时间呢?答案是培训员工以提高他们的技术,这就成为学习和创新方面的一项内容。通过上述分析,平衡计分卡的四个方面形成了一条清晰的因果关系链,如图 3-2 所示。

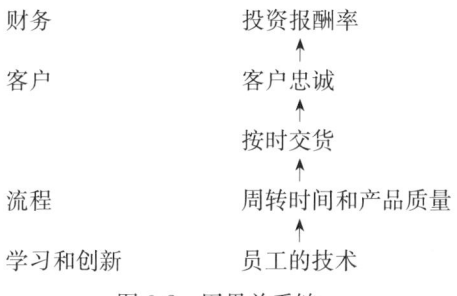

图 3-2　因果关系链

三、建立平衡计分卡的步骤

建立企业业绩评价的平衡计分卡系统一般需要经过以下六个步骤:

第一步,确定平衡计分卡项目的目标。设计人员与企业高层就制定平衡计分卡达成共识并获得支持。企业高层应明确平衡计分卡的主要意图并在认识上取得一致。企业高层应该确定一个能够担当起平衡计分卡总体设计重任的人选。

第二步,选择适当的业务部门。设计人员必须确定适宜实行最高级别的平衡计分卡的业务部门。最好从一个具有战略意义的业务部门开始,这个业务部门的活动最好贯穿企业的整个工作流程——创新、经营、营销、销售和服务。

第三步,对战略目标达成共识。设计人员通过对部门的全面了解,帮助部门管理人员理解企业的战略目标并了解他们对平衡计分卡评估手段的建议,解答他们提出的问题。在充分交流的基础上,确定企业的战略目标。确定战略目标是一个重要的过程,通常需要经过反复的讨论才能最终确定。

第四步,选择和设计评估手段。该阶段主要包括以下要点:对于每个目标设计能够最佳实现和传达这种目标意图的评估手段;对每一种评估手段,找到必要的信息源并为获得这种信息而采取必要的行动;对于每一目标的评价体系之间的相互影响以及与其他目标的评价体系的影响进行评估。

第五步,制订实施计划。以实施平衡计分卡目标部门的下属部门为单位,成立实施小组。各实施小组确定平衡计分卡的目标并制订实施计划。该计划包括如何把评估手段同数据库和信息体联系起来,负责在企业内部传播平衡计分卡,并帮助下级下放权力的部门制订实施计划。直至完全建立一个全新的执行信息制度。

第六步，将平衡计分卡融入企业的管理制度并发挥作用。制定平衡计分卡一般需持续 3 个月的时间。在制定过程中，主管人员可以有充分的时间考虑平衡计分卡和战略、信息制度以及最重要的管理过程之间的关系。制订平衡计分卡的过程，也就是企业目标在组织中进行传播的过程。如果能够让企业的各级员工参与到计分卡的制订上来，将有助于战略目标的推广和得到员工的认同。

尽管平衡计分卡被《哈佛商业评论》誉为过去 75 年来最具有影响力的管理思想，越来越多的中国企业也开始接受平衡计分卡作为业绩评价和企业战略管理的重要工具，平衡计分卡仍然体现出一定的局限性：

(1) 在评价目标的确定方面，尽管 BSC 从不同方面关注了客户、员工等利益相关者的利益，却忽略了通过利益相关者分析来认识企业经营目标和发展战略，因而可能导致不能准确地确定提高利益相关者满意度的关键动因。

(2) 在评价指标的选择方面，BSC 对于如何选择特定的业绩评价指标没有具体展开。另外，非财务指标的设计和计算也是一个难题。

(3) 在评价标准方面，如何设计业绩标准的主题并没有进行深入讨论。

(4) 在评价方法方面，卡普兰和诺顿并没有对其所使用的不同指标如何权衡进行说明。不能明确表达如何在大量指标中进行权衡，计分卡就无法达到平衡。

四、战略地图

(一) 战略地图的概念

平衡计分卡的创始人罗伯特·卡普兰(Robert S. Kaplan)和戴维·诺顿(David P. Norton)在对实行平衡计分卡企业进行长期指导和研究过程中发现，平衡计分卡只建立了一个战略框架，缺乏对战略进行具体而系统、全面的描述，使管理者之间及管理者与员工之间无法沟通，对战略无法达成共识。

战略地图是平衡计分卡的进一步发展，在平衡计分卡的思想上将组织战略在财务、客户、内部运营和学习成长四个层面展开，在不同的层面确定组织战略达成所必备的关键驱动因素，我们往往称之为战略重点或者战略主题。在明确战略重点或主题的同时，建立各个重点或主题之间的必然联系，形成相互支撑关系，从而明确战略目标达成的因果关系，将其绘制成战略简图，我们称之为战略地图。

战略地图使原本零散的、看似无关的战略联系在一起。它的核心思想强调的是因果关系链和协调一致性，是一种盘根究底、循本溯源的执行思维，讲究的是战略的驱动性。它清晰地描述了平衡计分卡四个维度指标间的因果关系，可使得企业在财务指标和非财务指标、长期目标和短期目标、结果性指标与动因性指标、企业组织内部群体与外部群体、领先指标与滞后指标之间得到平衡，由此企业得到综合平衡，协调发展。

战略地图的逻辑架构如图 3-3 所示。

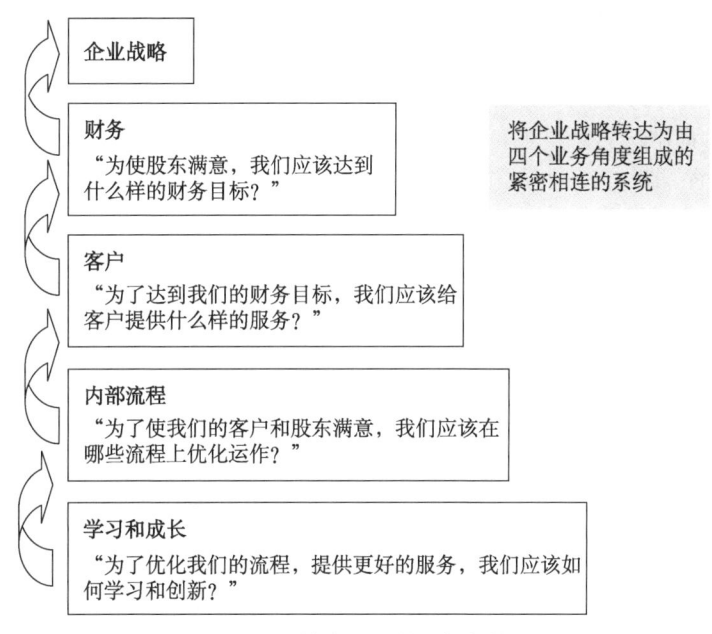

图 3-3　战略地图的逻辑架构

战略地图最大的作用有两个：其一是用直观的描述来解释公司的战略，让"高深"的战略转化为企业里各个部门都能够理解的语言；其二是将实现公司战略常用途径（或定位）划分为四个基本的模板，也可以称之为基本的战略实现路径/侧重点。因为任何一家企业，其资源都是有限的，没有任何一家企业可以面面俱到，只能将有限的资源和精力聚焦到某个领域中。但是，要清晰地描绘出从战略目标到企业的经营管理重心之间的逻辑关系，是一件很困难的事情。而战略地图的出现，解决了这个棘手的问题。所以，从这个意义上讲，战略地图其本质是一套战略管理工具，同时可以很好地应用于绩效管理。

（二）战略地图模板

经过长期研究与摸索，卡普兰和诺顿总结了四种模板的战略地图，分别为总体成本领先、产品领先、全面解决方案和系统锁定。

采取总体成本领先战略的企业，所有的经营管理重心都围绕着如何控制成本展开。对这类企业而言,创新、研发、售后服务等,都是不那么重要的,保持基本的、能够符合客户的最基本要求即可,因为提高这些方面的能力会增加成本。采取总体成本领先战略的典型企业有 DELL 和格兰仕。

采取产品领先战略的企业,所有的经营管理都围绕着产品性能和技术含量的最优展开。对这类企业而言,创新、研发、技术、品质是重点,成本反而不那么重要,而由于这类企业的产品足够领先(或者够前卫),其较高的溢价水平足以覆盖高昂的研发和生产成本;采取产品领先战略的企业主要集中在奢侈品或高档产品行业,如 APPLE 和 ROLLS ROYCE。

采取全面解决方案战略的企业,有些类似于工程领域的"交钥匙"工程(类似于 BOT 工程,即建造、运营、移交),即客户购买的不是单一的产品或服务,而是系统的解决方案;对这类企业而言,更强调系统组合的最优,而非局部最优;采取全面解决方案的企业主要集中在企业软件(如 SAP)、大型工程领域(如水电站建设方)和家装领域。

采取系统锁定战略的企业,所有的经营管理都围绕着如何提高客户黏度、增加竞争对手的准入门槛、提高竞争品的替代成本等方面。这种基本战略操作起来比较复杂,会对研发设计、售后服务、客户体验等方面有诸多较高的要求,因此,真正适合这种战略的企业很少,其中的典范有 MICROSOFT、APPLE 等。

无论采取何种基本战略,企业都需要先完成其 KSF(关键成功要素)的确定,即明确企业之所以能够获得当下的地位和成就,以及要实现未来的战略目标,最关键的驱动因素是什么?只有确定了 KSF 之后再去选择战略地图(模板),才是最符合企业实际也是最可行的战略。此外,这四种模板不是一成不变的,企业可以及时调整自己的战略,以更好地适应竞争环境的变化。

(三) 绘制战略地图的方法

第一步,确定股东价值差距(财务层面)。

(1)确定高层的财务(或使命)目标和指标。

(2)确定目标值和价值差距。

(3)把价值差距分配到增长和生产率目标。

例如,某银行设计了三个次级目标来支持收入增长这一高层目标:

a. "减少单位客户成本"的生产率次级目标;

b. "提高单位客户收入"的增长次级目标;

c. "增加和保留高价值客户"的另一个增长次级目标。

第二步,调整客户价值主张(客户层面)。

(1)阐明目标细分客户。

(2)阐明客户价值主张。

(3) 选择指标。

(4) 使客户目标和财务增长目标协调。

客户价值主张主要有四种:第一种是总成本最低,第二种强调产品创新和领导,第三种强调提供全面客户解决方案,第四种是系统锁定。

第三步,确定价值提升时间表。

(1) 确定实现成果的时间表,划定战略实施的总时间。

(2) 把价值差距分配给不同主题,只有财务目标值分解为内部流程和战略主题的目标值,并与具体的时间框架联系,以增强总目标值的可行性。

例如,针对5年实现4亿元股东价值差距的目标,要确定时间表,第一年提升多少,第二年、第三年提升多少,将提升的时间表确定下来。

第四步,确定战略主题(内部流程层面)。

(1) 寻找并确定影响大、关键的流程(战略主题);运营管理流程、客户管理流程、创新流程、社会流程。

(2) 设定指标和目标值,使关键内部流程与实现财务与客户目标(结果)的目标值保持协调一致。

第五步,提升战略准备度(学习和成长层面)。

(1) 确定支持战略流程所要求的人力、信息和组织资本等无形资产。

(2) 分析评估现有无形资产对战略的支持程度,具备或者不具备支撑关键流程的能力;如果不具备,找出办法来予以提升。

(3) 确定指标和目标值。

第六步,形成行动方案。

(1) 确定并形成支持流程和开发无形资产的具体行动方案。根据前面确定的战略地图以及相对应的不同目标、指标和目标值,再来制定一系列的行动方案,配备资源,形成预算。

(2) 阐明并保障预算需求。

战略地图说明企业如何创造价值如图3-4所示。

(四) 判断战略地图有效性的两个基本要素

1. KPI的数量及分布比例

一个科学合理的战略地图应该有多少个指标才算基本合理呢? 在四个视角的分配达到怎样的比例才算科学呢? 根据Best Practices公司对成功导入平衡计分卡的32个组织的研究资料显示:这些成功应用BSC的公司,他们战略地图的指标数都在20%左右,所有这些指标在四个层面上的典型分配比例如下:

(1) 财务20%左右。

(2) 客户20%左右。

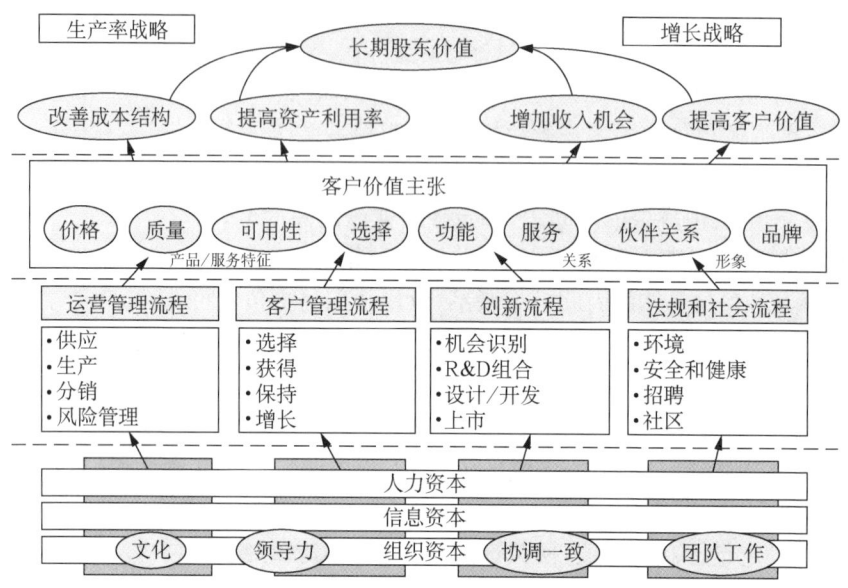

图 3-4　战略地图说明企业如何创造价值

（3）内部流程 40% 左右。

（4）学习与成长 20% 左右。

2. KPI 的性质比例

KPI 可以从多个角度进行性质判断，战略地图中的这些 KPI 究竟应该具有什么样的构成比例才算合理呢？

从财务性的角度可以将 KPI 分为财务性指标和非财务性指标。研究资料显示，那些优秀公司的 KPI，基本上都超过了 80% 的比例是非财务性的指标，只有不到 20% 的指标是财务性的指标。

从定性和定量的角度来看，可以将 KPI 分为定性指标和定量指标。研究资料显示，所有公司的定量指标比例都明显高于定性指标的比例。

从时间跨度的角度来看，可以将 KPI 分为短指标和长指标。研究资料显示，所有公司的长指标比例都明显高于短指标的比例。

从对战略支持性的角度来看，可以将 KPI 分为成长性指标和维持性指标。研究资料显示，所有公司的成长性指标比例都明显高于维持性指标的比例。

　案例 3-1　"长虹"的两种利润语言

从会计报表上看，从 1997—2000 年，长虹公司自上市以来每年都在盈利。

1997年,"长虹"的净利润更是达到了26亿元的高峰。但次年开始,"长虹"的盈利表现却开始掉头向下、节节下滑:1998年骤跌至20亿元,1999年更是跳水式暴跌到了5亿元,到2000财务年度,"长虹"的净利润滑落至不到3亿元的水平。如果换成从EVA的角度来观察,"长虹"的财务表现就更不容乐观了。尽管从1998年开始以来的3年间,"长虹"的会计利润水平急转直下,但到2000年为止至少还能在账面上维持正数的水平。

不过,从1998年开始,"长虹"的经济利润(EVA)就亮起了红灯,变成了负数。说明长虹公司业务经营中所产生的利润,已经无法弥补投入资本所要求的预期最低回报,该公司的股东财富已经开始遭到毁损了。根据初步的匡算,1998年"长虹"的资本回报率为9%,资本成本率即使按10%(根据CAPM匡算在10%左右)计算,EVA也已经出现了负值;其后的1999年和2000年两个财务年度,这一负值进一步扩大到了8.4亿元和15.62亿元。这实际上意味着,就在这3年间,已经有大约25亿元的股东财富遭到了毁损。据统计,8年来,"长虹"所创造的会计利润累计有近100亿元,但如果扣除股东在此期间所投入资本的成本,结果恐怕就不会有这么可观了。

资料来源:綦久竑.揭开长虹利润的面纱[N].中国经营报,2001-6-12.

案例3-2　把生产过程的时间指标用于服务业

适时制的生产过程和制造周期效率比率是为制造活动而建立的,但是它们也可以用于服务性的公司。对服务性公司来说,减少在进行服务过程中的浪费时间是更重要的,因为客户已经越来越不能容忍排队等候接受服务。

举一个银行的例子,大家都很熟悉购房贷款申请的审批过程:一大批的表格,包括工作简历、工资、资产及对房子的介绍等。银行雇员告诉我们在3~4周后才能知道贷款申请是否会被批准。一家银行的副总裁知道这个过程需要经过26天时间,他要求雇员记录在26天的申请过程中有多少时间是实际处理贷款申请的。其结果是:在26天里,只有15分钟的工作时间,制造周期效率比率是0.0004。

副总裁制定了对审批过程进行再设计的目标,使银行从客户申请到作出决定只用15分钟的时间。这一目标对应的制造周期效率比率是1.0,银行人员要继续做那些增加价值的工作,但是要删除所有不增加价值的等候时间。开始时,所有从事贷款申请工作的雇员说这是不可能实现的目标。在其他任务中,资信调查需要核实,这个过程至少要花费1~2周时间。进一步的研究显示,几乎所有的客户信用情况都可以从网上获得。许多的分析工作和批准程序可以由机器来自动完成,再设计后的贷款审批程序以发达的信息技术作为支撑,可以在 15 分钟内作出决策。客户填完贷款申请后,可以去咖啡厅喝杯咖啡,再回来时就知道结果了。

资料来源:罗伯特·卡普兰,安东尼·阿特金森.高级管理会计[M].2 版.吕长江,译.大连:东北财经大学出版社,1999.

案例 3-3　基于 EVA 的管理变革

一、案例背景

ABC 公司是一家注册在某市保税区的中外合资企业。公司成立于 1994 年,主要从事钢材的分销和加工业务,产品涵盖了普通螺纹钢、线材、工字钢等 10 余个系列的钢产品。公司在北京、广州、重庆、沈阳等地市设立了近 10 家分公司或办事处。公司在成立之初充分利用自身资金优势和与钢厂良好的合作关系,不断扩大市场份额,逐步成为华东地区乃至全国最大的钢材分销商。

随着公司的发展,公司开始面临各方面的困扰,经营战略亟待调整。2000 年公司实现销售收入 13.73 亿元,税后净利 1 636 万元,净利率仅为 1.19%。这与公司当年预算和股东期望值存在较大的差距。不仅如此,前几年以规模增长为导向的发展模式所隐含的深层次矛盾日显尖锐,主要表现在:① 产品销售缺乏突破口,销售收入开始出现明显下滑,利润指标更难以向股东启齿。② 公司动用了大量的营运资金,在全国设立了近 10 家分公司或办事处,但上述投资并未给股东带来合理的回报。公司 2000 年平均净营运资产达 4.17 亿元,而当年的净营运资产报酬率仅为 3.92%。大量的资金积压在存货与应收账款上,公司有时还出现资金周转困难。③ 随着行业的市场竞争不断加剧和大量新竞争对手的加入,公司原来那种在成本价上略为加价的"抛砖头"销售模式已经不能适应时代的发展。④ 基于销售规模增长的激励体系和薪酬制度逐渐失去效力,员工的工作积极性相对低落。⑤ 前几年的盲目扩张使公司管理面临失控的风险。⑥ 投资者对股东价值回报的追求与经营者追求规模扩张之间的矛盾越显突出。⑦ 公司的各项资源无法得到有效整合等。

根据股东认可的资本成本(9.3%),ABC 公司 2000 年度的 EVA 为 $-2\,244$ 万元。经理层不仅没有为股东创造价值,反而减少了股东的价值。残酷的现实使得 ABC 公司的董事们认识到,做公司不是比谁做得大,而是比谁做得强,比谁为股东创造的价值多。经过认真讨论,董事会决定对公司管理层进行改组,对公司的战略目标和组织结构进行彻底革新,并于 2000 年年底宣布实行以 EVA 为中心的管理变革。

二、EVA 管理变革：过程分析与配套管理

（一）过程分析

1. 分析诊断

结合财务部门提供的报表及给定的资本成本发现，公司当时 2/3 的产品销售并没有提供正的经济利润贡献，公司设立的近十家分公司或办事处，基本上都处于亏损状态。由于公司销售的产品线较长且在市场上没有明确的市场定位，加上向客户提供的增值服务无法满足客户的实际需求，造成大量核心客户流失。为了维持原有销售收入水平，公司无奈只有在价格、信用期等方面向客户让步。结果不仅造成公司利润下滑，资金循环不畅，而且使公司信用风险加大。不断下滑的销售收入和利润，使每家分公司或办事处的库存得不到及时消化，存货周转速度放慢，进一步加剧了公司的资金紧张状况。

产品盈利能力及市场前景分析表明，在 ABC 公司经营的十余个系列的钢材产品中，绝大多数不存在盈利贡献。只有少数产品，如 H 型钢同时具有良好的盈利能力与市场前景。H 型钢作为钢结构的一种新型替代型品种，逐渐被市场所接受，并广泛应用于海洋石油平台、铁路桥梁、大型仓库等建设工程上，市场规模以每年 50% 以上的速度在增长。1998 年国内 H 型钢消费量仅约 8 万吨，2001 年超过 50 万吨，2002 年将达到 100 万吨。同时，由于受到资金、技术、人才、渠道及国家政策等方面的限制，国内生产厂家很少（只有 2 家）。在未实施 EVA 管理系统以前，ABC 公司虽有一些 H 型钢的销售，但由于重视力度不够、资金投入不足等原因，公司 H 型钢占其销售收入总额的比重非常小，这与 H 型钢的盈利贡献与市场前景很不对称。为此，新改组的管理层迅速作出决定，加快公司的战略转型，积极推动以 EVA 为中心的管理变革。

2. 战略调整

经过对产业市场竞争环境和自身优劣势的认真分析后，ABC 公司的董事会果断决定放弃经济利润长期为负值的七种产品的经营，将分公司（办事处）和仓库由原来的 10 家缩减为北京、广州和沈阳 3 家，集中资源重点投资 H 型钢的分销和加工业务。同时，公司明确了自己在 H 型钢产业链中的定位——销售、物流与加工。通过与我国最大 H 型钢生产厂家签署战略合作协议，成为该厂在公司所在地的唯一销售代理商和其他重点销售地区的经销商。不仅如此，还与钢厂一起合作，构建第三方物流平台，建立和完善 H 型钢加工配送体系。通过库存分销体系的建立，加快市场的流通，满足用户的需要。同时，为了满足客户深层次的需求，公司还投资设立了 H 型钢加工中心，购置了锯切、焊接、打孔、起重等多种设备。根据用户需求，提供切割、弯曲、打孔、焊接、油漆等多道钢厂无法提供的服务。

（二）配套管理

EVA管理变革的实施并非仅仅是管理工具本身的调整，它更需要系统的配套管理来支撑。ABC公司管理层在如下方面采取了措施：

(1) 建立强有力的组织保障。为了使EVA管理系统在公司内部成功实施，ABC公司建立了EVA实施指导委员会，主要成员包括首席执行官、首席财务官以及相关高层管理人员。此外，还特设了一名EVA专案经理。EVA实施指导委员会的主要职责是负责EVA运作系统及相关政策的设计和制定、EVA管理系统的推行和过程管理、EVA业绩分析、EVA管理系统的持续改进，协助相关部门对员工进行EVA培训和EVA文化的推广。EVA专案经理主要负责EVA管理系统的企划、制定、评估与实施，全面负责与EVA相关的财务分析与资源配置，以及面向从高层管理者到基层员工的EVA相关培训与咨询。

(2) 推进财务管理转型。为了支持公司战略目标的实现，ABC公司规定，以后所有财务资源的分配都以EVA为核心，即只有通过EVA分析证明某项目的可行性之后，公司管理层才会考虑接受它。同时，公司改变传统财务报告体系，将EVA作为内部财务报告的核心。为此，公司重新修改了公司财务管理制度、会计核算制度、信用管理制度、预算管理制度等，要求公司上下全体严格执行。财务部门经过测算，确定公司资本成本为9.3%。资本成本的确定，使得公司全体员工在做任何决定之前都必须思考如何平衡好业务量、利润和投入资本的关系，尽可能地降低资金成本，以争取较高的净资产回报率。

(3) 促使人事管理走向前台，从战略的层面对公司营运予以支持。首先，公司以客户为导向进行组织结构重组，划分并设立EVA中心。在此基础上推行全员目标效绩管理，将公司EVA目标分解为每一个EVA中心的目标，并最终由每一个EVA中心的每一个成员承接完成。公司的目标、战略和方针、计划对所有员工透明。公司EVA目标的完成渗透到每一个EVA中心，进而渗透到每一个员工的日常工作中，成为全员沟通的通用商业语言。

(4) 创建EVA激励机制与体系。EVA激励机制是EVA管理体系的核心，同时也是确保EVA长期持续增长的关键因素。原因就在于它通过利益联动机制将股东回报、公司价值创造和员工激励有机地结合在一起，确保员工像股东一样能享受到"超额回报"带来的好处。这从根本上改变了公司以前那种不论业绩好坏，不论员工贡献大小，大家都同等享受一份固定奖金的不利局面。

三、EVA实施效果分析

经过近4年的EVA管理变革，ABC公司的业绩及其他有关方面发生了相当积极的变化。

(1) 业绩大幅增长。2001年，公司实现销售收入17.90亿元，税后利润

2 660万元,EVA 由 2000年的 —2 244 万元提高到 275 万元;2002 年,公司实现销售收入 16.45 亿元,净利润 4 413 万元,EVA 提高到 809 万元;2003 年,公司的销售收入突破 18 亿元,净利润 4 634 万元,EVA 提高到 866 万元。不仅如此,公司综合业绩指标——净资产收益率也由 2000 年的 3.92% 提高到 2001 年的 10.32%、2002 年的 11.39% 以及 2003 年的 11.43%。

(2) 资产周转率明显提高。为提升 EVA,管理层日益关注如何减少营运资金在存货与应收账款上的占用,提高资金的营运效率。公司在明确了自己的市场定位之后,开始实施差异化的竞争策略和增值服务,使公司在激烈的市场竞争中塑造出属于自身的核心竞争优势。基于此,2002 年,公司销售额比 2000 年提高了 19.8%,而净营运资产周转率提高了 29.16%。

(3) 团队合作效果显著。EVA 目标具有高度集成和统一的特点。它彻底改变了过去那种公司各个部门都有不同考核指标,且指标之间存在相互冲突的局面,促进了不同部门之间的团队合作。如公司某一重要客户规定的付款条件是货到仓库且单证齐全后付款。在 EVA 管理系统未实施前,由于公司内部部门之间的合作经常出现问题,造成单据不能完整、及时、准确地交到客户手里,影响了该客户的及时付款。EVA 管理实施后,由于大家有了相同的目标,使"独角戏"变成了"大合唱",支持部门从满足客户需求的角度重新修改操作流程,确保单证的按时交付,大大提高了公司的资金回款效率。

(4) 培训工作大为改观。EVA 管理系统的实施还使公司上下改变了过去对培训工作"说起来重要,做起来次要,忙起来不要"的状况。有效的培训大大提高了员工的工作技能,促进了员工的全面发展,推动了营运流程的改善和客户满意度的持续提高,由此构成了公司持续发展的必要保证。此外,员工工作积极性大大提高,员工的流动性由 2000 年的 23% 下降到 2002 年的 10% 左右,核心成员无一流失。

(5) 年终奖金成倍增加。EVA 管理模式不仅在很大程度上改变了组织的行为,还激发了广大员工潜藏的巨大创造力。EVA 的增加使管理层和员工像公司股东一样得到了令人满意的回报——丰厚的年终奖金。EVA 管理系统实施后,公司年终奖金大幅提高,管理层及员工年终奖金平均 3 倍于以前,最高的可以高达 5 倍。

资料来源:朱国泓,刘培源.基于 EVA 的管理变革:一项案例研究[J].财会通讯,2005(8):23-26.

复习与思考题

1. 一个完整的业绩评价系统应包括哪些要素?它们之间有什么关联关系?

2. 根据业绩评价的相关理论介绍,如何理解业绩评价在企业管理控制系统中的作用?

3. 如何结合各责任中心的不同特点合理地对其进行业绩评价?

4. 平衡计分卡业绩评价模式的主要特点是什么?

5. 如何理解平衡计分卡是对企业战略业绩评价的一个有效工具?

计算与分析题

1. 某集团下设一 A 事业部,2007 年实现销售收入 3 000 万元,变动成本率为 70%,固定成本为 400 万元,其中折旧费为 200 万元。

(1) 若该事业部为利润中心,固定成本中只有折旧费是部门经理不可控成本,应该由事业部负担,折旧费以外的固定成本为部门经理的可控成本。

要求计算:① 边际贡献总额。② 可控边际贡献。③ 部门边际贡献。

(2) 若该事业部为投资中心,其所占用的总资产平均总额为 2 000 万元,其中负债资本 800 万元,平均利率为 5%。若该公司股东要求的最低投资利润率为 10%,所得税税率为 40%。

要求计算:① 投资中心的投资利润率(从股东角度)。② 该投资中心的剩余收益(从股东角度)。

2. 宝钢钢管公司从 2002 年开始尝试全面引入价值管理(VM),并运用 EVA 和 BSC 的原理,初步建立了自身的业绩评价系统,称之为价值贡献模型。

首先,宝钢钢管公司建立了各级价值贡献中心。公司作为整体,是第一级价值贡献中心。将制造环节的轧管、精整、管加工分厂和市场营销室分为不同的第二级价值贡献中心形成主价值链,着重关注其影响整体价值贡献的程度。将能源车间、设备管理室、工具车间、质检、成品库视为服务提供单位形成基础保障链,它们的作用是确保主生产线流程稳定顺利运行,着重关注其影响作业线的关键指标。将财务室、组织人事室、技术研究室、生产技术室等管理部门作为管理部门链。它们直接影响宝钢钢管公司的价值贡献结果,而不是本部门的经济结果,着重关注其如何有效发挥管理部门的专业技能,使其他部门价值贡献增加,并以其他部门对其工作效果的评价作为依据。

其次,宝钢钢管公司借鉴 EVA 的思路选取了综合的财务指标即价值贡献,同时选取了一些战略性的非财务指标,结合 BSC 的原理建立了融财务指标和非财务指标于一体的价值贡献模型,即业绩评价系统。价值贡献型的业绩评价体系包括财务、客户、内部流程、学习与创新四个方面,其中财务方面是衡量公司整体价值贡献,在综合得分中占 80% 的权重;客户方面分为用户满意度和战略产品销量两个指标,占综合得分 6% 的权重;内部流程分为资源利用率等三个指标,占综合得分6%的权重;学习创新则包括新产品销售率、科研效益、合理化建议效益和技术秘密数四个指标,占综合得分的权重为8%。

其中:

$$\text{公司整体价值贡献} = \left(\text{实际单价} - \text{实际成本}\right) \times \text{实际销量} - \left(\text{销售费用} + \text{管理费用} + \text{财务费用}\right) - \text{资本总额} \times \text{资本成本率}$$

$$\text{财务指标和非财务指标的价值贡献} = \text{公司整体价值贡献} \times 80\% + \text{非财务指标目标价值量化} \times 20\%$$

要求:

(1) 评析宝钢钢管公司业绩评价系统的特色主要体现在哪些方面。

(2) 谈谈你对于 EVA 和 BSC 两种业绩评价模式相互融合的看法。

第四章

公司价值评估

课程思政

> 通过本章学习，要求理解和掌握：
> - 公司价值评估的目标与对象；
> - 公司价值评估的需求与基本步骤；
> - 现金流量折现模型；
> - 相对价值法；
> - 经济利润法。

公司价值评估是投资者进行投资分析的重要工具，也是管理者进行战略分析的依据，还是公司价值管理的基础。本章在介绍公司价值评估基本原理的基础上，阐述现金流量折现模型、相对价值法、经济利润法在公司价值评估中的应用。

第一节 公司价值评估概述

一、公司价值评估的目标和对象

（一）公司价值评估的目标

公司价值评估的目标在于尽可能准确地估计一个公司的内在价值（即公平市场价值）。公司的内在价值通常用公司未来现金流量的现值来计量。

在不同的条件下，公司价值还有下列不同的表现形式。

1. 账面价值

公司的账面价值是指资产负债表所揭示的会计价值。公司账面价值是遵循客观性和谨慎性原则,以历史成本为基础进行计量的,所以公司账面价值很可能与其真实价值不一致。这是因为:① 资产以历史成本计价不能反映通货膨胀和由于技术进步等原因引起的过时贬值因素;② 公司还有一些有价值的资产(如优秀的经营管理水平等),未能反映在资产负债表上。

2. 市场价值

公司的市场价值是指公司在金融市场上交易的价格。对上市公司而言,股票的每股市价乘以公司发行在外的普通股数量即是公司股东权益的市场价值,加上公司债务的市场价值,就可以得出公司的市场价值。显然,以市场价值来衡量公司价值是基于这样一种假设:证券市场是完全有效的,所有关于证券的公开信息都已反映在证券的价格中。在有效市场假设下,公司的市场价值是公司真实价值的反映。

3. 公允价值

公司的公允价值是指买卖双方在完全了解有关信息的基础上,在完全自愿情况下进行交易的价格。国际会计准则关于公允价值的定义是:信息完全、自愿交易的双方在正常交易的情况下达成交易时资产的价值。公司的公允价值是从市场交易的公平性角度而言的,需要一系列假设,如市场上存在着理性的买方和理性的卖方,双方对交易对象具有较为充分的知识等。

4. 重置价值

公司的重置价值是指替换公司资产所需支付的当前价格。重置价值能够适当反映通货膨胀和过时贬值对公司资产价值的影响,但仍然忽略了公司优秀经营管理水平所代表的价值。公司之所以会存在,是因为它可以按照一定方式组合资产和人员,使得总体价值超过每一部分单独价值之和。公司各项资产的重置价值无论测定得多么准确,都忽略了这样一种协调价值了。

5. 清算价值

公司的清算价值是指在公司终止经营时,其全部资产变卖兑现所能得到的价格。清算价值不是将公司看作是一个持续经营的整体来评估的价值,而是将公司看作是一个由各项将要单项变卖的资产组成的集合而估算的变卖价值。由于公司积累的特殊技能、品牌以及客户关系等因素,公司持续经营的价值一般超过其各项资产的价值了,公司的清算价值通常低于公司的真实价值。

由于不同的评估者对公司进行价值评估的目的不尽相同,因而出现了不同的价值判断标准。对于会计师而言,由于其确认公司价值的主要依据是会计准则,所以他们认为公司价值就是公司的账面价值;对于投资者而言,如果市场是完全有效的,那么就无须区分公司的内在价值、公允价值和市场价值,它们是一致的。但在现实中,市场不完全是有效的,所以对于投资者来说,理解这些价值概念及它们之间的关系是十分重要的。因为只有这样才能进行正确的投资估价,从而作出正确的投资决策。作为理性投资者,他们对公司进行投资,是因为公司未来能够给他们的投资带来回报。从这个意义上分析,投资者进行投资决策时,看重的是公司的内在价值;对于公司管理者而言,其经营管理的目标是公司价值最大化。要实现这一目标,必须高效地组织生产经营活动,正确地进行经营决策,以提高公司盈利能力和创造现金流量的能力,不断增加公司价值。因此,管理者需要评估的同样是公司的内在价值。

（二）公司价值评估的对象

公司价值评估的一般对象是公司整体价值(简称为公司价值)、公司股权价值,或者是公司某一类证券(如权益证券)的价值。

公司全部资产的总体价值(即公司价值)是股权价值与净债务价值之和。即：

公司价值 ＝ 股权价值 ＋ 净债务价值

上式中的股权价值和净债务价值均不是指它们的会计价值(账面价值),而是股权和债务的公平市场价值。

在公司并购活动中,如果涉及的是公司整体并购,价值评估的对象就是公司整体价值。但大多数并购是以购买股份的形式进行的,因此,公司价值评估的最终目标和双方谈判的焦点是卖方的股权价值。

二、公司价值评估的目的与需求

（一）公司价值评估的目的

价值评估的目的是帮助投资人和管理当局改善决策。它的主要用途表现在以下三个方面：

(1) 价值评估可以用于投资分析。价值评估是基础分析的核心内容。投资人信奉不同的投资理念,有的人相信技术分析,有的人相信基础分析。相信基础分析的人认为,公司价值与财务数据之间存在函数关系,这种关系在一定时间内是稳定的,证券价格与价值偏离经过一段时间的调整会向价值回归。他们据此原理寻找并且购进被市场低估的证券或公司,以期获得高于市场平均报酬率的收益。

(2) 价值评估可以用于战略分析。战略分析是指使用定价模型清晰地说明经营设想和发现这些设想可能创造的价值,目的是评估公司目前和今后增加公司价值的关键因素是什么。价值评估在战略分析中起核心作用。例如,并购属于战略决策,并购战略需要估计目标公司的合理价格,以判断并购能否增加公司价值,以及依靠什么来增加公司价值。

(3) 价值评估可以用于以价值为基础的管理。以价值为基础的管理,就是为创造最大的公司价值而进行的管理。价值管理采取以价值为核心的管理理念和方法,一般涉及这样一些要求:要以价值创造为基础确立管理活动的优先顺序;要以价值创造为目标编制计划、评价绩效、进行奖励;要与投资者就价值创造进行沟通。作为公司管理者,必须懂得究竟是哪些因素最有可能决定和影响公司价值,这样他们才能据此作出有效的经营决策。

(二) 公司价值评估的需求

公司价值评估的现实需求极其广泛,投资者(包括个人和机构)、公司管理者、法院以及政府部门,出于不同的原因和目的需要对公司价值进行评估。这里主要从投资者和管理者的角度出发,介绍需要进行公司价值评估的具体情况。

(1) 投资和投资组合管理。当投资者投资某种资产或某个公司股权时,首先要评估的是该项资产或该公司股权的内在价值;在选择各种各样的证券和其他资产组成投资组合时,投资者需要运用某种价值评估方法挑选价值被低估的股票或证券,以期自己所持有的投资组合获得高于市场平均水平的收益率。

(2) 实施兼并与收购。公司价值评估在公司并购中起着关键作用。并购方通过对目标公司的价值评估来确定收购价格,决定是否收购,决定以何种方式支付收购价款。

(3) 首次公开发行股票(IPO)。IPO 需要对公司价值评估,以便合理地确定股票发行价格。如果股票定价过高,会造成发行失败;如果股票定价过低,就会损害公司价值。

(4) 制定股权激励计划。在上市公司,常用的股权激励计划有三种形式:第一种是直接向全部或部分员工发售新股;第二种发行股票期权或认股权证;第三种是发售可转换债券。无论采用哪一种激励计划,都需要对公司价值进行评估。在发行新股时,需要确定股票的发行价格;在发行股票期权或认股权证时,需要确定股票期权或认股权的行权价格;在发行可转换债券时,需要确定可转换债券未来转换为股票时的转股价格。这些都需要以公司价值评估为依据。

三、公司价值评估的基本步骤

公司价值评估的主要依据是公司财务报表及与财务报表信息相关的资料。公司价值评估一般要经历以下五个基本步骤。

(一) 经营战略分析

经营战略分析的目的在于明确公司主要的盈利决定因素和经营风险,以及对公司的盈利潜力进行定性的分析和评估。

经营战略分析主要包括对公司所在行业的分析和公司竞争策略的分析。这种分析有助于评估人员更好地进行会计分析、财务分析及业绩预测。例如,明确主要的盈利决定因素和经营风险后就可以明确公司主要的会计政策。分析公司的竞争策略有助于评估公司经营盈利能力的可持续性。此外,经营战略分析还有助于评估人员在预测公司未来业绩时作出合理的假设。

(二)会计分析

会计分析的目的在于评估财务报表数据反映公司经营流动真实情况的程度,并消除会计歪曲。

首先,通过考察可能存在会计操纵的地方,以及分析公司会计政策和会计估计的合理性,评估人员可以评估公司财务报表数据的可靠性;其次,通过重新计算会计数据,得到无偏差的财务报表数据,为财务分析提供可靠的财务数据。

(三)财务分析

财务分析的目的是利用真实的财务报表数据来评价公司当前和过去的业绩,以及评估其可持续性。

财务分析的基本工具是比较分析与比率分析,不仅要关注公司的经营业绩,也要关注公司的现金流量。财务分析有两个基本要求:一是财务分析应当是系统的和有效的;二是财务分析应当利用财务数据深入探究公司经营的问题。完整的财务分析有助于评估人员作出合理的业绩预测。

(四)业绩预测

业绩预测是把从经营战略分析、会计分析和财务分析中得到的结论综合起来,对公司未来的经营业绩作出全面的、长远的和合理的预测。

业绩预测常用的技术是财务报表预测,通过编制未来若干年的预计财务报表来完成。合理的业绩预测是公司价值评估的基础。

(五)价值评估

价值评估是将业绩预测转化成对一个公司或公司某些组成部分的价值评估。前面的四步工作为价值评估奠定了坚实的基础。

价值评估可以运用很多种方法。这里主要介绍现金流量折现模型、相对价值法和经济利润法在公司价值评估中的应用。

第二节 现金流量折现模型

现金流量折现模型是公司价值评估使用最广泛的模型。其基本思想是增量现金流量原则和时间价值原则,也就是任何资产的价值是其产生的未来现金流量按照含有风险的折现率计算的现值。

一、现金流量折现模型的参数和种类

资产的内在价值是其未来现金流量的现值。

$$价值 = \sum_{t=1}^{n} \frac{现金流量_t}{(1+资本成本)^t}$$

该模型有三个参数：现金流量、资本成本和时间序列(n)。

模型中的现金流量是指各期的预期现金流量。对于投资者而言，公司现金流量有三种形式：股利现金流量、股权现金流量和公司自由现金流量。根据现金流量的不同形式，公司价值评估模型也分为股利现金流量模型、股权现金流量模型和公司自由现金流量模型三种。

（一）股利现金流量模型

股利现金流量是公司分配给股权投资人的现金流量。股利现金流量模型的基本形式为：

$$股权价值 = \sum_{t=1}^{\infty} \frac{股利现金流量_t}{(1+股权资本成本)^t}$$

（二）股权现金流量模型

股权现金流量也称股权自由现金流量，是一定期间公司可以提供给股权投资人的现金流量，它等于公司自由现金流量扣除债权人现金流量后剩余的部分。

$$股权现金流量 = 公司自由现金流量 - 债权人现金流量$$

$$股权价值 = \sum_{t=1}^{\infty} \frac{股权现金流量_t}{(1+股权资本成本)^t}$$

如果把股权现金流量全部作为股利分配，那么股权现金流量等于股利现金流量，上述两个模型相同。

（三）公司自由现金流量模型

公司自由现金流量也称公司整体自由现金流量，是公司全部现金流入扣除成本费用和必要的投资后的剩余部分，它是公司一定期间可以提供给所有投资人（包括股权投资人和债权投资人）的现金流量。即：

$$公司自由现金流量 = 股权现金流量 + 债权人现金流量$$

$$公司整体价值 = \sum_{t=1}^{\infty} \frac{自由现金流量_t}{(1+加权平均资本成本)^t}$$

$$股权价值 = 公司整体价值 - 净债务价值$$

$$净债务价值 = \sum_{t=1}^{\infty} \frac{偿还债务现金流量_t}{(1+等风险债务成本)^t}$$

从上述模型可知,运用现金流量折现模型评估公司价值分为四个步骤:

第一步,估算公司自由现金流量与股权现金流量。

第二步,估算折现率,即股权资本成本(用资本资产定价模型来确定)和加权平均资本成本。

第三步,估算公司整体价值和公司债务价值。

第四步,估算公司股权价值。

二、估算公司自由现金流量与股权现金流量

在正常的情况下,公司获得的现金首先必须满足公司必要的生产经营活动及其增长的需要,剩下的部分才可以提供给所有投资人。

公司自由现金流量 = 经营现金净流量 − 资本支出
= (息前税后利润 + 折旧与摊销 − 营运资本增加额) − 资本支出

式中,息前税后利润加上折旧与摊销为营业现金流量,营业现金流量减去营运资本增加额为经营现金净流量。其中:

"息前税后利润"是指扣除所得税但未扣除利息的经营利润①。息前税后利润在数量上等于息税前利润扣除息税前利润所得税。

"营运资本增加额"是指估算期所追加的经营所需的营运资本数量,经营所需的营运资本数量等于经营所需的流动资产和无息流动负债的差额。有息流动负债是筹资形成的现金流量,不属于经营性流动负债。

"资本支出"是指估算期所追加的经营所需的长期资本数量。长期资本是指用于购置经营性长期资产的支出减去无息长期负债的差额。长期资产包括长期投资、固定资产、无形资产、其他长期资产。无息长期负债包括长期应付款、专项应付款和其他长期负债等。购置长期资产,对于持续经营和提高未来增长率是必需的。购置支出的一部分现金可以由无息长期负债提供,其余的部分必须由公司的自由现金流量提供。

【例 4-1】 举例说明公司自由现金流量和股权现金流量的计算方法。

L 医药集团股份有限公司是一个上市公司,其连续 5 年的利润表和资产负债表相关项目如表 4-1 和表 4-2 所示。

---

① 企业正常经营所得利润在理论上应扣除非经营性利润部分。为简化计算,本章假设企业所得利润均为正常经营所得利润。

表 4-1

利润及利润分配有关项目表 单位：万元

项　　目	2005 年	2006 年	2007 年	2008 年	2009 年
一、营业收入	162 891	151 516	174 811	205 864	259 585
减：营业成本	90 623	80 602	97 362	111 632	123 199
营业税金及附加	412	381	407	446	573
销售费用	34 565	31 212	26 487	37 728	54 625
管理费用	23 824	23 086	19 461	19 777	23 673
财务费用	1 406	2 496	1 711	2 652	1 320
资产减值损失	0	0	1 620	2 130	4 899
加：公允价值变动净收益	0	0	11 346	−27 204	13 434
投资收益	1 113	8 100	22 268	5 665	−6 403
二、营业利润	13 174	21 839	61 377	9 960	58 327
加：补贴收入	139	151	0	0	0
营业外收入	290	344	799	1 109	996
减：营业外支出	1 232	4 879	178	503	382
其中：非流动资产处置净损失	0	0	73	190	130
三、利润总额	12 371	17 455	61 998	10 566	58 941
减：所得税费用	1 582	3 540	9 660	3 275	7 562
四、净利润	10 789	13 915	52 338	7 291	51 379
加：年初未分配利润	6 470	11 789	24 350	75 817	63 582
五、可供分配的利润	17 259	25 704	76 688	83 108	114 961
减：应付普通股股利	5 470	1 354	871	19 526	7 756
六、未分配利润	11 789	24 350	75 817	63 582	107 205

表 4-2

资产负债有关项目表 单位：万元

项　　目	2005-12-31	2006-12-31	2007-12-31	2008-12-31	2009-12-31
货币资金	12 950	28 385	28 266	54 019	58 853
交易性金融资产	7 050	13 711	44 810	12 178	4 889
应收账款	40 335	45 318	52 990	60 180	86 482

(续表)

项　　目	2005-12-31	2006-12-31	2007-12-31	2008-12-31	2009-12-31
存货	23 891	28 121	32 541	34 608	33 932
待摊费用	196	87	0	0	0
流动资产合计	84 422	115 622	158 607	160 985	184 156
长期股权投资	13 317	12 080	10 103	5 180	6 132
固定资产原值	125 585	161 513	171 062	179 343	181 999
减：累计折旧	54 882	62 889	71 845	83 606	93 155
减：固定资产减值准备	4 040	4 681	3 695	3 467	6 752
固定资产净额	66 663	93 943	95 522	92 270	82 092
其他非流动资产	58 429	31 771	39 228	44 527	50 748
减：其他非流动资产累计摊销	6 468	7 576	8 888	10 581	10 691
其他非流动资产净额	51 961	24 195	30 340	33 946	40 057
非流动资产合计	131 941	130 218	135 965	131 396	128 281
资产总计	216 363	245 840	294 572	292 381	312 437
短期借款	50 759	57 879	37 901	52 071	21 861
应付账款	30 813	29 695	45 744	44 666	55 860
预提费用	9 223	7 135	0	0	0
无息流动负债	40 036	36 830	45 744	44 666	55 860
流动负债合计	90 795	94 709	83 645	96 737	77 721
长期借款	70	11 070	7 070	10 070	9 070
无息长期负债	1 655	2 208	4 765	2 122	3 101
非流动负债合计	1 725	13 278	11 835	12 192	12 171
负债总计	92 520	107 987	95 480	108 929	89 892
实收资本(或股本)	30 604	30 604	30 604	30 604	29 572
资本公积	43 265	43 323	47 865	43 731	35 095
盈余公积	38 185	39 576	44 806	45 535	50 673
未分配利润	11 789	24 350	75 817	63 582	107 205
少数股东权益	3 405	3 900	4 826	5 599	7 637
所有者权益合计	123 843	137 853	199 092	183 452	222 545
负债和股东权益总计	216 363	245 840	294 572	292 381	312 437

根据公司价值评估的要求,现金流量表需要重新编制。重新编制的现金流量表如表4-3所示。

表4-3

现金流量有关项目表　　　　　　　　　　　　单位:万元

项　　　目	2005年	2006年	2007年	2008年	2009年
净利润	10 789	13 915	52 338	7 291	51 379
加:财务费用	1 406	2 496	1 711	2 652	1 320
加:所得税费用	1 582	3 540	9 660	3 275	7 562
=息税前利润	13 777	19 951	63 709	13 218	60 261
减:息税前利润所得税	1 649	3 824	9 926	4 097	7 731
息前税后利润	12 127	16 127	53 783	9 120	52 530
加:固定资产折旧	6 669	8 007	8 956	11 761	9 549
加:其他长期资产摊销	1 467	1 108	1 312	1 693	110
=营业现金流量	20 263	25 242	64 051	22 574	62 189
减:营运资本增加	−26 405	34 406	34 071	3 456	11 977
=经营现金净流量	46 668	−9 164	29 980	19 118	50 212
减:长期资产增加	16 330	−1 723	5 747	−4 569	−3 115
减:折旧摊销	8 136	9 115	10 268	13 454	9 659
加:长期无息负债增加	−413	553	2 557	−2 643	979
=自由现金流量	21 789	−16 003	16 522	7 590	44 647
筹资现金流量					
利息费用	1 620	3 068	2 673	3 648	1 221
减:利息费用减税	194	588	416	1 131	157
减:有息债务净增加	−16 312	18 120	−23 978	17 170	−31 210
=债权人现金流量合计	17 738	−15 640	26 235	−14 653	32 274
加:股权现金流量合计	4 051	−363	−9 713	22 243	12 373
=筹资现金流量总计	21 789	−16 003	16 522	7 590	44 647

有关重编现金流量表的过程说明如下:

(1) 息税前利润。

$$2009年息税前利润 = 净利润 + 财务费用 + 所得税费用 = 51\,379 + 1\,320 + 7\,562 = 60\,261(万元)$$

(2) 息前税后利润。

$$2009年息前税后利润 = 息税前利润 - 息税前利润所得税$$

计算息前税后利润有两种方法：

方法一：平均税率法。如果公司的所有应税所得都适用同一个税率，则有：

$$息前税后利润 = 息税前利润 \times (1 - 所得税税率)$$

如果各种应税所得的实际税率相差不多，可以使用平均税率计算息税前利润应负担的所得税。则有：

$$息前税后利润 = 息税前利润 \times (1 - 平均所得税税率)$$

以 L 医药集团公司 2009 年的数据为例：

$$平均所得税税率 = 所得税费用 \div 利润总额 = 7\,562 \div 58\,941 = 12.83\%$$

$$息税前利润所得税 = 60\,261 \times 12.83\% = 7\,731(万元)$$

$$息前税后利润 = 60\,261 - 7\,731 = 52\,530(万元)$$

方法二：所得税调整法。所得税调整法是以公司的全部所得税为基础，扣除利息净损益所得税，得出息税前利润应当负担的所得税。

以 L 医药集团 2009 年的数据为例：

$$利息净损益所得税 = 利息净损益 \times 适用税率 = 1\,221 \times 12.83\% = 157(万元)$$

$$息税前利润所得税 = 7\,562 - 157 = 7\,405(万元)$$

$$息前税后利润 = 60\,261 - 7\,405 = 52\,856(万元)$$

两种方法的计算结果有时差别很大。假设表 4-3 中 L 医药集团 2005 年、2006 年息税前利润所得税按此法计算而成。

(3) 营业现金流量。

$$营业现金流量 = 息前税后利润 + 折旧与摊销$$

以 L 医药集团 2009 年的数据为例：

$$营业现金流量 = 52\,530 + 9\,549 + 110 = 62\,189(万元)$$

(4) 经营净现金流量。

$$经营净现金流量 = 营业现金流量 - 营运资本增加$$

L 医药集团营运资本的计算如表 4-4 所示。

表 4-4

营运资本的计算　　　　　　　　　　单元：万元

项　　目	2004 年	2005 年	2006 年	2007 年	2008 年	2009 年
流动资产	104 578	84 422	115 622	158 607	160 985	184 156
减：无息流动负债	33 787	40 036	36 830	45 744	44 666	55 860
营运资本净额	70 791	44 386	78 792	112 863	116 319	128 296
营运资本增加		−26 405	34 406	34 071	3 456	11 977

（5）公司自由现金流量。

公司自由现金流量 =（息前税后利润 + 折旧与摊销 − 营运资本增加）− 资本支出

以 L 医药集团 2009 年的数据为例：

公司自由现金流量 = 52 530 +（9 549 + 110）− 11 977 −（−3 115 + 9 659 − 979）

= 4 4647（万元）

（6）债权人现金流量。债权人的要求权包括利息和本金偿还。该要求权在股东的要求权之前。

债权人现金流量 = 税后利息 − 有息债务净增加 =（债务利息 − 利息所得税）

+（偿还债务本金 − 新借债务本金）

以 L 医药集团 2009 年的数据为例：

债权人现金流量 = 1 221 − 157 −（−31 210）= 32 274(万元)

（7）股权现金流量。

股权现金流量 = 公司自由现金流量 − 债权人现金流量

以 L 医药集团 2009 年的数据为例：

股权现金流量 = 44 647 − 32 274 = 12 373(万元)

（8）现金流量的平衡关系。公司全部自由现金流量应当等于筹资现金流量。其平衡关系如下：

自由现金流量 = 筹资现金流量

L 医药集团的现金流量平衡关系参见表 4-3。

三、现金流量折现模型应用举例

【例 4-2】 仍以 L 医药集团为例,说明贴现现金流量折现模型在评估公司价值中的应用。为简化起见,假设该公司净债务价值等于其账面价值。

第一步:估算 L 医药集团的自由现金流量。

当估算一个公司资产的贴现现金流量时,通常采用的预测期是 5 年。但当公司按照持续经营假设进行价值评估时,需要估算公司资产在预测期末的贴现现金流量。对后续价值的估计是以公司资产在预测期内预计可产生的现金流为基础的。假设估算时间在 2010 年年初,需要先对 L 医药集团现金流作一个从 2010 年至 2015 年的 6 年期预测,然后再估计公司在 2015 年年末的后续价值。

1. 估算到 2015 年为止的现金流

L 医药集团是一家从事医药和相关产品科研、开发、生产、销售的上市公司,根据财务报表数据,L 医药集团的预计现金流列在表 4-5 中。在作出预测之前,重新检验一下 L 医药集团的历史经营状况。表 4-5 中 2~4 行列出了公司历史效率比率(2007 年至 2009 年)。2008 年销售额增长率为 17.76%,2009 年的销售额增长率为 26.10%,销售成本占销售额的百分比在 2007 年为 55.70%,到 2009 年降至 47.46%,2009 年报中预期 2010 年营业收入为 300 000 万元,即预期销售增长率为 15.57%。2007 年 L 医药集团每 100 万元销售额的营运资本需求为 112 863 万元,两年后这一数值升至 128 296 万元。

现在讨论这种预测方法的内在逻辑性,尤其将着重讨论 2015 年的预测结果。根据第 1 行列出的增长率算出的各年销售额预计值列在第 5 行中。假设增长率将平衡下降,销售额增长率从 2009 年的顶点 26.1%降至 2010 年预期 15.57%,5 年后的 5%,即 2015 年后销售额将永远按 5%的增长率增长。正确估计销售额增长率也是非常重要的,因为其他估计值都是在此基础上作出的。

在估算完销售增长率后,应该来估算各种费用占销售额的百分比,如表 4-5 所示。这些百分比都依赖于 L 医药集团的营运效率。因为估算的是公司价值,所以假设公司的营运效率比等于它的最新历史数据。通过计算可以得出,销售成本占销售额的 47.46%,销售和管理费用占 30.16%,营运资本需求占 49.42%。

为了估算 2010 年的息税前利润,首先用 300 000 万元的销售收入(第 5 行)减销售成本(第 6 行)、减销售和管理费用(第 7 行)、减折旧(第 8 行,假设与 2009 年持平仍为 9 659 万元),得出息税前利润为 57 473 万元(第 9 行)。息税前利润扣除税金后(第 10 行),为 50 099 万元。然后加 9 659 万元的折旧(第 11 行),减去营运资本需求的变化量(第 13 行)。在 2010 年增长了 19 975 万元。营运资本需求在 2010 年年末的 148 270.5 万元是由第 5 行销售额乘以第 4 行营运资本需求占销售额的百分比计算出来的。2009年的128 296万元营运资本需求直接来自2009年的资产负债表,最后减去2010年的净资本支出9 659万元(第14行),就得到了2010年的自由现金流30 124.50万元。

假设公司的每年净现金支出等于折旧费(比较第14行和第8行)。如果除维持公司现有资产外,公司没有其他的投资活动,资产的维持费用就等于每年的折旧费。注意,虽然假设2010年、2011年的折旧费等于2009年的折旧费9 659万元,但在2011年它会降至9 000万元,2012年会降至8 000万元,并且以后会保持不变。折旧费随销售额增长和资本支出增长率的下降而下降,这同前面的假设是一致的。如果公司的发展速度减慢,那么它的资本支出和折旧费也会下降。

用同样的方法可以估算公司截至2015年5年间的预计自由现金流量,如表4-5中的第15行所示。

2. 估算2014年年末的后续价值

后续价值的估算通常运用股票价值估价模型,即股利折现模型。为了估算L医药集团在2014年年末的后续价值,首先需要知道公司现金流在2014年的恒定增长速度。对于L医药集团来说,假设它的增长率与销售额增长率持平,等于5%。其次还需要知道公司的加权平均资本成本,根据它可以将2014年后的永续现金流折现成现值。然后就可以根据贴现现金流量公式来估算资产的后续价值:

$$2014年年末的后续价值 = \frac{2015年的预计现金流}{加权平均资本成本-增长率}$$

因为销售额的增长率为5%,所以2015年预计的现金流为65 829.6万元。经估算,L医药集团的加权平均资本成本为10%。将以上数据代入上面的公式中就可以得到2014年年末资产的后续价值:

$$2014年年末的后续价值 = \frac{65\ 829.8}{10\% - 5\%} = 1\ 316\ 596(万元)$$

注意公司的后续价值对预计期后的增长率变化的敏感性。如果增长率是4%,而不是5%,则公司的后续价值为1 097 160万元;如果是6%,公司的后续价值就会升至1 645 740万元。这样,在估计用于估算后续价值的永续增长率时,就要格外谨慎。

第二步:估算L医药集团的加权平均资本成本。

假设L医药集团可以以7.5%的平均利率借债,公司平均所得税税率为12%,则L医药集团的税后负债成本为6.6%[7.5%×(1−12%)]。

股权资本成本可以用资本资产定价模型来确定。L医药集团的β系数估计值为1.14,设无风险报酬率为6%,市场风险资产的平均报酬率为10.74%,根据

表 4-5　L 医药集团在 2010 年 1 月初的现金流量的折现值

单位：万元

项目	历史数据			至 2015 年的预期现金流					
	2007 年	2008 年	2009 年	2010 年	2011 年	2012 年	2013 年	2014 年	2015 年
1. 销售额增长率		17.76%	26.10%	15.57%	10%	8%	7%	6%	5%
2. 销售成本占销售额的比例	55.70%	54.23%	47.46%	47.46%	47.46%	47.46%	47.46%	47.46%	47.46%
3. 销售和管理费用占销售额的比例	26.28%	27.93%	30.16%	30.16%	30.16%	30.16%	30.16%	30.16%	30.16%
4. 营运资本需求占销售额的比例	64.56%	56.50%	49.42%	49.42%	49.42%	49.42%	49.42%	49.42%	49.42%
5. 销售额	174 811	205 864	259 585	300 000.0	330 000.0	356 400.0	381 348.0	404 228.9	424 440.3
6. 减销售成本	97 362	111 632	123 199	142 380.0	156 617.9	169 147.4	180 987.7	191 847.0	201 439.3
7. 减销售和管理费用	45 948	57 505	78 298	90 488.3	99 537.1	107 500.1	115 025.1	121 926.6	128 022.9
8. 减折旧费及摊销费	10 268.0	13 454	9 659	9 659	9 659	9 000	8 000	8 000	8 000
9. 等于息税前利润（EBIT）	21 233	23 273	48 429	57 473	64 186	70 753	77 335	82 455	86 978

10. $EBIT\times(1-$平均所得税率)	18 508.8	20 287.1	42 215.6	50 099.0	55 950.9	61 675.0	67 413.1	71 876.3	75 818.8
11. 加折旧费及摊销费	10 268	13 454	9 659	9 659	9 659	9 000	8 000	8 000	8 000
12. 每年的营运资本需求	112 863	116 319	128 296	148 270.5	163 097.6	176 145.4	188 475.5	199 784.1	209 773.3
13. 减营运资本增加额		3 456	11 977	19 975	14 827	13 048	12 330	11 309	9 989
14. 减净资本支出	133 229	149 932	9 659	9 659	9 659	9 000	8 000	8 000	8 000
15. 等于公司自由现金流量			−110 034.4	30 124	41 123.9	48 627	55 083.1	60 567.3	65 829.8
16. 2014年年末的后续价值								1 316 592.0	
17. 加权平均资本成本	10%				2010年年初				
18. 公司整体价值	990 638.88								
19. 负债的账面价值	89 892								
20. 股权价值	900 746.88								

资本资产定价模型得：

$$权益资本成本 = 6\% + 1.14 \times (10.74\% - 6\%) = 11.4\%$$

L 医药集团在 2010 年 1 月初的权益市场价值为 22 亿元，2009 年年末全部负债为 9 亿元。则：

$$权益所占比例 = \frac{权益市场价值}{权益市场价值 + 负债市场价值} \times 100\% = \frac{22}{22+9} \times 100\% = 71\%$$

所以负债比例为 29%。

$$L 医药集团的加权平均资本成本 = 71\% \times 11.4\% + 29\% \times 6.6\% = 10\%$$

加权平均资本成本的计算结果列在表 4-5 中的第 17 行，它是 L 医药集团资产创造的现金流要求的回报率。

第三步：估算公司整体价值。

对于 L 医药集团来说，现金流即为 2010 年至 2014 年的预计现金流，包括 2014 年资产的后续价值（表 4-5 中第 15 行和第 16 行）。贴现率是 L 医药集团的加权平均资本成本为 10%，则：

$$L 医药集团资产的价值 = \frac{30\,124}{(1+0.1)} + \frac{41\,123.9}{(1+0.1)^2} + \frac{48\,627}{(1+0.1)^3} + \frac{55\,083.1}{(1+0.1)^4} + \frac{60\,567.3 + 1\,316\,596}{(1+0.1)^5}$$

$$= 27\,385.45 + 33\,986.69 + 36\,534.18 + 37\,622.50 + 855\,110.06$$

$$= 990\,638.88(万元)$$

这就是表 4-5 第 18 行列出的值。

第四步：估算 L 医药集团股权的价值（净债务价值以公司债务账面价值代替）。

由 L 医药集团的资产负债表可知，其负债账面价值为 89 892 万元，所以：

$$L 医药集团股权的价值 = 990\,638.88 - 89\,892 = 900\,746.88(万元)$$

第三节　相对价值法

一、相对价值评估模型

现金流量折现模型在概念上很健全，但是在应用时会碰到较多的技术问题。有一种相对容易的估值方法，就是相对价值法，也称价格乘数法或可比交易价值法等。

这种方法是利用类似企业的市场定价来估计目标企业价值的一种方法。它的假设前提是存在一个支配企业市场价值的主要变量(如净利等)。市场价值与该变量(如净利等)的比值,各企业是类似的、可以比较的。

其基本做法是:首先,寻找一个影响企业价值的关键变量(如净利);其次,确定一组可以比较的类似企业,计算可比企业的市价除以关键变量的平均值(如平均市盈率);最后,根据目标企业的关键变量(如净利)乘以得到的平均值(平均市盈率),计算目标企业的评估价值。

相对价值法是将目标企业与可比企业对比,用可比企业的价值衡量目标企业的价值。如果可比企业的价值被高估了,则目标企业的价值也会被高估。实际上,所得结论是相对于可比企业来说的,以可比企业价值为基准,是一种相对价值,而非目标企业的内在价值。

例如,某投资者准备购买商品住宅,出售者报价50万元。如何评估这个报价呢? 一个简单的办法就是寻找一个类似地段、类似质量的商品住宅,计算每平方米的价格(价格与面积的比率)。假设类似商品住宅每平方米价格0.5万元,拟购置的住宅是80平方米,利用相对价值法评估其价值是40万元。于是,投资者认为出售者的报价偏高。投资者对报价高低的判断是相对于类似商品住宅而言的。实际上,也可能是类似住宅的价格偏低。

这种做法虽简单,但真正使用起来却并不容易。因为类似商品住宅与拟购置的商品住宅有"不类似"之处,类似商品住宅的价格也未必是公平市场价格。准确的评估还需要对计算结果进行另外的修正,而这种修正比一般人想象的要复杂,它涉及每平方米价格的决定因素等问题。

现金流量折现模型的假设是明确显示的,而相对价值法的假设是隐含在比率内部的。因此,它看起来简单,实际应用时并不简单。

(一) 相对价值模型的原理

相对价值模型分为两大类:一类是以股票市价为基础的模型,包括每股市价÷每股收益、每股市价÷每股净资产、每股市价÷每股销售收入等模型。另一类是以企业实体价值为基础的模型,包括实体价值÷息税折旧摊销前利润、实体价值÷税后经营净利润、实体价值÷实体现金流量、实体价值÷投资资本、实体价值÷销售收入等模型。我们这里只讨论三种最常用的股票市价模型。

1. 市盈率模型

第一,基本模型。

市盈率是指普通股每股市价与每股收益的比率。

$$市盈率 = \frac{每股市价}{每股收益}$$

运用市盈率估值的模型如下:

$$目标企业每股价值 = 可比企业市盈率 \times 目标企业每股收益$$

该模型假设每股市价是每股收益的一定倍数。每股收益越大,则每股价值越大。同类企业有类似的市盈率,所以目标企业的每股价值可以用每股收益乘以可比企业市盈率计算。

第二,模型原理。

为什么市盈率可以作为计算股价的乘数呢?影响市盈率高低的基本因素有哪些?

根据股利折现模型,处于稳定状态企业的每股价值为:

$$每股价值\ P_0 = \frac{每股股利_1}{股权成本 - 增长率}$$

同两边除以每股收益$_0$:

$$\frac{P_0}{每股收益_0} = \frac{每股股利_1 \div 每股收益_0}{股权成本 - 增长率}$$

$$= \frac{[每股收益_0 \times (1+增长率) \times 股利支付率] \div 每股收益_0}{股权成本 - 增长率}$$

$$= \frac{股利支付率 \times (1+增长率)}{股权成本 - 增长率} = 本期市盈率$$

上述根据当前市价和同期净收益计算的市盈率,称为本期市盈率,简称市盈率。

这个公式表明,市盈率的驱动因素是企业的增长潜力、股利支付率和风险(股权成本的高低与其风险有关)。这三个因素类似的企业,才会具有类似的市盈率。可比企业实际上应当是这三个比率类似的企业,同业企业不一定都具有这种类似性。

如果把公式两边同除的当前"每股收益$_0$",换为预期下期"每股收益$_1$",其结果为"内在市盈率"或"预期市盈率":

$$\frac{P_0}{每股收益_1} = \frac{每股股利_1 \div 每股收益_1}{股权成本 - 增长率}$$

$$内在市盈率 = \frac{股利支付率}{股权成本 - 增长率}$$

在影响市盈率的三个因素中,关键是增长潜力。所谓"增长潜力"类似,不仅指具有相同的增长率,还包括增长模式的类似性,例如,同为永续增长,还是同为由高增长转为永续低增长。

上述内在市盈率模型是根据永续增长模型推导的。如果企业符合两阶段模型的条件,也可以通过类似的方法推导出两阶段情况下的内在市盈率模型。它比永续增长的内在市盈率模型形式复杂,但是仍然由这三个因素驱动。

第三,模型的适用性。

市盈率模型的优点如下:首先,计算市盈率的数据容易取得,并且计算简单。其次,市盈率把价格和收益联系起来,直观地反映投入和产出的关系。最后,市盈率涵盖了风险、增长率、股利支付率的影响,具有很高的综合性。

市盈率模型的局限性如下:如果收益是负值,市盈率就失去了意义。因此,市盈率模型最适合连续盈利的企业。

【例 4-3】 甲企业今年的每股收益是 0.5 元,分配股利 0.35 元/股,该企业净利润和股利的增长率都是 6%,β 值为 0.75。政府长期债权利率为 7%,股票的风险补偿率为 5.5%。问该企业的本期市盈率和预期市盈率各是多少?

乙企业与甲企业是类似企业,今年实际净利为 1 元,根据甲企业本期市盈率对乙企业估值,其股票价值是多少?乙企业预期明年净利是 1.06 元,根据甲企业预期市盈率对乙企业估值,其股票价值是多少?

甲企业股利支付率 = 每股股利 ÷ 每股收益 = 0.35 ÷ 0.5 = 70%

甲企业股权成本 = 无风险利率 + β × 市场风险溢价
$$= 7\% + 0.75 × 5.5\% = 11.125\%$$

甲企业本期市盈率 = [股利支付率 ×(1 + 增长率)] ÷ (股权成本 − 增长率)
$$= [70\% ×(1 + 6\%)] ÷ (11.125\% − 6\%) = 14.48$$

甲企业预期市盈率 = 股利支付率 ÷ (股权成本 − 增长率)
$$= 70\% ÷ (11.125\% − 6\%) = 13.66$$

乙企业股票价值 = 目标企业本期每股收益 × 可比企业本期市盈率
$$= 1 × 14.48 = 14.48(元/股)$$

乙企业股票价值 = 目标企业预期每股收益 × 可比企业预期市盈率
$$= 1.06 × 13.66 = 14.48(元/股)$$

通过[例 4-3]可知:如果目标企业的预期每股收益变动与可比企业相同,则根据本期市盈率和预期市盈率进行估值的结果相同。

值得注意的是:在估值时目标企业本期净利必须要乘以可比企业本期市盈率,目标企业预期净利必须要乘以可比企业预期市盈率,两者必须匹配。这一原则不仅适用于市盈率,也适用于市净率和市销率;不仅适用于未修正的价格乘数,也适用于后面所讲的各种修正的价格乘数。

2. 市净率模型

第一,基本模型。

市净率是指每股市价与每股净资产的比率。

$$市净率 = 每股市价 ÷ 每股净资产$$

这种方法假设股权价值是净资产的函数,类似企业有相同的市净率,净资产越大则股权价值越大。因此,股权价值是净资产的一定倍数,目标企业的每股价值可以用每股净资产乘以市净率计算。

$$目标企业每股价值 = 可比企业市净率 \times 目标企业每股净资产$$

第二,模型原理。

市净率是由哪些因素决定的?

如果把股利折现模型的两边同时除以同期每股净资产,就可以得到市净率:

$$\begin{aligned}\frac{P_0}{每股净资产_0} &= \frac{每股股利_0 \times (1+增长率) \div 每股净资产_0}{股权成本 - 增长率} \\ &= \frac{\dfrac{每股股利_0}{每股收益_0} \times \dfrac{每股收益_0}{每股净资产_0} \times (1+增长率)}{股权成本 - 增长率} \\ &= \frac{股利支付率 \times 权益净利率_0 \times (1+增长率)}{股权成本 - 增长率} \\ &= 本期市净率\end{aligned}$$

该公式表明,驱动市净率的因素有权益净利率、股利支付率、增长潜力和风险。其中权益净利率是关键因素。这四个比率类似的企业,会有类似的市净率。不同企业市净率的差别,也是由于这四个比率不同引起的。

如果把公式中的"每股净资产$_0$"换成预期下期的"每股净资产$_1$",则可以得出内在市净率,或称预期市净率。

$$\begin{aligned}\frac{P_0}{每股净资产_1} &= \frac{每股股利_0 \times (1+增长率) \div 每股净资产_1}{股权成本 - 增长率} \\ &= \frac{\dfrac{每股股利_0}{每股收益_1} \times \dfrac{每股收益_1}{每股净资产_1} \times (1+增长率)}{股权成本 - 增长率} \\ &= \frac{股利支付率 \times 权益净利率_1}{股权成本 - 增长率} \\ &= 内在市净率\end{aligned}$$

第三,模型的适用性。

市净率估值模型的优点如下:首先,净利为负值的企业不能用市盈率进行估值,而市净率极少为负值,可用于大多数企业。其次,净资产账面价值的数据容易取得,并且容易理解。再次,净资产账面价值比净利稳定,也不像利润那样经常被人为操纵。最后,如果会计标准合理并且各企业会计政策一致,市净率的变化可以反映企业价值的变化。

市净率的局限性如下:首先,账面价值受会计政策选择的影响,如果各企业执行不同的会计标准或会计政策,市净率会失去可比性。其次,固定资产很少的服务性企业和高科技企业,净资产与企业价值的关系不大,其市净率比较没有什么实际意义。最后,少数企业的净资产是负值,市净率没有意义,无法用于比较。

因此,这种方法主要适用于需要拥有大量资产、净资产为正值的企业。

【例 4-4】 表 8-6 中列出了 20×0 年汽车制造业 6 家上市公司的市盈率和市净率,以及全年平均实际股价。请用这 6 家企业的平均市盈率和市净率评价江铃汽车的股价。

$$按市盈率估值 = 0.06 \times 30.23 = 1.81(元/股)$$
$$按市净率估值 = 1.92 \times 2.89 = 5.55(元/股)$$

市净率的评价更接近实际价格。因为汽车制造业是一个需要大量资产的行业。由此可见,合理选择模型的种类对于正确估值是很重要的。

3. 市销率模型

第一,基本模型。

20×0 年 6 家上市公司的市盈率和市净率如表 4-6 所示。

表 4-6

20×0 年 6 家上市公司的市盈率和市净率

公司名称	每股收益(元)	每股净资产(元)	平均价格(元)	市盈率	市净率
上海汽车	0.53	3.43	11.98	22.6	3.49
东风汽车	0.37	2.69	6.26	16.92	2.33
一汽四环	0.52	4.75	15.4	29.62	3.24
一汽金杯	0.23	2.34	6.1	26.52	2.61
天津汽车	0.19	2.54	6.8	35.79	2.68
长安汽车	0.12	2.01	5.99	49.92	2.98
平均				30.23	2.89
江铃汽车	0.06	1.92	6.03		

市销率是指每股市价与每股营业收入的比率。

$$市销率 = 每股市价 \div 每股营业收入$$

这种方法是假设影响每股价值的关键变量是营业收入,每股价值是每股营业收入的函数,每股营业收入越大则每股价值越大。既然每股价值是每股营业收入的一定倍数,那么目标企业的每股价值可以用每股营业收入乘以可比企业市销率估计。

$$目标企业每股价值 = 可比企业市销率 \times 目标企业每股营业收入$$

第二,模型原理。

市销率是由哪些财务比率决定的?

如果将股利折现模型的两边同时除以每股营业收入,则可以得出市销率:

$$\frac{P_0}{每股收入_0} = \frac{每股股利_0 \times (1+增长率) \div 每股收入_0}{股权成本 - 增长率}$$

$$= \frac{\dfrac{每股股利_0}{每股收益_0} \times \dfrac{每股收益_0}{每股收入_0} \times (1+增长率)}{股权成本 - 增长率}$$

$$= \frac{股利支付率 \times 营业净利率_0 \times (1+增长率)}{股权成本 - 增长率}$$

$$= 本期市销率$$

根据上述公式可以看出,市销率的驱动因素是营业净利率、股利支付率、增长潜力和风险。其中,营业净利率是关键因素。这四个比率类似的企业,会有类似的市销率。

如果把公式中的"每股收入$_0$"换成预期下期的"每股收入$_1$",则可以得出内在市销率的计算公式:

$$\frac{P_0}{每股收入_1} = \frac{每股股利_0 \times (1+增长率) \div 每股收入_1}{股权成本 - 增长率}$$

$$= \frac{\dfrac{每股股利_0}{每股收益_1} \times \dfrac{每股收益_1}{每股收入_1} \times (1+增长率)}{股权成本 - 增长率}$$

$$= \frac{股利支付率 \times 营业净利率_1}{股权成本 - 增长率}$$

$$= 内在市销率$$

第三,模型的适用性。

市销率估值模型的优点如下:首先,它不会出现负值,对于亏损企业和资不抵债的企业,也可以计算出一个有意义的市销率。其次,它比较稳定、可靠,不容易被操纵。最后,市销率对价格政策和企业战略变化敏感,可以反映这种变化的后果。

市销率估值模型的局限性如下:不能反映成本的变化,而成本是影响企业现金流量和价值的重要因素之一。

因此,这种方法主要适用于销售成本率较低的服务类企业,或者销售成本率趋同的传统行业的企业。

【例 4-5】 甲公司是一个大型连锁超市,具有行业代表性。该公司目前每股营业收入为 83.06 元,每股收益为 3.82 元。公司采用固定股利支付率政策,股利支付率为 74%。预期净利润和股利的长期增长率为 6%。该公司的 β 值为 0.75,假设无风险利率为 7%,平均风险股票报酬率为 12.5%。乙公司也是一个连锁超市企业,与甲公司具有可比性,目前,每股营业收入为 50 元。请根据市销率模型估计乙公司的股票价值。

$$营业净利率 = 3.82 \div 83.06 = 4.6\%$$

$$股权成本 = 7\% + 0.75 \times (12.5\% - 7\%) = 11.125\%$$

$$市销率 = \frac{4.6\% \times 74\% \times (1+6\%)}{11.125\% - 6\%} = 0.704$$

$$乙公司股票价值 = 50 \times 0.704 = 35.20(元)$$

(二)相对价值模型的应用

1. 可比企业的选择

相对价值法应用的主要困难是选择可比企业。通常的做法是选择一组同业的上市企业,计算出它们的平均市价比率,作为估计目标企业价值的乘数。

根据前面的分析可知,市盈率取决于增长潜力、股利支付率和风险(股权成本)。选择可比企业时,需要先估计目标企业的这三个比率,再按此条件选择可比企业。在三个因素中,最重要的驱动因素是增长率,应给予格外重视。处在生命周期同一阶段的同业企业,大体上有类似的增长率,可以作为判断增长率类似的主要依据。

如果符合条件的企业较多,可以进一步根据规模的类似性进一步筛选,以提高可比性的质量。

按照这种方法,如果能找到一些符合条件的可比企业,余下的事情就好办了。

【例 4-6】 乙公司是一个制造业企业,其每股收益为 0.5 元/股,股票价格为 15 元。假设制造业上市公司中,增长率、股利支付率和风险与乙公司类似的有 3 家,它们的本期市盈率如表 4-7 所示。用市盈率法评估,乙公司的股价被市场高估了还是低估了。

由于股票价值=0.5×29.9=14.95(元/股),实际股票价格是 15 元,所以乙企业的股价被市场高估了。

表 4-7

3 家上市公司市盈率

公司名称	本期市盈率
A	24.3
B	32.1
C	33.3
平均数	29.9

"价格÷收益"的平均数通常采用简单算术平均。

在使用市净率和市销率模型时,选择可比企业的方法与市盈率类似,只是它们的驱动因素有区别。

2. 修正的市价比率

选择可比企业的时候,往往没有像上述举例那么简单。经常找不到符合条件的可比企业。尤其是要求的可比条件较严格,或者同行业的上市企业很少的时候,经常找不到足够的可比企业。

解决问题的办法之一是采用修正的市价比率。

第一,修正市盈率。

在影响市盈率的诸驱动因素中,关键变量是增长率。增长率的差异是市盈率差异的主要驱动因素。因此,可以用增长率修正市盈率,把增长率不同的同业企业纳入可比范围。

$$修正市盈率 = 可比企业市盈率 \div (可比企业预期增长率 \times 100)$$

修正的市盈率排除了增长率对市盈率的影响,剩下的部分是由股利支付率和股权成本决定的市盈率,可以称为"排除增长率影响的市盈率"。

【例 4-7】 依[例 4-6]数据,各可比公司的预期增长率如表 4-8 所示。

表 4-8

可比公司的预期增长率

公司名称	本期市盈率	预期增长率
A	24.3	11
B	32.1	17
C	33.3	18
平均数	29.9	15.33

乙公司的每股收益是0.5元/股,假设预期增长率是15.5%。

有两种评估方法:

一是修正平均市盈率法。

修正平均市盈率 = 可比公司平均市盈率 ÷ (可比公司平均预期增长率 × 100)
　　　　　　　 = 29.9 ÷ 15.33 = 1.95

乙公司每股价值 = 修正平均市盈率 × 目标公司预期增长率 × 100 × 目标公司每股收益
　　　　　　　 = 1.95 × 15.5% × 100 × 0.5
　　　　　　　 = 15.11(元/股)

可比公司本期市盈率和预期增长率的"平均数"通常采用简单算术平均。修正平均市盈率根据可比企业平均本期市盈率和平均预期增长率计算。

二是股价平均法。这种方法是根据各可比企业的修正市盈率估计乙公司的价值:

目标公司每股价值 = 修正市盈率 × 目标公司预期增长率 × 100 × 目标公司每股收益

然后,将得出的股票估值进行算术平均,计算过程如表4-9所示。

表4-9

乙公司每股价值

企业名称	本期市盈率	预期增长率	修正市盈率	乙企业每股收益(元)	乙企业预期增长率	乙企业每股价值(元)
A	24.3	11%	2.21	0.5	15.5%	17.13
B	32.1	17%	1.89	0.5	15.5%	14.65
C	33.3	18%	1.85	0.5	15.5%	14.34
平均数						15.37

这两种评估方法,同样适用于修正市净率和修正市销率估值。

第二,修正市净率。

市净率的修正方法与市盈率类似。市净率的驱动因素有增长率、股利支付率、权益净利率和风险。其中,关键因素是权益净利率。因此:

修正市净率 = 可比企业市净率 ÷ (可比企业预期权益净利率 × 100)

目标企业每股价值 = 修正市净率 × 目标企业预期权益净利率 × 100 × 目标企业每股净资产

第三,修正市销率。

市销率的修正方法与市盈率类似。市销率的驱动因素是增长率、股利支付率、销售净利率和风险。其中,关键因素是销售净利率。因此:

修正市销率 = 可比公司市销率 ÷ (可比公司预期销售净利率 × 100)

$$\frac{目标公司}{每股价值} = \frac{修正}{市销率} \times \frac{目标公司预期}{销售净利率} \times 100 \times \frac{目标公司每股}{销售收入}$$

二、相对价值法应用举例

【例 4-8】 仍以 L 医药集团为例说明相对价值法在评估公司价值中的应用。

我们必须先找到与 L 医药集团类似的上市公司——Z 公司,它也是一家从事医药和相关产品科研、开发、生产、销售的上市公司,它的规模要比 L 医药集团大,但它们具有相似的资产结构和成本结构。

表 4-10 列出了两家公司的可比会计数据和金融市场数据。第 1~3 行中的数据分别来自两个公司 2009 年的利润表与资产负债表。表中的现金流之所以带引号是因为从严格意义上讲,它并不是公司的现金流,而是净利润与折旧及摊销的总和,也称为常用现金流或现金收益。第 5~7 行在每股股票的基础上重新论述了第 1~3 行的内容。第 8 行列出了 Z 公司在 2010 年年初的股票市价格。

表 4-10
L 医药集团与 Z 公司的会计数据与金融市场数据   单位:万元

项目	Z 公司	L 医药集团
Ⅰ. 会计数据(2009 年)		
(1) 净利润(万元)	98 563.14	51 379
(2) "现金收益" = 税后收益 + 折旧 + 摊销	98 563.14 + 12 151.62 = 110 714.76	51 379 + 9 549 + 110 = 61 038
(3) 权益账面价值(万元)	393 802.50	222 546
(4) 股票发行量(万股)	45 006	29 572
(5) 每股收益 EPS[(1)÷(4)](元)	2.19	1.74
(6) 每股现金收益[(2)÷(4)](元)	2.46	2.06
(7) 每股账面价值[(3)÷(4)](元)	8.75	7.53
Ⅱ. 金融市场数据(2010 年 1 月)		
(8) 股票价格(元)	35	假设无法得到
Ⅲ. 乘数		
(9) 市盈率[(8)÷(5)](倍)	15.98	假设无法得到
(10) 市现率[(8)÷(6)](倍)	14.23	假设无法得到
(11) 市净率[(8)÷(7)](倍)	4	假设无法得到

根据表 4-10 提供的第(1)~(8)行信息,可以得出 Z 公司的三个主要比率,即表中的第(9)~(11)行。

$$市盈率 = \frac{股价}{每股收益} = \frac{35}{2.19} = 15.98(倍)$$

$$市现率 = \frac{股价}{每股现金收益} = \frac{35}{2.46} = 14.23(倍)$$

$$市净率 = \frac{股价}{每股账面价值} = \frac{35}{8.75} = 4(倍)$$

这三个比率是根据 Z 公司的每股价格计算出来的。股票的价格由证券市场确定,所以这三个比率也称为市场乘数。市盈率也称为 Z 公司的收益乘数,它表明 Z 公司 2010 年 1 月初的股票交易价格是公司近期每股收益的 15.98 倍。同样,股价与现金收益比也称为 Z 公司的现金收益乘数,它表明 Z 公司 2010 年 1 月初的股票交易价格是公司近期每股现金收益比的 14.23 倍;股价与账面价值比也称为 Z 公司的账面价格乘数,它表明 Z 公司 2010 年 1 月初的股票交易价格是 Z 公司近期每股账面价值的 4 倍。

根据可比公司乘数来估算 L 医药集团的价值。这个方法要求可比公司必须按照相同的市场乘数进行交易(历史的或预计的)。换句话说,如果 L 医药集团与 Z 公司相似,只有 Z 公司的股票公开交易,就可以根据 Z 公司的市场乘数来估算 L 医药集团的股权价值。

$$L 医药集团的股权价值 = L 医药集团的税后收益 \times Z 公司的市盈率$$
$$= 51\,379 \times 15.98 = 821\,036.42(万元)$$

$$L 医药集团的股权价值 = L 医药集团的现金收益 \times Z 公司的市现率$$
$$= 61\,038 \times 14.23 = 868\,570.74(万元)$$

$$L 医药集团的股权价值 = L 医药集团的账面价值 \times Z 公司的市净率$$
$$= 222\,546 \times 4 = 890\,184(万元)$$

根据 Z 公司的历史乘数,得到 L 医药集团三个权益价值估计值,其中最高值为 89 亿元,最低值为 82 亿元。正如前面所指出的一样,不同的评估方法会产生不同的价值估计值。但因为估价本身就不是很精确,所以只要估计值在一个合理的范围内,仍是可信的。L 医药集团股权价值的最高值(89 亿元)比最低值(82 亿元)高 8.54%,并未超过合理的范围。

会不会存在一个乘数比另一个乘数更精确的情况呢?一些研究表明,某一特定的乘数用于评估某些类型的公司,如对于工业公司应使用市盈率,对于房地产公司和旅店业应使用股价与现金收益比,对于金融服务机构,如银行和保险公司,应使用股价与账面价值比。

至此,我们得到了 L 医药集团的四种不同的权益价值估计值,按由高到低排序为:90 亿元、89 亿元、86.86 亿元、82 亿元。可以看出,最高估计值比最低估计值高出 9.76%,这些估计值仍在可接受的范围内。

我们可以得出结论,如果 L 医药集团公开上市交易,那么它的股权价值在 82 亿~90 亿元将是一个比较合理的估计。

第四节 经济利润法

一、经济利润法的基本原理

经济利润是指超过投资者要求的报酬率中得来的价值,也称经济增加值。

$$经济利润 = 投资资本 \times (投资资本报酬率 - 加权平均资本成本)$$

或

$$经济利润 = 投资资本 \times 投资资本报酬率 - 投资资本 \times 加权平均资本成本$$
$$= 息前税后利润 - 资本费用$$

公司价值评估的经济利润模型:

$$公司价值 = 投资资本 + 预计经济利润的现值$$

该模型的基本思想是:如果每年的息前税后利润正好等于债权人和股东要求的收益,即经济利润等于零,则公司的价值没有增加,也没有减少,仍然等于投资资本。

根据现金流量折现原理可知,如果某年的投资资本报酬率正好等于加权平均资本成本,即净现值为零。此时,提供资源的所有方面都取得了应得的报酬,经济利润也必然为零,公司的价值与期初相同,既没有增加也没有减少。如果公司的投资资本报酬率小于加权平均资本成本,即公司现金流量有负的净现值。同时,息前税后利润不能满足投资各方的期望报酬,也就是经济利润小于零,公司的价值将减少。因此,公司价值等于期初投资资本加上经济利润的现值。

经济利润模型与现金流量折现模型在本质上是一致的,但是经济利润具有可以计量单一年份价值增加的优点,而自由现金流量法却做不到。因为任何一年的自由现金流量都受到净投资的影响,加大投资会减少当年的现金流量,推迟投资可以增加当年的现金流量。投资不是业绩不良的表现,而找不到投资机会反而是不好的征兆。因此,某个年度的现金流量不能成为计量业绩的依据。管理层可以为了改善某一年的现金流量而推迟投资,而使公司的长期价值创造受到损失。

经济利润之所以受到重视,关键是它把投资决策必需的折现现金流量法与业绩考核必需的权责发生制统一起来了。它的出现结束了投资决策用现金流入量的净现值评价、业绩考核用权责发生制的利润评价,决策与业绩考核的标准分离,甚至是冲突、混乱的局面。

二、经济利润法应用举例

【例 4-9】 承[例 4-1]结合 L 医药集团的例子,说明经济利润法在公司价值评估中的应用。有关的计算过程如表 4-11 所示。

表 4-11

L 医药集团的经济利润模型定价 金额单位:万元

项　　目	基期	2005 年	2006 年	2007 年	2008 年	2009 年
公司自由现金流量		−48 556.78	−14 717.01	18 764.13	7 748.47	44 646.62
折现率(10%)		0.909091	0.826446	0.751315	0.683013	0.620921
预测期现值	−9 193.24	−44 142.53	−12 162.81	14 097.77	5 292.30	27 722.02
后续期价值现值	582 162.50					937 579.02
现值合计	572 969.26					
经济利润的计算						
息前税后利润		12 126.92	16 127.28	53 782.83	9 120.50	52 529.79
加权平均资本成本		10%	10%	10%	10%	10%
投资资本(年初)		181 112.60	174 953.88	205 303.24	244 221.88	245 593.91
资本费用		18 111.26	17 495.39	20 530.32	24 422.19	24 559.39
经济利润		−5 984.34	−1 368.11	33 252.50	−15 301.69	27 970.40
另一计算方法:						
投资资本回报率		6.70%	9.22%	26.20%	3.73%	21.39%

(续表)

项　　目	基期	2005 年	2006 年	2007 年	2008 年	2009 年
加权平均资本成本		10%	10%	10%	10%	10%
差额		−3.30%	−0.78%	16.20%	−6.27%	11.39%
投资资本(年初)		181 112.60	174 953.88	205 303.24	244 221.88	245 593.91
经济利润		−5 984.34	−1 368.11	33 252.50	−15 301.69	27 970.40
公司价值计算：						
折现系数		0.909 091	0.826 446	0.751 315	0.683 013	0.620 921
经济利润现值	25 328.29	−5 440.31	−1 130.67	24 983.10	−10 451.25	17 367.41
期末终值						587 378.46
期末终值的现值	364 715.62					
期初投资资本	181 112.60					
现值合计	571 156.51					

注：本例假设 2010 年起的净资本支出等于折旧与摊销费。

（一）经济利润的计算

经济利润的计算有两种方法：

一种是用息前税后利润扣减资本费用。以 L 医药集团 2009 年的数据为例：

$$\text{经济利润} = \text{息前税后利润} - \text{资本费用} = 52\,529.79 - 245\,593.91 \times 10\%$$
$$= 52\,529.79 - 24\,559.39 = 27\,970.40(万元)$$

另一种方法是计算投资资本报酬率与加权平均成本的差，乘以投资额。

其中，投资资本报酬率中的"投资资本"在计算时可以有三种选择：期初资本、期末资本、期初期末平均资本。无论使用哪一种，都要求保持一贯性，否则两种计算经济利润的方法所得结果不一致。

本例选择的是期末的投资资本，即"所有者权益＋有息负债"。以 L 医药 2009 年的数据为例：

投资报酬率 = 息前税后利润 ÷ 期末投资资本 × 100%
= 52 529.75 ÷ 245 593.91 × 100% = 21.39%

经济利润 = (21.39% - 10%) × 245 593.91
= 11.39% × 245 593.91 = 27 970.40(万元)

预测期经济利润现值 $=\sum_{n=1}^{5}\dfrac{年经济利润_n}{(1+平均资本成本)^n}$ = (-5 984.34) × 0.909091 + (-1 368.11) × 0.826446 + 33 252.50 × 0.751315 + (-15 301.69) × 0.683031 + 27 970.40 × 0.620921 = 25 328.29(万元)

(二)后续期价值的计算

假设L医药集团在后续期进入永续增长的稳定状态,后续期增长率为5%,则

后续期第一年经济利润 = 27 970.40 × (1 + 5%) = 29 368.92(万元)
后续期经济利润终值 = 29 368.92 ÷ (10% - 5%) = 587 378.5(万元)

将其从2010年的总价值折算到评估基准时间:

后续期经济利润现值 = 587 378.5 × 0.620921 = 364 715.62(万元)

(三)期初资本的计算

期初资本是指评估基准时间的公司价值。可供选择的方案有三个:账面价值、重置价值、资产的可变现价值。

本例采用的是账面价值。这样做的原因不仅仅是简单,而不是真的需要重置。

可变现价值在理论上是一个值得重视的选择。不过,有两个原因妨碍了这种方法的实际应用。首先,使用市价计量投资资本,为了保持计量的一致性,必然结果是将每年的资产收益(存量资产升值)计入当年的经济利润。然而,预计未来每年存量资产的市价变动,是很难操作的。存量资产一般没有公开交易的市场,预计的可靠性难以评估。其次,事实上多数资产的变现价值低于账面价值,尤其是在账面价值已经提取过减值准备的情况下,使用账面价值不会导致重要的失真。当然,如果通货膨胀严重,资产的可变价值超过账面价值很多,并且能够可靠估计可变现价值,也可以采用变现价值。

(四)公司整体价值的计算

公司整体价值为期初投资、预测期经济利润现值、后续期价值的合计。

公司整体价值 = 期初投资 + 预测期经济利润现值 + 后续期经济利润的现值
= 181 112.60 + 25 328.29 + 364 715.62 = 571 156.51(万元)

复习与思考题

1. 公司价值有哪些表现形式？公司价值评估的目标是什么？为什么？
2. 哪些情况需要对公司价值进行评估？
3. 说明现金流量折现模型的种类与主要参数。
4. 什么是公司自由现金流量和股权现金流量？说明它们之间的关系。
5. 如何运用现金流量折现模型评估公司价值？
6. 简述相对价值法的基本原理和常用乘数。
7. 如何运用经济利润法评估公司价值？

计算与分析题

1. 甲公司准备以 4 000 万元的价格来收购乙公司，拟采用杠杆收购的方式。资金来源于两方面，甲公司投入自有资金和银行借款，其中银行借款为 3 000 万元，年利率为 8%，在今后的 6 年中每年等额还本，并支付每年年末未偿还本金的利息。目前乙公司的 β 值为 1.2，负债比率为 30%，如果并购成功，乙公司仍作为甲公司的独立子公司，其负债比率提高到 50%，β 值增加到 1.6。并购前，乙公司的销售收入为 40 000 万元，销售税前利润率为 5%。如果市场平均风险报酬率为 12%，无风险报酬率为 8%，所得税税率为 30%。

要求：就以下两种情况分别估算甲公司并购乙公司的出价(公司自由现金流量法)：

(1) 并购后 5 年中每年销售收入逐年递增 8%，从第 6 年开始，销售收入保持在第 5 年的水平上，固定资本与营运资本占销售收入的比重分别为 15% 和 3%，只能产生 6 年的自由现金流量。

(2) 如果并购前 5 年的自由现金流量与(1)相同，第 6 年开始每年的自由现金流量保持在第 5 年的水平上固定不变，并一直持续下去。

2. 甲公司因经营发展，需要并购乙公司。甲公司目前的资产总额为 6 000 万元，负债与权益之比为 2∶3，息税前利润为 900 万元，股票市价为 80 元，发行在外的股数为 100 万股。乙公司的资产总额为 4 000 万元，息税前利润为 360 万元，负债与权益之比为 1∶1，股票市价为 15 元，发行在外的股数为 100 万股。两个公司的所得税税率为 25%，两个公司的负债均为长期银行贷款，年利率为 10%，预计并购后乙公司能够获得和甲公司相同水平的权益净利率和市盈率。

要求：

(1) 计算甲、乙两家公司并购前各自的净资产收益率和市盈率。

(2) 用市盈率计算目标企业乙公司的每股价值。

第五章

并 购

课程思政

通过本章学习,要求理解和掌握:
- 并购的类型与动机;
- 并购的筹资规划;
- 并购的财务分析方法;
- 反并购措施。

随着理财环境的变化与发展,财务管理的研究范围也在不断地拓展。公司兼并与收购行为的产生与发展,引发了并购中的财务问题,它使财务管理的内容更加丰富多彩。本章在介绍公司并购基本概念与类型的基础上,阐述并购的财务管理方法。

第一节 并购概述

一、并购的概念与类型

(一)并购的概念

并购是兼并与收购的统称,它是公司资本运作的重要手段。

兼并通常是指并购方以现金、证券或其他形式购买取得目标公司的产权,使目标公司丧失法人资格或改变法人实体,并取得对目标公司控制权的经济行为。兼并的方式包括吸收合并与新设合并。如果一家公司吸收其他公司,被吸收的公司法人主体资格不复存在,即为吸收合并;如果两个以上的公司合并成立一个新的公司,合并后各方解散,即为新设合并。

收购是指公司用现金、债券或股票购买目标公司的部分或全部资产或股权,以获得目标公司资产或控制权的投资行为。收购的对象一般有两种:股权和资产。收购股权与收购资产的主要差别在于:收购股权是购买目标公司的股份,收购方将成为被收购方的股东,因此要承担该公司的债权和债务;而收购资产则仅仅是一般资产的买卖行为,由于在收购目标公司资产时并未收购其股份,收购方无须承担其债务。收购股权是典型意义上的收购行为。

兼并与收购有许多相似之处:① 基本动因相似。它们都是增强公司实力的外部扩张途径,或是为扩大公司市场占有率;或是为扩大经营规模,实现规模经营;或是为拓宽公司经营范围,实现分散经营或综合化经营。② 都是以公司产权为交易对象。

兼并与收购的区别在于:① 在兼并中,被合并公司作为法人实体不复存在;而在收购中,被收购公司可仍以法人实体存在,其产权可以是部分转让。② 兼并后,兼并公司成为被兼并公司新的所有者和债权、债务的承担者,是资产、债权、债务的一同转换;而在收购中,收购公司是被收购公司的新股东,以收购出资的股本为限承担被收购公司的风险。③ 兼并多发生在被兼并公司财务状况不佳、生产经营停滞或半停滞之时,兼并后一般需调整其生产经营、重新组合其资产;而收购一般发生在公司正常生产经营状态,产权流动比较平和。

由于在运作中它们的联系远远超过其区别,所以兼并、合并与收购常作为同义词一起使用,统称为"并购"或"购并",泛指在市场机制作用下公司为了获得其他公司的控制权而进行的产权交易活动。

(二)并购的类型

1. 按并购双方产品与产业的联系,可分为横向并购、纵向并购和混合并购

横向并购是并购方与被并购方处于同一行业、生产或经营同一产品,并购使资本在同一市场领域或部门集中,其目的主要是确立或巩固公司在行业内的优势地位,扩大公司规模。

纵向并购是对生产工艺或经营方式上有前后关联的公司进行的并购,即在生产、销售的过程中互为购买者和销售者的公司之间的并购,其主要目的是组织专业化生产和实现产销一体化。

混合并购是指处于不同产业领域、产品属于不同市场、且与其产业部门之间不存在特别的生产技术联系的公司间进行的并购,通过分散投资、多样化经营降低公司风险,达到资源互补、优化组合、扩大市场活动范围的目的。

2. 按并购的实现方式,可分为承担债务式并购、现金购买式并购和股权交易

式并购

承担债务式并购是在目标公司资不抵债或资产债务相等的情况下，并购方以承担被并购方全部或部分债务为条件，取得被并购方的资产所有权和经营权的并购。

现金购买式并购有两种情况：① 并购方筹集足额的现金购买被并购方全部资产，使被并购方除现金外没有持续经营的物质基础，成为有资本结构而无生产资源的空壳，不得不从法律意义上消失。② 并购方以现金通过市场、柜台或协商购买目标公司的股票或股权，一旦拥有其大部分或全部股本，目标公司就被并购了。

股权交易式并购也有两种情况：① 以股权换股权。这是由并购方向目标公司的股东发行自己的股票，以换取目标公司的大部分或全部股票，达到控制目标公司的目的。通过并购，目标公司或者成为并购方的分公司、子公司，或者解散并入并购方。② 以股权换资产。并购方向目标公司发行自己的股票，以换取目标公司的资产，并购方在有选择的情况下承担目标公司的全部或部分责任。目标公司也要把拥有的并购公司的股票分配给自己的股东。

3. 按涉及被并购公司的范围，可分为整体并购和部分并购

整体并购是指资产和产权的整体转让，是产权的权益体系或资产不可分割的并购方式。其目的是通过资本迅速集中，增强公司实力，扩大生产规模，提高市场竞争能力。整体并购有利于加快资金、资源集中的速度，迅速提高规模水平与规模效益。实施整体并购也在一定程度上限制了资金紧缺者的潜在购买行为。

部分并购是指将公司的资产和产权分割为若干部分进行交易而实现公司并购的行为。这种并购的优点在于可扩大公司并购的范围；弥补大规模整体并购的巨额资金"缺口"；有利于公司设备更新换代，使公司将不需要的厂房、设备转让给其他并购者，更容易调整存量结构。部分并购包括三种形式：① 对公司部分实物资产进行并购。② 将产权划分为若干等额价值进行产权交易。③ 将经营权分成几个部分（如营销权、商标权、专利权等）进行产权转让。

4. 按并购双方是否友好协商，可分为善意并购和敌意并购

善意并购是指并购方事先与目标公司协商，征得其同意并通过谈判达成收购条件的一致意见而完成收购活动的并购方式。善意并购有利于降低并购的风险与成本，使并购双方能够充分交流、沟通信息，目标公司主动向并购方提供必要的资料；同时，善意并购行为还可避免因目标公司抗拒所带来的额外支出。但是，善意并购使并购方不得不牺牲自身的部分利益，以换取目标公司的合作；而且漫长的协商、谈判过程也可能使并购行为丧失其部分价值。

敌意并购是指并购方在收购目标公司股权时虽然遭到目标公司的抗拒，仍然

强行收购,或者并购方事先不与目标公司进行协商,突然直接向目标公司股东开出价格或收购要约的并购行为。敌意并购的优点在于并购公司完全处于主动地位,不用权衡各方利益,而且并购行动节奏快、时间短,可有效控制并购成本。但敌意并购通常无法从目标公司获取其内部实际运营、财务状况等重要资料,给目标公司的估价带来困难,同时还会招致目标公司抵抗甚至设置各种障碍。所以,敌意并购的风险较大,要求并购方制定严密的收购行动计划并严格保密,快速实施。另外,由于敌意并购易导致股市的不良波动,甚至影响公司发展的正常秩序,各国政府都对敌意并购在法律上予以一定的限制。

5. 按并购交易是否通过证券交易所,可分为要约收购与协议收购

要约收购是指并购方通过证券交易所进行的证券交易,当企业持有一个上市公司(目标公司)已发行股份的30%时,应依法向该公司所有股东发出公开收购要约,按符合法律的价格以货币付款方式购买股票,获取目标公司股权的收购方式。要约收购直接在股票市场中进行,受到市场规则的严格限制,风险较大,但自主性强,速战速决。敌意并购多采取要约收购的方式。

协议收购是指并购公司不通过证券交易所,而是直接与目标公司取得联系,通过谈判、协商达成共同协议,以实现目标公司股权转移的收购方式。协议收购易取得目标公司的理解与合作,有利于降低收购的风险与成本,但谈判过程中的契约成本较高。协议收购一般都属于善意并购。

6. 按并购是否利用目标公司资产来支付,可分为杠杆收购与非杠杆收购

杠杆收购(leveraged buy-out,简称LBO)是指收购公司利用目标公司的经营收入来支付或作为此种支付的担保的收购。收购公司不必拥有巨额自有资金,只需准备少量现金(用以支付收购过程中必需的律师、会计师等费用),其大部分资金是以目标公司的资产或股权作为抵押取得的负债,并以目标公司的营运所得作为还款来源。在杠杆收购中,收购方用以收购活动的自有资金与收购总价格相比微不足道,两者之间的比例通常为10%~15%。

非杠杆收购是指不用目标公司自有资金而是用其营运所得来支付或担保支付收购价款的收购方式。但它并不是不用举债就可负担并购价款。在实践中,几乎所有的收购都是通过举债来完成的,所不同的只是借贷数额多少、贷款抵押对象的不同而已。

二、并购的动因

企业作为独立的经济主体,其一切经济行为首先受利益的驱使,并购行为的目的也是为实现企业价值最大化。同时,并购行为的另一动力来源于市场竞争的巨大压力。这两大原始动力在现实经济生活中以不同的具体形式表现出来,在多

数情况下企业并非仅仅出于某一个目的进行并购,而是将多种因素综合平衡的结果。

(一) 谋求管理协同效应

当并购公司存在着过剩的管理能力或者并购公司与目标公司在管理效率上存在着差异,通过并购使并购方的管理优势向目标公司扩散,可以提高目标公司的效率。当然,并购方也可能通过并购获得新的管理技巧以增加进入新增长领域或应对竞争威胁的能力。过剩的管理能力可以认为是解释横向并购的一个动因,因为并购方过剩的管理能力相对容易扩散到相同或类似的公司。

(二) 谋求经营协同效应

由于经济的互补性及规模经济,两个或两个以上的企业合并后可提高其生产经营活动的效率,这就是所谓的经营协同效应。获取经营协同效应的一个重要前提是产业中的确存在规模经济,且在并购前尚未达到规模经济。规模经济效益具体表现在两个层次上:① 生产规模经济。通过并购可调整其资源配置使其达到最佳经济规模的要求,有效解决由专业化引起的生产流程的分离,从而获得稳定的原材料来源渠道,降低生产成本,扩大市场份额。② 企业规模经济。通过并购多个工厂置于同一企业领导之下,可带来一定的规模经济,表现为节省管理费用、节约营销费用、集中研究费用,扩大企业规模,增强企业抵御风险能力等。

(三) 谋求财务协同效应

并购不仅可因经营效率提高而获利,而且还可在财务方面给企业带来以下利益:

(1) 提高偿债能力。一般情况下,合并后企业整体的偿债能力比合并前各单个企业的偿债能力强,而且还可降低资本成本,并实现资本在并购企业与目标企业之间低成本的有效再配置。

(2) 节税效应。税法一般包含亏损递延条款,允许亏损企业免交当年所得税,且其亏损可向后递延以抵消以后年度盈余。同时一些国家税法对不同的资产适用不同的税率,股息收入、利息收入、营业收益、资本收益的税率也各不相同。企业可利用这些规定,通过并购行为及相应的财务处理取得节税利益。

(3) 预期效应。并购使股票市场对公司股票评价发生改变而对股票价格产生影响。由于预期效应的作用,公司并购往往伴随着强烈的股价波动,形成股票投机机会。投资者对投机利益的追求反过来又会刺激公司并购的发生。

(四) 开展多元化经营,实现低成本扩张

企业通过经营相关程度较低的不同行业的并购,可以分散风险、稳定收入来源、增强企业资产的安全性。多元化经营可以通过内部积累和外部并购两种途径实现,但在多数情况下,并购途径更为有利。尤其是当企业面临变化的环境而调整战略时,并购可以使企业低成本地迅速进入目标企业所在的增长相对较快的行业,并在很大程度上保持目标企业的市场份额以及现有的各种资源,从而保证企业持续不断的盈利能力。

(五)获得特殊资产

企图获取某项特殊资产往往是并购的重要动因。特殊资产可能是一些对企业发展至关重要的专门资产。例如,土地是企业发展的重要资源,一些有实力、有前途的企业往往会由于狭小的空间难以扩展,而另一些经营不善、市场不景气的企业却占有较多的土地和优越的地理位置,这时优势企业就可能并购劣势企业以获取其优越的土地资源。另外,并购还可能得到目标企业所拥有的有效管理队伍、优秀研究人员或专门人才以及专有技术、商标、品牌等无形资产。

(六)降低代理成本

在公司所有权与经营权相分离的情况下,经理是决策或控制的代理人,而所有者作为委托人成为风险承担者,由此造成的代理成本包括契约成本、监督成本和剩余损失。通过企业内部组织机制安排可以在一定程度上缓解代理问题,降低代理成本。但当这些机制均不足以控制代理问题时,并购机制使得接管的威胁始终存在。通过公开收购或代理权争夺而造成的接管,将会改选现任经理和董事会成员,从而作为最后的外部控制机制解决代理问题,降低代理成本。

另外,跨国并购还可能具有其他多种特殊的动因,如企业增长、技术、产品优势与产品差异、政府政策、汇率、政治和经济稳定性、劳动力成本和生产率差异、多样化、确保原材料来源、追随顾客等。

三、并购的程序

并购可能给公司带来迅速而巨大的发展机遇,也可能给公司造成沉重的负担和财务危机。公司并购活动的指导思想必须服从于公司的发展战略,并根据公司战略的要求,制定相应的并购战略。

公司并购活动涉及许多经济、政策和法律问题,如金融法规、证券法规、公司法、会计法、税法及反不正当竞争法等。在有些国家,还存在反垄断法对并购活动的制约。因此,公司并购是一项极其复杂的运作过程。

公司并购通常按法律规定的程序进行,其过程大致分为五个阶段:准备阶段、谈判阶段、公告阶段、交接阶段、重整阶段。从财务的角度来看,并购程序通常包括以下步骤(图5-1)。

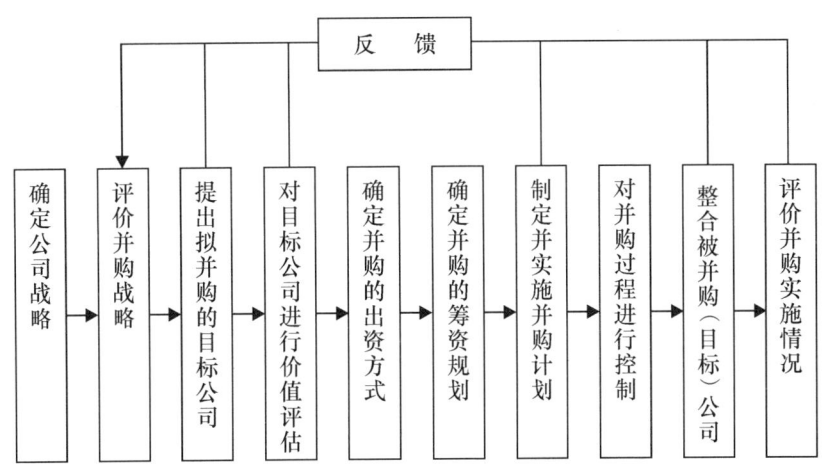

图 5-1 公司并购的财务流程

（一）确定公司战略

并购是并购公司为实现某种战略目标而采取的一种手段。公司战略目标多种多样，包括促进公司增长、在现有产品市场赢得优势、扩大市场份额、降低风险等。并购方案的设计取决于公司的战略规划和战略选择，同时受并购结果、对目标公司的评估框架、目标公司形象以及并购后的整合等因素的影响。因此，确定公司基本发展战略，并明确公司并购在公司战略中的地位，是实施有效并购的重要前提。

（二）评价并购战略

由于并购决策存在固有风险，所以战略考虑要优先于财务分析。公司必须根据自身的战略目标来评价并购活动。并购战略应当对目标公司进行战略分析，研究并购对公司竞争能力和企业运营风险的可能影响。

（三）提出拟并购的目标公司

提出并购方案的应当是公司的高级管理人员。高级管理人员根据本公司的发展战略和目标公司的有关情况，确定并购的对象。在这个过程中，公司可以聘请财务顾问，以保障并购的顺利进行。

（四）对目标公司进行价值评估

对目标公司的价值评估，就是根据目标公司当前所拥有的资产、负债价值、营运状况和市场价值等指标，确定公司的出价。不同目标公司应选择不同的评估方法，对目标公司的估价应建立在对其未来的风险—收益评价的基础上。

（五）确定并购的出资方式

在确定并购出资方式时，通常要考虑并购后持续经营、税收、财务风险及市场价值可能变化等因素,确定是现金出资,还是股票出资,或是综合证券支付。

(六)确定并购的筹资规划

在确定并购所需的资金数量和形式之后,公司就需要制定相应的筹资规划,决定筹资的方式和数量。在筹资规划中,公司必须考虑由此而产生的公司价值和风险可能的变动,在尽量降低风险的同时,保持公司的最优资本结构。

(七)制定并实施并购计划

在以上各步骤分析的基础上,公司要制定相应的并购计划,为并购实施过程提供明确的指导和具体的时间表。如果并购计划获得董事会和股东大会通过,公司就可以实施并购计划。在实施过程中,不仅涉及许多财务活动,而且涉及大量的法律事务。例如,向目标公司提出并购要约、签订并购合同、反击各种可能的并购防御措施等。

(八)对并购过程进行控制

并购计划的实施,通常不会一帆风顺。在实施过程中,出现的各种意外情况,对并购活动可能有重要影响。这就需要公司对并购过程进行及时控制,并采取相应的措施。

(九)整合被并购(目标)公司

并购的成功与否,不在于公司能否完成并购,而在于并购能否实现公司预定的战略发展目标。因此,并购后的管理对并购活动有着重要的影响。公司必须根据战略目标和具体情况,有计划地将目标公司与本公司进行整合。

(十)评价并购实施情况

并购活动的事后评价可以为公司提供反馈信息,也可以为未来决策提供重要经验。对并购实施情况进行及时评价,可以防止公司因盲目并购而陷入困境,及时改正因并购失误而可能导致的不良后果。

第二节 并购的筹资规划

公司并购需要多少资金,资金如何取得,有无足够的财力资源或资金融通能力以支持并购,应采用何种方式向目标公司支付并购价款等问题,均是并购决策面临的一些重要课题。并购的筹资规划包括预测并购资金需要量、确定并购支付方式和选择适当的筹资方式等问题。

一、预测并购资金需要量

为了对并购的资金融通计划作出合理的安排,公司应首先对相关的资金需要情况有一个较为清晰的了解。一般而言,预测并购资金需要量应考虑以下四个因素。

1. 并购的支付对价

并购的支付对价是指并购方企业为完成收购目标企业需以现金方式支付的金额，它与目标企业权益价值、控股比率和支付溢价相关。可通过下列公式计算：

$$MAC = E \cdot p(1+q)$$

式中：MAC 表示并购支付的对价；E 为目标企业权益价值；p 为控股比率；q 为支付的溢价率。

目标企业的权益价值是并购成本的核心内容，可以按照本章第二节所阐述的方法进行估价。支付溢价率是指支付的对价高于目标企业权益价值的比率。一般来说，公开收购、竞标收购或敌意收购往往要支付较高的溢价率。

2. 目标企业的表外负债和或有负债

表外负债是指未在目标企业资产负债表上体现但实际上要承担的义务，如职工的退休费、离职费和安置费等；或有负债是指由过去的交易或事项形成的潜在义务，其存在需要通过未来不确定事项的发生或不发生予以证实。并购方应详尽了解目标企业的未决诉讼和争议、债务担保、纳税责任及产品责任等项目，对或有负债作出判断。

3. 并购交易费用

并购交易费用主要是指为并购融资注册和发行权益证券的费用，支付给会计师、律师的咨询费、评估费等，与并购支付的对价相关，可按支付对价的一定比例确定。

4. 整合成本

并购整合成本是并购后使被并购公司健康发展而需要支付的长期营运成本，包括：① 整合改制成本。取得对被并购公司的控制权后，要对被并购公司进行重组或整合，小则调整人事结构，改善经营方式；大则整合经营战略和产业结构，重建销售网络，需要支付相应的管理与培训等费用。② 注入资金的成本。并购方要向目标公司注入优质资产，拨入启动资金，为其打开市场投入市场调研费、广告费和网点建设费等。

二、确定并购支付方式与筹资方式

不同的支付方式对公司的财务支付能力也有着重大的影响，在签订并购协议时必须加以考虑。公司完成对目标公司并购价格的支付，可以是现金支付、股票支付和混合证券支付三种方式。

1. 现金支付

现金支付是由并购方向目标企业的股东支付一定数量的现金,以获得目标企业的股权。现金支付是企业并购中用得最多的支付方式。对目标公司的股东而言,现金支付可使他们得到确定的收益,但会形成相应的纳税义务。对并购方而言,现金支付最大的好处是现有的股权结构不会被稀释,且可以迅速完成并购事项。但对于大宗的并购交易,采用现金支付方式无疑会给并购方造成巨大的现金压力,甚至无法承受。因此,对于巨额并购的交易,现金支付的比率一般都比较低。

现金支付因其速度快的特点而多被用于敌意收购。

公司取得现金的来源,通常是增资扩股、向金融机构借款、发行债券和认股权证等,也可以通过出售部分原有资产换取现金。

2. 股票支付

股票支付是指并购方通过发行本公司的股票以一定对价换取目标企业的股票,达到并购目的的一种支付方式。采用股票对价方式,可以避免并购方公司现金的大量流出,从而使并购后能够保持良好的现金支付能力,减少财务风险。但这种方式可能会稀释并购方公司原有的股权控制结构与每股收益水平,倘若并购方公司原有资本结构比较脆弱,极易导致并购方公司控制权的稀释。而一旦无法掌握控制权,也就是无法取得并购整合后的综合效应。

股票支付常用于善意并购,当并购双方的规模、实力相当时,被采用的可能性较大。

并购方在对现金支付或股票支付方式进行抉择时,需要考虑的因素是:

(1) 并购方公司是否有足够的现金融通能力。

(2) 若必须通过借款进行支付时,资本结构是否具有相应的承受能力。

(3) 外部借款或增资扩股的资本成本如何。

(4) 增资扩股是否会导致并购方公司原有股权控制结构稀释以致丧失。

(5) 增资扩股后,并购方公司原有股东的每股收益是否会被稀释以及因为遭受损失而导致原有股东对增资扩股方式的反对。

(6) 目标公司的股东对并购后的每股收益有着怎样的期望。

(7) 目标公司股东处于怎样的税负层次。

(8) 目标公司的股东是否会因丧失对目标公司的控制权而产生恐慌的心理以致对并购怀敌对情绪等。

3. 混合证券支付

混合证券支付是指并购方的支付方式为现金、股票、认股权证、可转换债券等多种形式的组合。

对并购方而言，发行公司债券的成本较低；发行可转换债券能以比普通债券更低的利率和较宽松的契约条件出售债券，也提供了一种能以高于现行价格出售股票的可能性；发行认股权证可能为公司提供额外的股本基础。对目标企业而言，获得认股权证和可转换债券，意味着可以约定价格购买公司股票或转换公司股票的权利。

混合证券支付通过发行股票、认股权证、可转换债券等方式筹资。

此外，在目标公司获利不佳、急于脱手的情况下，还可采用卖方融资支付方式。卖方融资是指并购方公司暂不向目标公司支付全额价款，而是作为对目标公司所有者的负债，承诺在未来一定时间内分期、分批支付并购价款的方式。

第三节 并购的财务分析

并购是高风险资本经营行为，财务分析应在关注其各种成本、收益的同时，重视并购过程中的各种风险。

一、企业并购的成本分析

1. 并购完成成本

并购完成成本是指并购行为本身所发生的直接成本和间接成本。直接成本是指并购过程中直接支付的费用，如被并购公司的并购价格等。间接成本是指并购过程中发生的除直接成本外的其他支出。具体包括：① 债务成本。在承担债务式并购的情况下，在并购之初可能并不直接支付并购费用，但是必须按计划支付原有债务的本息。② 交易成本。它是并购过程中发生的收集、策划、谈判、文本制作、法律鉴定、公证等中介费用。③ 更名成本。并购成功后，还会发生重新注册费、工商管理费和公告费等。

2. 并购整合成本

并购至少涉及两个企业，在并购中由于利益的相对独立性和双方企业的角色定位不同，并购双方的冲突是不可避免的。因此，需要并购方或并购双方共同采取措施进行整合，包括战略整合、组织机构整合、管理制度整合、人力资源整合和文化整合。

并购整合成本是并购后使被并购公司健康发展而需要支付的长期营运成本，包括：① 整合改制成本。取得对被并购公司的控制权后，必然需要对被并购公司进行重组或整合，小则调整人事结构，改善经营方式；大则整合经营战略和产业结构，重建销售网络。为此需要为派遣人员、建立新的领导班子、安置原有领导班子、安置富余人员、剥离非经营性资产、淘汰无效设备、进行人员培训等支付有关费用。②注入资金的成本。并购方要向被并购公司注入优质资产，拨入启动资金，为被并购公司打开市场投入市场调研费、广告费和网点建设费等。

3. 并购退出成本

一个公司在通过并购实施外部扩张时，还必须考虑一旦扩张不成功如何以最低成本撤退的问题。

4. 并购机会成本

并购活动的机会成本是指并购的实际支出相对于放弃其他投资的未来收益。一项并购活动的机会成本越大，其并购活动的相对收益越小或相对损失越大。

二、换股并购的财务影响分析

(一) 并购对每股收益的影响

股票交换比率通常是根据双方的股票价格确定的，但对被并购方的出价一般不等于其市价，所以股票交换比率的计算公式如下：

$$股票交换率 = \frac{被并购方股票作价}{并购方股票市价}$$

对公司盈余的影响可以通过考察每股收益的变化来反映。在换股并购中，主要从并购方角度考察，因为被并购方的股票换为并购方股票后缺乏可比性。设股票交换率为 R，并购方的每股收益如下：

$$并购前公司的每股收益 = \frac{净利润}{普通股股数}$$

$$并购后公司的每股收益 = \frac{合并净利润}{原有普通股股数 + 新发行普通股股数}$$

$$= \frac{合并净利润}{原有普通股股数 + 被并购方普通股股数 \times R}$$

可见，每股收益的影响因素有两个：合并净利润和股票交换率。合并净利润取决于并购后双方的盈利能力，与每股收益成正比。股票交换率则取决于对被并购公司股票的作价，作价越高，股票交换率越高，则发行新股越多。若股数增加幅度大于收益增加幅度，每股收益摊薄；反之，每股收益增加。

【例 5-1】 说明换股并购对每股收益的影响。A 公司希望通过换股并购方式收购 B 公司。双方的财务资料如表 5-1 所示。

B 公司已经同意将其股票每股作价 35 元，因此股票交换率为 0.546875(35/64)。为实现对 B 公司的并购，A 公司需发行 109.375 万股股票(200×0.546875)。假定两个公司兼并后净利润保持不变，续存公司(兼并后的 A 公司)

的每股收益如表 5-2 所示。

表 5-1

A、B 公司的财务资料

项 目	A 公司	B 公司
目前净利润(万元)	2 000	500
股票数量(万股)	500	200
每股收益(元)	4	2.5
股票价格(元)	64	30
市盈率(倍)	16	12

表 5-2

兼并后 A 公司的每股收益

项 目	兼并后的 A 公司
净利润(万元)	2 500
股票数量(万股)	609.375
每股收益(元)	4.10

因此,通过收购提高了 A 股收益。但是 B 公司股东的每股收益却减少了,由原来的 2.5 元减为 2.24 元(0.547×4.10)。

现在假定 A 公司同意将 B 公司每股作价提高到 45 元,则股票交换率为 0.703125(45/64)。于是 A 公司需发行的股数为 140.625 万股(200×0.703125),兼并后每股收益如表 5-3 所示。

表 5-3

兼并后 A 公司的每股收益

项 目	兼并后的 A 公司
净利润(万元)	2 500
股票数量(万股)	640.625
每股收益(元)	3.90

在这种情况下,A 公司的每股收益被稀释了。而 B 公司的每股收益得到了提高,每股收益变为 2.74 元(3.9×0.703)。如果收购方支付给被收购方的市盈率

（即收购方愿意支付的收购价格与收购时被收购方的每股收益之比）高于收购方的市盈率，那么收购方的每股收益将被稀释。因为这意味着对被收购方的股票作价高于其市价，则股票交换率提高，在收益能力不变的情况下，每股收益将摊薄。

在本例中，第一种情况下的市盈率为 14 倍(35/2.5)，而在第二种情况下则为 18 倍(45/2.5)，由于 A 公司的市盈率为 16 倍，所以在第一种情况下每股收益会提高，而在第二种情况下每股收益则会下降。

因此，收购公司每股收益增减幅度取决于两个因素：一是市盈率的差异（与股票交换比率直接相关），二是两个公司净利润规模的相对大小。收购方公司与被收购方公司的市盈率之比越高，被收购公司与收购公司的净利润之比越高，则收购方每股收益增幅越大。

值得注意的是，我们对所举例子的分析没有将收购后未来收益增长考虑进去，即合并净利润只是等于并购双方收益的简单相加。如果作出并购决策仅仅基于并购时对每股收益的影响，则并购当期带来的每股收益稀释将阻止并购方并购另一家公司。然而，当考虑并购引起的预期收益增长时，就有可能作出并购的决策。并购产生的协同效益不会立即体现在并购当期，而是并购后的一定期间，因此，在并购的最初几年可能会出现每股收益的稀释现象，但这一现象将随着收益的增长而逐渐消除。从收购方的立场看，稀释所持续的时间越长，收购对公司的吸引力越小。因此有些公司确定了可容忍的稀释持续年数。

（二）并购对市场价值的影响

在收购谈判过程中，双方关注的焦点是每股市价交换比率。这一比率反映的是对被并购公司股票作价与其市价之间的关系。股票市价反映了公众投资者对公司内在价值的判断，作价则不仅反映了并购方对被并购方公司价值的判断，也体现了并购方的其他财务与非财务动机。公式如下：

$$股价交换比率 = \frac{对被并购公司每股作价}{被并购公司每股市价} = \frac{并购公司每股市价}{被并购公司每股市价} \times \frac{股票交换率}{被并购公司每股市价}$$

股价交换比率的计算公式体现了股票交换率与股价交换率的内在关系，两者呈正比关系。

【例 5-2】 仍沿用[例 5-1]说明换股并购的市场价值影响。

如果 B 公司作价为每股 30 元，即股票交换率为 0.469(30/64)。那么股价交换比率为 1(30/30)，换言之，两个公司按照市价 1:1 的比例进行股票交换。如果并购后存续公司的股票市价在 64 元上保持稳定，从市场价值的角度看，双方公司的股东财富与收购前大致相同。这对被并购方的股东是缺乏吸引力的。因此，只有当收购方的收购价值高于被并购方时,被并购方才会接受。在[例 5-1]中的第一种情况,B 公司的每股作价 35 元,股价交换比率为 1.17(35/30)。这个比率大于 1,此时被并购方股东可以接受。同时,在对 B 公司 35 元的作价下,A 公司原有股东的每股收益也增加了。因此,两家公司的股东都在并购中受益。

值得注意的是,并购方每股收益的提高是由于双方的市盈率差异。在上面的分析中已经得出:高市盈率的公司并购低市盈率的公司,将会提高并购方的每股收益。尽管并购方以高于被并购方市价的价格(股价交换比率大于 1)进行交易,每股收益仍可以提高。但是这种提高不是由于根本的经济增长所引起的,而是依靠收购所产生的每股收益"自行提高"。如果市场承认这种虚假增长,那么公司就可以单纯依靠收购来增加股东财富。但是在一个相对完善的市场,如果并购不能出现预期的协同效益与管理改善,则预期的存续公司市盈率将会接近原来两个公司市盈率的加权平均值。在这种情况下,收购低市盈率的公司并不会提高股东财富。

三、并购的风险分析

众多事例表明,企业并购的风险很大。这些风险主要包括以下几种。

1. 营运风险

营运风险是指并购公司在完成并购后,可能无法使整个公司或公司集团产生管理协同效应、经营协同效应、财务协同效应以及市场份额效应,难以实现规模经济或管理知识共享。通过并购形成的新公司或公司集团因规模过于庞大而产生规模不经济的现象,甚至整个公司或公司集团的经营业绩都为被并购公司所拖累。

2. 信息风险

在公司并购中,信息是非常重要的。知己知彼,百战不殆。真实与及时的信息可以大大提高公司并购的成功率。但实际并购中因贸然行动而失败的案例很多,这是信息不对称的结果。

3. 融资风险

公司并购需要大量的资金,所以并购决策会对公司资金规模和资本结构产生重大影响。与并购相关的融资风险具体包括:资金是否可以保证需要,融资方式是否适应并购动机,现金支付是否会影响公司正常的生产经营,杠杆收购的偿债风险等。

4. 反并购风险

在通常情况下,被并购公司对并购行为往往持不欢迎或不合作态度,尤其在面临敌意并购时,他们可能不惜一切代价实施反并购策略;其反并购行动可能会对并购公司构成相当大的风险。

5. 法律风险

各国关于并购的法律、法规一般都通过增加并购成本而提高并购难度。如我国目前的收购法规就要求：收购公司持有一家上市公司 5% 的股票后即必须公告并暂停买卖，以后每递增 5% 还要重复该过程；持有 30% 股票后还必须发出全面收购要约。这套程序造成的并购成本之高，并购风险之大，并购程序之复杂，足以使并购公司气馁。

6. 体制风险

在我国，国有公司资本营运过程中相当一部分公司的并购行为，都是由政府强行撮合而实现的。尽管大规模的公司并购活动离不开政府的支持和引导，但是并购行为毕竟是一种市场行为。如果政府依靠行政手段对公司并购大包大揽，不仅背离市场原则，难以达到预期效果，而且往往还会给并购公司带来风险，使公司并购偏离资产最优组合目标。

7. 定价风险

尽管被收购公司运作很好，但高收购价格使买主无法获得满意的投资回报，因此产生定价风险。出价过高是买方所犯的最糟糕和最常见的错误，目标公司的未来价值增值不足以弥补开始时的出价，这主要是由于收购公司在预计收益、利润或现金流时存在着乐观情绪。买方过快和过多地认为他们了解目标公司并有信心使其增长盈利。一次昂贵的收购，其结果不是沉重的债务负担就是一个很低的剩余现金留存。即使收购具有某些增加收入的因素，这些变化的结果还是会降低购买方的每股收益，买价过高的余波可能会持续许多年，买方的每股收益可能无法再复原。

第四节 反并购措施

反并购措施又称接管防御，是指目标企业的管理层采取的阻止本公司被收购的手段。在当今并购之风盛行的情况下，敌意收购不管在数量还是金额上都不断增加且引人注目。越来越多的公司开始重视采用各种积极有效的防御性措施进行反并购，或者是提高并购者的成本和风险，或者是降低并购者的收益等。反并购措施分为预防性反并购措施与主动性反并购措施两类。

一、预防性反并购措施

公司最好的反并购措施就是保持经营的高效率，保持销售增长前景，且保持盈利。那些具有稳定现金流、负债率低的成熟公司容易成为敌意并购的目标。因此，预防性反并购措施就是提前或在敌意收购发起时改变这些特征，从而削弱并购方的并购动机。常见的预防性反并购措施如下。

（一）反接管修正

对公司章程进行反接管修正，通俗地称为"拒鲨"条款。由于像所有的章程修正一样，反接管修正都必须经股东表决并批准，这种修正可能导致接管防御。反接管修正一般会对通过合作、收购要约或撤换董事会成员等形式进行的公司控制经营权转移施加新的条件。这种修正共有四种主要类型。

1. 超级多数条款修正

超级多数条款规定公司被收购必须取得2/3以上的股东或80%以上的投票权，有的甚至要求所有涉及控制权变动的交易都必须获得已发行股份90%以上的赞成。

2. 公平价格条款

根据该项条款，收购者向非控股股东支付的价格必须至少等于事先设定的"公平价格"。通常，该最低价格是根据每股收益及市盈率确定的，但有时是以设定的市价形式表示的。公平价格条款通常与超级多数条款结合使用。

3. 分类董事会

反接管修正允许轮回制或分类董事会在接管中推迟控制权的实际转移。例如，一个由9人组成的董事会可能会分成三组，每年只有3名成员当选，任期3年。这样一来，新的大股东就要至少等两届年会才能取得董事会的控制权。

4. 授权发行优先股

董事会有权发行一种有特别表决权的新型证券。这种证券一般是优先股，在发生控制权争夺时发行给善意的一方。因而，这是一种防御敌意接管要约的措施。

（二）降落伞

1. 金降落伞

金降落伞是指对按照控制权变动条款而失去工作的管理人员进行补偿的雇佣合同中的单独条款。有些目标公司在接管发生时，提供给最高级别管理人员一些补偿。这种补偿可被视作使管理层考虑接管投标时较少关心其自身待遇，较多关心股东利益而支付的费用，或者视为管理层以损害股东利益为代价敛富的一种企图。

2. 银降落伞和锡降落伞

银降落伞是向公司主管提供补偿，但比金降落伞提供得要少。锡降落伞则将支付报酬范围进一步扩大，包括了公司的中层管理者，且有些时候包括了所有的员工。

金降落伞、银降落伞和锡降落伞都要求收购方在收购时要对目标公司的工作人员进行补偿,因此提高了收购成本。但是保护伞的成本通常很有限(一般不足10%),因此,它不是一个很强的接管防御措施。

(三)"毒丸计划"

以增加公司价值为目的的公司重组与实现接管防御的目的是密切相关的。在增加公司价值的同时也增加了公司的防御能力,比如资产重组。资产重组可分为收购与资产出售或剥离。资产收购可以扩展公司的生产能力,也可以用来防御公司被接管,因为规模的扩大增加了收购成本。资产剥离或出售既可被用来使资源向更高的使用价值流动,也可以为了阻止被收购,而处理掉一部分收购者感兴趣的业务,这种方法称为"皇冠宝石"对策。此外,重新调整杠杆比率增加公司负债和(或)使用收入支付大量的现金分红,以及增强内部人士的所有权地位,都增加了收购者的风险与成本。这种策略被称为"焦土策略",是一种两败俱伤的做法,因为它同时提高了目标公司的经营与财务风险。目标公司为避免被外来公司收购不惜采取严重伤害自己的行动,犹如一剂"毒丸"。常见的"毒丸计划"有两类。

1. "负债毒丸计划"

"负债毒丸计划"是指目标公司在收购威胁下大量增加自身负债,降低公司被收购的吸引力。例如,发行债券并约定在公司股权发生大规模转移时,债券持有人可要求立刻兑付,从而使收购公司在收购后立即面临巨额现金支出,降低其收购兴趣。利用并购者感兴趣的现金资源或大量举债购买一些无利可图的资产,或者故意做一些需要很长时间才能见效的投资,使公司负债累累,在短期内降低公司价值,使并购方望而生畏。

2. "人员毒丸计划"

"人员毒丸计划"的基本方法则是公司的绝大部分高级管理人员共同签订协议,在公司被以不公平的价格收购,并且这些人中有1人在收购后被降职或革职时,则全部管理人员将集体辞职。这一策略不仅保护了目标公司股东的利益,而且会使收购方慎重考虑收购后更换管理层给公司带来的巨大影响。企业的管理层阵容越强大、越精干,实施这一策略的效果将越明显。当管理层的价值对收购方无足轻重时,"人员毒丸计划"也就收效甚微了。

二、主动性反并购措施

如果并购方在充分考虑了目标公司的各种预防性反并购措施后,仍然决定向目标公司发起并购,目标公司就应当采取主动性反并购措施进行反击。常见的主动性反并购措施如下。

(一)"绿色邮件"

"绿色邮件"就是受到并购威胁的目标公司向潜在的购买方支付一笔款项使

其放弃并购要约的方法。这是因美元钞票的颜色是绿色而得名。它实际上是目标公司通过私下协商从特定股东手里溢价购回其大量股份。溢价回购的目的是消除大股东或绿色邮递者的敌意接管威胁。对"绿色邮件"在接管防御中的角色，存在着不同的观点。一些人反对"绿色邮件"或定向回购，他们认为绿色邮递者给股东带来很大的损失。持有大宗股份的投资者是公司的"袭击者"，他们剥夺公司的资产，有损其他股东。袭击的形式是利用袭击者的公司表决权给予其自身过分的奖励和津贴，通过"绿色邮件"使其股份获得显著高于市价的溢价，或以某些非特定方式"抢掠"公司财富。而另外一种看法是，参与"绿色邮件"的大宗投资者有利于管理层发生变动，可以是公司人事方面的变动，也可以是公司政策的变动，或有较高技能评估潜在收购对象。"绿色邮件"尽管可以作为反接管的手段，但由于定向溢价回购股票损害了一般股东的利益，因而使其受到限制。

（二）"白衣骑士"

"白衣骑士"是指目标公司为免遭敌意收购而自己寻找善意收购者。"白衣骑士"防御涉及目标公司挑选了一个愿意与之合并的公司，这个"白衣骑士"通常是与其关系密切的实力公司，能以更优惠的价格达成善意收购。一般而言，如果收购者出价较低，目标公司被"白衣骑士"拯救的希望就越大；若收购方提出了很高的收购价格，则由于"白衣骑士"的成本提高，被"白衣骑士"拯救的机会就减少了。

（三）股票交易

1. 股票回购

在允许公司回购自己股票的情况下，目标公司在收购公司的收购要约公开以后，迅速在股市上回购本公司的股票，而且以比收购要约价还要高的出价来回购，迫使收购方提高收购价格，增加其收购难度。但是对假装收购、实际进行股票套利的进攻者来讲，目标公司的溢价回购股票，正好实现了它赚取炒作股票的资本利得。因此，在这种情况下，也有人称收购方的收购为"绿色勒索"。

2. 管理层收购

当收购方为目标公司管理层时的杠杆收购就是管理层收购（MBO）。当目标公司得知收购信息后，其管理层利用杠杆手段，以公司的资产作担保向银行贷款，然后再买下公司股权，以免董事会低价卖掉公司。管理层为了筹集收购资金，往往会成立一家新公司专门从事收购，并使目标公司大量举债；管理层也可能自己出资收购，从而使目标公司成为合伙企业。

股票回购一方面提高了公司股票的价格，同时也减少了公司股票数量，大大增加了被收购的难度，它也是反对公开收购要约最有力的反击手段之一；MBO使管理层掌握了公司主要控制权，在抵御敌意收购中可以发挥很大作用。

案例 5-1 吉利收购沃尔沃

一、案例简介

创立于1927年的沃尔沃(Volvo)集团是瑞典的豪华高端汽车品牌。1999年,美国福特汽车集团(以下简称"福特")购买了沃尔沃集团(以下简称"沃尔沃")旗下的沃尔沃轿车业务。福特以65亿美元的高价收购了沃尔沃,但福特并没有从投资中得到期望的高回报。2007年,专注于高档豪华轿车的沃尔沃受到全球经济风暴的重创。其总收入从2007年的180亿美元,到2008年下降了40亿美元。福特也在其战略中指出,它想摆脱沃尔沃的拖累并准备出售。

而早在2002年,年轻的吉利集团(以下简称"吉利")刚刚获得了生产汽车的许可证时,其董事长李书福便对并购沃尔沃燃起了强烈的野心。2007年,李书福请伙伴写一封英文信,主要表达了吉利对福特旗下沃尔沃股份的兴趣,但收到了福特否定的回复。直到2008年全球金融危机的蔓延,福特明确表示"认真考虑出售沃尔沃"。

2010年3月28日,股权收购协议在瑞典签署,吉利将为沃尔沃支付18亿美元,同时还将另外筹资7.5亿美元,用作该瑞典汽车品牌的运营资金。2010年8月,吉利向福特支付了16亿美元现金和2亿美元银行票据,余下资金也将在下半年陆续结清。吉利正式完成对福特旗下沃尔沃的全部股权收购。

二、并购的动机分析

吉利多年来有多次合作并购的动机但是一直未能实现,2008年金融危机最终促成了这一项重大交易,这不仅有吉利自身的强烈动机和并购能力的影响,还有福特当下环境的个体发展状态的影响,是双方在对的时间各取所需,互利共赢。

(一)从并购方的视角分析

1. 获取沃尔沃的优质技术

吉利在行业中的优势在于成本控制,然而低成本引发的是缺乏必要的高级汽车市场的技术和人才。

在汽车行业,沃尔沃汽车的主动和被动安全配置绝对领先,被誉为世界上最安全的汽车,其"盲点信息系统""疲劳驾驶预警系统""自动刹车系统"等安全技术在世界居领先地位。沃尔沃发动机满足欧洲VI和欧洲VII汽车排放标准。随着新能源汽车已成为市场趋势,近年来,沃尔沃已投入巨资在研发推出一个混合动力汽车项目。对沃尔沃的收购有助于吉利进军新能源汽车领域,抢先占领未来汽车市场竞争的制高点。

吉利收购了福特旗下 100% 沃尔沃的股份，这同时意味着吉利将拥有 10 963 项专利和专有知识产权、10 个系列产品和可持续发展的产品平台，1 个发动机公司和 3 个零部件公司、独立的整车和关键零部件开发数据库，以及拥有 4 000 多名高素质科研人员的研发体系。这有助于吉利提高其自主研发能力，并建立一支优质的研发创新团队。

2. 提高吉利品牌价值

2007 年，吉利提出从成本优势向技术和品牌服务转变。但是由于品牌跨度大，如果仅凭自身积累，在短时间内很难改变"廉价"品牌形象，而且在国际市场上接受度不高。相对于花大量的时间和精力只靠自身积累，跨国并购一直是汽车公司在高端品牌推广的捷径。沃尔沃有着悠久的国际知名度和高端的历史。此次并购事件引起了人们的关注和宣传，提高了吉利的国际声誉，也有利于提高吉利的国际品牌形象。

3. 提高市场份额

吉利面临着比亚迪和奇瑞等品牌在国内低端市场以及跨国竞争对手的竞争。同时，跨国汽车企业采用国内生产降低成本的方式，也影响了吉利的低成本优势，形成了竞争，抢占吉利在低端汽车市场的占有率。吉利利用国内市场将其产业优势融入沃尔沃，利用沃尔沃的卓越平台和全球管理，双方相辅相成，实施品牌经营战略，有效拓展销售渠道。

4. 进军国际市场

在金融危机的背景下，世界各国的贸易保护主义得到加强，并建立了各种贸易壁垒，如减少排放等环境保护要求。吉利的技术水平达不到突破技术壁垒的标准，而并购沃尔沃帮助其进入国际市场。

同时沃尔沃拥有广阔的国际销售渠道，在全球 100 多个国家拥有超过 2 500 家经销商。并购能够帮助吉利扩大国际市场份额。

（二）从目标方的视角分析

1. 福特战略重组，扩展现金流

2007 年，全球次贷金融危机逐步向实体经济蔓延。由于融资难、消费力下降，全球汽车产业整体表现低迷。汽车制造商的生产能力下降，欧洲、美国和日本等几个主要的传统汽车市场都经历了严重的萎缩。福特同样受到金融危机的重创，年亏损达到 127 亿美元使得其处于破产边缘。为了实现自有品牌的发展，在当时拥有一大批品牌的情况下，时任波音公司 CEO 的艾伦穆拉利临危受命，对福特的低价值资产进行了大规模的变卖，艾伦穆拉利对福特旗下品牌进行了大规模重组。作价 23 亿美元将捷豹路虎出售给了印度的塔塔集团，以 4.79 亿英镑的价格将阿斯顿马丁卖给了一家英国财团，只保留了福特和林肯品牌。后续以 18 亿美元的价格将沃尔沃出售给吉利。这使得公司在经济危机的情况下,拥有较好的现金流,在没有政府帮助的情况下顺利度过经济危机。

沃尔沃的复兴,需要投入巨大资金,但这对当时自顾不暇的福特来说,已力不从心。相反,这些年吉利的发展相当迅速,并且正在加紧全球扩张的步伐,有能力也有意愿全力投资沃尔沃,帮助其扩大产能及拓展销售渠道,提高沃尔沃的全球销量,挽救身处泥潭的沃尔沃。由于缺乏其母公司的财务支持,沃尔沃在金融危机环境下能够获得其他汽车公司的资金收购当然是相对有利的。

2. 拓展中国市场

目前,中国是全球最大的汽车市场,而且增长迅速。当欧美等豪华车主流市场受全球金融危机的冲击销售大幅萎缩之际,中国豪华车市场却以超过40%的速度高速增长。近年来,沃尔沃汽车在中国市场的销量增长迅速,当2009年沃尔沃在全球市场出现全面下滑甚至亏损之际,沃尔沃亚太市场份额却从原来的6%上升到10%。尤其是沃尔沃2009年中国市场的销量为2.24万辆,实现超过83%的增长,而成为其在全球增长最快的市场之一,沃尔沃的中国市场份额也提高到7%,成了沃尔沃第五大市场。对于沃尔沃轿车来说,若想尽早扭亏为盈,那么选择发展前景较好的亚太市场,尤其是中国汽车市场是明智的。并购完成后,沃尔沃将在中国生产,为中国的客户服务,分享中国汽车市场这块巨大的蛋糕。

三、并购中遇到的障碍与解决方法

(一) 人力资源的整合问题及解决方法

1. 人力资源的整合问题

在海外并购以后,留住对企业未来发展具有重要作用的人才,并有效地发挥这些人才的才智是关键。怎样加强沟通建立信任,建立有效的激励机制,增加企业员工对新企业的认同感和归属感,是一个亟待解决的问题。

2. 解决方法

对于人力资源问题,通过这次并购李书福认识到工会的重要性,一再肯定它的积极作用。除此之外,李书福创新性地设立了"联络官"这一职位,这使得被并购方更容易了解吉利的文化和理念,加快整合的进程。对于沃尔沃人力资源的整体现状,李书福则表示肯定是不尽完美的。他的一贯思维,即所谓的滚动发展,是在不同的历史阶段需要不同的人才、吸引不同的人才。

(二) 文化整合问题及解决方法

1. 文化整合问题

面临着东西方文化的冲突和摩擦,如何跨越双方文化的鸿沟,融合双方优秀的企业文化因素,形成新的或统一的企业文化,是企业在并购中面临的重大挑战。

2. 解决方法

对于文化整合问题。李书福表示，一定要尊重人家的商业文明、企业文化、创造的价值。因此，李书福也一再强调沃尔沃本身的独立性。或许，吉利并购沃尔沃本身就是一个文化融合的过程并且一直在努力减少矛盾和冲突。

（三）财务整合问题及解决方法

1. 财务整合问题

在吉利收购沃尔沃的过程中，债权融资占到大部分的比例。如果未来3年，沃尔沃的现金流仍然不能"反哺"吉利，那么吉利将面临极大的偿债压力。

2. 解决方法

沃尔沃的形成需要大量的知识产权、大量的技术。相对规模比较小，每一辆车的成本就比较高，因此就亏钱。所以公司要想办法把这些技术充分发挥，把这些产品扩大销量。吉利的下一步财务整合的措施可能就是扩大生产规模，以降低生产成本，获取规模效益。

（四）技术整合问题及解决方法

1. 技术整合问题

在这次吉利并购沃尔沃的案例中，沃尔沃是一家具备造血和持续发展能力的公司，拥有4 000名高素质研发人才队伍，拥有可满足欧6和欧7排放法规的车型和发动机等低碳发展能力，拥有在汽车主动、被动安全领域的众多领先技术以及研发、生产豪华车型的体系能力。而吉利自身的这种国际化技术人员缺乏，如何将沃尔沃的技术拿来已用，目前还尚未得知，比如思维方式、工作效率等都成为技术人员交流的障碍。

2. 解决方法

目前吉利非常重视并购后企业的技术整合，注意并购以后双方技术资源的拼接程度。通过对技术资源的成功整合，可以达到1＋1＞2的协同效应，从而提升公司的核心技术竞争力。

四、并购效益分析

（一）协同效应得到实现

1. 技术创新能力提升

在主动安全技术方面，吉利博瑞从沃尔沃成熟的技术中学习颇多，如盲点监测系统以及城市预碰撞安全系统。在对车身架构的设计和开发过程中，吉利博瑞项目得到了来自沃尔沃的支持和帮助，给吉利博瑞注入了更优质的安全因子，使得吉利的产品安全性能得到质的提升。

在变速箱方面，并购沃尔沃以后，吉利与沃尔沃共同研发新型的三大件（发动机、变速箱以及底盘）同时，吉利和沃尔沃联合推出了新品牌"领克"

（LYNK&CO），该品牌据悉使用沃尔沃的 Drive—E 发动机。在专利研究方面，沃尔沃加入之后，吉利在自主研发及知识产权创造、保护与应用方面更是如虎添翼。

2005 年至 2009 年，吉利每年发明专利的申请数量始终远低于自主品牌中主要竞争对手的平均值，而在 2010 年完成并购后，随着技术交流与整合的逐步推进，2010 年至 2013 年，吉利每年发明专利申请数量以 30%～150% 的增长速度同比增长，大大缩小了与自主品牌中主要竞争对手之间的差距，并且于 2012 年首次超过平均值，在 2013 年达到峰值，该年发明专利申请数量为 784 项，远高于自主品牌中主要竞争对手的平均值。吉利在专利上的努力是巨大的。据统计，吉利 2013 年一年内便收获了 1 900 多件专利，而这一切都是吉利人投入大量精力与资金得来的。

2. 新品推出速度加快，高端产品比例提高

2010 年至 2014 年，吉利每年新推出车型数量呈现一定波动，在 1～3 款之间，同时也围绕自主品牌中主要竞争对手每年新上市车型平均数量上下波动，并无明显差异。然而 2014 年之后，吉利每年新推出车型数量呈现明显的整体上升趋势，并且显著超越了自主品牌中主要竞争对手每年新上市车型的平均数量，可见吉利新产品推出速度较行业平均水平显著加快。

2005 年至 2006 年吉利没有中高端汽车，并且在 2010 年之前吉利中高端汽车占比显著落后于行业平均水平。2010 年并购完成后，吉利中高端汽车占比开始稳步上升，逐渐超越行业平均水平，并且其上升幅度略大于行业平均水平的上升幅度。

（二）企业声誉与绩效得到提升

吉利集团的整体竞争力和管理能力有了很大的提高，特别是并购沃尔沃之后，吉利原有的品牌形象、产品和服务质量得到了提高。技术创新方面取得了成功的战略转型。这由已经被市场热烈回应吉利的新产品推出证实。基于运营现金的健康流入，财务状况依然稳健，允许其继续投资于未来，以便更有效地适应市场的快速变化。

1. 盈利能力

在吉利收购沃尔沃的头 3 年，其利润总额呈逐步上升趋势。但是由于受到俄罗斯外汇市场的干扰，相对于 2013 年，2014 年的效益并不乐观，从 2013 年的 33.04 亿元到 2014 年的 19.43 亿元，其利润总额下降了接近一半。2015 年到 2016 年，吉利集团的利润从 28.74 亿元到 62.04 亿元，其绝对数值翻了一番多，盈利能力实现了很大的提升。在 2017 年吉利更是创了收入与利润的新高。

吉利 2011—2017 年收入与净利润趋势图如图 5-2 所示。

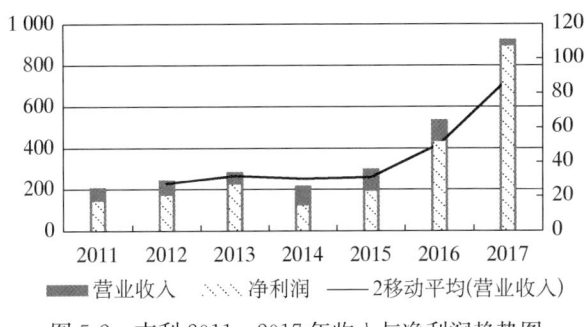

图 5-2　吉利 2011—2017 年收入与净利润趋势图
数据来源:新浪财经。

在并购沃尔沃的 2010 年到 2013 年,吉利的总资产收益率从 6.46% 到 7.98%,说明吉利的运营效率和发展能力得到了一定的提升。然而 2014 年受到俄罗斯等外汇市场的干扰,使得吉利的总资产收益率从 2013 年的 7.98% 减少到 5.48%。2015 年到 2016 年,该指标强势上升到 9.31%,同时销售净利率、净资产收益率同步上升,净资产收益率从 12.30% 激增到 25.75%,表明了其良好的资产运用效率和资金利用效果,保证了吉利盈利的稳定性以及持久性,证明了其真实的竞争实力。

2. 偿债能力

在 2010 年到 2013 年,收购沃尔沃之后,吉利资产负债率从 66.54% 降到了 52.18%,其中一个原因是其销售水平增强,现金储备增加,长期偿债能力逐渐转强。2009 年到 2016 年,不论是流动比率从 1.37% 到 1.16%,还是速动比率从 1.22 到 1.09,皆保持了相对稳定的状态,表现出短期偿债能力稳定。

3. 营运能力

在并购的头 3 年,截至 2012 年,该指标从 20.3 次/年到 13.5 次/年,存货周转率一直呈现下降的趋势,说明在并购沃尔沃的初期,吉利的运营管理能力并没有明显提升,存货积压较多,其中一个原因是并购初期,企业管理文化需要整合。不过 2014 年的 10.45 次/年到 2016 年的 20.45 次/年的大幅提升,反映了存货流动性及资金占用量逐步合理,促使企业在保证生产经营连续性的同时,提高资金的使用效率,增强吉利存货资产变现能力。

4. 成长能力

2010 年,跨国并购沃尔沃后,吉利的经营效益呈现"回暖"状态,之后几年的总资产增长率从 2010 年的 12.27% 到 2014 年的 10.96%,保持相对稳定状态,净利润和净资产都以 10% 的姿态稳定增长。净利润增长率在收购吉利后保持增长水平,但是 2014 年受到俄罗斯外汇市场的干扰有所下降,2015 年起再次保持增长的势头。

吉利财务指标分析如图5-3所示。

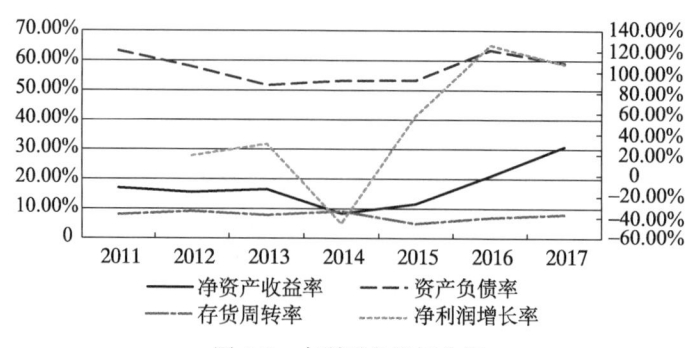

图5-3 吉利财务指标分析

数据来源:新浪财经。

(三)市场占有率上升

吉利的营业额在汽车市场的占比逐步上升。2008年,由于处于创立初期,又受到国际次贷危机的影响,占比较低,但是在国家政策的扶持和自身努力下,从2008年的1.61%到2009年的4.43%,占比情况明显回暖。在2009年到2013年的5年中,从4.43%到4.46%,一直处于稳固状态。2014年,由于外汇市场的影响,该指标降至3.35%,但是通过吉利汽车的自身努力,到2016年,该指标明显攀升至7.92%,从中也可以看到吉利的发展潜力。

资料来源:

[1] 秦沁.吉利跨国并购沃尔沃的动因及绩效分析[D].成都:西南民族大学,2018.

[2] 吴东波.跨境并购的技术协同效应研究[D].杭州:浙江大学,2018.

数据来源:新浪财经。

 复习与思考题

1. 公司并购有哪些种类?各有何特点?
2. 什么叫杠杆收购?有何特点?
3. 公司并购基于哪些动因?
4. 并购可能产生哪些协同效益?说明并购协同效益的具体来源。
5. 公司并购的支付方式有哪些?试比较各种支付方式的适用性。
6. 公司并购成本包括哪些内容?如何进行并购的财务分析?
7. 公司并购对每股收益产生何种影响?为什么?

8. 公司并购对市场价值产生何种影响？为什么？
9. 公司并购的风险有哪些？如何防范这些风险？
10. 反并购可以采用哪些预防性措施和主动性措施？

计算与分析题

甲企业计划通过发行股票收购乙企业，并购时甲、乙企业的有关信息如下：

（1）甲企业净利润 600 万元，普通股股数 300 万股，每股市价 20 元。

（2）乙企业净利润 160 万元，普通股股数 120 万股，每股市价 15 元。

若并购后两企业的收益能力不变。

要求：

（1）计算甲企业以每股 18 元的价格收购乙企业的股票后，两企业股东的每股收益各是多少？

（2）计算确保甲企业股东每股收益维持并购前水平的股票交换率是多少？

第六章

集团公司财务管理

课程思政

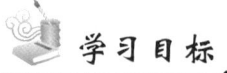

通过本章学习,要求理解和掌握:
- 集团公司基本组织结构模式及其财务管理特征;
- 集团公司财务管理体制的制约因素及其模式;
- 集团母、子公司财务控制的内容和方法。

集团公司是企业组织发展的必然结果。集团公司组织结构的特殊性,决定了其财务管理有别于一般企业。集团公司财务管理的重点是建立财务管理体制和集团内部的财务控制体系。本章阐述集团公司财务管理的基本原理与方法。

第一节 集团公司概述

一、集团公司的组织与体制特征

（一）集团公司的组织特征

集团公司的本质特征是一种以母子关系为基础的垂直型组织体制。集团公司组织具有下列特征。

1. 集团公司本身具有独立的法人地位

集团公司采取法人产权制度形式,原始出资人的所有权与公司法人产权相分离。公司具有独立、有限的民事责任能力。

2. 集团公司由一个母公司与若干个子公司组成

从法律上看,母公司即集团公司本身,它又包括若干子公司及关联企业。其中子公司是指母公司掌握绝对控制性股权的下属企业,而关联企业则是指母公司只有非控制性持股关系的参股企业,以及有各种固定性合作关系的关联企业。在一个企业集团里,母公司只有一个,而子公司或关联企业可以有若干个甚至较多数量。

3. 集团公司与子公司之间主要以股权、产权为纽带

从内部组织关系看,一方面,母公司、子公司或关联企业均具备自身独立的法人地位;另一方面,母公司以产权为纽带垂直控制下属企业,包括拥有全部产权关系的全资子公司、拥有绝对控制权的控股性子公司,以及持有一定比例的参股关联企业。

(二) 集团公司的体制特征

集团公司的体制特征主要取决于母公司的角色定位,以及由此决定的母公司与子公司的关系和组织结构模式。所谓母公司的角色定位,就是指母公司(或称集团总部)应当做什么。相关研究表明,母公司一般有三种角色定位:战略规划者、战略投资者和战略控制者。

母公司如果定位于战略规划者,其主要的职能就是为集团发展制定详细的总规划,并为每个子公司分配详细的任务,划分相应的责任。因此,子公司被视为是执行集团计划的分支机构。这种模式的主要优点是母公司可以对集团战略的实施进行有效的协调,但是,由于决策制定过程缺少子公司管理人员的参与,母公司的战略规划可能难以为子公司管理人员所接受,从而影响集团战略的实施效果。

母公司如果定位于战略投资者,即母公司将自己视为子公司的股东或债权人,子公司可以自主地制定发展战略,而母公司的主要任务则是制定集团财务目标和评估子公司的经营与财务业绩。这种模式的主要优点是子公司灵活性强,能够更迅速地顺应市场变化从而调整战略决策。但在这种模式下,母公司对子公司的控制能力较弱。

母公司如果定位于战略控制者,则其关注的重点是集团的整体战略。在这种模式下,母公司不仅仅是自上而下地制定战略规划,而且要对各子公司的业务计划进行积极有效的协调,以确保集团整体战略的实现。从总体上看,这是一种更能体现集团利益一体化要求的模式,但该模式的运行成本相对也较高。

二、集团公司的组织结构模式

集团公司采用的组织结构模式,主要有以下三种。

(一) 直线职能制

直线职能制也称直线参谋制,它将领导层的直接指挥和职能人员的业务指导相结合,兼具直线制和职能制的优点,是现代企业常用的一种组织结构形式。直线职能制的基本特征是:公司内部划分为若干个职能部门,公司总部对这些部门进行策划和运筹,直接指挥各部门的运行,各部门和下属单位均由公司最高领导直接进行管理。直线职能制实质上是一种按专业管理职能划分部门的、高度集权的管理体制。随着经营规模的不断扩大,企业职能的增多,集团总部规模日益庞大,协调成本上升。一方面最高管理者面对大量而又复杂的协调、评价、政策分析等问题时,往往不能有效兼顾企业长期发展战略和日常经营事务;另一方面各职能部门缺乏自主性与积极性,往往不能主动配合。在这种组织结构模式下,母、子公司虽在民事法律地位上是平等的,但在生产经营和财务管理等方面,母公司与子公司之间则是控制与被控制的关系。直线职能制比较适合于业务和产品比较简单、规模较小的集团公司。

(二) 事业部制

事业部制把市场机制引入企业内部,按产品、部门、地区和顾客划分为若干事业部,实行集中领导下的分散经营的一种管理组织模式。事业部制的基本特征是:每个事业部都是实现公司总体目标的基本经营单位,实行独立核算、自负盈亏和统一管理;在产销分立的公司里,事业部只负责组织和指挥生产,不负责经营销售;事业部的规模一般介于总公司与生产工厂之间,相当于分公司,可以下设职能部门。同时,公司总部设立专门的统筹机构,负责对各事业部进行授权,监测各事业部的经营活动和绩效,在事业部之间配置经营资源,并从事战略性计划工作,对各事业部的经营方针、销售利润和资金调度进行统一决策;各事业部部长直属于企业执行总裁或执行委员会,受公司总部长期计划预算的监督,负有完成利润计划的责任。

关于事业部的定位,理论上有三种情形:利润中心、投资中心和战略事业单位。采取事业部制组织结构形式,一方面,公司领导可以从繁琐的日常事务中解脱出来,着力策划公司长期发展战略;另一方面,事业部与市场紧密联系,便于掌握市场动态和适应市场变化。这种组织结构将首创精神和资源配置结合起来,将规模和效益结合起来,被称为"创造企业家的公司",它对于经理阶层的职业化,以及随之出现的管理权与所有权的分离具有重要的推动作用。但事业部制的缺陷也比较明显:① 由于各事业部利益的独立性,容易产生本位主义,忽视公司长远发展和整体利益,影响各部门的协调。② 在公司上层与事业部内部都要设置职能机构,管理组织成本上升。③ 对事业部授权时,在权限上难以把握,可能出现过于集权或过于松散的状况。

(三) 控股制

控股制组织结构是在公司总部下设若干个子公司，公司总部作为母公司对子公司进行控股，承担有限责任。母公司对子公司既可通过控制性股权进行直接管理，又可通过子公司董事会以及出售公司股份资产来进行控制。从理论上讲，根据控股公司所从事的活动内容，可分为以下两种形式。

1. 纯粹控股公司

其设立的目的只是为了掌握子公司的股份，然后利用控股权影响股东大会和董事会，支配被控制公司重大决策和生产经营活动，实现其控制意图，它本身不从事直接的生产经营活动。

2. 混合控股公司

它是既从事股权控制，又从事某种实际业务经营的公司。一方面，它掌握着被控制公司的控股权，支配其生产经营活动，使被控制公司的业务活动有利于控股公司自身营业活动的发展；另一方面，它又直接从事某些实际的生产经营活动。在西方国家，母公司一般都是指这类混合控股公司，或称经营控股公司。相应地，被控股的子公司也有多种形式，主要有：

(1) 全资控股子公司，简称全资子公司，即母公司持有该公司 100% 的股份。

(2) 优势控股子公司，简称控股子公司，即母公司持有该公司大于 50% 且小于 100% 的股份。

(3) 质量参股子公司。质量参股是从原联邦德国的经验中引申出来的，股东大会对某些重大事务表决时，至少需要 3/4 的表决权（质量多数），但只需要 1/4 的股权就可以阻止公司决定重大事务。例如，处于顶点的母公司 A 公司持有 B 公司 25%~50% 的股份，就称 B 公司为 A 公司的质量参股子公司。同时，B 公司也可持有 A 公司的股份，但不能相应拥有母公司股东大会的表决权。B 公司是 A 公司能有效影响和制约的子公司。如果 B 公司股份很分散，则 A 公司可成为 B 公司的控股公司。

(4) 任意参股子公司，是指母公司持股比例低于 25% 的子公司。这类公司生产经营范围与母公司相关。当其股份很分散而母公司占最大股份比例时，母公司实际上拥有该子公司的控制权。

对于前两类控股子公司，母公司均拥有绝对的控制权，子公司禁止持有母公司的股票，并且其经营范围不能超出母公司的经营范围。对这两类控股公司，通常称其为"子公司"，而把后两类子公司称为关联企业。

三、集团公司财务的特征

与一般企业相同的是：集团公司财务涉及的主要内容包括筹资、投资和收益分配等问题。但与一般企业不同的是,集团公司财务具有下列特征。

1. 财务主体多元化

集团公司的一个重要特点是母公司与被控股的子公司之间以资本关系为基础产生控制与被控制关系,但它们又都是独立的法人主体。集团公司中的各子公司作为独立的法人,都是利润管理中心或投资管理中心,具有独立的经营管理机构并独自承担财务上的法律责任,形成"公司内的公司"。所以集团公司本身就意味着多个财务主体并存。

2. 产权关系复杂化

集团公司通常采用产权经营组织。它不同于一般直接从事商品生产的企业,主要是通过控股形式,形成以产权关系为纽带的企业集团。并且不同类型的集团公司可采取不同的持股方式,既有垂直持股方式,也有环状的相互持股方式,还有环状持股与垂直式持股的混合方式。由此致使集团公司内部产权关系复杂化。

3. 财务决策多层次化

在集团公司中,母公司作为核心企业,与其下属各级子公司分别处于不同的管理层次,各自的财务决策权力也不相同,导致集团公司内部财务决策的多层次化。因此,集团公司在确立母公司主导地位的基础上,必须充分考虑不同产业、地区、管理层次的企业的不同情况,合理处理集权与分权的关系,最大限度地减少内部矛盾,真正调动集团各层次成员企业的积极性和创造性,保证集团发展规划和经营战略的顺利实施。

4. 投资领域多元化

集团公司凭借其雄厚的财力,普遍采用多元化投资经营战略,注重产品的系列化和产业的多元化,通过进入市场经济的多个领域,在增强其竞争发展能力的同时,提高了抵御不同市场风险的能力,从而可以加速整个集团的资本扩张与资产增值速度。

5. 母公司职能双重化

母公司作为整个集团发展目标的制定与实施的组织者、指挥者,其职能不再仅仅局限于其自身单一的经营,更为重要的职能在于通过控股等多种方式,以股权关系为基础从事资本经营和管理,推动其下属各成员公司的经营管理,使整个公司能够作为一个有机整体有效地协调运营并迅速扩张。

6. 关联交易经常化

关联交易是指在关联企业之间发生的转移资源和义务的事项。集团公司内部母子公司之间、由母公司控制的子公司、合营企业、联营企业之间等都会或多或少地发生关联交易。如果这些关联交易能够以市价作为交易的定价原则,则不会对交易双方产生异常的影响。但事实上大量关联交易采取的是协议定价原则,交易价格的高低在一定程度上取决于集团公司的需要,使利润得以在各公司之间转移。

集团公司组织结构模式及其财务特征,决定了其财务管理的重点在于财务管理体制与财务控制模式的选择上。

第二节　集团公司财务管理体制

建立集团公司财务管理体制的根本目的,是使其内部纵向各层次之间的财务关系得到妥善处理,协调纵向各层次的财务行为。财务管理体制的焦点问题是处理好财务控制权的集中与分散问题,即集权与分权问题。

一、财务管理体制的焦点:集权与分权的权衡

对财务控制集权与分权程度的把握,是集团公司财务管理问题的一个难点。如果采用集权管理,则其成员公司的决策权集中于集团最高管理层。在集团内部需要一个能及时、准确地传递信息的系统,同时还要考虑传递过程中的控制问题,保证信息传递的及时性和真实性,但集权过度会使子公司缺乏主动性和积极性,丧失活力;分权管理就是把决策权适当地下放到比较接近信息源的各成员公司,避免了信息传递和传递过程中的控制问题,但分权过度又会使集团财力分散和管理失控,削弱集团的整体实力。

就信息的决策价值而言,集团高层经理与下属子公司管理人员之间的信息越不对称,即相对于集团公司,子公司掌握的信息越精确,将有关的决策权从集团下放到子公司的分权管理模式也就越能体现出充分利用信息的价值。但是分权管理利用决策的信息是建立在子公司以集团整体利益为决策目标的基础上,而子公司在决策时往往首先考虑的是自己的局部利益,因而不惜牺牲集团的整体利益,出现"逆向选择"。这就是集团公司分权管理所付出的主要成本。

从委托代理理论分析,集团公司在分权后与成员公司间形成了委托代理关系:集团公司作为子公司的所有者成为委托人,子公司则成为代理人。集团公司付出的成本为代理成本。因此,分权管理所带来的利益和代理成本都将随着权力下放程度的增加而增加。从理论上讲,当其成本的增加小于利益的增加时,采用分权管理是有效的;反之,当其成本的增加大于利益的增加时,分权管理带来的优势会被过高的代理成本所抵消。这时采用分权管理被视为无效。

二、财务管理体制的制约因素

(一)集团公司的发展战略

集团公司在某一阶段采取的具体战略差异要求不同的管理模式来支撑。在

公司实施扩张战略阶段,应积极鼓励子公司开拓外部市场,形成集团内多个新的经济和利润增长点,这时分权程度就应该大一些;在稳定型战略下,投资融资权力必须从严把握,而对资金营运方面的权力可以适当分离;在紧缩战略下,必须强调高度集权;在混合战略下,应对不同子公司实行不同的管理模式:如果发展战略需要集中大量资金,以扩大母公司的生产规模,母公司就要集中资金管理和投资决策权限;如果发展战略采取集约经营的方针,逐渐改善品种、提高质量,同时鼓励子公司开拓外部市场,建立多个新的经济增长点,分权程度就应该大一些。

(二)集团公司总部的控制素质

集团公司总部的控制素质包括以下两方面的因素:

(1)公司总部的决策机制。对于一个现代化的规模较大的公司来说,CEO的作用正在下降,一个配合默契、互相制衡且由各种知识结构人士组成的高级管理层的重要性正在上升。公司规模的扩大,意味着信息量的增加,知识面的拓宽,这会使任何个人感到力所不及。在这种情况下作出的个人决策可能会失误。因此,建立决策层、管理层和经营层分立的集体决策机制,互相补充、互相独立又互相制衡,用集体的智慧弥补个人素质的不足,是公司扩大规模后的正确选择。

(2)公司总部的管理能力。公司规模的扩大,意味着管理层次的增加。一般情况下,一位管理者所能直接管理的下级人员不超过5～8人。组织规模较大的集团公司必须建立专业化的管理组织,实行多层次授权管理,因而需要建立一系列监督管理制度,正确处理好控制与授权管理之间的关系,用完善的制度规范人的行为,把管理手段从人治转向制度化管理。

(三)成员企业对母公司财务战略影响的重要程度

为维护和增强集团的核心竞争能力,对不同重要程度的成员企业应采取不同的模式:

(1)对于那些具有重要影响的成员企业,集团总部必须保持高度集中的控制权与管理权,即使是部分分权也必须限于集权的结构框架之内。

(2)对于那些与集团发展战略、核心能力、核心业务以及可预见的未来发展关系一般、影响不大的成员企业,即使是控股的子公司,从提高管理效率、发挥各自的积极性以及增强市场竞争的应变能力角度,采用分权型的管理体制较合适。

(3)对于那些与集团的发展战略、核心能力、核心业务以及可预见的未来发展没有关系的成员企业,集团总部通常没有必要实行集权管理,应当允许他们在集团公司整体政策框架下,在不损害集团整体形象的前提下,实行高度的自治。

(四)企业集团的不同发展阶段

追踪一些企业集团管理体制的演变过程可以发现,初创阶段的企业集团倾向于集权管理,而成熟且成功的企业集团大多具有一种集团总部统一政策目标与领导控制下的不同程度的分权管理特征。

在企业集团发展的初始阶段,集团公司总部不管从自身能力,还是从市场地位等角度,都比较适合采用集权管理模式;随着集团规模的不断扩大与逐渐成熟,由于总部管理层能力的限制而无力集权等因素,管理的分权制便成为需要。

(五)管理文化结构的差异

管理文化的不同对企业集团的管理模式也产生一定的影响。在先个人价值而后社会价值的西方文化结构及"自由民主"的社会意识的影响下,西方企业集团更易采用分权制管理模式。在西方文化看来,无论是子孙公司还是其他成员企业,与母公司一样,在法律上有着平等的法人权利及独立社会人格特征。因此,采用分权制管理体制,既是对子孙公司或其他成员企业经营管理者行为能力的尊重,也是对其积极性的保护与人格价值的社会认同。相反,在先社会价值而后个人价值的东方文化结构以及"集中统一"的社会意识背景下,东方企业集团在管理上更易于采用集权制。

三、财务管理体制模式的选择

集团公司财务管理体制模式的选择,主要涉及母、子公司之间重大财务决策权限的划分,包括对外筹资权、投资决策权、收益分配权、营运资金控制权、资产处置权等。常见的模式有以下三种。

(一)集权模式

在集权模式下,企业集团的各种财务决策权均集中于集团母公司。集团母公司集中控制和管理集团内部的经营和财务,并作出相应的财务决策,所有子公司必须严格执行集团母公司的决策,各子公司只负责短期财务规划和日常经营管理。

母公司财务部门成为集团公司财务的总管,不但参与决策和执行决策,在特定情况下还直接参与子公司决策的执行过程,子公司在财务上被设定为母公司的二级法人。

1. 集权模式下母公司对子公司所拥有的财务权限

(1)所有重大财务决策事项的决策权:① 子公司的资本增减变动决策权。② 子公司的重大对外投资决策权。③ 子公司的重大对外筹资权。④ 子公司的重大资产处置权。⑤ 子公司现金及其他重要资产的调配权。⑥ 子公司的财务制度设计权。⑦ 子公司的内部审计权。⑧ 对子公司管理业绩的评价权。⑨ 其他重要事项决策权。

(2)对子公司所有财务机构设置与财务经理任免权。子公司的财务部门或财务经理人员成为母公司管理总部的派出机构或人员,母公司对其财务经理人员的聘用、提升、解聘等有最终决策权。子公司的财务部门受双重领导,即既在经营上受制于子公司经理人员的管理,又在业务上完全受母公司的领导。

2. 集权模式的主要优点

(1) 财务管理效率较高,能够全方位地控制子公司的财务行为。

(2) 便于实现资源共享,集团公司较易调动内部财务资源,促进财务资源的合理配置。

(3) 通过集团产品结构和组织结构的整体优化,有利于降低成本,取得规模效益。

3. 集权模式的缺陷

这种模式基于对子公司经理层不信任的假设上,其最大缺陷在于无法调动子公司经理层的积极性。具体体现在三个方面:

(1) 因决策信息不灵带来的低效率。最高决策层(母公司)远离经营现场,信息掌握不完整易造成决策效率低甚至失误。

(2) 制约了子公司理财的积极性和创造性,部分剥夺了子公司的理财自主权,甚至侵犯了其独立法人的地位。

(3) 难以应对复杂多变的环境。由于决策集中、效率降低,应对市场变化的能力大大降低。

4. 集权模式适用的情况

(1) 企业集团的规模不大,且处于组建初期,需要通过集权来规范子公司的财务行为。

(2) 子公司在集团整体的重要性使得母公司不能对其进行分权,如子公司是母公司的原料供应或采购单位,或是母公司产品的销售对象。

(3) 子公司的管理效能较差,需要母公司加大管理力度。

(二) 分权模式

在分权模式下,母公司只保留对子公司重大财务事项的决策权或审批权,而将日常财务事项的决策权与管理权下放到子公司,子公司只需将决策结果提交母公司备案即可。在这种模式下,子公司相对独立,母公司不直接干预子公司的生产经营与财务活动。

1. 分权模式主要涉及的内容

(1) 分权管理的重心在于强化对结果的评价。在分权制下,母公司或管理总部对子公司的管理主要通过对结果的评价来进行。基于母子公司之间的委托—代理关系,作为委托方的母公司,一方面需要有明确的目标与管理要求(如投资报酬率等),另一方面要对子公司的经营者完全赋予责任与权利;而作为受托方的子公司及其管理者,一方面要对子公司的经营情况全面负责,另一方面要对母公司报告实施或落实其责任的全部计划,由母公司对其计划执行情况进行监控,并对其结果进行严格的评价。

(2) 母公司对子公司拥有重大财务事项决策权。分权制并不等于对子公司的所有权力都下放。母公司为了提高企业集团的核心竞争力,从战略角度出发,必须对子公司拥有重大财务事项决策权,包括子公司资本增减变动权,重大投融资项目的最终审批权,股利分配决策权等。

(3) 子公司财务机构具有相对独立性。在分权制下,母公司财务部门负责集团整体的财务战略与预算管理,负责对各子公司的业绩评价与考核。子公司设立独立财务机构,接受母公司财务的业务指导。子公司财务机构不是母公司的派出机构,不受母公司直接领导,只对所在公司的经营业绩进行定期报告。

2. 分权模式的主要优点

(1) 有利于调动各子公司的积极性和创造性。各子公司拥有一定的理财自主权,其理财积极性和创造性较高。

(2) 财务决策周期短,应对市场变化能力较强。子公司拥有一定的财务决策权,决策程序减少,效率提高。

3. 分权模式的缺陷

(1) 各子公司间资源调动受到一定限制,不利于整个集团资源的优化配置。

(2) 影响规模经济效益的发挥,导致内部资源配置上的浪费,使集团整体实力和市场竞争能力下降。

因此,分权模式主要适用于资本经营型企业集团和某些对集团没有重要影响的子公司。

(三) 集权与分权相结合的模式

这是一种上述两种模式兼容的混合模式。这种模式强调结果的重要性,但同时对可能出现的财务控制点倾注力度,实行关键点控制。这些关键的财务控制点包括财务人员控制、资产变卖控制以及重大的资金调度控制等。这种模式不同于集权模式,它不是过程控制,而是点控制;同时它又强调结果控制,汲取了分权模式的优点。

必须指出的是,无论采用何种模式,都必须以加强财务制度控制为前提,并对财务管理权限进行适当的分配。集权和分权是相对的,没有绝对的集权,也没有绝对的分权,集权和分权没有一个绝对的定量指标来衡量。在不同的企业集团之间,由于各自不同的生产经营模式和组织机构特点,以及财务运行模式和环境的差异,其财务控制模式也缺乏横向可比性。因而,集团企业可根据外部环境和竞争的需要,结合集团内部组织结构,合理分布集团内部上下左右的财务权限,创造适合自身特点的财务控制模式。

第三节 集团母子公司财务控制系统

集团公司财务控制实质上是所有者财务的内容。所有者财务产生的直接原因主要有两个：一是企业所有权与经营权分离的相对性。在所有权与经营权相分离的条件下，所有者拥有企业的财产所有权，企业则作为独立的法人依法拥有法人财产权，并由所有者雇佣的经营者负责日常经营管理。但是这种分离并不能否定所有者对企业财务的最终控制权；二是委托代理关系的客观存在。作为委托方，所有者将企业日常财务管理活动委托给经营者具体组织实施，而保留了最终控制权和奖惩权。作为代理方，经营者负责组织日常财务活动，并依其行为和结果获取报酬。由于"道德风险"与"逆向选择"的存在，决定了所有者确有必要对经营者的财务行为实施监控。集团公司作为其下属成员单位的所有者（中间授权出资者），即使在采取高度集权的财务控制模式下，也并不直接管理下属单位的日常财务活动，而主要通过两个方面实现财务控制：一是完善对下属单位的评价机制；二是建立和完善下属成员企业的财务决策机制。

集团母公司对下属子公司的评价，可通过能够反映子公司经营业绩的财务和非财务指标来进行；对下属子公司的财务决策机制，可通过对其子公司财务人员的控制、财务制度控制、资金控制、筹资控制、收益控制、财务信息控制等方面来实现。财务人员控制系统、财务制度控制系统、资金控制系统、筹资控制系统、收益控制系统、财务信息控制系统等则构成了集团母子公司财务控制系统。

一、财务人员控制系统

财务人员控制是通过建立有效的财务人员管理体制来实现的，它主要解决集团内部母公司对子公司财务人员的配备与管理问题。通过对财务人员的控制来实现对子公司财务活动的控制，是实现集团母公司对子公司事前财务控制的有效手段。集团母公司可以向其子公司委派财务总监，这是实施财务人员控制的具体形式。

财务总监委派制是一种为西方企业实践证明行之有效的财务人员控制制度。它是集团母公司为了维护集团整体利益，强化对子公司经营管理活动的财务控制与监督，由母公司直接对子公司委派财务总监，并将其纳入母公司财务部门的人员编制，实行统一管理与考核奖惩制度。财务总监委派制在实际操作中可分为两种具体形式。

（一）财务监事委派制

财务监事委派制是指母公司作为子公司的所有者或主要出资人，向子公司派出财务监事，专门履行母公司对子公司财务活动进行监察与控制职能的一种财务人员控制制度。

作为母公司派出的监督控制者,财务监事的基本职责如下:

(1) 检查、监督子公司的经营管理政策,特别是财务政策是否符合母公司的总体政策与目标,财务管理制度是否健全有效。

(2) 检查子公司所作出的涉及母公司所有权利益以及母公司总体政策、目标或章程的重大财务决策是否通过母公司领导行使过批准或否决权。

(3) 对子公司存在重大缺陷的决策项目,有权要求子公司重新论证并进行复议。

(4) 对董事或经营者违反法律、法规、母公司政策、目标或章程的行为进行监督,一旦发现子公司董事或经营者的行为损害子公司以及母公司利益时,应责令其立即纠正。

(5) 行使对子公司重大的例外事件的决策处置权。

(6) 母公司赋予的其他决策监督权。

财务监事委派制的实施,在较大程度上弥补了在权力下放情况下公司监督机制乏力的缺陷,对约束与规范子公司经营者的行为,使子公司在追求自身局部利益的过程中,能维护母公司产权利益最大化目标的实现。

(二) 财务主管委派制

财务主管委派制是指母公司作为子公司的所有者或主要出资人,向子公司派出财务主管,由子公司董事会实施聘任的委派制形式。这种形式的财务总监在纳入母公司财务部门人员编制进行统一管理与考核奖惩的同时,主管子公司的财务管理事项,直接介入子公司的管理决策层。

与以监督机制为特征的财务监事委派制相比,财务主管委派制所体现的是一种财务决策机制。财务主管相当于子公司主管财务的副总经理或总会计师,其职责权限除了涵盖单一法人企业主管财务的副总经理或总会计师的内容,还有一种特殊的身份——母公司经营者的代表,即财务主管拥有子公司经营者助手与母公司经营者代表的双重身份。作为前一种身份,财务主管需要接受子公司经营者的直接领导,在主管子公司日常财务管理工作、建立健全财务控制体系的同时,还要协助经营者做好各项重大的财务决策;作为后一种身份,财务主管需要从母公司总体的管理政策、目标与章程出发,对子公司经营者的行为实施控制。如果子公司的决策项目、决策行为存在重大缺陷,偏离、违背以致损害母公司的总体目标与利益,财务主管有权要求子公司经营者对决策项目重新论证并进行复议。

上述两种制度的特征虽有不同,但它们的目的是基本相同的:母公司通过对财务人员的控制促使子公司财务决策符合集团整体利益最大化的要求。

必须指出的是,上述两种财务人员控制制度本身也存在着一定的缺陷。就财务监事委派制而言，其存在的主要问题有：① 子公司是独立的法人主体，有独立的利益目标，财务总监的工作与子公司管理层工作产生冲突难以避免。② 财务总监不属于子公司管理层，对子公司财务决策后果不承担直接的行为责任，因此母公司很难考核其业绩。就财务主管委派制而言，其存在的主要问题是：① 财务主管的双重身份在逻辑上存在着矛盾，使其很难同时扮演好这两个角色。② 财务主管的双重身份也增加了对其工作业绩评价的难度。如果不将其报酬与子公司业绩挂钩，难以激发其工作积极性；如果将其报酬与子公司业绩直接挂钩，则会诱导其帮助子公司片面追求子公司业绩优化，而不考虑对母公司带来的消极影响。

但无论采用哪一种形式，实施财务总监委派制有一个必备条件：要求被委任的财务总监或财务主管有着优秀的个人品格、良好的知识水平和职业能力。财务总监能否真正履行其财务监督职能，从根本上取决于其自身的知识结构、素质和职业品格。因为这不仅决定着财务监事能否消除与子公司经营者的矛盾，建立起监督、决策各司职责又彼此协作沟通的工作关系，而且对于能否及时、高效地获取子公司高质量的财务信息，为母公司或子公司的管理决策提供信息支持有着重要影响。

二、财务制度控制系统

以财务权力和责任为核心的内部财务制度，是集团公司开展财务活动的行为准则，也是集团母、子公司财务控制的基础。

集团公司内部组织结构出资人的多层性决定了其内部财务制度的多层次性。集团公司内部财务制度设计主要涉及两个层次：第一层是从集团公司出资人利益目标出发制定的集团母公司的财务制度；第二层是集团公司作为出资人，要求其子公司制定与母公司相对应的内部财务制度，以达到统一财务政策和统一重大财务行为的目的。集团公司金字塔式的组织结构决定了其内部财务制度具有金字塔式的层层控制体系。

但无论是哪一层次的内部财务制度，其主要内容是相同的。它们应当包括：① 公司财务管理体制。② 财务管理基础工作。③ 筹资管理制度。④ 投资管理制度。⑤ 成本费用管理制度。⑥ 收益分配管理制度。⑦ 全面预算制度。⑧ 财务分析和业绩评价制度。

此外，还应包括经济合同管理制度、对外担保制度、财务网络管理制度、财务结算制度等在内的单项财务制度。

必须强调的是，在集团公司内部财务制度设计中，应重点突出公司治理结构中有关治理主体（包括股东会、董事会、经理层）与财务管理部门的财务权限和责任。

（1）明确公司权力机构——股东会的财务权限和责任。公司重大的财务决策权，包括增资减资事项、并购事项、重大筹资决策权、投资决策权、收益分配方案的审议批准权等归属股东会。财务制度应明确规定多少金额以上的筹资事项和投资事项属于重大财务事项。

（2）明确公司决策机构——董事会的财务权限和责任。董事会具有公司重大财务决策方案的制订权，包括重大筹资方案、投资方案和收益分配方案的制订权、财务机构的设置权、财务负责人的聘任或解聘权及股东会授权范围内的财务决策权。权限金额和授权范围都应作出明确规定。

（3）明确公司执行机构——总经理层的财务权限和责任。规定总经理层在财务审批、签订合同、提供对外担保等日常经营管理活动的具体财务权限和为履行出资人受托责任所应承担的财务责任。例如，总经理层可以在授权范围内签订合同，在授权范围内调度日常资金运转，但同时也有相应的责任促使资金良性运行，实现出资人投入资本最大限度的增值等。

应当注意的是：在财务制度控制过程中，集团公司下属各成员企业应区别对待，以切实贯彻集团公司内部财务制度。各成员企业虽是独立法人，具有独立的理财自主权，但它们在产权关系上与集团公司存在着被投资与投资的关系。集团公司作为其下属成员企业的出资者，有权通过一定的程序要求它们贯彻集团公司内部财务制度。具体地讲，对于全资子公司，可要求其完全参照集团公司内部财务制度执行；对于控股公司，要求其制定出与集团公司相一致的内部财务制度；对于参股公司，集团公司只能以出资者的身份，要求其制定出在重大财务政策上与集团公司相一致的内部财务制度，以实现集团公司上下各层次重大财务政策的一致性。

三、资金控制系统

资金是集团公司财务控制的主要财务资源，也是财务控制的直接对象。而保持现金适度的流动性，提高现金使用效率，又是资金控制的重点。因此，掌握和控制现金的流入与流出，是集团公司资金控制的关键点之一。

集团母、子公司资金控制的模式有许多种，不同公司可根据自己的需要选择适当的模式。其中，行之有效的控制模式是建立集团公司内部财务结算中心。财务结算中心是集团公司借用商业银行的结算、信贷和利率等杠杆而设立在集团公司财务部门的内部资金管理机构。财务结算中心的主要职能如下。

1. 内部结算中心

每个子公司都在财务结算中心开设账户，其生产经营活动中一切实物的转让、劳务交易均视同商品交易，通过财务结算中心办理结算。各子公司发生的对内对外业务都遵循财务结算中心制定的结算制度。财务结算中心统一规范结算方式、结算时间和结算行为。同时对结算业务中的资金流向的合理性和合法性进行监督，及时发现不合理的资金流向，把可能发生的偏差控制在事前。

2. 内部信贷中心

在集权管理模式下，母公司和各子公司的资金，由财务结算中心统一对外筹借，各子公司无权对外筹资；在分权管理模式下，子公司可在授权范围内对外筹资，但必须把筹集的资金统一存入财务结算中心。与此同时，财务结算中心根据集团公司为各子公司核定的资金额度，结合实际需要，对其发放贷款；并对各单位定额内使用资金和超定额使用资金实行差别利率计算利息。

3. 内部资金调剂中心

集团公司及其子公司间的资金余缺统一由财务结算中心进行有偿调剂和调度，以避免同时出现有的子公司资金紧缺，而有的子公司资金闲置，将整个集团的闲置现金余额降到最低限度，最大限度地提高资金的使用效能。

4. 信息反馈中心

财务结算中心定期或不定期地将资金流通状况以报表的形式反馈给各子公司，报送母公司，以及时掌握资金使用情况。

必须明确的是，集团公司及其子公司不论以何种方式取得外部资金，都一律存入财务结算中心，由财务结算中心统一调度使用，使集团母公司清楚掌握其子公司资金的来龙去脉。

集团公司财务结算中心的具体存在形式可以是多种多样的。从财务结算中心与集团公司财务部门的关系看，有单轨制和双轨制两种做法。所谓单轨制，是指集团内部结算中心不单独设立，将集团结算中心完全纳入公司财务管理体系，财务结算中心作为现行财务部门的一个办事机构存在。所谓双轨制，是指财务结算中心单独设置，与现行财务部门并列。不同集团公司，可根据具体情况选择设置符合自身需要的财务结算中心。

在条件成熟时，集团公司可通过设立财务公司来实现资金的控制。

四、筹资控制系统

集团公司权益资本的筹集，无论采用发行股票筹资，还是通过吸收直接投资筹资，或是通过留存收益内部筹资；亦无论是公司设立时的初始筹资，还是增资筹资，都属于公司重大财务事项，一般由最高权力机构——股东大会决议解决。集团公司的筹资控制主要是借款（对外负债）筹资控制和资本结构控制。

（一）借款筹资控制

在财务集权控制模式下，母公司和子公司的外部借款，由财务结算中心统一筹借，各子公司无权对外借款；在财务分权控制模式下，子公司可在授权范围内对外筹资，但必须把筹集的资金统一存放到财务结算中心。集团公司与其成员公司之间的资本关系在很大程度上决定了子公司的筹资风险最终会影响母公司的财务风险。

1. 子公司的借款以其自身的资产向银行抵押取得

从法律上看，子公司的筹资风险（即到期不能还本付息的风险）则由其自身承担。在这种情况下，其风险损失不会直接影响母公司利益，但它从两方面影响母公司的财务实力或资本扩张能力。

（1）子公司的债务最终通过清算资产来解决。由"资产＝负债＋所有者权益"的平衡关系可知，子公司的债务可能导致母公司在子公司的投资（在子公司的账面上表现为实收资本或股本）不但不能增值，反而减值或最终承担有限责任，因此会对母公司的财务实力产生不良影响。

（2）子公司由于借款产生的实际筹资风险，在一定程度上会通过市场而影响母公司的形象，从而间接提高母公司再筹资的难度和再筹资成本，不利于增强母公司资本扩张实力。

2. 子公司的借款以母公司的资信或财物作担保或抵押

在这种情形下，子公司的债务危机将直接危及母公司的财务状况，严重时甚至危及母公司的生存。

可见，集团母公司在规范自身的借款行为外，还必须对子公司的借款行为进行控制。

（1）凡是子公司以母公司作担保，或以母公司资产作抵押的借款，不论数额大小，均由母公司管理部门审批，禁止任何以母公司名义或未经母公司审批的贷款行为。

（2）母公司应保留对子公司的负债额度或比例控制。限额以内的贷款由子公司自行决策，超过限额的则由母公司审批。这里的限额是指子公司对外负债的总额度，比例则是指母公司核定的负债比率。

（3）为区分母、子公司的财产责任，有必要规范母公司自身的财务行为。就负债筹资而言，母公司不得将自身过度的债务转移到子公司身上，不得为"粉饰"母公司财务报表而转移其债务。如果母公司的借款以子公司的财物作担保，母公司的债务危机也同样危及子公司的生存。

在这一问题上，我国目前有许多上市公司与其母公司之间都或多或少地存在着母公司损害子公司利益的行为，甚至出现了一批被实际上掏空了的上市公司。

(二) 资本结构控制

集团公司资本结构将影响其风险和总体筹资能力。不同的筹资组合会直接影响筹资成本的高低,进而影响集团的生产经营成本乃至竞争能力。

集团公司资本结构控制的总体原则是:应充分考虑集团公司抵御风险的能力,适度利用负债,提高自有资本的使用效率。

一般而言,一个公司的负债能力取决于其自有资本、资产的流动性和提供的担保品等因素。但与单一企业法人有所不同的是,集团公司在负债能力上具有杠杆效应。这种杠杆效应产生于控股使公司规模日益庞大,形成一个金字塔式的控制体系。这种层层连锁控制导致多次运用同样的永久资本、同样的不动产,取得不同的借款,从而导致负债增加的可能性,对其控制的资产和收益发挥了很大的杠杆作用。

随着下属公司层次的增多,处于顶层的母公司的负债率一般较高,其综合负债率将远远高于单个公司。因而,集团公司资本结构控制的主要任务是有效利用这种资金杠杆作用,并对由此出现的风险进行防范。

五、收益控制系统

集团公司收益是指集团公司整体的会计利润,它是母公司和各合并报表范围内的子公司收入与成本费用配比的结果。集团母、子公司的收益控制,主要是通过制定统一的会计政策和实施适度的盈余管理策略来实现的。

(一) 统一会计政策

当报表数据符合会计原则的情况下,收益质量(即信息使用者对收益数量的放心程度)是不同的。会计政策的选择是影响收益质量的首要因素。

根据会计准则,一些会计事项(如存货计价、固定资产折旧、长期资产摊销等)可用多种会计标准来处理。在其他因素不变的情况下,运用不同会计标准来处理同一会计事项会得出不同结果的会计利润。管理者可根据公司自身的经营特点与财务状况发展趋势,自行选择其中的某一种标准。但一般来说,用稳健的会计政策所确定的收益比冒进的会计政策所确定收益质量要高。会计政策越冒进,收益质量越低;会计政策越稳健,收益质量越高。只有当会计政策能稳健、真实地反映经济活动,报告收益能够反映公司真实获利能力时,才会有较高的收益质量。

为保证收益质量,集团公司不仅要选用恰当的会计政策,而且要求母公司与各层次子公司所选用的会计政策达到一致。例如,存货计价统一采用加权平均法,固定资产折旧统一采用直线法折旧等,使集团母、子公司间的财务信息具有可比性,也便于编制合并财务报表。

(二) 适度的盈余管理策略

盈余管理是选择使会计收益达到某种结果的会计政策。盈余管理有别于利润操纵,它是集团公司为实现自身整体利益最大化而采取的管理策略。

集团公司内部的多层委托—代理关系为盈余管理创造了内在的动力,而信息不对称则为盈余管理创造了现实条件。因此,采取盈余管理的主体必然是集团子公司经营者和当前股东(作为出资人的集团公司)。由于各利益主体利益的不一致性,使得经营者对股东、当前股东对未来股东都有可能产生盈余管理行为。

但必须明确的是,盈余管理是在法律制度允许范围内的行为。集团公司盈余管理策略是集团公司目前股东和经营者对财务报告收益在一定程度上的控制行为。其主要手段是选用适当的会计政策,通过对公司内部生产经营的调控,更多地通过关联交易和内部转移价格的方式,旨在通过盈余管理获取最佳节税利益,以实现集团整体利益的最大化。但盈余管理必须控制在适度的范围内,一旦超过了这个度就成为蓄意的利润操纵行为。

六、财务信息控制系统

企业集团是庞大的企业群体,内部财务信息复杂多样。如何有效地控制和利用这些财务信息已成为影响集团公司理财效果的重要因素。真实可靠的财务信息,将有利于信息使用者作出正确的决策,有利于集团母公司对子公司的经营业绩作出客观的评价。集团母、子公司财务信息控制的主要内容如下。

(一) 财务信息报告制度

集团母公司应制定财务信息报告制度,包括事前报告制度和事后报告制度。各子公司在进行重大经营决策前,必须事先向母公司报告。例如,有关子公司的重大投资事项、新的投资计划、年度财务预算和决算等,必须事前报告;各子公司必须定期向母公司上报下列信息:年度、半年度、季度和月度财务报表,子公司借款和债务担保情况、董事会决议内容等,这些属事后报告。

(二) 集团内部审计制度

集团母公司应设立内部审计部门,加强对子公司的财务审计、年度审计、专项审计,以及子公司经营者的离任审计。一旦发现问题及时报告,及时纠正,并对责任人加以处罚,以形成自上而下的监督制约机制。

(三) 财务信息网络化

随着计算机网络技术的迅猛发展,尤其是国际互联网技术的出现,促使信息交换更为快捷和方便,也为财务信息网络化提供了现实条件。实现财务管理网络化,便于克服单用户系统的弊端,使集团公司财务管理水平上一个新台阶。其主要优点体现在两个方面:一是财务信息的录入可以分布在各工作站上同时进行,提高了财务信息的及时性;二是便于集团公司财务管理部门对其成员公司财务状况的实时监控,提高财务控制的工作效率。

此外,集团母子公司应建立全面预算管理制度,为实现有效的财务控制提供标准和尺度。

第四节　集团公司资金集中管控

一、集团公司资金集中管控的作用和难点

企业集团资金管理在集团公司财务管理中居于核心地位,如何管理集团资金成为集团公司管控的重要任务。从中外历史上看,企业集团资金管理模式多种多样,资金集中管理模式是大多数企业集团资金管理模式的首要选择。从近些年的实践来看,世界大型跨国公司以及我国的企业集团普遍采用了资金集中管理模式。

(一) 集团公司资金管控的主要作用

(1) 以资金管理体制为突破口,可理顺集团的授权关系,成为"指挥得动手脚的大脑",增强集团财务决策力与控制力。

(2) 集团资金管理有利于加强内部控制,实现管理信息的透明化,从而锁定集团整体财务风险水平。

(3) 企业集团往往通过多元化投资形成多个委托代理链条,信息不对称问题突出,集团资金管理应有利于改善集团信息集成状况。

(4) 企业集团在资金集中的基础上,从全局高度运作资金,优化集团资源配置,可发挥内部资本市场作用。

(二) 企业集团资金集中管控的难点

企业集团资金集中管控是一项复杂的系统工程,不仅要符合企业集团自身管理的特点,而且还要适应复杂的环境要求,如法律环境、金融环境以及信息环境等。现实中企业集团资金管理有很多问题需要解决,例如:

(1) 资金集中的范围与程度如何确定?即哪些子公司可以纳入资金集中管理的范围,企业集团公司与子公司在法律上的权利和责任界限如何划分等。

(2) 集团内部成员企业积极性与总部管理能力问题。资金集中管理可能会在一定程度上降低集团内部成员企业积极性,同时,集团总部的资金管理能力与风险管理水平能否适应资金集中及其风险控制要求。

(3) 银行关系处理问题。如果在一家银行开户,风险会过度集中,还有可能失去谈判优势。若在多家银行开户,由于银行之间的竞争关系以及银行数据共享

问题,会导致资金集中管理的效率降低。

二、集团公司资金集中管控体系

(一) 集团公司资金集中管控内涵

资金集中管理,是指公司总部通过财务控制或协调措施,并借助网络通信技术、银行电子化管理功能和财务软件,将整个集团的资金集中到总部,由总部统一调度、统一管理和统一运用。一般包括以下主要内容:资金集中、内部结算、融资管理、外汇管理、支付管理等。其中,资金集中是基础,其他各方面均建立在此基础之上。

(二) 集团公司资金集中管控模式

在实践中主要有报账中心、结算中心、内部银行、财务公司和现金池五种模式,这些模式是内部资本市场发挥作用的组织载体。

(1) 报账中心。在该模式下,企业的一切资金收入都集中在集团总部的财务部门,各分支机构或子公司不单独设立账号,一切现金支出都通过集团总部财务部门付出,现金收支的批准权高度集中。统收统支模式有利于集团公司实现全面收支平衡,提高资金的周转效率,减少资金沉淀,监控现金收支,降低资金成本。但是该模式不利于调动成员企业开源节流的积极性,影响成员企业经营的灵活性。

(2) 结算中心。结算中心是在集团公司或企业内部设立资金结算中心,统一办理企业内部各成员或下属分公司、子公司资金收付及往来结算,它是企业的一个独立运行的职能机构,其职能包括集团成员的转账结算、筹资、投资等,负责监督企业资金使用方向、保证企业资金安全通畅的责任。它通常设立于财务部门内,是一个独立运行的职能机构。

(3) 内部银行。内部银行是企业在内部引入银行的体制而建立起来的一种内部资金管理机构,其要求企业内部所有的单位都必须在内部银行设立账户,各单位遵照内部银行统一制定的结算制度进行日常现金结算及往来核算,内部银行实施银行化管理,对下属各单位统一发放贷款,对外统一筹措资金,实施对企业资金的统一监控。

(4) 财务公司。财务公司是一种经营部分银行业务的非银行金融机构。财务公司是集团公司发展到一定条件后经银监会批准设立的企业财务管理中心,所以财务公司兼有管理集团公司财务的职能。财务公司在形式上是作为集团公司的子公司设立的,为企业内部单位提供资金往来结算及资金筹措功能,为企业提供担保、信息咨询、投资咨询等业务,通过银行的手段(如同业拆借或发行证券等)为企业广开财路,发挥企业资金最大效用。由于财务公司具备了支付终结、信用

终结、信用创造功能,可为集团公司提供优质的金融服务。

(5) 现金池。现金池也称现金总库,是由集团公司与银行联手开发的资金管理模式。它以公司总部的名义设立集团现金池账户,集团公司和其子公司之间是委托贷款关系,合作银行在约定时间里,按照集团指令或授权自动实现集团各所属企业账户间资金的及时划转,包括子公司向总公司转账和总公司向子公司转账。与结算中心或财务公司相比,现金池较为顺利地规避了"集团所属企业(子公司)是独立法人"等法律上的障碍。不过,因监管部门要求上市公司"五分开",集团将上市的子公司纳入集团现金池管理范围也必须特别慎重。另外,由于现金池多是基于委托贷款模式操作的,它将带来额外的税务成本。在实践中,集团现金池还可与结算中心或财务公司结合使用,或三者融合的资金集中运作模式,如TCL集团公司。

(三) 集团公司资金集中管控的保障机制

完善公司授权体系,落实集团治理与管理责任。即明确母子公司的资金管理权限,如重大资金投向决策权、信贷决策权、担保决策权、银行账户管理权、收益分配管理权、限额内的投资权、部分采购自主权、日常资金收付调度管理权、与自主生产经营权相匹配的筹资权等。

完善各种控制措施,建立资金集中管理内部控制与风险管理制度,落实风险责任。如业务流程控制(包括外汇交易风险控制、融资与资金流动性管理、结算管理、银行关系、客户信用管理、票据贴现等)、会计核算控制、审计控制等制度。严格执行预算管理制度,完善资金集中管理绩效考评制度,落实风险责任制,实现薪酬制度与业绩考评制度的紧密挂钩。

(四) 资金管理信息系统

集团公司用电子化手段管控资金是必由之路。资金管理系统不能成为集团信息化的"孤岛",要在集团信息化管理的总体框架下开发运用,避免数据重复输入和不同系统产生的信息互不对称,更要避免在集团整体信息化推进中"推倒重来"。资金管理的网络化程度越高,资金管理信息系统的安全越重要,为此,集团公司还需要建立和完善信息安全机制,使资金管理信息系统的运用受到严格的监管。

案例 6-1　华润集团的财务管理模式

一、华润集团公司简介

华润集团归属国务院国有资产监督管理委员会直接管理,系国有重点骨干企业。华润集团下设 7 大战略业务单元、21 家一级利润中心,有实体企业 1 200 多家,在职员工35万人。华润在香港拥有5家上市公司。其中,华润创业、华润电力、华润置地位列香港恒生指数成分股,成为华润旗下"蓝筹三杰"。华润集团是全球500强企业之一,2011年列全球500强第346位。2011年华润集团营业额3 365亿港元,利润总额358亿港元,总资产7 644亿港元。

二、财务控制型的投资控股管控模式

华润集团逐步构建了财务控制型的投资控股管控模式,优化了集团内部关系。集团总部定位为投资决策中心,追求净资产收益率;作为战略管控中心、资源配置中心、业务决策中心、利润中心和业务运作层的运营主体,追求占用资本回报率、利润和销售收入。这种模式的优点在于集团总部功能简单,定位明确单一,人员精简;业务运作重心下放,业务运作决策速度快;下属公司运作灵活。在投资控股管控模式下,集团管理体现母公司应有的权力,管大方向、大决策。利润中心作为资产经营者,享有在授权范围内开展业务活动所需要的一切经营管理权。

华润集团公司立足多元化的现实,确定"集团多元化、利润中心专业化"的整体战略,将众多子公司按行业进行资产重组,并划分为不同的利润中心。利润中心下面再设立利润点,同时在扁平化管理架构下分别确定业务战略,以此确保多元化控股下的专业化经营。华润将下属公司归类为战略执行层面的利润中心,集团总部直接管理25个利润中心,集团对各利润中心的战略规划、人事任命、资金安排、评价与预算、整体协调、统一形象等6个方面实施决定权。用"投资中心-利润中心"重构集团总部与下属业务单位的管理关系,实现法律关系与管理关系的整合。

三、6S管理体系:财务管理集权与分权相结合

在"集团多元化与利润中心专业化相结合"的战略定位基础上,创新性地探索出一套管理多元化集团公司的系统模式——6S管理体系。根据每个利润中心业务的不同,量身订造一个管控体系,6S管理体系保证了集团全面预算管理的运行,是华润公司目前运用得最为成功的管理系统。

(一)华润集团6S管理体系的基本特征

(1)实行利润中心管理模式,投资决策权高度集中,确保多元化控股企业的专业化管理。

(2)打破和淡化法人架构,按业务及相关资产确立业务单元划分利润中心,是建立6S管理体系的组织基础。

(3)6S管理体系由预算管理或运营控制系统发展成为战略管理系统,涵盖战略构建、落实、监控和执行的各个环节。

(4)强调集团与利润中心不同层面的分层次管理,聚焦战略,并细化到财务、客户、流程和学习等层面。

(5) 与华润企业管理理念相辅相成，强调完整的管理循环，形成一体化系统。

(二) 华润6S管理体系内容

(1) 利润中心业务战略体系。由于奉行"集团多元化、利润中心专业化"的业务战略框架，集团总部关注华润的行业战略、地域战略、人才战略、组织战略、财务战略等，各利润中心关注各业务的财务、客户、流程、学习等四个层面的业务战略。

(2) 利润中心全面预算体系。全面预算体系重在战略规划的年度分解和具体落实，战略行动计划的资源支持，实现经营预算、资本支出预算与财务预算的有机结合。

(3) 利润中心管理报告体系。以战略业务单元为报表设计单位，按月编制管理报告。管理报告体系特别要求多维度分析战略实施、实时监控业务战略的执行；突出利润中心业务特点，重视经营利润和经营性现金流；重点开展行业分析和标杆比较。

(4) 利润中心审计体系。多维度的战略综合审计、监督规划与预算的完成度、监控业务战略的执行力，并确保信息系统的质量是审计体系的核心。

(5) 利润中心业绩评价体系。业绩评价体系的构建内容包括战略导向的多维度评价、业绩评价驱动战略执行和评价指标的动态跟踪和战略检讨。总部根据每个利润中心业务的不同，差异化地订制出不同的KPI评价指标与目标要求。

(6) 利润中心经理人考核体系。它主要从业绩评价、管理素质、职业操守三方面对经理人进行评价，并以此明确战略执行的领导和责任人，使战略推进与业绩奖惩相结合和保障战略的细化落实和有效实施。平衡计分卡(BSC)理念的引入是推动战略执行与业绩考核相结合的主要因素，把关键业绩评价指标紧扣战略导向，评价结果则检讨战略执行，同时决定对整个战略业务单元(SBU)的奖惩，通过有效惩罚推动战略执行力，从而使6S成为一个战略管理系统。

四、建立维护出资人资本权益的财务管理体制

利润中心拥有必要的经营管理权，但对公司资产、资本处置没有相应权利和责任。为控制子公司损害或减少资本权益的行为，控股母公司作为出资人必须对投出资本进行管理。但这种管理既不能干预所出资子公司的经营权、管理权又必须充分行使控股权、监督权维护出资人的资本权益。因此，凡是子公司有可能损害或减少资本权益的行为都应得到必要的约束。凡是子公司有可能维护或增加资本权益的行为都应得到必要的激励。按照这样的治理原则，结合华润集团作为多元化控股企业的实际情况构建了统一的财务管理体系。

(一) 财务组织管理制度

控股企业财务首先涉及财务组织问题，需要明确集团财务管理体制以及分权与集权的导向，包括母公司财务部门与子公司财务部门的关系，相互之间的业务协作与运行机制以及子公司财务负责人的考核要求及任免程序等有关事项。华润集团在财务体制上设立三级财务部门,实行分权与集权相结合的财务管理模式,明确不同层次财务部门的相互配合方式,并规定集团财务部门对利润中心财务负责人的任免具有审批和否决权。

(二)财务管理分析制度

控股企业管理不仅需要控制结果,也需要适当控制过程。日常监督机制就是一种信息反馈和预警纠错机制。除内部审计的定期审计监督外,控股母公司财务部门的日常信息收集和定期管理分析也必不可少。华润集团要求各层次财务部门每月都必须编制管理报告,并进行集团汇总分析,其中包括所有利润中心和集团境内外整体的业务与财务分析评价,管理报告是控股企业决策的重要依据。

(三)重大资产管理制度

资产管理主要是对重大资产使用的约束,包括长期投资和大型固定资产购建。这些资本性支出有长期影响,涉及控股企业的经营战略和风险偏好,其重要性不言而喻。另外,重大资产减值或核销及其专项管理也需要作出规范,因为这些特殊资产安排直接影响到控股母公司权益。我们将集团总部作为唯一的投资决策中心,决定投资方向和规模;利润中心只有投资建议权而没有投资决策权。在集团层面还设立特殊资产管理部门,专门负责低效或不良资产的处理,以提高整体资产管理效率,同时也对利润中心资产形成接管压力。

(四)重大资金筹措管理制度

资金管理包括存量和增量两方面,存量的统一调配可以降低资金成本及控制低效使用,增量筹资改变资本结构,相应增加了控股母公司的投资风险,因而需要进行统一协调和筹资约束。我们将集团总部和上市公司分别作为资金中心,对属下子公司进行现金约束和集中使用,并核定日常现金余额,集团总部还通过派息安排控制上市公司的现金存量。同时集团财务部门统一协调银行关系,降低集团整体资金成本和控制财务风险。

(五)资本管理制度

资本事项直接影响控股母公司的实质权益,包括增减投入资本、股权转让、合并分立、重组改制、解散清算、利润分配等股权管理方面的内容,涉及总资本规模的变动和资本权益内部结构的调整,是控股母公司最基本的权利。华润集团将所有的资本事项都集中到集团总部统一决策。利润中心提出的资本计划需要得到最终批准后才能实施。

(六)会计政策管理制度

会计政策是会计核算所遵循的具体原则和采纳的具体会计处理方法,是会计核算的直接依据。不同的会计政策将影响到资产、负债和出资人权益以及利润。

控股母公司必须对子公司的会计政策进行审定,使之满足合并财务会计报告及信息披露的需要。华润集团由集团总部统一确定通用的会计政策,用于境内外整体会计报表合并,利润中心相应遵循有关会计政策。特殊会计事项则需要与集团财务部门协商处理。

(七) 会计信息管理制度

会计信息影响控股公司的决策,因而需要对会计信息进行过程和结果控制。过程控制主要是指子公司使用的会计信息处理系统和传递系统需要满足控股企业信息监控和接收的需要。结果控制主要是指对会计信息质量提出要求,需要控制会计师事务所的聘用。华润集团在集团总部建立了一套核心应用系统来实施动态监控,要求利润中心按统一标准定期上传财务和管理信息,并指定利润中心的会计核算软件,由软件开发商设计统一的传输接口。另外我们还指定一家国际会计师事务所统一实施集团年度财务审计,并定期与其讨论审计中发现的问题。除约定审计报告的信息披露外,还要求其出具各层次的管理意见书。

(八) 内部会计控制制度

基本内部管理规范表面上是经营者的事务,与出资人无关。实际上,如果由控股企业统一制定子公司内部管理规范,则能够保证母子公司协调运转及提高运营效率。尽管内部管理规范建立在子公司内部,但其目的是维护控股公司权益。其中内部控制规范是基本的管理制度,与财务有关的主要是内部会计控制部分,按利润中心所涉及的行业分别制定内部控制标准是必要的。

资料来源：汤谷良,等. 多元化集团公司管理控制体系的整合观——基于华润集团6S的案例分析[J]. 会计研究,2009(2)：53-61.

案例6-2　浙江大华的财务共享中心

财务共享服务是将易于标准化的财务业务进行流程再造和标准化、信息化,将不同国家、地点的经营实体会计业务整合到一个SSC(共享服务中心)来进行处理,这样保证了会计记录和报告的规范、结构统一,通过规模效应降低成本,改善服务质量,提升运营效率的一种作业管理模式。未来财务共享的大趋势是实现业务数据电子化、强化信息系统与业务生态系统的融合。这种融合不仅要求在企业内部做到业财融合,还要求企业和外部的信息共享不断扩大。当前,信息技术的更新与升级引导财务共享向电子化的云共享发展,有利于更多的企业以较低的成本加入云平台,更好地打破数据的壁垒,打通企业上下游以及企业与公共部门的数据流通渠道,全面提高数据的共享程度。

一、浙江大华技术股份有限公司介绍

浙江大华技术股份有限公司(以下简称"浙江大华"或"大华股份"),是全球领先的以视频为核心的智慧物联解决方案提供商和运营服务商,以技术创新为基础,提供端到端的视频监控解决方案、系统及服务,为城市运营、企业管理、个人消费者生活创造价值。公司现拥有16 000多名员工,研发人员占比超50%,自2002年推出业内首台自主研发8路嵌入式DVR以来,一直持续加大研发投入和不断致力于技术创新,每年把10%左右的销售收入用于研发。基于视频业务,公司也在不断探索新兴业务,延展了机器视觉、视频会议系统、专业无人机、智慧消防、电子车牌、RFID及机器人等新兴视频物联业务。浙江大华的营销和服务网络覆盖全球,在国内32个省市设立200多个办事处,在亚太、北美、欧洲和非洲等地建立54个境外分支机构,为客户提供快速、优质服务。产品覆盖全球180个国家和地区,广泛应用于公安、交管、消防、金融、零售、能源等关键领域。公司连续12年入选《a&s》"全球安防50强",2018年排名全球第二位;在IHS2018发布的报告中全球CCTV和视频监控市场占有率排名第二位,是中国智慧城市建设推荐和中国安防最具影响力的品牌之一。

浙江大华财务共享最显著的两个特点是"内部共享"和"全面共享"。内部共享即在集团总部建立财务共享中心,为集团内各分支机构提供财务服务;在全面共享下,财务共享中心不仅提供了应付、费用、应收、成本、税务、项目核算、总账、资金等传统财务模块服务,也提供信用管控、预算分析与考核、内部控制及流程优化、投资管理、三大财经体系(产品线财经、供应链财经、区域财经)这些管理会计模块,为集团各成员企业、业务单元(区域维度、产品线维度、行业线维度)提供全方位立体式的财经服务。浙江大华的财务共享是基于互联互通的电子数据,基本实现智能化、自动化脱纸化处理。但整个企业财务人员占总员工人数比例仅为1.25%,远低于同行业的华为等公司5%的水平;每笔业务的处理成本仅3.01元,财务中心费用占集团总费用的0.68%。

二、浙江大华财务共享建设历程

(一)财务共享的发展背景

浙江大华所处的安防产业属于高科技高增长行业,公司产品覆盖全球180个国家和地区,高速发展的业务给公司财务管理带来巨大挑战。

1. 分支机构设立频繁,管控压力增大

浙江大华的营销和服务网络覆盖全球,目前的分支机构遍布国内32个省市以及海外亚太、北美、欧洲和非洲等地。随着业务的扩展和子公司数量的不断增加,浙江大华财务管理的压力也日益增大。按照传统的财务核算要求,即使每个子公司只配置最基本的会计和出纳两个岗位,公司也需外派大量财务人员,不仅占用公司资源,管理难度也成倍增加。

2. 产品更新换代快,产供销管理难

安防行业的产品寿命周期均较短。大华平均每半年就会对产品进行优化升级,每年都会进行产品更新换代,这对从采购、生产、库存再到交付的产供销链管理提出了较高的要求。公司需要花费大量人力、物力、财力与供应商及客户进行沟通协商,管理成本较高。

3. 费用报销流程繁琐,管控效果不佳

随着公司业务的扩张,员工数量不断增加,日益完善的内部控制流程使"报销难"问题日渐凸显。对员工来说,流程繁琐,到账时间长;对管理者来说,审批程序复杂;对财务人员来说,不仅需装订、校验、存储杂乱无章的纸质发票,还要解决发票连号、来源真伪难辨、重复报销等问题。

4. 跨区跨行业务多,资金风险加大

由于跨地区经营,浙江大华需要与多家银行建立业务往来,但各商业银行业务系统相互独立,如何对分散在不同银行账户的资金进行集中监管、如何快速高效办理各银行账户的日常结算业务、如何及时获取各银行账户余额及交易信息等,都是大华面临的问题。为此,浙江大华财务部门开始建设并不断改进、调整公司的财务共享业务,以适应公司高速发展的需要。

(二)浙江大华财务共享的建设过程

浙江大华财务共享建设过程大致可划分为三个阶段。

1. 第一阶段(2001—2005 年):规范流程,财务集中

2005 年之前,浙江大华的业务相对单一,公司规模较小,仅有 4 家法人主体和 6 个事业部。受限于当时的信息系统,公司会计核算处于半手工状态,核算工作量较大,核算质量也无法保证,会计管理的要求处于"客户货款不要少收、供应商货款不能多付、税不交错"的初级阶段。因此,统一标准、统一流程、规范操作、集中控制和开启公司信息化网络建设,是这一阶段的工作重点。

2. 第二阶段(2006—2010 年):"一体+两翼"的财务共享

2006 年,浙江大华筹备上市,启动以金蝶 K3ERP 为基础的信息系统建设项目,并于 2008 年 1 月完全上线。在信息系统建设过程中,浙江大华重新优化了会计处理流程,将原先按法人进行核算分工的管理方法转变为按专业模块核算分工的管理方法,在改进前,特定的核算人员需要负责几家下属公司全部业务的会计核算工作;改进后实现专业化分工,要求特定的人员负责所有下属公司相同业务模块的核算工作。在这一时期,浙江大华通过对单组织架构金蝶 K3ERP 系统的改造实现了多组织的应用,并通过外围系统的开发构建起"一体+两翼"的 IT 系统架构。"一体"即以 ERP 为核心,以 PLM、CRM、HR、EXP、CBS、MES、

WMS为专业系统的企业内部应用,"两翼"为与产业链上游的供应商协同应用(SCM)和下游的客户门户(SRM)。同时,在业务系统之上,通过搭建企业内部协同平台实现统一身份认证和构建统一流程引擎,同时利用商业智能分析为各业务层级提供高效的决策支持。

3. 第三阶段(2011年至今):财务共享升级到"私有云+公有云"

2011年,浙江大华开始在原有"一体+两翼"的IT系统架构基础上引进SaaS云平台。2015年,将原系统中的金蝶K3ERP切换至架构灵活、处理能力更强、国际化支持更佳的ORCEL ERP系统,逐步形成"私有云+公有云"的IT系统。目前浙江大华已连接包括资金集中管理系统、银企互联系统、每刻云报销系统、供应链协同管理等外围SaaS云平台,同时以ORCEL ERP系统为核心的私有云平台在不断拓展全球化应用。随着财务共享云平台的持续改进,浙江大华可以实时获取公司各运营场景的完整数据,有效支撑了财务团队向复合型经营顾问团队转型,有利于发挥财务的监督管理职能。随着"私有云+公有云"的发展,财务共享逐步升级到开放共享。例如,浙江大华在费用管控环节打通了银行、第三方消费平台、税务系统和企业内部系统。

三、浙江大华财务共享的特色模块介绍

浙江大华在财务共享建设过程中不单独设置专门的共享服务中心,而是将共享理念渗透于各个财务专业模块中。目前,浙江大华已初步建起功能模块相对完备、特色鲜明的财务共享体系,涵盖会计核算、资金管理、税务管理、信用管理、流程内控、项目管理、供应链财务、产品线财务、销售线财务等模块,其中最有特色的两个模块是每刻云报销平台和产供销共享平台,这两个平台都是将公有云平台和自有系统紧密结合,实现了业务链条的数据共享,在此基础上实现财务共享。

(一)每刻云报销平台

每刻报销云平台(以下简称"每刻报销")的设计者基于企业管理者、财务人员、员工三方的流程痛点,以财务共享为理念,聚合移动互联网、云计算、大数据来解决大中型企业的费用报销及管理问题,实现了报销系统管理平台与银行信用卡系统、电子银行支付系统、第三方消费平台和企业内部系统平台的有效集成,以及费用报销管理全程的自动化。每刻报销的产品生态体系由第三方服务、核心费用管理、信用刷卡对接、银行支付对接、发票电子数据动平台、企业信息系统对接六大模块组成,全链条打通了消费、报销、审批、财务审核、出纳支付、入账以及费用分析和管理环节。每刻报销通过与第三方消费平台对接,直接将外部消费数据自动导入每刻报销系统中;每刻报销的费控规则引擎将复杂的企业差旅及费控规则内化于系统中,报销流程和费用处理实现标准化和自动化;发票电子数据云平台与国家税务总局的底账库对接,对电子发票进行查重和验真,获取发票的全票面

信息;辅助核算模块能灵活支持企业各种费用核算要求;而报表模块可以让企业管理者获取报表数据和全面分析数据。

(二) 银企互联系统

浙江大华借助"银企互联系统"进行资金集中管理。浙江大华在各单位业务执行层上建立统一的银企互联系统,将分散的资金业务流程统一到银企互联系统(图 6-1),资金实现统一支付、统一收款、统一计划以及事后分析等功能。其中最重要的是实现了业务实体与资金部之间的自动支付,完善了到期款项支付的计划编制功能。

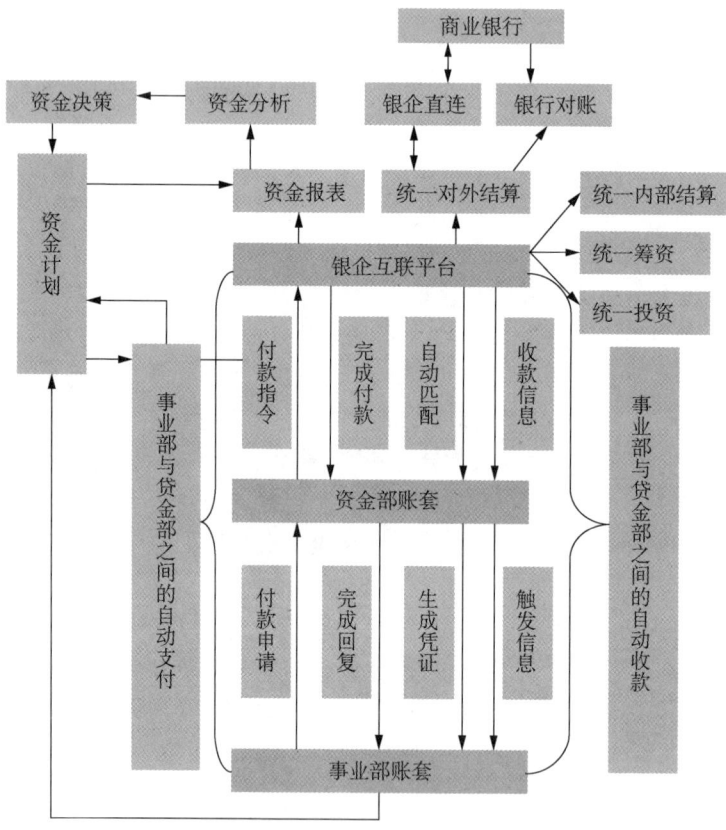

图 6-1　浙江大华的银企互联系统

(三) 产供销共享平台

产供销链是将供应商、品牌商、加工商、物流商、分销商和用户连接起来的网络链结构,包括从采购原材料开始,到制成最终产品并通过销售渠道送到客户手中的全流程。浙江大华的产供销共享平台通过将企业、供应商、客户接入同一平台,打通了上下游的关键信息流,系统自动化水平的提升加快了信息流、物流和资金流的流动速度,使上下游企业之间的连接更加紧密,有助于形成互联互通、互利互惠的企业生态圈。为了打通上下游信息流,浙江大华围绕产供销链搭建了供应商协同云平台和客户协同云平台。云平台与 ERP 对接,实现与企业内部信息的交互。以供应商协同平台为例,浙江大华每年采购金额逾 50 亿元,有近千家供应商,都是在供应商协同云平台上进行操作的。供应商协同云平台是基于管理前移的产供销主数据和结算管理平台,大华采购人员在平台下单,供应商接受订单,供应商发出货物,大华验收货物,所有的处理均在一个平台上完成,双方共享所有信息。在此基础上,订单、收货管理与应付结算自动对接,原本应由应付会计完成的工作借助系统和供应商辅助完成,然后与 ERP 实现接口对接,进而实现订单与收货单、发票的三单匹配,具有耗时少、差错小、效率高的优点。

供应商协同平台能够实现协同快速对账。由于采购全过程数据均在云平台上进行,货物验收入库后的数据可即刻同步至协同平台,双方人员在平台上确认对账结果后,系统根据开票规则及入库单数据自动匹配入库单与发票,生成标准的开票数据,供应商开票系统与协同平台接口对接,开票数据可自动传输到供应商开票系统,供应商完成开票后,协同平台自动将开票数据传递到 ERP 系统应付模块,等待大华应付会计收到纸质发票后核销。应付会计收到供应商发票后,可通过发票上的二维码快速扫码上传,系统结合订单、收货单和发票信息,按预设逻辑判断后进行处理并自动过账。由于双方数据源一致,可以实现自动对账,也不会有对不上账的情况发生。

供应商协同平台可以实现发票差异快速协查。发票电子数据云平台从国税底账库采集浙江大华的发票电子数据传输到 ERP,与 ERP 发票电子数据自动比对差异,生成差异表,从而应对会计快速协查差异,避免陷入被动等待税务协查通知的困境。供应商协同平台可以进行进项税自动批量勾选认证。每月结账后,ERP 系统自动将已到票数据传输到发票电子数据云平台,实现自动批量勾选认证,减少扫描认证之苦。

浙江大华应用云财务共享模式中的供应商协同云平台,简化了与供应商的信息交互并使其自动化,不仅降低了采购部门和结算付款部门的管理成本,还给财务部门带来了工作效率的大幅提高,较之传统的扫描入账模式效率至少高出 5～10 倍。

浙江大华构建了功能模块相对完备、特色鲜明的财务共享体系,涵盖会计核算、资金管理、税务管理、信用管理、流程内控、项目管理、供应链财务、产品线财务、销售线财务等模块;初步实现业务数据电子化、强化信息系统与业务生态系统的融合。随着财务共享模式在浙江大华的全面应用,推动了业务和财务规范化、标准化、自动化水平升级。财务团队也由传统钱账税功能转化为拥有会计税务、国际财务、资金管理、信用管理、计划分析、内控与成本、投资七大职能模块。

资料来源：

[1] 赵雪媛,魏美钟.大华财务共享模式的实现路径和底层思维研究[J].财务与会计,2019(3):29-33.

[2] 王泽霞,江乾坤,魏美钟,等.大华公司财务私有云服务平台模式创新与解决方案[J].财务与会计,2017(5):36-38.

复习与思考题

1. 集团公司财务的特征主要体现在哪些方面？
2. 确立集团公司财务管理体制应考虑哪些因素？
3. 试比较三种集团公司财务管理体制模式。
4. 集团公司母子公司财务控制的依据是什么？主要内容有哪些？
5. 如何搞好母子公司财务人员控制和财务制度控制？
6. 集团公司现金控制和筹资控制的主要内容是什么？

计算与分析题

上海电气集团股份有限公司的资金集中管控

上海电气集团股份有限公司是中国装备制造业最大的集团公司之一，具有设备总成套、工程总承包和提供现代装备综合服务的优势，上海电气品牌为亚洲机械类品牌的第五名，中国机械类品牌第一名。自20世纪90年代以来，销售收入始终位居全国装备制造业第一位。2011年度，公司实现销售收入683.02亿元，净利润33.10亿元。如何加强集团公司的资金管控？上海电气坚持"制度加科技"的原则，实行集中化管理、电子化监控。

一、资金集中管理

上海电气资金集中管理的基本模式有：建立集团资金结算中心、通过商业银行建立集团现金池、利用集团财务公司作为资金管理平台，在实践中坚持了"三个集中"。

（一）存款集中

上海电气下属企业遍布各地，为解决存款集中和结算集中带来的困难，上海电气与中国工商银行进行合作，凡是在中国工商银行的任何网点都可以受理财务公司的结算业务，同时建立了财务公司的"网上银行"，企业可以直接在网上操作各项资金划转和结算业务。上海电气规定，下属企业在财务公司的存款集中度必须达到80%以上，并且每月公布资金集中情况，与企业财务总监的奖惩挂钩。第一年考核财务公司的月末存款余额项目,第二年改为考核日平均余额,第三年开始实行月末余额和日平均余额双重考核。目前,除个别中外合资企业外,其他的企业在财务公司的存款月末余额和日平均余额的集中度都达到了90%,结算的集中度达到了95%。这样不仅为提高资金利用效率创造了条件,而且为资金管控创造了条件。

(二) 贷款集中

上海电气在实行存款集中的同时实行了贷款集中,规定下属企业所有贷款必须通过财务公司借贷。这样有效地实现了集团内的资金调剂。贷款单位的利息支出同时体现为财务公司的营业收入,在合并报表上抵销了这项财务费用,防止了"肥水外流",有助于集团整体利益最大化。财务公司所实行的贷款集中也克服了"劫富济贫"的非市场化运作方式,提升了存款单位的积极性,强化了贷款单位的责任心。

(三) 资金运作集中

分散的资金运作不仅难以得到理想的收益,而且存在着难以控制的风险,特别是股票、期货及各种名目繁多的金融衍生产品存在更大的风险。上海电气明文规定,下属企业不得从事股票、期货买卖,不得擅自从事资本运作。企业应集中精力从事主营业务,加强内部管理,把资金集中到财务公司。对于重大的资金运作,由集团通过董事会批准后操作;日常的理财和短期投资由财务公司在集团董事会授权范围内运作。财务公司有一支专业能力很强的理财队伍,有一套符合银监会、证监会要求并经集团公司批准的内部控制制度。他们在授权范围内、在集团财务政策的指导下,利用闲置资金进行较低风险的短期投资。近年来,平均每年获得2亿元至3亿元的短期投资收益,在手的投资产品绝大部分处于较高的"浮盈"状态。

资金的集中运作,提高了集团的整体资金利用率,有效地控制了风险。在实行以上三个集中的过程中,上海电气还实行了保险集中和租赁集中。企业的财产险、机损险、运输险等各类保险业务都集中到上海电气保险经纪公司,通过公开的招标和集中与保险公司议价,使集团的保险费用平均每年下降20%,而且促使保险公司大大改善了理赔工作。通过保险集中和公开招标,还避免了有些保险公司的"回扣"等促销行为,防止了腐败现象和管理漏洞。企业的产品租赁业务都集中到上海电气租赁公司,进一步提高了集团的资金利用率(租赁公司所需要的借款主要从财务公司取得),有效地促进了产品销售,增加了集团的整体竞争能力。

二、资金网络化监控

资金集中管理解决了资金管理的制度安排,但是制度执行得如何,还需要人工统计和实地检查,这样不仅增加了管理工作量,而且难以做到实时监控。上海电气开发运用了资金管理信息系统,提高了管理效率,强化了资金监控。资金管理信息系统分为三个子系统。

(一) 网上银行系统

上海电气财务公司的网上银行并不是一个封闭的系统,它与商业银行的"网银"相连接,可以实现与各商业银行的收付业务,完成与各供应商和客户的资金结算。同时,它又是一道"防火墙",对大额资金的支付,需要人工核实后才能付出。上海电气不仅规定了各企业大额资金支付的内部程序,而且在网上银行系统中设置了不同企业的大额资金标准额,凡超过规定额度的支付,会由财务公司与企业财务负责人进一步核实,确认支付款项已通过内部程序。在网上银行系统还可以实时监控所有资金支付,发现异常支付及时了解情况,采取相应措施。

(二) 账户信息系统

由于资金在财务公司的集中度没有达到100%(客观上也难以做到),企业还有在不同商业银行开立的基本账户和政策性账户等。账户信息系统除了反映在财务公司开立账户的信息,同时通过与中国工商银行、中国建设银行、中国银行、交通银行、中国民生银行等商业银行的系统"直联",可以及时反映企业在商业银行开立账户的余额和银行对账单,使监控范围更加全面。

在建立账户信息系统的过程中,上海电气开展了银行账户清理,清理注销了非必需的账户和非"直联"银行的账户210个,减少了不受监控的"盲点"和银行账户过多可能带来的漏洞,并且规定在清理以后,新开银行账户必须经过集团公司批准。每月月末,账户信息系统中各企业的银行存款余额与SAP财会信息系统中的银行存款报表余额核对一致,保证了银行账户不得随意增加。

账户信息系统的情况由集团财务部和财务公司共同监控。系统还设立了必要的自动报警点,如大额资金支付报警点、特定业务支付报警点、特定企业和特定账户关注点,以提高监控效率。在账户信息系统中还可以自动反映资金集中度等管理指标,减少了人工统计工作。

(三) 票据管理系统

各类票据是货币资金的延伸,票据管理系统也是货币资金管理的延伸。票据管理系统具有两大功能:一是可以在网上开立电子商业承兑汇票和财务公司的电子银行承兑汇票,也可以接受商业银行的电子银行承兑汇票;二是将集团内所有企业的各种纸质票据录入系统,随时跟踪应收、应付票据的状况和流向,月末也将票据管理系统的应收、应付票余额与SAP财会信息系统中的余额相核对,做到不重不漏。

上海电气将以上三个子系统整合在同一个界面,便于操作使用。资金管理信息系统不仅可以用于集团公司对所有资金的监管,也可以用于产业集团对下属企业资金的监管,同时对企业自身的资金管理也带来了便利。根据不同的权限设置,各级单位都可以利用这个系统实现资金收付,存款余额查询、票据跟踪管理。

资料来源:王世璋.关于集团公司资金管控的探讨[J].中国总会计师,2011(4):57-58.

要求:集团公司资金管控没有统一的模式和方法,集中管理是一个思路和方向,但如何集中,集中到什么程度,要从集团公司的实际情况出发。结合上述资料,并查阅上海电气集团的业务状况,分析上述管控措施与集团公司业务特征的适合性。

第七章

国际财务管理

课程思政

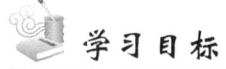

> 通过本章学习，要求理解和掌握：
> - 国际财务管理的基本理论；
> - 外汇风险管理原理与方法；
> - 国际融资和投资管理方法；
> - 国际营运资金管理方法；
> - 国际税务管理方法。

第一节 国际财务管理概述

企业的国际化经营是当今世界经济发展及经济一体化的必然趋势，越来越多的国内企业已经意识到国际化经营是谋求企业长期发展的重要战略之一。本章着重阐述国际化经营环境下企业财务管理问题，重点介绍汇率变动风险对企业财务管理的影响。

一、国际财务管理的概念

国际财务管理是国际企业在一种以上的文化和商业环境里，以财务管理原理与技术方法为基础，以汇率风险、利率风险、政治风险等为重点，灵活运用金融工具，充分利用国际经营机遇，积极应对国际经营风险，组织国际企业财务活动，处理财务关系，为实现企业价值最大化的一项经济管理活动。

国际财务管理的主体是国际企业。国际企业泛指一切超越国境从事生产经营活动的企业,包括跨国公司、外贸公司、各类涉外企业等从事国际化经营的企业。其中跨国公司是指以本国为基地,通过对外直接投资,在世界各地设立分支机构或子公司,从事国际化生产和经营活动的大型企业。跨国公司是国际企业中国际化程度较高的一种组织形式,是国际企业发展的高级阶段。

二、国际财务管理特点

国际企业的经营业务涉及许多国家,财务管理环境复杂,且国际企业自身的组织形式及管理体制也与国内企业不同,因此国际财务管理与国内企业财务管理有着不同的特点。

1. 国际财务管理环境的复杂性

国际企业的生产经营活动涉及多个国家,不同国家的政治、经济、金融、税收、法律、文化等环境都存在着差异,从而给国际财务管理带来了复杂性。在国际财务管理环境中,尤其要关注东道国政治上的稳定程度、汇率的稳定程度、资本流动的限制程度、通货膨胀和利率的变化程度、税负的轻重以及金融市场的完善程度等,因为这些是国际企业分析资本结构和资本成本、投资项目评估及利润分配时必须考虑的重要因素。如此复杂的财务管理环境也对国际财务管理人员提出了更高的要求。

2. 国际财务管理方法与工具的灵活性

国际企业比国内企业不仅面临更复杂的财务管理环境,在管理方法与工具上还具有灵活性和多样性。一是资本来源的多样化。国际企业既可以利用母公司所在国的资本,也可以利用子公司东道国的资本,还可以向国际金融机构和国际金融市场筹资。国际企业可以从中选择最有利于自身特点的资本来源,以降低企业的资本成本,增加经营企业的灵活性。二是投资方向的多元化。国际企业可以在全球范围内投资,通过全球范围内对外直接投资,使其原材料的供应、主要产品的生产及销售呈现多元化的分布,这样既可以利用东道国的资源优势,又可以利用各国在税收、进出口贸易管制等方面的差异来选择投资组合,从而更好地减少利润的波动。三是金融工具的多样化。国际企业在其日常经营中通常涉及多种国家的货币,而外汇风险是客观存在的,为了减少汇率变动给国际正常交往带来的不利影响,各种金融工具,如即期外汇、外汇期货、外汇期权等应运而生,为国际企业的套利及套期保值提供了更多的选择余地和获利机会。

3. 国际财务管理的风险性

国际财务管理环境的复杂性及管理的多样性,导致国际企业的财务管理具有更大的风险性。这些风险主要体现在三个方面:一类是企业无法控制的风险,如政府变动、政策变动、法律变动、战争等；另一类风险虽然企业无法控制，但可通过有效经营来加以避免和分散，如汇率变动、利率变动、通货膨胀等；还有一类是企业自身经营的风险，如诉讼失败、新产品开发失败、产品滞销、高层人事变动等，这类风险只能通过加强内部经营管理来降低。

4. 国际财务管理的整体性

国际财务管理需要从全球范围内整体考虑，系统考虑境内与境外业务在财务政策、战略实施、资源配置等方面的整体性，充分发挥境内与境外业务的互补效应、协同效应与相机决策效应，切不可只关注境外业务。此外，国际财务管理必须强调国际业绩评价，完善国际财务治理，加强全球运营控制，以保证财务系统的资源控制能力与调动能力，有效保障企业战略目标的实现。

三、国际财务管理的环境

与国内财务管理相比，国际财务管理是在一个更为复杂的环境中进行的。国际企业的财务管理者应从业务所涉及国的角度关注经济、政治、法律和社会人文等方面因素。

1. 经济环境

国际财务管理的经济环境是指影响国际企业财务管理的各种经济因素。首先，国际企业不仅受到本国宏观经济波动的影响，更受到国际经济波动的影响。国际经济波动主要包括东道国国内的经济波动、一国经济波动对其他国经济的影响、国际金融危机或经济危机给国际企业经营带来的致命伤害等方面；其次，国际市场规模必然影响到国际企业的业务规模和盈利能力。国际市场规模主要包括市场广度和深度、贸易自由化与区域经济一体化程度等方面；再次，国际金融环境影响到国际企业的筹资、投资等财务活动，税收环境则影响着国际企业的经营成本以及利润分配等财务活动；最后，各国政府对经济的干预程度是不同的，不同程度的干预必然影响到国际企业财务管理的进行。

2. 政治环境

东道国国内的政治环境会影响国际企业财务管理的顺利实施，其影响一般是以政府行为的形式出现的，带有较大的强制性。每个主权国家都拥有允许或禁止外国企业在其政治边界内开展业务的政治权力，各国政府也往往按照自己的意愿，对国际业务采取鼓励、支持或抑制、禁止等各种措施，这必然对国际财务管理产生影响。另外，国际组织作为一种独特的政治力量，无疑也影响着国际企业的财务管理。

3. 法律环境

国际财务管理的法律环境是指与国际企业财务管理活动有关的所有法律因

素的总称。国际企业不仅需要熟悉不同国家的法律制度的类型及有关内容,还需要熟悉国际法规及其内容,以便在有关国家得到法律的认可和保护,使国际企业的财务管理能够顺利进行。就效力而言,国际法优于国内法。

4. 社会人文环境

国际企业的业务涉及不同国家,不可避免地要身处不同国家和地区的社会人文环境,它包括教育、科学、文学艺术、新闻出版、理想、信念、道德习俗以及同社会制度相适应的权利义务观念、道德观念、组织纪律观念、价值观念、劳动态度等相当广泛的内容。一个国家和地区的文化水平、文明程度、文化传统和风俗习惯等将会影响到员工的工作作风,并会制约企业的经营行为,从而最终影响到企业的财务活动及其效果。

第二节 外汇风险管理

一、外汇、汇率与外汇交易

(一) 外汇与汇率

按照可否自由兑换,通常将外汇分成自由外汇和记账外汇。自由外汇是指可以在国际金融市场上自由兑换成任何一种外国货币或用于对第三国支付的外汇,如美元(USD)、日元(JPY)、英镑(GBP)、瑞士法郎(CHF)、港元(HKD)等。记账外汇是指两国间为了双方都节省自由外汇,通过签订支付协定,将所有进出口货款都由双方指定银行各自并立专户记载,年终根据账户记录的外汇金额办理结算。记账外汇只能根据有关国家之间的协定,在相互之间使用。

外汇还可按照来源分为贸易外汇和非贸易外汇,按照交割期限分为即期外汇和远期外汇。

汇率是指一个国家的货币折算成另一个国家货币的比率,也称汇价。

汇率常用的标价方法是直接标价法和间接标价法两种。

直接标价法是以一定单位(1个单位或100个单位)的外国货币作为标准,折算成若干本国货币来表示其汇率的标价方法。如 USD100=RMB683,对人民币来说就是直接标价,它表示100美元等于683元人民币。

间接标价法是指以一定单位(1个单位或100个单位)的本国货币为标准,折算成若干数额的外国货币来表示其汇率的标价方法。如 RMB100=USD14.60,对于人民币来说就是间接标价,它表示100元人民币等于14.60美元。

(二) 外汇交易

外汇交易就是一国货币与另一国货币进行兑换的过程,是世界上交易量最大、交易笔数最频繁的资金流动形式，每天成交金额约逾14 000亿美元。与其他金融市场不同的是，外汇交易市场没有具体地点，也没有集中的交易所，所有交易都是通过银行、交易经纪商以及个人间的电子网络、电话、传统柜台等形式进行的。正因为没有具体的交易所，交易的参与者遍布全球，外汇市场能24小时运作。

外汇交易主要有即期外汇交易、远期外汇交易、套汇交易、外汇期货交易、外汇期权交易等。其中即期外汇交易和远期外汇交易是外汇市场的基本交易活动。

即期外汇交易也称现汇交易，是指外汇买卖双方以当天的外汇市场价格成交，于当日或两个营业日内办理收付的外汇业务。进行即期外汇交易的市场就是即期外汇市场（又称现汇市场），是外汇市场最重要的组成部分，其基本功能是进行货币兑换，在最短时间内实现购买力的国际转移。

远期外汇交易是指外汇买卖双方事先签订外汇买卖合同，规定双方买卖货币的种类、数量、使用的汇率以及交割的时间，到了合同规定的交割日，双方按合同规定的内容进行外汇交割的外汇业务。远期外汇合同中规定的汇率就是远期汇率，远期外汇交易合约的期限通常有30天、60天、180天。进行远期外汇交易的市场就是远期外汇市场（又称期汇市场），是外汇市场另一重要组成部分，其基本功能是避免汇率变动的风险，固定进出口贸易和国际借贷的成本。

二、外汇风险的概念及类型

外汇风险是指因汇率变动而引起的资产、负债或收入、费用等以本国货币计的实际价值的变动程度。外汇风险可分为三类：经济风险、交易风险、折算风险。

（一）经济风险

经济风险是指由于汇率变动引起企业未来经营收益和未来经营现金流量变动，从而使企业以本国货币计量的实际价值的变动程度。经济风险是由于经营过程中的汇率变动对企业的产销量、价格、成本等产生影响而引起的，经济风险比交易风险和折算风险都复杂，它涉及企业的财务、销售、供应、生产等诸多部门，经济风险对企业影响是长期的。例如，当一国货币贬值时，出口商一方面因出口货物的外币价格下降，有可能刺激出口，使其收益增加；另一方面，如果出口商在生产中所使用的主要原材料是进口品，因本国货币贬值会提高本币表示的进口品的价格，出口品的生产成本会增加，结果该出口商在将来的净利润可能增加，也可能减少，就是经济风险。经济风险的复杂程度最高，对企业的影响最大。

（二）交易风险

交易风险是指企业以某种外币计量的交易，从成交到收付款结算过程中，由于汇率变动而引起的资产和负债以本国货币计量的实际价值的变动程度。交易风险是由于交易发生日的汇率与结算日的汇率不一致而产生的。交易风险通常包括：① 以即期或延期付款为支付条件的商品或劳务的进出口，在货物装运和劳务提供后但货款或劳务费用尚未结清前，汇率变化所发生的风险。② 以外币计价的国际信贷活动，在债权债务未清偿前存在的汇率风险。③ 在向外筹资的过程中，借入一种外币而需要换成另一种外币使用，则将承受借入货币与使用货币之间汇率变动的风险。④ 尚未履行的远期外汇合同和外汇期货合约，由于约定汇率和到期即期汇率发生变动而产生的风险。

【例 7-1】 我国某外贸公司向美国销售一批价值 1 000 万美元的商品，当日的汇率为 USD1＝RMB6.865，但实际收到货款时的汇率为 USD 1＝RMB 6.832。则由于交易日与结算日的汇率不同，从而使该外贸公司损失了 33 万元人民币。

（三）折算风险

折算风险也称会计风险，是指企业以某种外币计量的资产和负债，从成交到折算过程中，由于汇率变动而引起的以本国货币计量的实际价值的变动程度。折算风险是由于交易发生日的汇率与折算日的汇率不一致而产生的。国际企业的外币资产和负债项目，在最初发生时，都是按发生日的汇率折算成本币记账的，但在月末编制财务报表时，要对其中的外币资产和负债项目按编制日的汇率折算成本币入账的。当交易发生日的汇率与折算日的汇率不一致时，经过折算后，就会给企业的资产和负债以本币反映的实际价值带来会计账面上的损益，从而影响到企业向股东和公众公布财务报表的数值，但这种损益不影响企业当期的现金流量。

【例 7-2】 我国某外贸公司向美国销售一批价值 1 000 万美元的商品，收到货款时的汇率为 USD1＝RMB6.865，但该月末编制财务报表时的汇率为 USD1＝RMB6.852。则由于收到货款时与编制财务报表时的汇率不同，从而使该外贸公司损失了 13 万元人民币。

三、外汇风险的管理

企业常面对的外汇风险有经济风险、交易风险、折算风险。每种外汇风险有其特定的管理方法。

（一）经济风险的管理方法

对外汇经济风险管理是一项具有战略意义的决策工作。由于它在空间和时间上跨度大，涉及的业务面广，所以要防范外汇经济风险绝非易事。总的来说，实行跨国家、跨地区、跨行业的业务经营多元化和财务多元化是防范外汇经济风险的有效手段。具体的做法如下：

（1）采购上的多元化。在原材料、零部件的采购方面，应尽可能从多个国家和地区进行采购,一旦发生未预料到的汇率变动,就应将原来向硬货币国家购买的原材料与零部件,转向软货币国家购买。另外,应尽量使用多种结算方式。

(2) 生产上的多元化。在生产安排上,产品式样、种类应尽量做到多样化,以满足不同国家、不同消费者的需要。另外,生产地点也应分散,从而实现产品生产地点的最优配置,以更好地利用国际企业在多处的子公司生产系统。

(3) 销售上的多元化。在销售上,应尽可能使产品销往多个国家,并尽量采用多种外币结算。另外,对于产品的定价、促销、销售渠道等方面也应有权变方案。

(4) 筹资上的多元化。在筹资渠道上,应尽量从多种渠道筹集资本,采用多种外币形式,一旦发生未预料到的汇率变动,升值货币与贬值货币可相互抵消。

(5) 投资上的多元化。在投资方向上,应选择多个国家进行投资,取得多种外币收入,从而避免单一投资方向所带来的经济风险。

(二) 交易风险的管理方法

交易风险对国际企业利润的影响最直接。因此,外汇风险管理的重点是交易风险的防范。防范交易风险的措施主要有两类,即利用外汇市场上的金融工具和利用企业内部的经营策略。

1. 利用外汇市场上的金融工具

利用外汇市场上的金融工具来防范外汇交易风险,就是利用外汇市场上金融工具的交易,将汇率固定在一个较小的变化幅度内。常用来防范外汇交易风险的金融工具主要有:外汇即期交易、外汇远期交易、外汇掉期交易、外汇期货交易和外汇期权交易。

(1) 外汇即期交易。它是采用外汇市场上的即期汇率将外汇转换成本币,由于这种交易一般是在交易日结束后立即交付外汇,因此,汇率以后再发生变化便不会影响到企业。例如,某企业目前持有大量美元,不久后需要支付日元货款。经预测得知,日元与美元的汇率将发生较大变动,如果是美元对日元将要贬值的话,企业现在应该在外汇市场上立即将美元兑换成日元,以备将来支付日元货款。这样,即使将来美元对日元真的大幅贬值,对企业也不会产生影响,从而消除了外汇风险。

(2) 外汇远期交易。它是以远期外汇合约为依据进行的外汇交易,远期外汇合约是与银行达成的一种协议,要求按约定汇率在将来某个时间买卖成交约定数量的外汇。当企业在未来有外汇头寸出现时,可以通过在远期外汇市场上签订远期外汇合约,买进或卖出与头寸金额相等的外币,以此锁定汇率,防范风险。

【例 7-3】 中国某企业在英国开办分公司,其产品出口美国。假设美国进口商 6 个月后支付给分公司货款 100 万美元,分公司的记账本位币为英镑。这样,分公司 6 个月后收到货款的多少就取决于美元与英镑的汇率。如果目前的汇率是 GBP 1＝USD 2,则分公司的销售收入为 50 万英镑。分公司若不采取任何避险措施,就存在外汇风险：6 个月后,如果汇率变为 GBP 1＝USD 2.5,则分公司的销售收入为 40 万英镑。此时,分公司可以利用远期外汇合约来规避外汇风险。当分公司发出货物时,马上卖出 100 万美元的外汇合约,如果远期汇率为 GBP 1＝USD 1.95,则不论 6 个月后汇率如何变化,分公司都能收到 51.28 万英镑的销售收入,这样就避免了外汇风险。

(3) 外汇掉期交易。它是指同一种类、同一数额的外汇在不同的到期日之间进行调换或在不同利率之间进行调换的一种交易。在避免外汇风险时,掉期交易往往与即期交易或远期交易结合使用。

【例 7-4】 中国在美国的 A 分公司 1 月 1 日与英国一家公司达成一笔交易,预计年底将有 100 万英镑的收入,若当时美元与英镑的汇率为 GBP 1＝USD 1.5,则这笔收入面临外汇风险。这时,该企业可以利用掉期交易避免外汇风险：

首先,该企业在 1 月 1 日达成交易时,按约定汇率 GBP 1＝USD 1.7 卖出 100 万英镑的远期外汇合约,期限为 1 年。

然后,如果在 3 月 31 日,美元与英镑的即期汇率为 GBP 1＝USD 1.6,9 个月远期外汇合约的约定汇率为 GBP 1＝USD 1.71,同时,货币市场上英镑的贷款利率为 1‰(月单利率),美元的存款利率为 2‰(月单利率)。在上述条件下,该企业可以将年底的交易调换至当前,操作如下：在货币市场上借入期限为 9 个月的英镑短期借款,数额为 91.743 万英镑[100÷(1＋9×1‰)],将借得的英镑按即期汇率折合成 146.789 万美元(1.6×91.743)存入银行,同时,按 GBP 1－USD 1.71 的约定汇率买入 9 个月的远期外汇合约 100 万英镑。

这样操作的结果是：到年底企业收到的 100 万英镑正好用于偿还银行贷款,而年初卖出的 100 万英镑与 3 月底买入的 100 万英镑正好平仓,该企业 3 月底就已经收到美元,此时便不存在外汇风险。同时,该企业还可得到收益 172.21 万美元[银行存款本利和－年底外汇合约平仓损失＝146.789×(1＋9×2‰)－(171－170)],比掉期前的 170 万美元多出 2.21 万美元。

(4) 外汇期货交易。外汇期货交易是利用外汇期货合约进行的交易。贸易商通过签订外汇期货合约,在现汇市场上买进一种货币的同时,在期货市场上卖出等额的同种货币的期货。当汇率波动使企业在现汇市场上发生了亏损时,期货市场将会盈利；反之,期货市场上发生了亏损时,现汇市场将会盈利。两个市场上的亏损和盈利相互套利,可以减少外汇风险。

(5) 外汇期权交易。外汇期权交易是利用外汇期权合约进行的交易。对于贸易商来说,通过签订外汇期权合约,在支付了一定的期权费后,便购买了履行合约和放弃合约的权利。当合约到期时,即期市场价格与合约价格哪一个对自己有利就选择哪种方式交易,以此来降低外汇风险。

外汇市场上的许多金融工具可以用来规避外汇风险,但每种金融工具也有其自身的缺陷,因此,在使用时要结合当时的具体情况,综合分析以决定最佳避险方案。

【例7-5】 中国某公司向美国一公司出口一批价值100万美元商品,货款3个月后收回。中国公司的综合资本成本为12%。公司担心3个月到期时因美元贬值而遭受外汇损失,于是,向各方市场询价,得到以下信息:即期汇率为USD 1=RMB 6.90;3个月远期汇率为USD 1=RMB 6.82;中国贷款年单利率为8%;中国存款年单利率为6%;美国贷款年单利率为6%;美国存款年单利率为4%。中国银行3个月期美元看跌期权协定汇率为USD 1=RMB 6.80,期权费为1.5%。该公司对3个月后的即期汇率预计为USD 1=RMB 6.92。试分析以下四种方案哪种最优:不采取任何措施;利用远期外汇市场;利用货币市场;利用期权市场。

第一,不采取任何措施。如果该企业不采取任何措施,根据其预测结果,3个月后收到货款:

$$100 \times 6.92 = 692(万元人民币)$$

如果该公司预测失误,美元大幅度贬值,公司的损失将是巨大的。

第二,利用远期外汇市场。公司在商品贸易成交后,签订3个月美元卖出协议,汇率为USD1=RMB6.82。到期按照协议价格卖出美元,收回人民币:

$$100 \times 6.82 = 682(万元人民币)$$

当公司签订了远期外汇合约后,便将汇率锁定在USD 1=RMB 6.82,成本是预知的,避免了因美元大幅度贬值造成的不可知风险。

第三,利用货币市场。公司在商品贸易成交后,立即在货币现货市场借入美元:

$$美元借款额 = 100 \div (1 + 6\% \times 3 \div 12) = 98.5222(万美元)$$

将98.5222万美元在即期市场按照USD 1=RMB 6.90的汇率兑换成人民币:

$$98.5222 \times 6.90 = 679.8030(万元人民币)$$

若该公司资金紧张,可将679.8030万元人民币投放于本企业,3个月后收益为:

$$679.8030 \times (1 + 12\% \times 3 \div 12) = 700.1971(万元人民币)$$

若该公司资金不紧张,可将 679.8030 万元人民币存于银行,3 个月后收益为:

$$679.8030 \times (1 + 6\% \times 3 \div 12) = 690.0000(万元人民币)$$

利用货币市场做套期,如果该公司资金紧张,将人民币投放于本企业,获得比前面两个方案都高的收益;如果该公司资金不紧张,将人民币存于银行,获得的收益高于远期外汇市场。

第四,利用期权市场。买进 3 个月期的美元看跌期权合约,总金额 100 万美元,协定汇率为 USD1=RMB6.80,因期权费一般是在购买期权合约时支付,故总成本为:

$$100 \times 1.5\% \times 6.90 \times (1 + 12\% \times 3 \div 12) = 10.6605(万元人民币)$$

当 3 个月后即期汇率超过 USD1=RMB6.80 时,公司会放弃期权而按即期汇率兑换成人民币;相反,当即期汇率低于 USD1=RMB6.80 时,公司会行使期权,按 USD1=RMB6.80 汇率兑换成人民币,那时公司至少可以收到:

$$100 \times 6.80 - 10.6605 = 669.3395(万元人民币)$$

从上面例子可以看出,利用金融工具来规避外汇风险虽然有时是有成本的,但其规避风险的能力很强,因此科学认识与合理使用金融工具是国际财务管理人员必须掌握的技能。

2. 利用企业内部的经营决策

使用外汇市场中的金融工具来防范外汇风险需要付出一定的手续费,实际上,有些外汇风险在企业作出经营决策时就可以避免,不用花费任何代价。利用企业内部的经营决策防范外汇风险常用的方法有:

(1) 选择计价货币。选择计价货币是企业防范外汇风险最基本而又最简单的方法,它也是国际企业从对外经济活动源头来防范外汇风险的有效方法。如果有条件的话,国际企业的对外经济活动最好采用本币计价,这样,在经济活动中不涉及外币兑换,就不存在外汇风险。除采用本币计价外,还有选择可自由兑换货币计价;出口以硬货币计价,进口以软货币计价;"一揽子"货币计价;进出口采用相同币种对外报价等做法。

(2) 运用货币保值条款。在对外经济活动中,贸易双方经协商,可以在合同中加列分摊未来汇率风险的货币收付条件,以分担外汇风险。常用的保值条款有货币风险分摊条款和"一揽子"货币保值条款。货币风险分摊条款是指在贸易合同中附加一个交易双方商定的价格修正条款,该条款规定,随着外汇汇率的波动,如果外汇突破了基准汇率区间(中立带),则需要调整商品或劳务的价格来分担风险。"一揽子"货币保值条款就是在合同中规定可根据汇率变动幅度对结算货币金额作出相应调整,常用的"一揽子"货币有特别提款权。

(3) 调整价格法。当出口不得不用软货币计价,进口不得不用硬货币计价时,就要考虑调整价格法,一般包括出口加价保值和进口压价保值两种常用方法。出口加价保值是指出口商在接受软货币计价成交时,将汇率损失计入出口商品价格中。进口压价保值是指进口商在接受硬货币计价成交时,将汇率损失从进口商品价格中剔除,以转嫁汇率风险。

(4) 采用提前或延迟支付手段。将外汇计价的款项结算日期提前或延迟,以避免外汇风险损失或得到外汇风险收益。例如,对于出口商来说,假设计价货币将要贬值,他们将尽快收回以外币计价的货款,如果计价货币将要升值,就尽可能延迟结算日期。对于进口商来说,假设计价货币将要升值,他们将尽快支付以外币计价的货款,如果计价货币将要贬值,就尽可能延迟结算日期。

(三) 折算风险的管理方法

折算风险是在编制财务报表或企业对下属分支机构进行评价时出现的,折算风险不像经济风险、交易风险那样随时存在,折算风险的受险金额大小与使用的折算方法有关。

折算风险虽然在现实中存在,但是它所造成的损失或收益并没有真正实现。因此,很多企业对这种风险的管理采取消极策略,只有当折算风险对企业产生不利影响时,才考虑对折算风险进行管理。

第三节　国际筹资管理

一、国际筹资的特点

国际筹资活动涉及跨国、跨地区,必然要受到不同国家、不同地区的汇率、利率以及税率等因素的影响;同时,所在国或地区的政治、经济、文化的差异也会对其造成深远的影响。与国内筹资相比,国际企业筹资的特点主要表现在以下五个方面。

1. 降低资本成本的空间大

国际企业在不同的国家或地区进行筹资,可以达到分散风险的目的;可以充分利用不同东道国的金融市场,比较并选择低成本的筹资渠道;可以利用国际贸易筹资、国际租赁筹资和国际项目筹资等高度发展且结构完善的专门筹资方式,降低资本成本;由于其经营规模和多样化,国际企业很容易接近并利用日益兴起、更趋向全球一体化的国际资本市场;国际企业可以利用内部转移定价机制把资本从一个子公司转移到另一个子公司,从而规避金融市场分割对企业的不利影响,获得成本较低的资本。

2. 筹资规模效应显著

国际企业可以通过以下方式来增强自己的市场流动性:在欧洲金融市场上筹集债务资本;在各国资本市场上发行股票、欧洲股权;通过国外子公司在东道国进行筹资等。增强了市场流动性,导致资本边际成本在一个更大的资本预算范围内保持不变,这样使得国际企业能与原先同样低的边际资本成本筹集到更多的资本,实现显著的筹资规模效应。

3. 综合资本成本是筹资决策的关键

国际企业应从综合的视角出发,选择一个能使资本成本最小化的资本结构。每个子公司的财务结构只能在一定程度上影响综合资本成本,各子公司没有独立的资本成本。因此,综合资本成本是国际企业进行筹资决策的关键因素,各子公司需要在企业整体筹资战略的安排下进行筹资。

4. 筹资风险大

国际企业在筹资过程中不但面临着不同国家、不同地区的汇率、利率以及税率等因素的多重影响;而且还深受各国政治气候、法律环境、经济发展程度以及文化背景等更为复杂的影响,因此其筹资的不确定性较大。

5. 筹资管制与信息披露要求严格

在国际金融市场上筹资,一般都有严格的管制与信息披露要求,同时,成熟的投资者也要求国际企业在筹资时有充分准确的信息披露。如果信息披露违规,往往会受到比较严厉的惩罚。

二、国际筹资渠道

国际企业在世界范围内从事生产经营活动,不仅所需资本规模较大,而且涉及不同国家的不同币种,其筹资渠道相应地也多种多样。归纳起来,国际企业筹资渠道大致有以下四个方面。

1. 国际企业内部的资本来源

国际企业由于经营规模大、业务多,常常形成国际性的资本融通体系。一些世界著名的跨国公司都有几十个子公司,有的甚至可达到上百个分支机构。这样,国际企业内部的各经营实体在日常经营活动中都可能产生或获得大量的资本,从而构成了内部资本的广泛来源。国际企业内部的资本主要有两个渠道:一个是母公司或子公司本身的留存收益;另一个是公司集团内部互相提供的资本。

2. 母公司本土国的资本来源

国际企业的母公司可以利用它与本土国经济发展的密切联系,从母公司本土国的金融机构、有关政府组织或社会民间组织中获取资本。

3. 子公司东道国的资本来源

国际企业也可以从子公司的东道国来筹集资本。一般来说,多数子公司都在当地借款,在很多国家,金融机构对当地企业贷款的方式同样适用于外资企业。通过在子公司东道国当地借款来融通资本,既可以弥补投资不足的缺口,又是预防和减少公司投资风险的有力措施。

4. 国际资本来源

除集团内部、总公司本土国、子公司东道国外,国际企业从任何第三国或第三方筹集的资本,都可称为国际资本来源。国际资本来源主要包括如下三方面。

(1) 向第三国银行借款或在第三国资本市场上出售证券所获资本。向第三国银行借款,往往仅限于跨国公司的子公司。获得资本的形式是当从第三国购买商品时,设法获取出口信贷。大多数发达国家都设有这种专门为出口产品提供融资的机构,如美国进出口银行。一些发展中国家,现在也为它们的产品出口提供融资服务。向第三国资本市场筹集资金,主要采取出售债券的办法,但采用这种方法的企业,需承担外汇风险。

(2) 在国际金融市场上出售证券。国际资本市场主要是跨国银行。跨国企业向国际资本市场借款是通过跨国银行发行债券来完成。这些债券有固定利率的、也有浮动利率的。在债券市场中,亚洲债券市场正日益显示其重要性。

(3) 从国际金融机构获取贷款。国际金融机构是跨国企业资本来源的另一种形式,它由124个国家政府组成,是世界银行组织的一个成员。其宗旨是向其成员国、经济落后国家或地区重点建设项目进行投资,提供无须政府担保的贷款,以促进国际和私人资本流向发展中国家,其贷款期限一般为7～15年,利率略高于世界银行贷款。

三、国际筹资的一般方式

国际筹资的一般方式主要指传统的筹资方式,包括发行股票、发行债券和向银行借款,是国际筹资的常用方式。但是,由于各国情况不同,一般筹资方式在使用上也有所不同。

(一) 发行国际股票

国际股票是指一国企业在国际金融市场上发行的股票。比如,我国的股份有限公司在美国纽约证券市场上发行的股票,便属于国际性股票。随着世界经济的国际化,股票的发行也已超过了国界的限制,出现了国际化趋势,许多大企业特别是大型跨国公司都到国际金融市场上去发行股票。

与一般的企业相比,国际企业在国际金融市场上发行股票具有以下有利条件:① 国际企业规模大、信誉好,有利于股票发行;② 国际企业业务分布在多国,对国际金融市场情况比较了解;③ 国际企业可以通过在国外的分支机构在当地发行股票,能节约发行费用。

企业利用发行股票筹集资金,能迅速筹集外汇资金,提高企业信誉,有利于企业以更快的速度向国际化发展。但到国外去发行股票,必须遵守国际惯例,遵守有关国家的金融法规,因此,发行程序比较复杂,发行费用也比较高。

(二)发行国际债券

一国政府、金融机构、工商企业为筹措资本而在国外市场发行的以外国货币为面值的债券,即为国际债券。国际债券可分为外国债券和欧洲债券两类。外国债券是指国际借款人在某一外国债券市场上发行的,以发行所在国的货币为面值的债券。例如,我国企业在日本发行的日元债券、英国企业在美国发行的美元债券都属于外国债券。欧洲债券是指国际借款人在其本国以外的债券市场上发行的不是以发行所在国的货币为面值的债券。例如,英国企业在日本市场上发行美元债券,就属于欧洲债券。欧洲债券的特点是:发行人为一个国家,发行在另一个国家,债券面值则是用第三国的货币单位来计量的。外国债券市场和欧洲债券市场既有联系又是分割的。相对来说,到外国债券市场上发行债券受到的管制多一些,而在欧洲债券市场上发行债券则比较宽松,因为欧洲债券不受当地法律的干预,受到的管制也较少,信息披露的标准比较宽松,税收上比较优惠,而且欧洲债券通常不记名,容易转让。目前发达国家的公司进入国际债券市场的很多,而发展中国家的公司相对较少。在债券市场的选择上,选择欧洲债券市场的较多,许多新的金融创新就是在欧洲债券市场上产生的。

(三)利用国际银行贷款

国际银行信贷是一国借款人向外国银行借入资金的信贷行为。国际银行信贷按其借款期限可分为短期借款和中长期借款两类。短期借款的借款期限一般不超过1年。国际企业借入短期资金,一般是为了满足流动资产要求。中长期信贷期限一般在1年以上,10年以内。中长期借款金额大,时间长,银行风险较大。因此,借贷双方要签订贷款协议,对贷款的有关事项加以详细规定。另外,借入中长期贷款一般要提供担保财产。国际银行信贷按其贷款方式有独家银行信贷和银团信贷两种。独家银行信贷又称双边中期贷款,它是一国银行对另一国的银行、政府及企业提供的贷款。贷款期限一般为3~5年,贷款金额最多为1亿美元。银团贷款又称辛迪加贷款,它是由一家贷款银行牵头,由该国的或几国的国家贷款银行参加,联合起来组成贷款银行集团,按照同一条件共同对另一国的政府、银行及企业提供长期巨额贷款。银团贷款期限一般为5~10年,贷款金额为

1亿～5亿美元,有的甚至高达10亿美元。目前,国际的中长期巨额贷款一般都采用银团贷款方式,以便分散风险、共享利润。

四、国际筹资的其他方式

(一) 国际贸易信贷

国际贸易信贷是指由供应商、金融机构或其他官方机构为国际贸易提供资金的一种信用行为。当前,国际上巨额的对外贸易合同的签订,大型成套设备的出口,几乎没有不与国际贸易信贷结合在一起的。因此,国际贸易信贷是国际企业筹集资金的一种重要方式。国际贸易信贷方式主要有以下几种。

1. 银行对出口商的短期信贷

银行对出口商的短期信贷可以从货物发运前和发运后两个不同阶段划分,前者包括打包放款和预支信用证,后者包括出口押汇、远期汇票贴现和保理账款等。

(1) 打包放款是出口地银行以出口商提供的正本信用证作为抵押,向出口方提供的短期贷款。该出口地银行必须是今后的议付行,如果信用证是"限制议付"的信用证,则非指定议付行不能提供打包放款。

(2) 预支信用证又称打包信用证,它根据开证申请人的要求在信用证中加注了一条特别条款,即开证行授权议付行或保兑行向收益人凭光票(不附单据的汇票)预付部分或全部贷款。它允许出口方在发送货物之前向议付行或保兑行预支一部分贷款,待交单议付时扣还原预支额及相应的利息。它与打包放款的区别在于:① 预支信用证是信用证本身规定的付款方法,而打包放款除了用信用证的正本作为抵押,还要另行逐笔向银行填写申请书办理贷款手续。② 预支信用证的风险则由贷出行(即议付行)承担。

(3) 出口押汇有两种,上述信用证的议付是出口押汇的一种,此外还有托收出口押汇。托收出口押汇是托收银行根据出口商的要求,买入出口商向进口商开出的跟单汇票,按照票面金额扣减从付款日到计收票款日的利息及银行手续费后,将净款付给出口商。此后,托收银行作为跟单汇票的持票人,将汇票及单据寄至代收行向进口商提示。票款收妥后,归还托收行的垫款。

(4) 远期汇票贴现即是在远期信用证下的远期汇票,经银行承兑后向出口方所在地银行贴现,以取得所需的资金。

(5) 保理账款是指账款保理行以无追索权的方式买受出口方对进口方的应收账款。

2. 银行对进口商的短期信贷

银行对进口商的短期信贷方式主要有进口押汇、信托收据借贷和银行担保提货等。

(1) 进口押汇。进口押汇即银行对进口商在信用证项下的垫款。如前所述，进口商在申请开证时只需付小部分的保证金，而当单证到达开证行时，开证行必须支付全部金额。此时如果进口商无钱赎单，就意味着占用了开证行的资金，形成了银行垫款。由于此时银行掌握着货单或已将货物提回存入银行仓库，这笔垫款是以货物的物权作为抵押的，进口押汇因此得名。

(2) 信托收据借贷。信托收据是指由进口商出具的，承认货物所有权属于开证行，由开证行信托进口商代为销售，待销出去后将所得货款交还开证行的货物价款收据。信托收据借贷发生在上述信用证项下的进口押汇场合。此时，进口商已开始承担贷款的利息，但由于货物作为抵押品掌握在开证行手中，进口商仍不能提出使用。为此，开证银行可以允许进口商出具信托收据，必要时还需提供其他担保，提前借出全套单据，然后提货作相应的使用，等到货物销售完毕，由进口方付款赎回信托收据。信托收据的期限一般有30天、60天和90天三种。

(3) 银行担保提货。银行担保提货是指在信用证结算方式下，当单证未到而货物先到时，进口方向银行申请双方会签后向船务公司提货。事实上，此时银行处于保证人地位，进口商则要向银行保证，等单证寄到时，不以单证不符的理由而拒付。

(二) 国际信贷

1. 现汇贷款

现汇贷款也称自由外汇贷款，是银行对企业、单位直接发放外汇的贷款。这种贷款是银行根据借款单位进口物资所需的外汇，确定贷款额度，用现汇对外支付贷款，借款单位最后用外汇归还贷款。现汇贷款的资金是从国际金融市场借入的，利率受国际资金供求状况的影响。因此，现汇贷款的利率实行浮动利率，高于国内人民币贷款利率，而且利率需要不定期调整。现汇贷款的期限一般为1~3年。

2. 买方信贷

买方信贷是出口信贷的一种形式，指出口国政府或银行向卖方的企业或银行提供贷款，用于支付贷款。其目的是鼓励本国商品、技术和劳务出口，是得到出口国政府支持的。目前，中国银行办理的买方信贷有两种：进口买方信贷和出口买方信贷。

(1) 进口买方信贷是由出口方委托出口国银行向进口国银行提供贷款额度，再由进口国银行向进口商提供的信贷。

(2) 出口买方信贷是由本国的出口单位申请本国银行向国外的进口商，或者指定的银行发放的贷款。其目的是鼓励国外进口商向本国进口方购买商品、技术和劳务。

3. 福费廷

福费廷是指出口地银行或金融机构对出口商的远期承兑汇票进行无追索权的贴现,使出口商得以提前支取现款的一种出口信贷融资方式,一般用于延期付款的大型设备。福费廷是一种票据贴现,但又不同于一般的贴现:① 一般的票据贴现,如票据到期遭到拒付,银行对出票人可行使追索权,而福费廷业务的贴现,不能对出票人行使追索权,票据遭拒付与出口商无关;② 一般票据贴现往往要具备三个人的背书,但无须银行担保,而福费廷的票据,须有一流的银行作担保;③ 办理一般票据贴现手续较简单,贴现费用一般按市场利率收取贴息,而福费廷业务的费用负担较重,要加收管理费、承担费等。

4. 政府混合贷款

政府混合贷款是政府贷款和出口信贷相结合的一种贷款。政府贷款是一国政府向另一国政府提供的援助性贷款,一般有规定的用途、期限长而利率低。出口信贷是一国政府对贷款银行或信贷机构实行利息补贴并提供保险的信贷手段,主要用于提高本国出口商的竞争能力。政府混合贷款是在出口信贷基础上形成的贷款形式,往往可以提供全部商务合同额的贷款额度,其综合利率比出口信贷利率偏低。

(三) 国际租赁

国际租赁是指一国从事经济活动的某单位,以支付租金为条件,在一定时间内向外国某单位租借物品使用的经济行为。国际租赁是一种新兴的融资方式。通过国际租赁,国际企业可以直接获得国外资产,较快地形成生产力。国际租赁的租赁费往往较高,所以国际企业应该权衡租赁和贷款,以决定选择何种方式。

(四) 国际补偿贸易

国际补偿贸易是指企业从国外引进设备作为贷款,待项目投产后,以该项目的产品或双方商定的其他办法予以偿还。国际补偿贸易的形式主要有直接产品补偿和间接产品补偿两种。前者是指进口方用进口的机器设备或技术所生产的产品来分期偿还设备和技术的价款,这是补偿贸易的基本形式;后者是指经双方协商后,进口方可以分期供应一种或几种其他产品作为补偿。通过补偿贸易,不仅可以筹集资本,引进先进的设备或技术,还有利于扩大商品的出口,但成本往往较高,对补偿产品的要求也较严。

(五) 国际项目融资

项目融资也称为有限追索权贷款融资,它是按照合同协定进行融资安排,借款者的还款义务和贷款者所能获得的收益被清楚地限定在借款者特定资产上的筹资方式。项目融资不同于具有无限追索权的普通贷款,它本质上就是银行承担了项目的部分风险,也正因为如此,银行要求的贷款利息也相应地高些。早在20世纪二三十年代,美国就出现了有限追索权贷款,当时是银行向石油开发商提供生产贷款,后来这一贷款方式得以推广发展,现已涉及所有大的项目建设,如管道铺设、矿产开发、发电厂建设等,应用范围也遍及全球。发展中国家应用项目融资大多是与BOT结合在一起。BOT是built(建设)、operate(经营)、transfer(转让)三个英文单词第一个字母的缩写,代表着一个完整的项目融资过程,它是近20年来国际上出现的一种比较新颖的基础设施项目筹资方式,是指政府机构将某些可由外商经营的基础设施项目,如电力、隧道、高速公路等,在一定时期内的经营权交给外商,由外商组建项目公司,负责项目的筹资、建设、经营。项目公司在特许经营期内对项目有经营权,并负责偿还项目的债务,获得投资回报,特许期满,将项目经营权无偿地交给政府机构。

第四节　国际投资管理

一、国际投资特点

国际投资是指国际货币资本及国际产业资本跨国流动的一种形式,是资本从一个国家或地区投向另一个国家或地区的经济活动。与国内投资相比,国际投资表现出如下特点。

1. 国际投资已成为生产要素国际交流的重要形式

直接投资方式在第二次世界大战后的国际投资中已日趋占据重要的地位,其目的不仅是为了谋取利润,而且更重要的是实现生产要素的交流、市场的扩大、技术水平的提高、国际金融的渗透,以适应在生产国际化形势下国际竞争的需要。

2. 国际投资目的多样性

国际投资的目的多种多样,有的在于促进资本保值增值,有的在于改善投资国与东道国的双边经济关系,有的则带有明显的政治目的等。

3. 国际投资的资本来源多渠道

资本来源既包括其自有股本、折旧基金、国外利润、应付款项、暂时闲置的库存现金等,也包含其遍布世界各地子公司所吸收的东道国政府和当地私人企业的投资和信贷资金,以及向当地市场和国际金融市场筹集的资本等。

4. 国际投资活动中货币单位的差异性

各国所使用的货币不同,货币本位的差别决定了资本的国际相对价格的差别,这种差别影响着国际投资的规模和形式。

5. 国际资本流动出现脱离商品劳务流转的趋势

当代国际资本流动和国际外汇市场交易活动在很大程度上脱离了国际商品劳务流转。国际资本流动和国际货币运动已日益成为谋取高额利润的手段,从而形成一种带有独立性的纯金融交易。

6. 国际投资具有更大的复杂性和风险性

国际投资的经营活动遍及多个国家,因而受到各国不同的政治、经济、金融体制和环境的制约。这给企业选择资本投放方向(即投资决策)带来了更多的不确定性。汇率变动、利率变动、通货膨胀以及政治风险等因素,都是企业进行国际投资时必须考虑的。

7. 国际投资具有更多的灵活性和套利机会

跨国公司可以通过全球范围的对外直接投资,使其产品的销售市场、主要原材料的供应来源及主要产品的生产地点多元化,可使公司不易受到那些影响个别市场需求的随机因素和当地政府干预的损害,能够有效地减少其盈利的波动性。此外,通过对外直接投资,可以充分利用有关东道国的自然禀赋优势(如人力资源、廉价的劳动力、节约运输成本等),还可以绕过关税壁垒和贸易限制,或者从国际市场中猎取信息和获取经验。

二、国际投资方式

国际投资按其方式的不同,可分成国际直接投资和国际间接投资。

(一) 国际直接投资

国际直接投资,是指投资者在国外创办并经营企业,以获取一定收益而进行的投资。国际直接投资不仅仅是指货币资金在国际流动,而且也通过实物性资产在另一国设厂,从而使资金由投资母国转移到东道国。直接投资的具体形式有以下三种。

1. 国际独资投资

国际独资投资是指通过在国外设立独资企业的形式所进行的投资。这里的独资企业是指根据东道国的法律,经过东道国政府批准,在其境内兴办的全部为外国资本的企业。进行国际独资投资,由于经营权独立,因而受到的干涉较少。另外,还可以利用各国税率的不同,通过内部转移价格的形式,进行合理避税。由于对东道国的投资环境及市场情况的了解比较困难,因而国际独资投资风险较大,获准设立也不易。

2. 国际合资投资

国际合资投资是指某国投资者与另外一国投资者通过组建合资经营企业的形式所进行的投资。这里的合资经营企业又称股权式合营企业,通常是国外投资者与东道国投资者按照共同出资、共同经营、共负盈亏、共担风险的原则所建立的企业。国际合资投资是国际投资的一种主要方式,它不仅可以凭借东道国企业对该国政策、法律、市场等方面情况的了解,减少投资风险,而且还有利于学习东道国企业的先进技术和管理经验,同时还可以享受一些优惠政策。但寻找国际合资伙伴比较困难,而且由于各国对合资企业外方控股权都有比例的规定,即不能超过50%,从而使国外投资者不能对合资企业进行完全控制。

3. 国际合作投资

国际合作投资是指通过组建合作经营企业的形式所进行的投资。这里的合作经营企业又称契约式合营企业,是指国外投资者与东道国投资者通过签订合同、协议等形式来规定各方的责任、权利、义务而组建的企业。举办国际合作投资企业所需时间较短,形式也较灵活,但由于合作条件、管理形式、收益分配以及各方的责权利都是双方协商确定的,因而规范性较差,容易引起纠纷。

(二)国际间接投资

国际间接投资又称国际证券投资,是指投资者在国际金融市场上购买外国的公债、公司债券或公司股票等所进行的投资。国际间接投资对资金的运用比较灵活,可以随时变现和转移,它不需要像直接投资那样要经过谈判、协商和复杂的审批程序,只要有合适的证券,可马上进行投资,而一旦国际形势或对方政局发生变化,可马上抽回投资。

三、国际投资应考虑的因素

1. 东道国的投资环境

投资环境是指在国外投资时所面临的特定生产经营条件。在进行对外投资时,必须认真调查分析东道国的投资环境,如东道国的政治稳定性、对外资的政策、劳动力、原材料、资金等生产要素的价格及供应情况、市场规模大小、外汇管制、地理位置、文化差异、税收制度、资金流动等。这些因素直接影响对外投资的效益及可行性。

2. 本企业的竞争优势

到国外投资比在国内投资面临更大的风险,因此国际企业应认真分析本企业所具有的竞争优势。例如,本企业所拥有的人才、技术、资金、品牌、营销渠道等方面的数量及质量,在同行业中所处的地位、管理者的素质及经营文化等。通过将本企业与东道国的企业进行对比,以确定本企业到东道国投资有哪些方面的竞争优势,这是关系国际企业是否对外投资的关键一步。

3. 国际投资的经济效益

通过对东道国的投资环境及本企业竞争优势的分析,使企业国际投资有了初步的信心与动力,在此基础上,选择适合本企业需要的投资方式,并用子公司东道国的货币及按一定汇率折算成母公司所在国的货币,从子公司和母公司角度对投资项目的经济效益进行评价。经济效益的高低是国际投资应考虑的重要因素。

四、国际投资项目的经济评价

国际投资项目经济上的可行性分析可采用本书固定资产投资项目的经济评价方法,如净现值、获利指数、内含报酬率等。这里我们主要研究国际投资项目经济评价中的一些特殊问题。

（一）评价角度

跨国公司出于共同利益的考虑,往往利用转移定价,即经过人为安排的背离正常市场价格的各种内部产品、劳务交易价格和收费标准来达到减少公司税负的目的。利用转移定价除避税外,还可以用来逃避东道国的外汇管制,即当东道国政府对汇出利润和股利有限制时,通过转移定价可将一部分利润作为生产费用转移出来。但跨国公司内部产品和服务交易中的转移定价可能扭曲某个项目的真实获利能力,并影响其他子公司的真实盈利情况,进而改变公司总体的现金流量。另外,母公司对项目收取的管理费和特许权使用费,对项目本身来讲是一种开支,但对母公司而言是一笔收入。由此引出的一个问题是,从项目本身角度出发估算的现金流量与从公司整体角度出发估算的结果可能存在很大的差异。子公司作为项目的直接管理者,往往比较注重项目本身的经济效益,而较少考虑项目对公司整体利益的影响;但公司总部关心的是公司整体价值的最大化,因此往往比较注重项目对全公司能够带来的经济效益。为了解决从两种不同角度得出不同评价结果的矛盾,可从以下三方面对项目进行评价。

（1）将项目作为一个独立的实体进行有关的现金流量估计,即从项目或从子公司角度进行评价。

（2）从公司总部的角度出发,分析项目向母公司所转移的现金流量的数额、时间、形式及转移过程中由于税收、外汇管制等原因可能产生的成本。

（3）分析项目对公司其他子公司所带来的间接收益和成本。

综合三方面的评价结果,最后得出总的结论。

（二）影响国际投资项目现金流量的主要因素

对项目现金流量分析是投资项目经济评价的重要一步,国际投资项目现金流量的估计比国内投资项目现金流量的估计难度更大,不确定的因素更多。影响的主要因素如下。

1. 项目预期的总投资额

项目预期的总投资额是指项目投资所需的用于购建厂房、设备等固定资产上的投资以及用于现金、应收账款、存货等流动资产上的投资,这是项目的初始现金流量。

2. 市场需求量及产品售价

国际投资项目产品的市场需求量及售价是计算项目各期营业现金流入量的基础。市场需求量的预测主要是对项目产品市场占有率的预测;产品售价的预测是以市场上的最具竞争力产品的售价并考虑通货膨胀影响为依据的。

3. 生产成本

生产成本包括项目产品的固定成本和变动成本,它是计算国际投资项目各期营业现金流出量的基础。固定成本的预测相对简单些,但变动成本预测与市场需求量有关,两者都需考虑通货膨胀的影响。

4. 项目使用寿命及其残值

项目使用寿命对投资项目的经济评价影响很大。国际投资项目有可能出现资产被征收的情况,会造成项目实际使用寿命与评估现金流量时的使用寿命不一致。评估时可考虑不同使用寿命对项目经济评价的影响。项目的使用寿命与其残值有关,使用寿命越长,残值越低。

5. 资金转移的限制

有些国家对在该国投资的外国公司汇出资金有一定限制,这势必会增加子公司将资金转移到母公司的成本,从而影响母公司从项目投资中实际获得的净现金流量,在估计时必须考虑这一因素。

6. 税负

东道国和母国的税负对投资项目税后现金流量影响极大,因而直接影响评估结果,这一因素必须予以考虑。

7. 汇率及东道国的通货膨胀率

国际投资项目的现金流量与项目使用寿命期内的汇率及通货膨胀率变动直接相关。由于汇率与通货膨胀率之间存在一定的联系,因而对项目现金流量的影响有部分抵消的作用。汇率及通货膨胀率的变动都很难预测,尽管可以采取一些套期保值的方法,但套期保值的数量难以准确估计,因而也给项目评估带来了不确定性。

8. 项目的资本成本

项目的资本成本也就是项目的折现率,它不仅取决于投资项目的资本来源,还与资本结构有关。从前面所讲的投资项目经济评价方法中可知,项目的资本成本对评价结果影响重大,资本成本越高,项目的净现值、获利指数将越小。

五、国际投资的风险

1. 国际投资的风险种类

国际投资除遇到像国内投资的经营风险、财务风险外,还会遇到许多国内投资不曾有的风险,如外汇风险、政治风险等。外汇风险在本章第二节已作过详细介绍,这里主要分析政治风险。

(1) 被没收或征收的风险。这是指东道国政府没收或征用外国投资企业的股权、债权、营业收入及不动产等产生的风险。

(2) 转移风险。这是指东道国政府实行外汇管制,而导致国外子公司的利润无法从该国正常汇出而带来的风险。

(3) 歧视风险。这是指东道国政府对外国投资企业采取与国内企业不同的政策而使外国投资企业处于不利竞争地位所带来的风险。如支付较高的税率、较高的水电费率、较高的工资等。

(4) 战争风险。这是指由于东道国发生战争、内乱、暴动,使外国投资者的利益受到直接或间接损失的风险。

2. 国际投资的风险管理

对于国际投资的风险管理,通常采用的措施如下:

(1) 投资前的统筹规划。这是指投资前所应采取的一些措施。如与东道国政府协商谈判,在双方的权利和责任等方面达成必要的协议,对国外投资的资产进行保险等。

(2) 项目运营过程中的风险管理。在项目营运过程中,如面临政治风险,可以采取一些措施来减少政治风险可能造成的损失。如在一定时期内逐渐将投资项目的股权全部或大部分转售给当地投资者;尽可能快地从投资项目中抽取尽可能多的现金流量;有意识地采取一些措施以减少东道国政府征收资产所得到的净收益;寻找当地合伙人,通过当地持股人向东道国政府施加压力来阻止公司资产被收购。

(3) 资产被征收后的对策措施。东道国政府决定征收国外子公司的资产时,首先可与东道国政府进行谈判,说明该项目对东道国带来的有利之处及被征收所带来的不利之处。如果谈判无效,可采取停止关键零部件供应、关闭产品出口市场、终止技术和管理支持等报复措施。如果再不奏效,也可考虑向国际法庭提出申诉。在所有努力均无效果时,国际企业只有接受事实,在与东道国政府关系没有完全破裂的基础上,可采取一些补救性措施,如受托代理出口,提供技术和管理方法,出售关键零部件等。

第五节 国际营运资本管理

国内企业营运资本管理的原理同样适用于国际企业,但由于国际企业所处的环境与国内企业不同,因而对营运资本的具体管理也就不同。在这里,我们主要介绍与国内企业差别较大的流动资产管理。

一、国际企业的现金管理

国际企业现金流动的渠道多,涉及的币种也多,现金的跨国界流动要受到一些限制,汇率的变动以及税收政策的差异等都会给国际企业的现金管理带来一定的难度,同时也带来一些机遇。如何做到既能保证国际企业对现金的需要,又能使闲置现金降至最低,这是国际企业现金管理的目标所在。国际企业应利用其跨国经营的有利条件,实现现金管理的最优策略。

(一)现金的集中管理

根据跨国企业现金管理的特点,一般均采用现金的集中管理策略。即设立全球性或区域性的现金管理中心,负责统一协调、组织企业各子公司现金供需。

采用现金的集中管理策略,使国际企业各海外子公司平时只需保留进行日常经营活动所需的最低现金余额,其余部分均转移至现金管理中心的账户统一调度和运用。现金管理中心通常设在主要的金融中心或避税港国家。在中心内汇集了企业的财务专家,他们利用先进的计算机技术,通过跨国公司遍布全球的信息网络,根据各子公司的现金需求及其所在国的利率、汇率、税率等情况,作出资金的调出和调入决策。

(二)现金的组合管理

现金的组合管理是指国际企业的现金如何分配于各种可能性之间。现金余额可分配于以下三种可能性。

1. 现金存在的形式

现金可以以纸币及硬币、活期存款、定期存款、有价证券等形式持有。

2. 现金持有的币种

一般来说,国际企业各海外子公司的现金余额通常是以所在地国家的币种持有,但出于当地通货膨胀或货币贬值,因而持有当地货币将蒙受损失。因此,国际企业往往要求各海外子公司将超出日常经营所需的最低现金余额的部分汇往现金管理中心,由中心安排现金的存在形式及币种。

3. 现金持有的时间

现金持有的时间可能长达数月,也可能只有几天或一天。一般来说,定期存款和有价证券的持有时间相对长一些。

(三)多边净额结算管理

多边净额结算管理是指国际企业各子公司之间或总公司与子公司之间的往来项目,经应收应付相抵后,用其净额来进行实际结算的一种方法。

国际企业内部之间因正常经济业务往来而发生大量资金结算时,为了避免跨国界的内部资金流动所产生的大量成本,如兑换外币成本及交易费用、资金转移所需时间而产生的机会成本等,可由现金管理中心建立多边净额结算系统来解决。现金管理中心负责收集和记录系统内各成员有关内部收支账目的详细信息,然后将这些信息进行处理,并将各种货币统一折算成同一货币,以反映各成员在一定结算日应付总额和应收总额,从而确定其净支付额或净收入额。在实行多边净额结算管理时,要注意净额支付的结算时间,通常30天、60天或90天结算一次。内部交易发生额较大的,结算时间可短一些。另外还要注意各国对净额支付的限制,因为有些国家,如美国、加拿大对净额支付不加任何限制;有些国家,如巴西则不允许任何形式的净额支付;有些国家,如日本只允许双边净额支付,不允许多边净额支付;有些国家,如意大利、挪威则须事先申请,经批准后才能实行多边净额支付。

(四)现金跟踪管理

现金跟踪管理是指建立一个现金流动报告系统,以随时反映各子公司现金头寸及预计的流动方向和数额的一种方法。

通过建立现金流动报告系统,可以反映该报告系统内各成员单位的现金余额、最低现金需求,汇总后就可得到该系统总的现金结余或短缺数额,然后再考虑利率、汇率及子公司现金需求的可能变化等因素,来确定相应的筹资政策和短期投资政策。

二、国际企业的应收账款管理

国际企业的应收账款有两种情况:一是国际企业向其外部客户赊销所形成的外部应收账款;二是国际企业内部各子公司之间或母公司与子公司之间内部赊销所形成的内部应收账款。这两种应收账款的性质不同,因而具体的管理方法也就不同。

对于外部应收账款的管理,目标在于在保证企业产品市场竞争力的前提下尽可能降低应收账款投资的成本。这与国内企业应收账款管理的原理基本相同,如制定信用标准、信用条件、收账政策等。但国际企业在应收账款管理时应特别注意以下几个问题。

1. 支付币种的选择

在对外销售中,支付货币的币种有三种选择:一是出口商所在国货币;二是进口商所在国货币;三是第三国货币。支付货币的选择,直接影响应收账款的实际价值,特别是在未采取套期保值时,显得更加重要。一般来说,采取硬币支付对出口商有利,采取软币支付对进口商有利。但是双方为了各自的利益,都会在其他条件上提出要求,如出口商要求以硬币支付,则可能在价格或信用期限上作出适当让步;而进口商要求以软币支付,则应适当提高价格或缩短信用期限。

2. 信用期限的选择

信用期限是企业准许客户延期付款的时间,信用期限越长,汇率变动的风险就越大。在确定信用期限时,应考虑支付货币的强弱,如果支付货币是硬币,信用期限可适当延长;如果支付货币是软币,则信用期限应尽可能短。

3. 利用政府代理

为了避免无法收回的应收账款而带来的坏账损失,国际企业可利用政府代理的方法。政府代理是国家对出口信贷实行的一种担保制度。一个国家为了扩大本国出口,在出口企业赊销商品时,由国家设立的代理机构出面担保,当进口商拒绝付款时,代理机构要按担保的数额给予补偿,这样出口商就可避免坏账损失。

三、国际企业的存货管理

由于国际企业的原材料采购常常要跨国界进行,它涉及一些国际贸易上的问题,如货物运输、关税壁垒、东道国政府的进口限制等,另外还由于东道国的通货膨胀率和汇率的可能变动,都将直接影响存货成本,所以国际企业的存货管理比国内企业的存货管理要复杂得多。国际企业的存货管理应特别注意以下问题。

1. 汇率变动趋势

如果存货供应来自国外,在预计本国货币将发生贬值时,应提前进货,增加进口原材料的库存量;反之,在预计本国货币将发生升值时,应推迟进货,减少进口原材料的库存量。

2. 存货成本差异

不同国家的通货膨胀率、利率是不同的,因此各国存货的采购成本、储存成本、订货成本都有一定的差异,如何保证存货成本最低是存货管理的目的。国际企业可利用各国存货相关成本的差异,选择不同的进货时间及进货批量。

第六节　国际税收管理

一、国际税收管理的目标

国际企业纳税涉及各国税制和各个国家之间的税收关系,因而往往比国内企业的纳税更为复杂和繁杂,同时也为国际企业的纳税筹划提供了一些可供操作的条件,可以在现行各国税制和国际税务管理协定的基础上调整企业的战略,并在投资、筹资和股利分配各个方面充分考虑税收的影响,以实现纳税最小化。

国际企业税收管理的具体目标有以下几个方面:

(1) 根据有关国家的税法、税收协定来避免国际企业出现双重征税的情况。

(2) 利用有关国家为吸引外资而采取的优惠政策,实现最多的纳税减免。

(3) 利用各种"避税港"来减少企业所得税。

(4) 利用内部转移价格把利润转移至低税国家和地区,使总纳税额最少。

(5) 利用其他方法来减少所得税的支付。

二、国际双重征税及其免除

(一) 国际双重征税产生的原因与影响

国际双重征税是指两个国家对同一纳税人的同一所得额,同时按本国税法课征所得税。国际双重征税的产生是同税收管辖权紧密联系的,只有在两个国家对同一纳税人都能行使税收管辖权的情况下,才会产生国际双重征税问题。主要有以下三种情况:

(1) 两国对同一纳税人的同一征税对象都按收入来源税收管辖权进行征税。

(2) 两国对同一纳税人的同一征税对象都按居民税收管辖权征税。

(3) 一国按居民管辖权,另一国按来源管辖权对同一纳税人的所得重复征税。这是国际税收关系中经常发生的现象,一般所说的双重征税,主要是指这种情况。

国际双重征税不利于国际经济的发展和跨国经营的推行,其危害性主要体现在,一方面,违背了税负公平原则。国际双重征税的存在,使有的纳税人交纳一次税,有的则要多次纳税,造成地位同等的纳税人在税收及相关的范围内处于不同的竞争状态。另一方面,加重了纳税人的负担。一笔收入,两国同时对其征税,税后所得必然减少,税收负担加重会严重限制国际企业的生产经营活动。

(二) 避免国际双重征税的方法

为了消除彼此间税收管辖权的冲突,许多国际条约中也列入了消除国际双重征税的原则和规定,并形成了相应的避免国际双重纳税的方法。

1. 免税法

免税法是对本国居民来源于国外的所得和存放在国外的财产并已纳税的跨国收益、所得或财产价值予以免税,以避免国际双重征税的一种方法。免税法有全额免税和累进免税两种。全额免税是征税国在确定纳税人总所得的适用税率时,完全不计入免税的国外所得。累进免税是征税国对境外所得虽给予免税,但在确定纳税人总所得的适用税率时,却要将免税所得并入计算。

实行累进免税法,征税国往往会取得较多的税款,大多数国家都采用累进免税法。实行免税制的国家主要是欧洲大陆和拉丁美洲的一些国家,如法国、海地、多米尼加、巴拿马、委内瑞拉等。

2. 抵免法

抵免法是指居住国允许本国居民纳税人在本国税法规定的限度内,用已在来源国交纳的税款,抵免应就其世界范围内所得向居住国交纳税款的一部分,以避免双重征税的一种方法。我国目前采用这种方法。

抵免法有全额抵免和限额抵免两种。全额抵免是不管纳税人在收入来源国纳税多少,全部都给予抵免。限额抵免是抵免额不得超过纳税人在外国按居住国所得税税率所应交纳的税款。当收入来源国的所得税税率低于或等于居住国的所得税税率时,全额抵免和限额抵免并无区别。当收入来源国的所得税税率高于居住国所得税税率时,超过居住国税率所应纳税款的部分则不能抵免。这对跨国纳税人是不利的,但对征税国有利,世界上大多数国家都采用限额抵免法。我国也实行这种方法。

3. 税收协定法

税收协定法是通过有关国家签订双边税收协定,以避免国际纳税人被重复征税的一种方法。免税法和抵免法仅是一国内部的规定,不能解决在哪些情况下应由收入来源国优先行使征税权,哪些情况下应当仅由纳税人居住国征税,不能完全免除国际重复征税。因此,还必须采用国际税收协定的方法。

运用税收协定避免国际双重征税主要有两种方法:一是将征税权完全划归一方,从而完全排除了另一方对该纳税对象的征税权,使国际双重征税得以免除;二是通过税收协定,缔约国双方可以确定各自税收管辖权的范围,明确哪些所得应由来源国一方优先行使来源地税收管辖权,哪些所得应限制其税收管辖权的行使等。

三、国际避税

国际避税是指国际企业利用税法规定的差别,采用选择合适的地点和经营方式等种种合法手段,来减少或消除其纳税义务的一种行为。各国税法差异主要体现为纳税税率的差异、纳税基数的差异、纳税税种的差异、税收管理效率的差异以及国际避免双重征税方法的差异。

国际企业可以利用以上差异,采用适当的方法进行避税。

(一) 通过内部转移价格进行避税

国际企业可以利用各国间税率和税法的差异,通过调节内部转移价格来达到避税的目的。其主要做法是:对由低税国子公司向高税国子公司的出口业务采取高价,而对由高税国向低税国的出口业务则采取低价。这样就把实现利润的一部分由高税国子公司转入低税国子公司,使整个国际企业的纳税额减少。除适用于一般的商品供应外,内部转移价格避税法还适用于国际企业资金转移的各种情形,如内部信贷、专利和专有技术等无形资产转让费、管理成本或费用、租赁等。

(二) 利用避税港避税

避税港又称低税乐园或避税地,是指以免征某些税收或压低税率的方法,为外国投资者提供不纳税或少纳税的国家或地区。避税港一般具有如下特征:① 与大多数国家相比,税率明显偏低,或是应税收益的范围明显偏小。② 有着严格的保守银行秘密和商业秘密的传统,即使在国际协定中也不愿打破这一传统。③ 银行和其他金融机构活动在其国民经济中占据较为重要的地位。④ 有着较好的现代化通信设施。⑤ 对外国人存取外币不加控制。⑥ 努力成为国际金融中心。

国际企业利用避税港避税,通常是在避税港设置各种各样的挂牌公司或信箱公司。这些公司一般都是出于减少纳税支出的目的而在避税港注册的公司,往往并不发生实际经营活动,主要是在避税港申报收益,以避免征税。一般有以下几种做法:

(1) 以挂牌公司作为虚设的中转销售公司。例如:一个国际企业在甲、乙两国各有一子公司 A 与 B,在某一避税港有一子公司 C。甲国子公司 A 的产品实际上是直接供应给乙国子公司 B 的,但为了避税,A 公司以低价把产品销给设在避税港内的 C 公司,C 公司再以高价卖给 B 公司。这样,收益大都转给了 C 公司,而 C 公司所在避税港的税率较低,就可以少纳税甚至不纳税。这种情况实际上只在 C 公司的账册上转了一笔账,而货物却直接由 A 公司发往 B 公司。

(2) 以挂牌公司作为收付代理公司。任何国际企业的母公司都要为子公司提供贷款、技术服务、劳务服务、管理咨询服务等多种服务。为了减少这部分收入的税负,可在避税港设置一个收付代理公司,这样就可以把大部分收入转移给该公司。但实际上,款项的贷出、许可证的发放、劳务的提供均不由收付代理公司完成,而是由母公司安排的。

(3) 以挂牌公司作为持股公司。国际企业的母公司一般都从子公司中获得较多的股息和红利。为了避税,可在避税港设一持股公司,要求下属公司把股息和红利汇到避税港,以便减少纳税负担。

(三) 选择有利的投资组织形式避税

国际企业可以选择海外分公司或子公司的形式设置海外机构,从事投资活动。从法律上讲,海外分公司隶属于母公司,本身不具有独立的法人地位,而海外子公司却是在当地注册、登记并成立的具有独立法人地位的公司。从税收角度看,选择哪种投资组织形式要考虑以下两方面因素:

(1) 海外机构在开业后几年内是否亏损。分公司的预计亏损可以包括在母公司的利润表里,可以部分抵销母公司的盈利,减少应纳税所得额。而子公司的预计亏损却一般不能与母公司的利润相合并,不能取得减税的效果。因此,如果该机构在开业后几年内亏损,选择分公司的组织形式较为适宜。

(2) 支付预扣税与延期纳税之间的权衡。大多数国家对外国子公司向母公司支付的股息征收预扣税。国家之间是否签订双边税收协定影响着预扣税税率的大小。但是如果分支机构是分公司,就不必交纳预扣税。同时,许多国家对本国跨国公司海外的子公司来源于国外的所得有延期纳税的优惠,但是海外分公司却得不到这种好处。因此,跨国公司必须在支付预扣税的不利因素和延期纳税的有利因素之间权衡,选择是采用子公司的形式还是采用分公司的形式。

 案例 7-1　中信泰富衍生金融工具投资损失案分析

随着经济全球化进程的加快,企业对外投资、进出口等业务都广泛涉及外汇的兑换,国际企业不可避免地会面临汇率风险。然而,由于我国现代金融业起步较晚、发展滞后,金融工具和金融监管与西方发达国家之间差距巨大,我国国际企业对创新金融工具,尤其是对金融衍生工具往往并不十分了解,加上西方投资银行利用知识和信息的不对称对我国国际企业进行欺骗利用,国际企业频繁出现巨大的投资亏损。2008年,中信泰富投资累计外汇期权就造成了巨大的亏损,影响广泛。

一、事件回顾

2006 年 3 月,中信泰富购入坐落于西澳皮尔巴拉地区磁铁矿石开采权。据中信泰富公告称,该项目计划于 2009 年或 2010 年开始为其特钢厂提供稳定的铁矿砂来源;该项目截至 2010 年的资本开支为 16 亿澳元,2010 年投产后每年的营运开支为 10 亿澳元,因而对澳元有稳定的需求。为降低西澳铁矿石项目和欧洲相关投资项目面对的货币风险,在 2006 年至 2007 年间,中信泰富投资了 4 种杠杆式外汇合约(澳元累计目标可赎回远期合约、每日累计澳元远期合约、双货币累计目标可赎回远期合约和人民币累计目标可赎回远期合约),并分别与花旗、渣打、美国银行、巴克莱银行、法国巴黎银行香港分行、摩根士丹利资本服务等 13 家银行共签下 24 款外汇累计期权合约,其中的部分合约 2008 年才进入执行期。

2008 年 10 月 20 日下午,中信泰富召开新闻发布会,称公司为了减低西澳洲铁矿项目面对的货币风险而签订的对冲风险为目的的杠杆式外汇买卖合约,由于目前澳元汇率为 0.70 美元,而欧元汇率为 1.35 美元,该合约面临亏损,按目前市值计价中信泰富将面临 18.8 亿美元的亏损(亏损近 155 亿港元,其中包括 8.07 亿港元的已实现亏损和 147 亿港元的估计亏损),而且亏损有可能继续扩大。2008 年 10 月 21 日,中信泰富的股价暴跌 55%,公司在两个交易日中市值蒸发掉了 2/3,成了在 2008 年全球金融危机中首批"中箭落马"的中国企业。

二、中信泰富亏损及亏损原因分析

(一)亏损分析

中信泰富为降低西澳铁矿项目面临的货币风险而签署的 4 种累计期权杠杆式外汇合约,杠杆倍数多为 2.5 倍,合约的收益与风险不对等。导致中信泰富亏

损严重的杠杆式外汇衍生合约包括:

(1) 澳元累计目标可赎回远期合约。与澳元兑美元汇率挂钩,中信泰富可以行使的澳元兑美元的汇率为0.87。当澳元兑美元汇率高于0.87时,中信泰富可以以0.87的比较便宜的汇率获得澳元,赚取差价。但有最高利润上限,当达到这一利润水平时,合约自动终止。该公司持有的2010年10月到期澳元合约理论上的最高利润额为5150万美元(约合4亿港元)。但当澳元兑美元不断贬值时,中信泰富却无法单方面中止合约,须不断以高汇率接盘,直到接获总量达90.5亿澳元为止(相当于超过485亿港元)。

(2) 双货币累计目标可赎回远期合约。中信泰富必须以0.87的澳元兑美元的汇率或者1.44的欧元兑美元汇率,按照表现更弱的一方来接盘澳元或者欧元直到2010年7月,按此计算须接盘的总量达2.97亿澳元(相当于超过15亿港元)。

(3) 人民币累计目标可赎回远期合约。参考美元兑人民币汇率6.84计算盈亏。

分析表明,中信泰富所有的合约加起来可能获得的最高收益还不到4.3亿港元,但接盘外币的数量则超过500亿港元,收益与风险完全不匹配。

(二) 亏损原因分析

1. 外汇风险规避工具选择不当

(1) 选择的杠杆式外汇合约计算模型复杂,风险定价不精确。澳元累计目标可赎回远期合约的风险与收益是严重不对称的,它不同于传统的衍生工具,它作为一系列期权的组合,一般为买入一个看涨期权和多个看跌期权。这在上涨情况下使投资者以低于市场价格买入标的资产从而获得利润,一旦下跌其亏损将是成倍增加的。

(2) 交易金额巨大。根据中信泰富披露的公司需求,签订一份交易金额不到30亿澳元的合约就可以覆盖其对澳元的需求,但却签下总额高达94.4亿澳元的合约;对欧元的需求量仅为8500万欧元,签下的合约总额却高达1.604亿欧元。

(3) 选择的工具品种单一。虽然企业通常需要定制产品来满足其特定需求,但在定制产品过程中,企业自身发挥主导作用,在很多情况下,通过对远期、期货、互换、期权等进行组合,也可以达到企业特定的套期保值需求,而不一定非得要这样一个累计目标可赎回远期合约。

(4) 名为套期保值,实为投机。中信泰富事发后声称,与国外投行签订澳元外汇合约是为了套期保值,规避其在澳洲铁矿石项目上的汇率风险。但签订的合约需接受的94.4亿澳元总额远大于该项目预计所需的约30亿澳元总量,与合约本身的财务性质相悖;且如果澳元大幅上涨,交易对手却可以通过"敲出障碍期权"而取消合约,使得"套期保值功能"终止。

(5) 高技能人才缺乏。缺乏大量懂金融衍生工具的专业金融人才,在外汇交易方面从理论到实战经验都欠缺,导致企业在实现经营和投资的战略目标时,无法确定选择外汇对冲的最佳策略和科学方法,无法设定风险模型与相关性分析量化风险和找出隐藏的风险,从而规避风险。

2. 制度缺失

从根本上而言,中信泰富亏损的原因为制度缺失,尤其是内控制度存在较大瑕疵。

(1) 董事会制度。据中信泰富披露,其组织形式规范的董事会里,存在诸多问题:一是董事长大权在握控制着董事会。二是独立董事制度失去作用。中信泰富亏损事件中,独立董事的角色与责任不明,事前监督、事后监控作用无法体现;独立董事制度流于形式,未能起到决策咨询、强化监督董事会的本质功能。三是董事会高管巨额薪酬,在一定程度上刺激了中信泰富采取激进的经营投资风格。

(2) 内部授权制度。具体表现在:一是缺乏明确的授权。中信泰富的公告中称此次事件源于财务董事未遵守公司对冲风险政策,且在交易前未按规定取得批准,超越权限导致公司亏损。二是授权权限不明。合约中只规定盈利的上限,却没有规定止损点;公司未对风险限额进行严格的限制,导致合约期的巨额亏损。三是没有及时止损。在交易中需随时关注各种影响交易的因素的变化,并及时采取应对措施。2008年7月中下旬澳元便开始下跌,中信泰富在以后长达3个月的时期内未及时制止进一步的亏损。在事件发生后仍没有及时平仓。

(3) 风险管理制度。主要体现在:一是缺乏交易前的风险识别与评估。据中信泰富公告称,公司在进行衍生工具交易时由于先前澳元汇率处于上升趋势,就没有评估澳元贬值所构成的风险;在签订合约时既未详细检查和评估合同风险,也未请财务顾问和法律顾问查看合同详情;同时,一些银行在以往与中信泰富的有关交易中推销产品时,没有将风险彻底向中信泰富解释清楚,存在误导可能。这在一定程度上反映出该公司整个企业风险理念的缺乏。二是合约签订后的持续时期对其相关风险的关注不够。合约签订后,公司应继续关注影响风险的因素并评估其发生的概率和损失的金额。在中信泰富的这项交易中,公司应密切关注影响澳元兑美元汇率的政治、经济等事项。2008年7月下旬国际货币市场出现异动,澳元兑美元掉头下跌。此前市场普遍认为澳元会升值,用远期合约锁定收益是合理的。但金融危机使美元升值,在长达3个多月的跌势中,中信泰富的交易人员以及相关的机构一直没有采取措施,而是赌博澳元汇率会上升,充分说明持续关注的欠缺。

资料来源：

[1] 向文生.企业衍生金融工具的风险管理研究——基于中信泰富事件的分析[J].财会通讯·综合,2010(9):129-131.

[2] 杨淑娥,杨峰.累计外汇期权合约适合做套期保值吗？——中信泰富案例带给人们的思考[J].财务与会计·理财版,2011(4):44-47.

复习与思考题

1. 什么是国际财务管理？它有哪些特点？包括哪些主要内容？
2. 什么是汇率？汇率的直接标价法与间接标价法有什么不同？
3. 什么是外汇经济风险？防范外汇经济风险的方法主要有哪些？
4. 什么是外汇交易风险？防范外汇交易风险的方法主要有哪些？
5. 国际筹资与国内筹资相比有哪些特点？
6. 国际筹资一般有哪些筹资渠道和筹资方式？
7. 国际投资与国内投资相比有哪些特点？国际投资有哪些方式？
8. 国际投资项目经济评价与国内投资项目经济评价相比有哪些不同？
9. 如何加强对国际投资的风险管理？
10. 如何加强国际企业的现金管理、应收账款管理和企业存货管理？
11. 国际企业在制定资金转移计划时要考虑哪些因素？
12. 如何理解国际避税和反避税？

计算与分析题

1. 某国际企业预计3个月之后有2 000万美元的外汇净流入,为了固定这些美元收入的人民币价值,该企业正在考虑与银行签订3个月期远期外汇合约,即3个月之后以1美元＝8.67元人民币的汇率卖出2 000万美元。该企业对未来美元即期汇率的判断如下：

3个月后可能的即期汇率	8.61	8.63	8.65	8.67	8.69	8.71	8.73
概率	5%	5%	10%	20%	30%	20%	10%

要求：根据上述资料,帮助该企业作出是否签订远期外汇合约的决策。

2. 某国际企业3个月后有2 000万美元的外汇净流出,当时即期市场汇率为1美元＝8.68元人民币,为了固定将来债务支出的人民币金额,该国际企业拟从银行借入人民币并将其兑换成美元,然后将美元存入银行用于将来的支付。已知人民币3个月的借款利率为1.5%,美元3个月的定期存款利率为1.3%。

要求：计算企业需要在当前借入多少人民币,以完成对外汇债务的保值,并说明企业对外汇债务保值的具体操作步骤。

第八章

股份公司 IPO 决策

课程思政

学习目标

> 通过本章学习,应当理解和掌握:
> - IPO 的基本概念,基本的决策问题及决策思路;
> - IPO 的估值方法和定价方式;
> - 我国企业在境内发行上市的条件和程序;
> - 中国香港、纽约和新加坡等主要资本市场的发展概况和中国香港市场的 IPO 条件。

发行股票成为上市公司,是企业实现跨越式发展的重要途径之一。随着我国资本市场的发展,国家对企业海外上市的政策放宽,更多企业可以自主选择上市的地点和时机,以实现自身的发展目标。本章主要讲述股份公司首次公开发行股票(initial public offerings,以下简称 IPO)的一般决策问题,介绍我国股票市场 IPO 条件、程序和相关制度,介绍世界主要资本市场的发展状况。

第一节　股份公司 IPO 概述

一、股份公司 IPO 的概念

股份公司 IPO 是股份公司首次公开发行股票并上市的过程。IPO 之后,公司就成了"公众公司"(public company)或者"上市公司"(listed company),其股票通常在二级市场(证券交易所)进行公开交易。

大多数企业在创业初期都是以独资、合伙或有限责任公司的形式出现的。随着企业发展壮大，独资、合伙企业或有限责任公司在公司治理、筹资能力等方面将遇到诸多限制与障碍。企业改制成股份公司，并将股票在交易所挂牌交易成为上市公司可以有效地克服上述障碍，在新的上市公司平台上实现公司发展的二次飞跃。1971年英特尔公司、1980年苹果公司、1986年微软公司和甲骨文公司的上市，奠定了美国计算机行业在全世界的垄断地位；1990年思科公司和1996年的朗讯公司上市，带动了美国通信业的迅猛发展。我国企业也加快了在境内外上市的步伐，一部分大型企业和民营企业在中国香港、纽约等地发行上市，筹集资金并提高了中国企业的知名度。

企业上市的途径有IPO、买壳上市和借壳上市等。买壳上市是指非上市公司通过收购一些业绩较差、筹资能力弱化的上市公司，剥离被收购公司资产，注入自己的资产，从而实现间接上市。借壳上市是指上市公司的母公司通过将主要资产注入到上市的子公司来实现母公司的上市。这两种上市的方式与IPO相比，资产、人员、财务关系十分复杂，也不能马上实现融资，对实施上市运作的主体企业来说，存在较大的风险。而企业直接进行IPO能够进行大规模的融资，获得的上市"壳"资源处于初始状态，各种资产关系比较容易理顺。但是，全球各主要证券市场对企业进行IPO均有比较严格的要求，程序复杂，耗时相对较多，政策性风险也较大。

二、股份公司IPO的利与弊

（一）股份公司IPO的积极效应

1. 便于筹集新资金

企业规模扩张需要大量资金，在证券市场公开发行股票筹资是一条重要途径。公司实现IPO是经有关机构审查批准并接受相应管理的条件下实现的，并且还要执行各种信息披露和股票上市的规定。这种严格的监管规定增强了社会公众对公司的信赖。企业在IPO过程中能获得大量资金，IPO后还能通过增发股票、发行债券等方式筹资，这就为公司持续获得大规模资金提供了条件。

2. 分散原始股东的风险

当公司持续成长变得更有价值时，其创业者或管理层会发现，个人财富的大部分已同公司的价值紧密联系在一起，这样就使得其个人资产组合的风险过大。公司IPO后，他们就可以将其持有的部分公司股份出售给其他投资者，再将收回的资金进行其他投资。这样公司的原始股东可分散个人投资的风险，实现创业者财富的更快增值。

3. 提高股票的变现能力

公司 IPO 后,其股票就可以在股票市场上公开交易,股票的变现能力大大提高。创业者或管理层手中持有的股票变成流动性很强的资产,可以在公开市场出售套现。很多创业企业谋求 IPO 的主要目的之一,就是为公司的原始股东(创业者)、高层管理人员和主要技术人员所持有的股票提供流动性便利,在短时间内实现创业的财富效应。

4. 便于确定公司价值

虽然理论上对公司估价有很多可借鉴的方法,但是受到客观条件所限,非上市公司的价值评估起来很困难。成为上市公司的一个重要好处就是可以通过对股票市价的观测确定公司的价值。在完全有效资本市场,股票价格被认为是理性投资者评价企业价值的直接表现。即使在非完全有效市场,股票价格仍然对公司估价有重要的参考价值,因为它是一种市场众多交易形成"公认价值"。所以,股票价值被认为是公司价值的衡量指标,根据股价的变化,公司更能及时发现经营中的不足,及时调整经营方针,有利于企业健康、持续地发展。

5. 提高公司知名度

公司 IPO 的过程,是逐步为社会公众熟悉、接受的过程,而且 IPO 相比其他上市方式来说,公司在治理和经营的权利构架上更加"纯净",因此容易被公众认为"经营优良"而获得良好声誉,吸引更多的客户,同时也会增强已有顾客的忠诚度。

(二) 股份公司 IPO 的消极效应

1. 公司实现 IPO 需要大量的费用

成为上市公司需要支付高额的上市费用。这些费用包括资产评估费用、改制费用、股票承销费用、律师费、注册会计师费和宣传费等。按照国际通行的情况,IPO 过程中产生的诸多费用可能高达公司筹资总额的 10% 以上。如果 IPO 失败,将会对公司产生极大的财务负担。成为上市公司后,为了维持上市的资格,公司每年还需要支付大量的费用:如每年财务报告的审计费用、提交给证券监管机构的费用、交付证券交易所的会员费以及向媒体公开披露信息的费用等。这些上市维持成本相当可观,尤其对一些小公司而言,它们是一种沉重的负担。

2. 影响原有股东的控制权

公司 IPO 后,发行新股引入新股东,会降低原始股东的控股比例;同时,公司股票在市场上交易,股权逐步分散转移,原有股东的控制权会受到影响。许多并购事件表明,公司老股东的控制权会在交易中减弱甚至丧失。而老股东要想继续维持对公司的控制,也可能要付出更高的成本。这种对控制权的争夺还会进一步影响公司管理层,使之被迫采取损害公司长期利益但却能提高公司短期利润的策略。

3. 必须履行信息披露的义务

上市公司必须向公众披露其经营状况和财务资料，包括主要业务的市场经营情况、销售区域、产品数量以及市场策略的信息、公司财务的详尽数据、高级管理人员的收入、主要股东的个人持股份额等信息。在许多企业家心目中，这些信息是相当机密的。上市公司披露这些信息，有可能给竞争对手提供机会，或者使管理层在经营管理时受到限制，不能随意改变已经对公众承诺的事项。总之，信息披露的义务可能会带来商业泄密和决策制约。

4. 降低公司决策的效率

成为上市公司后，需要遵守更多的公司治理规范，所有重要的决策都要经过董事会讨论通过，部分至关重要的决策甚至需要由股东大会投票表决。这个过程可能是很漫长的。相比非上市公司的灵活决策而言，上市公司的决策效率将被弱化。同时，社会公众对于股价的短期预期也可能迫使公司管理层选择对短期有利而对长期不利的决策方案。

鉴于 IPO 的消极影响，有些公司会放弃 IPO，还有一些已经成功实施 IPO 的公司甚至会作出退市（从交易所摘牌，成为非上市公司）的决策。

总之，企业是否 IPO 并非只是拓展融资渠道或者影响控制权那么简单，它会对企业长期发展和众多利益主体产生影响，这是企业在决定 IPO 之前应该斟酌的问题。

三、股份公司 IPO 的主要环节

股份公司的 IPO 包括股票发行前准备、股票发行和股票上市交易三个主要环节，其间涉及公司及其投资者的重大利益，因而条件严格、程序复杂，不论是发行主体（公司）还是中介机构的工作都必须周到、细致。

（一）股票发行前准备

股票发行前准备主要包括企业进行 IPO 决议、聘请中介机构入场工作、股份制改造确立发行主体、投资银行进行发行上市前的辅导等内容。

1. 企业进行 IPO 决议

企业进行 IPO 决议是股票发行上市行动的起点。由于影响重大，必须结合企业发展战略，充分考虑 IPO 的利弊，由公司最高权力机构作出决议。国有企业除了由董事会或者股东会作出决议，还需要经过相关主管部门的批准。其他企业一般由股东会作出决议。

2. 聘请中介机构入场工作

无论是在中国境内还是境外资本市场进行 IPO，企业都是首次参与金融

市场融资活动,需要投资银行等富有经验和市场影响力的金融中介机构进行咨询、保荐等服务。为维护金融市场运作的秩序、保护投资者利益,各国对企业公开发行证券制定了严格的法律规范,一般都要求拟申请发行证券的企业聘请专业的中介机构担任辅导、推荐、资产评估、审计和验资、鉴证等服务。因此,企业为了顺利实施 IPO,必须在适当的时机聘请相关中介机构入场工作。

其中,投资银行(担任 IPO 的主承销商、保荐机构)在企业 IPO 过程中居核心主导地位,它应帮助企业设计 IPO 的股份制改造方案,确定符合要求的发行主体(又称发行人),对其进行发行上市辅导,向证券监管机构递交发行上市的申请,帮助发行人进行发行路演、聘请证券承销团体、完成发行和上市等工作。投资银行还有向公众投资者承担保荐责任的义务。此外,注册会计师、资产评估师和律师也是必不可少的中介机构。

发行人在选择中介机构时主要应该考虑中介机构的业绩与经验、专业程度、人员素质、公关能力和市场声誉等。

在选聘中介机构的同时,公司需要组建内部的工作小组。工作小组应该由发行公司的最高管理者亲自主持,同时包括主要的经营和财务人员。筹建人员、工作小组成员和中介机构必须严格执行保密制度。

3. 股份制改造确立发行主体

发行主体是指实施 IPO 的股份公司。它可以由企业通过变更为股份公司而来,也可以由企业重新发起设立股份公司而来。无论哪种途径,都是为了建立起一个符合金融市场法规要求、对投资者有吸引力的发行主体。无论是设立还是变更,都需要进行资产重组、资产评估、审计验资、申请设立、人员安排等繁复的股份制改造工作。股份制改造不仅要从形式上符合法规要求,还要在实质上使发行主体建立起现代企业制度,提升管理水平,获得竞争优势,建立募资项目,从而为获得投资者信心、顺利实施 IPO 做尽可能充分的准备工作。

4. 投资银行进行发行上市前的辅导

投资银行是企业 IPO 的保荐机构,承担着对发行人进行 IPO 前的辅导和完成后的持续督导责任。保荐机构及其保荐代表人应当遵循勤勉尽责、诚实守信的原则,认真履行审慎核查和辅导义务,并对其所出具的发行保荐书的真实性、准确性、完整性负责。保荐机构应当对发行人的董事、监事和高级管理人员,持有5%以上股份的股东和实际控制人(或其法定代表人)进行系统的法规、证券市场知识培训,使其全面掌握发行上市、规范运作等方面的有关法律和规则,知悉信息披露和履行承诺等方面的责任和义务,树立进入证券市场的诚信意识、自律意识和法治意识。

（二）股票发行

股票发行环节的主要工作包括向证券监管机构（如我国的证券监督管理委员会）提交发行股票的申请并获得核准，进行路演等发行推荐工作，组织发行询价与定价活动，然后正式发行股票筹资，直至验资完成。

1. 提交首次公开发行股票申请并获得核准

发行人应当按照有关规定制作申请文件，由保荐机构保荐并向证券监管机构申报。监管部门受理后进行初审。同时，发行人需要就《招股说明书（申报稿）》进行预披露。监管部门初审通过后提交给发行审核委员会进行审核工作，作出予以核准或者不核准的决定，并出具相关文件。发行人必须在获得核准之日起6个月内发行股票。

2. 公开招股、路演推介和询价

获得监管部门的发行核准后，发行人应当适时确定发行时间，进行公开招股。公开招股包括披露招股说明书及其摘要、发行公告等信息，组织路演推荐及询价活动。

招股说明书是股份公司发行股票时，就发行中的有关事项向公众作出披露，并向非特定投资人提供购买或销售其股票的要约邀请性文件。首次公开发行股票必须制作招股说明书。招股说明书摘要是对招股说明书内容的概括，是由发行人编制，在报刊上刊登，供公众投资者参考的关于发行事项的信息披露法律文件。招股说明书摘要应简要提供招股说明书的主要内容，但不得误导投资者。发行公告是证券承销商对公众投资者作出的事实通知，其主要内容包括提示、发行额度、面值与价格、发行方式、发行对象、发行时间和范围、认购股数的规定、认购原则、认购程序和承销机构等。发行公告一般在询价完成后、股票发行前公布。

路演（roadshow），是国际上广泛采用的证券发行推广方式，指发行人和券商在发行证券前针对机构投资者的推介活动，是在投、融资双方充分交流的条件下促进股票成功发行的重要推介、宣传手段。路演的主要形式是推荐会，一般由发行人代表和保荐人向主要机构投资者介绍公司的业绩、产品、发展方向，充分阐述上市公司的投资价值，让准投资者们深入了解具体情况，并回答机构投资者关心的问题。随着网络技术的发展，这种传统的路演同时搬到了互联网上，出现了网上路演，即借助互联网的力量来推广。网上路演现已成为上市公司展示自我的重要平台，是推广股票发行的重要方式。

询价是指利用市场化方式进行股票发行定价。一般在路演后，由发行人和主承销商召集主要机构投资者或个人投资者进行询价。投资者可根据在路演中获得公司发展信息和发行人给出的发行价格区间，进行认购报价投标。发行人和主承销商根据投资者的报价计算询价的结果，上报董事会，最终确定发行价格。投资者可凭借认购标书和最终的发行定价获得新股配售。

3. 公开发行

在完成路演推荐和最终确定发行价格之后,就可以向市场投资者发行股票了。目前,首次公开发行股票以多种方式完成,包括向战略投资者配售、向特定的参与询价对象配售和向市场不特定投资者配售等。如果发行数量没有达到预期数量,则被认为发行失败,已经筹集的资金将退回给投资者。在市场化询价方式下,这种发行失败的风险很小。发行中,主承销商可根据新股销售情况,采取股票销售回拨机制和行使超额配售权,以获得最佳的发行效果。

4. 验资与鉴证

投资者申购缴款结束后,主承销商应当聘请具有证券相关业务资格的注册会计师对申购资金进行验证,并出具验资报告;还应当聘请律师对 IPO 的询价和配售行为是否符合法律、行政法规及其他有关规定进行鉴证,并出具专项法律意见书。

(三) 股票上市交易

股票上市交易是指发行人所发行的股票被证券交易所承认并接纳为公开挂牌交易股票的法律行为。符合上市条件的股份公司,在其股票发行完毕后,发行人须进行以下工作完成上市。

1. 上市申请

公司股票发行结束后,可向证券交易所申请其股票上市交易。提出申请时,必须提交相应的文件并编制上市公告书等。

2. 上市协议和上市公告

经证券监管部门和证券交易所批准,公司股票就可以挂牌交易了。此时需要与证券交易所签订上市协议,对证券市场投资者发布上市公告书。

3. 上市保荐及持续督导

按国际惯例,股份公司公开发行股票需要保荐机构和保荐人保荐。保荐期间分为两个阶段,即尽职推荐阶段和持续督导阶段。从监管机构正式受理公司申请发行的文件到完成发行上市为尽职推荐阶段,其后为持续督导阶段。

在股票发行上市前,保荐机构和保荐人要对发行人进行辅导和尽职调查,并在推荐文件中对发行人的信息披露质量、发行人的独立性和持续经营能力等作出必要的承诺。在公司完成股票上市后,保荐人则需要对其募集资金的使用、营业利润变动、公司控制股东和控制权变动、资产和主营业务是否发生重大调整、关联交易是否公允合规,以及其他重要事项上是否合法合规等进行监督指导。

持续督导阶段在各个证券交易所的规定上有所差异,一般为上市后 1~2 年的时间。

上市保荐和持续督导制度的推出,有助于提高上市公司的质量,保护投资者利益。

4. 履行信息披露义务

在发行股票并上市过程中,公司应当履行信息披露义务,让投资者了解各种情况以便确定投资风险,进行理性决策。根据我国有关法规的要求,公司IPO进行披露的文件主要包括招股说明书、募集说明书、上市公告书、定期报告和临时报告等。公司上市后的信息披露主要是指定期报告和临时性报告。定期报告是指包含公司基本情况、主要会计数据和财务指标、股权结构和股东信息、高级管理人员信息、管理层报告、会计报告和审计报告等内容在内的年度报告、中期报告和季度报告。临时报告是指当对公司证券或某种衍生品交易价格产生较大影响的重大事件,投资者尚未得知时,上市公司应当立即披露,说明事件的起因、目前的状态和可能产生的影响。这些重大事件包括的情况很多,各国证券法规都予以详细规定。

四、股份公司 IPO 的主要决策问题

(一)股份公司 IPO 的中介机构及选择

公司决定IPO后,首先要考虑的就是在符合规则的前提下,如何将股票出售给社会公众。这个过程需要一系列中介机构的帮助,其中主要的中介机构包括投资银行、会计师事务所和律师事务所等。此外,大多数IPO中资产评估公司、土地评估公司和财经公关公司也是必不可少的。

1. 投资银行

企业IPO时,投资银行(investment bank)处于极其重要的核心地位。投资银行通常是由具有证券承销资格和投资银行业务资格的证券公司担任,在我国也称为"保荐机构"(其派出的具体负责指导公司IPO工作的代表称为"保荐人")、"主承销商"或"券商"。投资银行的意义远不只帮助企业上市筹资,一个好的投资银行对于企业构建健康的管理体制、制定长远的发展规划,并真正实现其成长和发展至关重要。

投资银行在企业IPO过程中,扮演着总协调人的角色,其职责包括:就公司现行的架构和财务状况,拟定最合适的重组方案,并实施重组工作;协调各专业人士的工作及制定时间表;统筹一切有关公开发售与上市的工作,参与推荐和委任有上市审验资格的会计师事务所和律师事务所;负责统筹编写招股说明书及其他有关文件;按照上市法律、法规,为公开发售及上市向审批或备案机构提交申请及处理有关事务;根据市场情况,与公司协商确定公开发售的股票数量,最佳发行价格和时间;广泛联系各机构投资者参与发行,安排具体股票发售及上市事项。在

公司发行上市的过程中承担保荐责任,在公司完成股票上市后的规定时间内履行持续督导的义务。

无论是在境内还是境外上市,在选择投资银行时,需要考虑以下几个问题:

(1) 投资银行在同行中是否有较高的声誉。投资银行的声誉是其实力的综合反映。声誉高的券商,经济实力上就会有优势,其业务人员的经验、素质、职业道德和敬业精神也会相对较好。

(2) 投资银行是否有与其他知名中介机构保持良好合作关系的记录。这里的其他中介是指会计师事务所、律师事务所等与证券交易有密切关系的中介机构。辅导公司进行IPO,承担保荐工作,不是投资银行一家就能完成的,还需要和其他中介机构的配合和协作。在这个过程中,投资银行起到了策划、组织和协调的作用。因此,投资银行与其他知名中介机构有良好合作的记录,表明自身有较强的组织能力,进而更好完成保荐工作。

(3) 投资银行是否有自己的发行渠道和分销网络。拟上市公司股票发行是否顺利,与券商是否有自己的发行渠道和分销网络有密切的关系。拥有完善的发行渠道和分销网络,不仅是券商实力强大的反映,也关系公司IPO是否顺利,要予以重视。

(4) 投资银行有无为本行业上市公司服务的经验。在大多数证券市场实施保荐人制度下,每个投资银行(保荐人)都会有自己的保荐特长和特色。新兴行业的企业进行投资银行选择时应扬长避短,尽量不要接触那些没有本行业保荐经验的投资银行。

(5) 投资银行能否为公司上市后的运作提供后续支持和帮助。投资银行的保荐期限不仅包括企业的发行上市期间,还至少包括企业上市后的一定时期(境内、外不同股票市场的规定有所不同)。投资银行不仅是上市推荐人,还应成为企业的监督者和有力助手。

(6) 投资银行能否为公司首次公开发行的股票定出合理的价格。一般来说,每个投资银行都会有自己的评估体系和定价模型。在IPO之前,投资银行和拟上市公司先进行"路演"和"询价",然后确定价格区间。在此基础上,投资银行和公司定出最后的发行价格。对公司而言,只有和投资银行在价格上达成一致才会顺利发行股票,因而事先的选择比较重要。

另外,针对境内外上市规则的不同,对投资银行资格的要求也有所区别,要联系具体的上市地规则仔细考察。

2. 会计师事务所

会计师事务所也是公司发行上市过程中的关键机构之一,除上市审计外,还包括协助企业建立符合要求的会计制度和内部控制制度,为企业管理层选择适当的重大会计政策,对复杂交易和会计估计判断的合理性提出建议。

其具体职责包括:按照相应的准则审计财务报表,并出具审计报告;参与重组方案的讨论和确定;就有关重组方案中的财务问题向公司及中介机构提供咨询意见;根据企业特点,为拟上市公司及其母公司(如有)提供税务筹划的建议;参与招股说明书的草拟和讨论。

选择会计师事务所,应当注意两个方面:

(1) 选择的会计师事务所和注册会计师是否有证券从业资格。我国有关法规规定,必须要有证券从业资格的会计师事务所才能为公司的境内上市提供服务。而境外上市,一般从全球知名的会计师事务所选择,如安永、毕马威、德勤和普华永道就是全球知名的四大会计师事务所。

(2) 会计师事务所提供服务的便利程度。在发行上市过程中,注册会计师需要在较长时间内进驻公司工作,并且公司上市以后还可能做后续的审计工作。因此,在选择会计师事务所时,要考虑公司、会计师事务所和上市地的距离问题。所选择的会计师事务所应当在公司附近设有办事机构。境外上市时,选择会计师事务所还必须考虑其在上市地证券市场中的市场占有率。此外,境外上市中,有时必须聘请一家境内会计师事务所协助境外会计师事务所工作。

3. 律师事务所

律师事务所在公开发行上市中也起着至关重要的作用。公司必须依靠律师事务所才能够使公司的各项准备工作符合上市地法律、法规的要求,否则发行上市审核部门就会停止审核该公司的首次公开发行,要求公司进行全面的法律检查和合规调整。如果在境内发行上市,只需要聘请境内律师;如果在境外上市的话,除境内律师外,还需要聘请境外律师。

(二) 股份公司 IPO 的时机选择

股票发行和上市需要承担一定的风险,这一风险不仅与公司自身的特质有关,还存在公司无法控制的市场风险。即使公司情况非常适合发行,但只要市场形势不适合公开发行,公司最好选择推迟发行,避免发行失败。也就是说,企业在发行股票进行融资时,应充分考虑市场情况,并做好科学的市场预测,选择好发行时机,避免发行风险。

上市时机选择需要企业做好充分的计划。首先需要考虑公司内部经营管理工作和准备工作。

除完成好公司内部经营管理及上市准备工作外,证券市场环境也是上市时机选择过程中要考虑的一个重要因素。具体来说,企业应提前准备好各种文件,聘请相关人员,使公司符合上市要求。在这些基础工作都做好的情况下,密切关注市场形势,一旦市场形势好转,企业就可以迅速进入上市程序。在这一过程中,企业应密切配合投资银行,听取投资银行以及财务顾问的建议,抓住市场繁荣的时机,迅速公开发行股票。这样不仅可以降低股票发行的风险,还能够以较高的股价进行发行。

(三) 股份公司 IPO 的上市地选择

公司上市从大的方面来说有两种选择:境内上市或境外上市。在我国境内上市的,公司可选择上海证券交易所主板、深圳证券交易所主板、中小企业板、创业板或科创板发行上市。而如果考虑在境外上市,则可选择中国香港、美国、新加坡和伦敦等地的主板或创业板上市。

由于法律和资本市场的监管制度差异,不同地区的证券交易机构对股票上市的条件和要求、审批程序和相关费用、再融资要求等方面都不尽相同,资本市场的规模、功能和投资者偏好也存在差异。企业在选择上市地点时,首先考虑市场的综合条件,即证券市场的国际化程度,政府及交易所对外国企业在本国上市融资的态度,交易所的特点和状态等;其次,结合企业自身的条件,比较各交易所的市场准入条件等;此外,还应比较上市融资额及上市成本等。

相对境内上市,境外上市的好处主要表现在以下几个方面:①持续融资更加便利;②创业股东和风险资本拥有较通畅的资本退出平台。③有利于对企业管理层与员工进行激励。④有利于企业经营国际化。⑤上市时间较短。⑥境外上市可选择的市场容量比较大。

不过,选择境外上市也可能面对两个问题:①境外法律与我国法律不同,对股票发行、交易和信息披露的要求不同。境外监管机构对上市公司的监管和信息披露的要求一般都比较高。②境外市场发行市盈率一般较低,影响筹资规模。

第二节　股份公司 IPO 的发行定价

公司首次公开发行股票中,股票发行定价受到多方关注,是股份公司 IPO 的核心决策问题。发行定价过高会出现认购资金不足、发行失败的局面,定价低了又会损害公司原股东的利益。发行价格直接决定了公司募集资金量,与各类中介机构特别是投资银行利益密切相关,也直接决定了认购股票投资者的投资成本,因此需要谨慎决定。从我国股份公司 IPO 的经验上看,从定价偏低造成的"新股抑价",到定价过高引发的"新股破发",都体现了发行定价不合理导致的诸多矛盾。我国证券管理机构也专门针对新股发行和定价问题进行了一系列的制度建设和改革,形成了我国现行的新股询价制度。

一、股票的估值方法

对拟发行股票合理估值是定价的基础。估值方法有两大类：一是相对估值法，二是绝对估值法。

（一）相对估值法

相对估值法亦称可比公司法，是指对股票进行估值时，对可比较的或者有代表性的公司进行分析，尤其注意有着相似业务的公司，以获得估值基础。发行人及主承销商先审查可比公司的二级市场表现，然后根据发行公司的特质进行价格调整，并考虑为股票上市后的市场表现留出一定的价格上升空间等因素，为新股发行进行估价。

运用可比公司法时，可采用比率指标进行比较。这些指标包括市盈率（P/E）、市净率（P/B）、企业价值与折旧息税前收益的比率（EV/EBITDA）等。其中最常用的比率指标是市盈率与市净率。

1. 市盈率法

市盈率是指股票市场价格与每股收益的比率。新股发行时，对股票估值所用的市盈率应当是与发行公司未来投资风险和成长性相当的市盈率。股票还未上市，因此没有实际可得的市盈率数值，只能通过比较的方式借鉴同行业上市公司的市盈率来确定。

通过市盈率法估值时，首先应计算出发行人预计的每股收益；然后根据二级市场的平均市盈率、发行人的行业情况（即同行业上市公司股票的平均市盈率）、发行人的经营状况及其成长性等拟定估值市盈率；最后依据估值市盈率与每股收益的乘积决定股票估值。

2. 市净率法

市净率是指股票市场价格与每股净资产的比率。对新股进行估值时所用的市净率也应考虑发行人未来投资风险和成长性，借鉴同行业上市公司的平均市净率进行估算。

通过市净率法定价的基本过程与市盈率法相同，首先应根据发行公司审核后的净资产计算每股净资产；其次根据二级市场的平均市净率、发行人的行业情况（即同行业公司股票的市净率）、发行人的经营状况及其净资产收益率等拟定估值市净率；最后依据估值市净率与每股净资产的乘积估算新股价值。

相对价值法简单易用，可以迅速获得被评估资产的价值，尤其是当金融市场上有大量"可比"资产且市场对这些资产定价相对稳定的情况下。但使用该方法进行新股估值也容易产生偏差，主要原因是："可比公司"的选择是个主观概念，世界上没有成长性与风险性完全相同的两个公司；同时，该方法也忽略了决定资产价值机制的内在因素和假设前提;另外,该方法也容易将偏离价值的定价因素引入对目标股票的估价中。

(二)绝对估值法

绝对估值法也称贴现法,主要包括公司贴现现金流量法和现金股利贴现法等。相对估值法反映的是市场供求决定的股票价格,绝对估值法则体现股票内在价值决定价格的原理,先通过计算企业价值,进而推导出每股股票价值,从而估算股票价格。

利用贴现现金流量法计算企业价值的方法在前述章节中已有详细介绍,这里不再赘述。

在计算出企业价值后,可先按照"公司股权价值=企业价值-净债务价值"的计算式计算股权价值,然后将股权价值分摊到每一股普通股上,得出公司每股股票价值(公司股权价值÷发行在外的普通股股数)。

贴现现金流量法等方法需要比较可靠地估计未来现金流量(或者股利),同时根据现金流量的风险特征确定出恰当的贴现率。但是在实践中,情况往往与模型的假设条件相距甚远,影响到该方法的可靠性和正确性。以下情况使用贴现现金流量法进行企业价值估算将遇到较大困难:①陷入财务危机的公司。②收益呈周期性分布的公司。③正在进行重组的公司。④拥有某项特殊资产的公司。

二、股票发行定价的方式

公司 IPO 时,可以采用以上方法确定所发行股票的价格,但是这些方法都有一定的缺陷,也较少考虑发行股票时的资本市场供求关系。因此,公司 IPO 的具体定价通常是一个过程,需要充分收集市场供求信息来定价。根据实施方式不同,IPO 的具体定价方式可分为议价法和竞价法两种方式。

(一)议价法

议价法是指由发行人与主承销商协商确定发行价格的方法。发行人与主承销商在议定发行价格时,主要考虑二级市场股票价格的高低(通常以平均市盈率等指标来衡量)、市场利率水平、发行人的未来发展前景、发行人的风险水平和市场对新股需求状况等因素。具体操作中,根据新股发行规模大小,市场需求影响等情况,又可选择固定价格方式和询价方式来确定。

1. 固定价格方式

在固定价格方式下,先由发行人和主承销商在新股公开发行前直接商定一个固定的价格。然后根据这个价格进行公开发售。主承销商在此发挥重要作用,他们一般都有自己的定价模型,根据收集的信息综合分析后可计算出一个相对合理的价格。比如,上述的市盈率法就是将拟上市公司预测的每股收益乘以合理估计的市盈率来确定发行价格。预测每股收益需要考虑拟上市公司未来的经营情况和业绩,而合理估计市盈率要考虑市场同类上市公司的市盈率以及资本市场需求等综合因素。又如,根据影响新股价格的因素进行加权平均的方法,以有代表性的影响股价的因素值为基础,进行加权平均得出,具体表达式如下:

$$P_0 = A \times 40\% + B \times 20\% + C \times 20\% + D \times 20\%$$

P_0 为新股发行价格;A 为拟上市公司近3年平均每股收益与类似公司近3年平均市盈率的乘积;B 为公司近3年平均每股股利除以类似公司近3年平均股利率的商;C 为公司最近的每股净资产;D 为预计每股股利除以1年期定期国债利率(或1年期定期存款利率)。

2. 询价方式

当IPO采用包销方式时,一般采用询价方式来定价。这种方式在确定新股发行价格时一般包括两个步骤:第一步,根据股票估值模型计算新股内在价值,结合股票发行时的大盘走势、公司所处行业其他公司的平均市盈率和市场表现等确定新股发行的价格区间;第二步,主承销商协同发行人的管理层进行路演,通过对反馈回来的投资者的预订股份单进行统计,得出投资者愿意购买的平均价格,再由发行人和主承销商对最初的发行价格进行修正,最后确定新股发行价格。

(二)竞价法

竞价法是指由IPO的承销商或者其他投资者以投票的方式相互竞争确定股票发行价格。在实施过程中,有以下三种具体形式。

1. 网上竞价

网上竞价是指通过证券交易所系统按集中竞价原则确定新股发行价的方法。新股竞价发行申报时,承销商作为唯一的"卖方",以新股实际发行数为卖出数,以发行人宣布的发行底价作为卖出价;投资者作为买方,以不低于发行底价的价格进行申报,并由交易所按价格优先、时间优先的原则进行撮合成交。

2. 机构投资者竞价

机构投资者竞价是指新股发行时通过机构投资者竞价来确定股票发行价格的方法。一般先由主承销商会同发行人确定发行底价,然后由机构投资者根据自己的意愿确定申购价格和股数。申购结束后,由主承销商对机构投资者的有效预约和申购股数按照申购价格由高到低进行排序,根据事先确定的累计申购价格的"价格-数量"关系确定新股发行价格。

3. 券商竞价

新股发行时,主承销商往往要组织多家券商构成的承销团。在券商竞价方式下,发行人事先通知各券商,说明新股的发行计划、发行条件和对新股承销的要求。各股票承销商根据自己的情况拟定各自的标书,以投标方式承接股票承销业务,中标标书中的价格就是股票的发行价格。

公司 IPO 时,对发行定价方式的选择,主要考虑三个方面:一是符合具体上市地证券市场的规则,二是考虑资本市场的接受程度,三是考虑成本最低原则。

三、我国股票发行定价方式的演变

我国对股票发行定价的管理大致经历了无管理阶段、固定价格方式阶段和股票询价方式阶段。

在股份制改革早期,我国公司股票的发行价格大部分按照面值发行,定价没有管理制度可循。

20 世纪 90 年代初,证券市场初步建立,中国证监会采取额度分配的方式来解决公司发行股票筹资的需求,在股票发行定价上企业没有自主权,基本上由主管部门决定,采取相对固定的市盈率。2005 年 1 月 1 日,我国开始试行首次公开发行股票询价制度。按照中国证监会的有关规定,首次公开发行股票的公司及其保荐机构应通过向询价对象询价的方式确定股票发行价格。这标志着我国初步建立了首次公开发行股票的市场化定价机制。

2006 年 9 月,中国证监会审议通过了《证券发行与承销管理办法》。该办法细化了股票发行中询价、定价、证券发售等环节的有关操作要求。随着各项改革的推进,该办法经过多次调整和补充。比如,在 2010 年 6 月的修改中,增加了"完善报价申购和配售约束机制;扩大询价对象范围,充实网下机构投资者;增强定价信息透明;完善回拨和中止发行机制"等相关方面的要求。又如,在 2012 年 5 月的修改中,出现了"扩大了网下询价配售的对象范围,首次允许个人参与询价配售,发行市盈率高于行业平均数 25% 需要公告说明"等与发行定价有关的新内容。

总之,近年来中国证监会加强了对首次公开发行新股的管理和监督,出台了一系列关于新股发行体制改革的指导意见,并落实到具体法规的制定中,从而建立了更加贴合市场发展要求的首次公开发行股票询价制度。

第三节　中国证券市场的 IPO

一、我国股票市场的发展简述

股份公司的 IPO 依赖于证券市场的发展。我国证券市场的存在可以追溯到北洋政府时期。20 世纪 30 年代,我国证券市场一度繁荣。中华人民共和国成立后,因为推行计划经济体制,取消了证券市场。20世纪80年代开始,我国企业的股份制改革拉开序幕,一批股份公司发行股票筹资,建立统一的证券市场成为迫切需要。1990年12月1日和19日,深圳证券交易所和上海证券交易所挂牌成立运行,拉开了我国股票市场发展的序幕。境内企业通过股份制改造成立股份公司,通过证券交易所向社会公众发行股票筹资,大大拓展了股份公司的筹资能力。这类我国境内企业向境内投资者发行并在境内的证券交易所挂牌交易的股票叫A股。

20世纪90年代初,为吸引境外的外汇资金投资我国企业,同时在人民币不可自由兑换的情况下防范外汇风险,我国筹建了B股市场。B股和A股都是我国境内股份公司发行的、以人民币标注面值的股票,但B股以外汇进行交易,属于境内上市的外资股,又称人民币特种股票。1992年2月,上海真空B股和深圳南玻B股先后发行上市,标志我国B股市场开始发展。2001年2月19日,B股市场对境内居民开放,加大了B股市场的资金容量和流通性。但2004年后我国企业没有再发行过B股,因此,A股市场是我国股票市场的主流。股份公司境内IPO一般指的是A股的发行上市。

2004年5月17日,中国证监会批准在深圳证券交易所设立中小企业板,为进入成熟期、盈利能力强、但规模小于主板上市公司的企业IPO增加新的通道。2009年10月30日,28只股票在深圳证券交易所创业板挂牌交易,标志着我国创业板拉开大幕。创业板以自主创新企业及其他成长型创业企业为服务对象,具有上市门槛低,信息披露监管严格等特点,它的成长性和市场风险均要高于主板和中小企业板。2018年11月5日,习近平出席首届中国国际进口博览会开幕式并发表主旨演讲,宣布在上海证券交易所设立科创板并试点注册制。

至此,我国建立了包括上海证券交易所主板、科创板,深圳证券交易所主板、中小企业板、创业板等多层次的股票市场体系。截至2019年10月,我国的上市公司数量为,上海证券交易所主板1 495家,科创板38家;深圳证券交易所主板471家,中小企业板941家,创业板776家,股票总市值约为555 703.6亿元。

二、我国企业IPO的发行审核制度

从世界范围看,新股的发行审核制度主要有审批制、核准制和注册制三种类型,每一种发行制度都对应一定的市场发展状况。审批制是完全计划发行的模式,核准制是从审批制向注册制度过渡的中间形式,注册制则是目前成熟资本市场普遍采用的发行制度。

在1997年《证券法》颁布之前,我国新股的发行审核制度主要以审批制为主,实行"额度控制",即拟发行公司在申请公开发行股票时,要经过下列申报和审批程序：征得地方政府或中央企业主管部门的同意后，向所属证券管理部门正式提出发行股票的申请；经所属证券管理部门受理审核同意转报证券监管机构核准发行额度；拿到相关批文后，公司可正式制作材料，提出上市申请，经过审核、复审，由中国证监会出具批准发行的有关文件，方可发行。

1997年《证券法》颁布到2006年《证券法》修订前，我国实行的是审批制与核准制并行。核准制是指发行人在发行股票时，不需要各级政府批准，只要符合《证券法》和《公司法》等相关法规的要求即可申请发行上市。但是发行人除必须履行强制性披露义务外，还必须符合经营业绩和财务状况方面的一些实质性要求。否则，证券主管机关有权否决不符合规定条件的股票发行申请。它体现的是实质管理的要求。2006年《证券法》修订实施后，我国对股份公司发行上市全面采取核准制。

注册制是指证券发行申请人依法将与证券发行有关的一切信息和资料公开，制成法律文件，送交主管机构审查，主管机构只负责审查发行申请人提供的信息和资料是否履行了信息披露义务的一种制度。其最重要的特征是：在注册制下证券发行审核机构只对注册文件进行形式审查，不进行实质判断。它体现的是公开管理原则。

三、我国企业首次公开发行股票并上市的条件

（一）发行股票的一般条件

根据《中华人民共和国公司法》的规定，设立股份公司发行股票，必须符合下列条件：①发起人符合法定人数，发起设立的人数为2～200人（募集设立不设上限），其中须有半数以上的发起人在中国境内有住所。②发起人认购和募集的股本达到法定资本最低限额，股份有限公司注册资本的最低限额为人民币500万元。发起人首次出资额不低于注册资本金的20%；以募集设立方式设立股份有限公司的，发起人认购的股份不得少于公司股份总数的35%。③股份发行、筹办事项符合法律规定。

（二）在主板上市的公司首次公开发行股票的条件

依据中国证监会于2006年5月发布实施的《首次公开发行股票并上市管理办法》（含证监会〔2015〕32号、证监会〔2018〕122号、证监会〔2018〕141号）在主板首次公开发行并上市的条件包括主体资格、规范运行、财务与会计、发行程序、信息披露以及监管和处罚六个方面，具体如下。

1. 主体资格

（1）发行人应当是依法设立且合法存续的股份有限公司。经国务院批准，有限责任公司在依法变更为股份有限公司时，可以采取募集设立方式公开发行股票。

(2) 发行人自股份有限公司成立后，持续经营时间应当在 3 年以上，但经国务院批准的除外。有限责任公司按原账面净资产值折股整体变更为股份有限公司的，持续经营时间可以从有限责任公司成立之日起计算。

(3) 发行人的注册资本已足额缴纳，发起人或者股东用作出资的资产的财产权转移手续已办理完毕，发行人的主要资产不存在重大权属纠纷。

(4) 发行人的生产经营符合法律、行政法规和公司章程的规定，符合国家产业政策。

(5) 发行人最近 3 年内主营业务和董事、高级管理人员没有发生重大变化，实际控制人没有发生变更。

(6) 发行人的股权清晰，控股股东和受控股股东、实际控制人支配的股东持有的发行人股份不存在重大权属纠纷。

2. 规范运行

(1) 发行人已经依法建立健全股东大会、董事会、监事会、独立董事、董事会秘书制度，相关机构和人员能够依法履行职责。

(2) 发行人的董事、监事和高级管理人员已经了解与股票发行上市有关的法律、法规，知悉上市公司及其董事、监事和高级管理人员的法定义务和责任。

(3) 发行人的董事、监事和高级管理人员符合法律、行政法规和规章规定的任职资格，且不得有下列情形：①被中国证监会采取证券市场禁入措施，尚在禁入期的。②最近 36 个月内受到中国证监会行政处罚，或者最近 12 个月内受到证券交易所公开谴责。③因涉嫌犯罪被司法机关立案侦查或者涉嫌违法违规被中国证监会立案调查，尚未有明确结论意见。

(4) 发行人的内部控制制度健全且被有效执行，能够合理保证财务报告的可靠性、生产经营的合法性、营运的效率与效果。

(5) 发行人不得有下列情形：①最近 36 个月内未经法定机关核准，擅自公开或者变相公开发行过证券；或者有关违法行为虽然发生在 36 个月前，但目前仍处于持续状态。②最近 36 个月内违反工商、税收、土地、环保、海关以及其他法律、行政法规，受到行政处罚，且情节严重。③最近 36 个月内曾向中国证监会提出发行申请，但报送的发行申请文件有虚假记载、误导性陈述或重大遗漏；或者不符合发行条件以欺骗手段骗取发行核准；或者以不正当手段干扰中国证监会及其发行审核委员会审核工作；或者伪造、变造发行人或其董事、监事、高级管理人员的签字、盖章。④本次报送的发行申请文件有虚假记载、误导性陈述或者重大遗漏。⑤涉嫌犯罪被司法机关立案侦查，尚未有明确结论意见。⑥严重损害投资者合法权益和社会公共利益的其他情形。

(6) 发行人的公司章程中已明确对外担保的审批权限和审议程序，不存在为控股股东、实际控制人及其控制的其他企业进行违规担保的情形。

（7）发行人有严格的资金管理制度，不得有资金被控股股东、实际控制人及其控制的其他企业以借款、代偿债务、代垫款项或者其他方式占用的情形。

3. 财务与会计

（1）发行人资产质量良好，资产负债结构合理，盈利能力较强，现金流量正常。

（2）发行人的内部控制在所有重大方面是有效的，并由注册会计师出具了无保留结论的内部控制鉴证报告。

（3）发行人会计基础工作规范，财务报表的编制符合企业会计准则和相关会计制度的规定，在所有重大方面公允地反映了发行人的财务状况、经营成果和现金流量，并由注册会计师出具了无保留意见的审计报告。

（4）发行人编制财务报表应以实际发生的交易或者事项为依据；在进行会计确认、计量和报告时应当保持应有的谨慎；对相同或者相似的经济业务，应选用一致的会计政策，不得随意变更。

（5）发行人应完整披露关联方关系并按重要性原则恰当披露关联交易。关联交易价格公允，不存在通过关联交易操纵利润的情形。

（6）发行人应当符合下列条件：①最近3个会计年度净利润均为正数且累计超过人民币3 000万元，净利润以扣除非经常性损益前后较低者为计算依据。②最近3个会计年度经营活动产生的现金流量净额累计超过人民币5 000万元；或者最近3个会计年度营业收入累计超过人民币3亿元。③发行前股本总额不少于人民币3 000万元。④最近1期期末无形资产（扣除土地使用权、水面养殖权和采矿权等后）占净资产的比例不高于20%。⑤最近1期期末不存在未弥补亏损。中国证监会根据《关于开展创新企业境内发行股票或存托凭证试点的若干意见》等规定认定的试点企业（以下简称试点企业），可不适用前款第①项、第⑤项规定。

（7）发行人依法纳税，各项税收优惠符合相关法律法规的规定。发行人的经营成果对税收优惠不存在严重依赖。

（8）发行人不存在重大偿债风险，不存在影响持续经营的担保、诉讼以及仲裁等重大或有事项。

（9）发行人申报文件中不得有下列情形：①故意遗漏或虚构交易、事项或者其他重要信息。②滥用会计政策或者会计估计。③操纵、伪造或篡改编制财务报表所依据的会计记录或者相关凭证。

（10）发行人不得有下列影响持续盈利能力的情形：①发行人的经营模式、产品或服务的品种结构已经或者将发生重大变化，并对发行人的持续盈利能力构成重大不利影响。②发行人的行业地位或发行人所处行业的经营环境已经或者将发生重大变化,并对发行人的持续盈利能力构成重大不利影响。③发行人最近1个会计年度的营业收入或净利润对关联方或者存在重大不确定性的客户存在重大依赖。④发行人最近1个会计年度的净利润主要来自合并财务报表范围以外的投资收益。⑤发行人在用的商标、专利、专有技术以及特许经营权等重要资产或技术的取得或者使用存在重大不利变化的风险。⑥其他可能对发行人持续盈利能力构成重大不利影响的情形。

4. 发行程序

(1) 发行人董事会应当依法就本次股票发行的具体方案、本次募集资金使用的可行性及其他必须明确的事项作出决议,并提请股东大会批准。

(2) 发行人股东大会就本次发行股票作出的决议,至少应当包括下列事项:①本次发行股票的种类和数量。②发行对象。③价格区间或者定价方式。④募集资金用途。⑤发行前滚存利润的分配方案。⑥决议的有效期。⑦对董事会办理本次发行具体事宜的授权。⑧其他必须明确的事项。

(3) 发行人应当按照中国证监会的有关规定制作申请文件,由保荐人保荐并向中国证监会申报。特定行业的发行人应当提供管理部门的相关意见。

(4) 中国证监会收到申请文件后,在5个工作日内作出是否受理的决定。

(5) 中国证监会受理申请文件后,由相关职能部门对发行人的申请文件进行初审,并由发行审核委员会审核。

(6) 中国证监会在初审过程中,将征求发行人注册地省级人民政府是否同意发行人发行股票的意见。

(7) 中国证监会依照法定条件对发行人的发行申请作出予以核准或者不予核准的决定,并出具相关文件。自中国证监会核准发行之日起,发行人应在6个月内发行股票;超过6个月未发行的,核准文件失效,须重新经中国证监会核准后方可发行。

(8) 发行申请核准后、股票发行结束前,发行人发生重大事项的,应当暂缓或者暂停发行,并及时报告中国证监会,同时履行信息披露义务。影响发行条件的,应当重新履行核准程序。

(9) 股票发行申请未获核准的,自中国证监会作出不予核准决定之日起6个月后,发行人可再次提出股票发行申请。

5. 信息披露

(1) 发行人应当按照中国证监会的有关规定编制和披露招股说明书。

(2) 招股说明书内容与格式准则是信息披露的最低要求。不论准则是否有明确规定,凡是对投资者作出投资决策有重大影响的信息,均应当予以披露。

(3) 发行人应当在招股说明书中披露已达到发行监管对公司独立性的基本要求。

(4) 发行人及其全体董事、监事和高级管理人员应当在招股说明书上签字、盖章，保证招股说明书的内容真实、准确、完整。保荐人及其保荐代表人应当对招股说明书的真实性、准确性、完整性进行核查，并在核查意见上签字、盖章。

(5) 招股说明书中引用的财务报表在其最近一期截止日后6个月内有效。在特别情况下发行人可申请适当延长，但至多不超过1个月。财务报表应当以年度末、半年度末或者季度末为截止日。

(6) 招股说明书的有效期为6个月，自中国证监会核准发行申请前招股说明书最后一次签署之日起计算。

(7) 申请文件受理后、发行审核委员会审核前，发行人应当将招股说明书（申报稿）在中国证监会网站（www.csrc.gov.cn）预先披露。发行人可以将招股说明书（申报稿）刊登于其企业网站，但披露内容应当完全一致，且不得早于在中国证监会网站的披露时间。

(8) 发行人及其全体董事、监事和高级管理人员应当保证预先披露的招股说明书（申报稿）的内容真实、准确、完整。

(9) 预先披露的招股说明书（申报稿）不是发行人发行股票的正式文件，不能含有价格信息，发行人不得据此发行股票。发行人应当在预先披露的招股说明书（申报稿）的显著位置声明："本公司的发行申请尚未得到中国证监会核准。本招股说明书（申报稿）不具有据以发行股票的法律效力，仅供预先披露之用。投资者应当以正式公告的招股说明书全文作为作出投资决定的依据。"

(10) 发行人股票发行前只需在一种中国证监会指定报刊刊登提示性公告，告知投资者网上刊登的地址。同时将招股说明书全文和摘要刊登于中国证监会指定的网站并将招股说明书全文置于发行人住所、拟上市证券交易所、保荐人、主承销商和其他承销机构的住所，以备公众查阅。

(11) 保荐人出具的发行保荐书、证券服务机构出具的有关文件应当作为招股说明书的备查文件，在中国证监会指定的网站上披露，并置备于发行人住所、拟上市证券交易所、保荐人、主承销商和其他承销机构的住所，以备公众查阅。

(12) 发行人可以将招股说明书摘要、招股说明书全文、有关备查文件刊登于其他报刊和网站，但披露内容应当完全一致，且不得早于在中国证监会指定报刊和网站的披露时间。

6. 监管和处罚

(1) 发行人向中国证监会报送的发行申请文件有虚假记载、误导性陈述或者重大遗漏的，发行人不符合发行条件以欺骗手段骗取发行核准的，发行人以不正当手段干扰中国证监会及其发行审核委员会审核工作的,发行人或其董事、监事、高级管理人员的签字、盖章系伪造或者变造的,除依照《证券法》的有关规定处罚外,中国证监会将采取终止审核并在 36 个月内不受理发行人的股票发行申请的监管措施。

(2) 保荐人出具有虚假记载、误导性陈述或者重大遗漏的发行保荐书,保荐人以不正当手段干扰中国证监会及其发行审核委员会审核工作的,保荐人或其相关签字人员的签字、盖章系伪造或变造的,或者不履行其他法定职责的,依照《证券法》和保荐制度的有关规定处理。

(3) 证券服务机构未勤勉尽责,所制作、出具的文件有虚假记载、误导性陈述或者重大遗漏的,除依照《证券法》及其他相关法律、行政法规和规章的规定处罚外,中国证监会将采取 12 个月内不接受相关机构出具的证券发行专项文件,36 个月内不接受相关签字人员出具的证券发行专项文件的监管措施。

(4) 发行人、保荐人或证券服务机构制作或者出具的文件不符合要求,擅自改动已提交的文件,或者拒绝答复中国证监会审核中提出的相关问题的,中国证监会将视情节轻重,对相关机构和责任人员采取监管谈话、责令改正等监管措施,记入诚信档案并公布;情节特别严重的,给予警告。

(5) 发行人公开发行证券上市当年即亏损的,中国证监会自确认之日起暂停保荐机构的保荐机构资格 3 个月,撤销相关人员的保荐代表人资格,尚未盈利的试点企业除外。

(6) 发行人披露盈利预测的,利润实现数如未达到盈利预测的 80%,除因不可抗力外,其法定代表人、盈利预测审核报告签字注册会计师应当在股东大会及中国证监会指定报刊上公开作出解释并道歉;中国证监会可以对法定代表人处以警告。

(7) 利润实现数未达到盈利预测的 50% 的,除因不可抗力外,中国证监会在 36 个月内不受理该公司的公开发行证券申请。

(三) 在创业板上市的公司首次公开发行股票的条件

根据《首次公开发行股票并在创业板上市管理暂行办法》,在创业板首次发行股票并上市需要符合以下基本条件:①发行人是依法设立且持续经营 3 年以上的股份有限公司。有限责任公司按原账面净资产值折股整体变更为股份有限公司的,持续经营时间可以从有限责任公司成立之日起计算。②最近两年连续盈利,最近两年净利润累计不少于 1 000 万元,且持续增长;或者最近 1 年盈利,且净利润不少于 500 万元,最近 1 年营业收入不少于 5 000 万元,最近两年营业收入增长率均不低于 30%。净利润以扣除非经常性损益前后孰低者为计算依据。③最近一期期末净资产不少于 2 000 万元,且不存在未弥补亏损。④发行后股本总额不少于3 000万元。

此外,还需要满足发行人持续盈利能力的若干要求,对董事、监事和高级管理人员的要求,以及发行人具有完善的公司治理结构、建立相关制度以及履行职责等方面的详细规定。

(四)股票上市的条件

根据《证券法》及证券交易所上市规则的规定,股份公司申请其股票上市必须符合以下条件:

(1)股票经国务院证券管理部门核准已经向社会公开发行。

(2)在公司股本总额不低于人民币5 000万元。

(3)向社会公开发行的股份不少于公司股份总数的25%,如果公司股本总额超过人民币4亿元的,其向社会公开发行的股份比例不低于10%。

(4)公司最近3年无重大违法行为,财务会计报告无虚假记载。

(5)证券交易所要求的其他条件。

创业板上市条件中,对公司股本总额的要求放宽到"不低于3 000万元",同时要求股东人数不少于200人,其余条件基本相同。

(五)科创板首次公开发行股票注册管理要求

根据2019年中国证监会《关于在上海证券交易所设立科创板并试点注册制的实施意见》《科创板首次公开发行股票注册管理办法(试行)》和《上海证券交易所科创板股票上市规则》等我国科创板相关法规的规定,我国证监会和上海证券交易所对在科创板发行股票的公司实行注册制,并执行严格的监管。相关政策如下。

1. 设立上海证券交易所科创板

(1)准确把握科创板定位。在上交所新设科创板,坚持面向世界科技前沿、面向经济主战场、面向国家重大需求,主要服务于符合国家战略、突破关键核心技术、市场认可度高的科技创新企业。重点支持新一代信息技术、高端装备、新材料、新能源、节能环保以及生物医药等高新技术产业和战略性新兴产业,推动互联网、大数据、云计算、人工智能和制造业深度融合,引领中高端消费,推动质量变革、效率变革、动力变革。具体行业范围由上交所发布并适时更新。

(2)制定更具包容性的科创板上市条件。更加注重企业科技创新能力,允许符合科创板定位、尚未盈利或存在累计未弥补亏损的企业在科创板上市。综合考虑预计市值、收入、净利润、研发投入、现金流等因素,设置多元包容的上市条件。具体由上交所制定并公布。

(3)允许特殊股权结构企业和红筹企业上市。依照公司法第一百三十一条规定,允许科技创新企业发行具有特别表决权的类别股份,每一特别表决权股份拥有的表决权数量大于每一普通股份拥有的表决权数量,其他股东权利与普通股份相同。特别表决权股份一经转让,应当恢复至与普通股份同等的表决权。公司发行特别表决权股份的,应当在公司章程中规定特别表决权股份的持有人资格、特别表决权股份拥有的表决权数量与普通股份拥有的表决权数量的比例安排、持有人所持特别表决权股份能够参与表决的股东大会事项范围、特别表决权股份锁定安排及转让限制等事项。

存在特别表决权股份的境内科技创新企业申请发行股票并在科创板上市的,公司章程规定的上述事项应当符合上交所有关要求,同时在招股说明书等公开发行文件中,充分披露并特别提示有关差异化表决安排的主要内容、相关风险及对公司治理的影响,以及依法落实保护投资者合法权益的各项措施。

(4) 确定投资者适当性要求。个人投资者投资科创板股票,证券账户及资金账户持有资产规模应当达到规定标准,且具备相关股票投资经验和相应的风险承受能力。具体标准由上交所制定,并可根据科创板运行情况进行适当调整。强化证券公司投资者适当性管理义务和责任追究。

2. 科创板发行股票注册的总体要求(总则)

(1) 发行人申请首次公开发行股票并在科创板上市,应当符合科创板定位,面向世界科技前沿、面向经济主战场、面向国家重大需求。优先支持符合国家战略,拥有关键核心技术,科技创新能力突出,主要依靠核心技术开展生产经营,具有稳定的商业模式,市场认可度高,社会形象良好,具有较强成长性的企业。

(2) 发行人作为信息披露第一责任人,应当诚实守信,依法充分披露投资者作出价值判断和投资决策所必需的信息,所披露信息必须真实、准确、完整,不得有虚假记载、误导性陈述或者重大遗漏。发行人应当为保荐人、证券服务机构及时提供真实、准确、完整的财务会计资料和其他资料,全面配合相关机构开展尽职调查和其他相关工作。发行人的控股股东、实际控制人应当全面配合相关机构开展尽职调查和其他相关工作,不得要求或者协助发行人隐瞒应当披露的信息。

(3) 保荐人应当诚实守信,勤勉尽责,按照依法制定的业务规则和行业自律规范的要求,充分了解发行人经营情况和风险,对注册申请文件和信息披露资料进行全面核查验证,对发行人是否符合发行条件、上市条件独立作出专业判断,审慎作出推荐决定,并对招股说明书及其所出具的相关文件的真实性、准确性、完整性负责。

(4) 证券服务机构应当严格按照依法制定的业务规则和行业自律规范,审慎履行职责,作出专业判断与认定,并对招股说明书中与其专业职责有关的内容及其所出具的文件的真实性、准确性、完整性负责。证券服务机构及其相关执业人员应当对与本专业相关的业务事项履行特别注意义务,对其他业务事项履行普遍注意义务,并承担相应法律责任。

(5) 同意发行人首次公开发行股票注册,不表明中国证监会和交易所对该股票的投资价值或者投资者的收益作出实质性判断或者保证,也不表明中国证监会和交易所对注册申请文件的真实性、准确性、完整性作出保证。

(6) 股票依法发行后,因发行人经营与收益的变化引致的投资风险,由投资者自行负责。

根据以上原则,证监会在《科创板首次公开发行股票注册管理办法(试行)》中从发行条件、注册程序、信息披露、发行与承销的特别规定、发行与保健的特别规定、监督管理与法律责任六个方面提出了更加详尽的要求。

此外,证监会发布了专门针对科创板上市公司的重大资产重组、科创板上市公司持续监管办法等特别规则。在信息披露方面,对科创板上市公司 IPO 的招股说明书、红筹企业财务报告信息披露等方面作出了详细的规定。同时,证监会还敦促上海证券交易所制定了详细的科创板股票上市规则、科创板股票发行上市审核规则、科创板股票交易和实时监控方面的规则、特殊发行主体的信息披露审查规则等,以维护好科创板的试点运行。

四、首次公开发行股票的发行方式

根据我国现行的《证券发行与承销管理办法》,公司首次公开发行股票可根据实际情况,采取向战略投资者配售、向参与网下配售的询价对象配售以及向参与网上发行的投资者配售等方式。

(一) 向战略投资者配售

首次公开发行股票数量在 4 亿股以上的,可以向战略投资者配售股票。发行人应当事先与战略投资者签署配售协议,并向中国证监会备案。

发行人及主承销商应当在发行公告中披露战略投资者的选择标准、向战略投资者配售的股票总量、占本次发行股票的比例以及持有期限等信息。

战略投资者不得参与首次公开发行股票的初步询价和累计投标询价,并应当承诺获得本次配售的股票持有期不少于 12 个月,持有期自本次公开发行的股票上市日起计算。

(二) 向参与网下配售的询价对象配售

发行人及主承销商应当向参与网下配售的询价对象配售股票,并应当与网上发行同时进行。发行人及主承销商向询价对象配售股票的数量原则上不低于本次公开发行新股及转让老股总量的 50%。询价对象与发行人、承销商可自主约定网下配售的持有期限。

股票配售对象不仅包括证券投资基金、全国社保基金、证券公司、财务公司、信托公司、保险公司、企业年金基金和合格的境外机构投资者，还新增加了主承销商自主推荐的机构投资者和个人投资者。

股票配售对象参与累计投标询价和网下配售应当全额缴付申购资金，单一指定证券账户的累计申购数量不得超过本次向询价对象配售的股票总量。

发行人及主承销商通过累计投标询价确定发行价格的，当发行价格以上的有效申购总量大于网下配售数量时，应当对发行价格以上的全部有效申购进行同比例配售。

（三）向参与网上发行的投资者配售

向参与网上发行的投资者配售方式是指通过证券交易所交易系统公开发行股票。网上发行时价格尚未确定的，参与网上发行的投资者应按照价格区间的上限申购。如果最终确定的发行价格低于价格区间上限，差价部分应退还给投资者。

五、我国公司 IPO 的其他相关制度

为了配合核准制的实施，同时维护投资者和发行人的利益，我国现阶段推行首次公开发行股票辅导制度和证券发行上市保荐制度及持续督导制度。这些规定可以看作是由核准制向注册制过渡中的发行监管制度，旨在进一步明确责任并建立公司 IPO 的责任追究机制。同时为了和国际证券市场发行制度接轨，我国证券监管部门也设定了公司 IPO 的新股发行询价制度、超额配售选择权、回拨机制和中止发行机制等。

1. 首次公开发行股票的辅导制度

首次公开发行股票的辅导制度是指公司在提出首次公开发行股票申请前，要按规定聘请辅导机构进行辅导。辅导工作旨在促进辅导对象建立良好的公司治理，形成独立运营和持续发展的能力，督促公司的董事、监事和高级管理人员全面理解发行上市的有关法律规定、证券市场规范运作和信息披露的要求，树立进入证券市场的诚信意识、法治意识等基本意识。

凡拟在中国境内首次公开发行股票的股份公司聘请的辅导机构必须是具有主承销商资格的证券机构以及其他经过有关部门认定的机构。聘请的辅导机构应当成立辅导工作小组，该辅导工作小组固定人员不少于 3 人，其中至少有 1 人具有担任过首次公开发行股票主承销工作项目负责人的经验。同一人员不得同时担任 4 家以上企业的辅导工作。辅导人员应当有较强的敬业精神并具备有关法律、会计等必需的专业知识和技能。

除辅导机构参与辅导外，拟上市公司拟或已聘用的会计师事务所、律师事务所的执业人员应在辅导机构的协调下参与辅导工作。辅导人员以及参与辅导的

其他中介机构人员应当依法履行保密义务,在相关信息披露前,保守拟上市公司的商业秘密。

在一般情况下,辅导机构会派保荐人代表参加辅导工作,以保证保荐人及时全面了解公司信息。如果保荐人代表未参与辅导,应对原辅导机构的工作进行复核,并在推荐函中明确发表意见。

拟上市公司确定辅导机构后,应当与之签订辅导协议。辅导协议应明确辅导机构的辅导程序、时间表、辅导方式等内容,并明确规定在辅导期间辅导机构以何种方式跟踪了解辅导对象的规范运作情况。中国证监会对首次公开发行股票前的辅导工作进行监督和指导,派出机构负责辖区内辅导工作的监督管理。

2. 证券发行上市保荐制度

证券发行上市保荐制度是指由保荐人(投资银行、券商)负责公司发行的上市推荐和辅导,核实公司发行文件中所载资料的真实、准确和完整性,协助发行人建立严格的信息披露制度,不仅承担上市后持续督导的责任,还将责任落实到个人。通俗来说,就是让作为保荐人的券商和责任人对其承销发行的股票负有一定的持续性连带保证责任。

2003年10月,中国证监会通过《证券发行上市保荐制度暂行办法》,自2004年2月1日起,股份公司首次公开发行股票和上市公司发行新股、可转换债券采用发行上市保荐制度。保荐人在推荐发行人首次公开发行股票前,应当按照中国证监会的规定,对发行人进行辅导。保荐机构推荐其他机构辅导的发行人首次公开发行股票的,应当在推荐前对发行人再进行必要的辅导,并形成辅导报告。

发行人经辅导符合下列要求的,保荐人方可推荐其股票发行上市:①符合证券公开发行上市的条件和有关规定,具备持续发展能力。②与发起人、大股东、实际控制人之间在业务、资产、人员、机构、财务等方面相互独立,不存在同业竞争,显失公允的关联交易以及影响发行人独立运作的其他行为。③公司治理、财务和会计制度等不存在可能妨碍持续规范运作的重大缺陷。④高管人员已掌握进入证券市场所必备的法律、行政法规和相关知识,知悉上市公司及其高管人员的法定义务和责任,具备足够的诚信水准和管理上市公司的能力和经验。⑤中国证监会规定的其他要求。

首次公开发行股票的,持续督导的期间为股票上市当年剩余时间及其后两个完整的会计年度;在创业板首发上市的,持续督导的期间为证券上市当年剩余时间及其后3个完整会计年度。上市公司发行新股、可转换债券的,持续督导的期间为证券上市当年剩余时间及其后一个完整会计年度。持续督导的期间自证券上市之日起计算。

保荐制度是证券市场一项重要的制度安排,保荐人是证券市场不可或缺的中介机构。保荐人的职责,一是推荐发行人证券发行上市,二是持续督导上市公司履行相关义务。通过履行上述职责,保荐人将证券市场投资者、发行人(上市公司)联系起来。证券监管部门借助保荐人对发行人的发行资格及其上市条件的实质性审核,有利于把好证券市场的准入关口;发行人遵照保荐人的专业意见进行改制、健全公司治理结构、设计和实施发行方案,有利于公开发行、上市的成功实施;保荐人督导上市公司认真履行包括信息披露在内的各项义务,有利于确保上市公司行为的合法性和合规性。因此,保荐制度通过规范保荐人的行为,使其承担了作为证券监管部门、发行人(上市公司)之间的中介的重要角色。另外,实施保荐制度要求保荐人作为中介机构牵头人,协调律师事务所、会计师事务所、资产评估机构等相关中介机构,在各自的职责范围内,勤勉尽责,诚实守信,本着对证券市场负责、对投资者负责的态度,推荐优质公司发行上市。保荐制度有利于推动各类中介机构执业水准的整体提高。从长远角度看,实施保荐制度将对证券市场的可持续发展产生积极影响。

3. 新股发行询价制度

2004 年 12 月,中国证监会发布了《关于首次公开发行股票试行询价制度若干问题的通知》,对首次公开发行股票询价的程序、定价机制及发行方式等作出规范。自 2005 年 1 月 1 日起,我国股份公司首次公开发行股票均应通过向询价对象询价的方式来确定发行价格。

中国证监会在 2006 年 9 月发布的《证券发行与承销管理办法》中进一步完善了询价发行制度。在此后的 6 年中,这一办法又随着新股发行改革的一系列措施不断修改,到 2012 年 5 月已经形成了比较完善的新股累计投标询价和网上定价发行制度。

股票发行申请经证监会核准后,发行人公告招股意向书,进行新股推介和询价。询价分初步询价和累计投标询价。在初步询价阶段,发行人及其保荐人应向不少于 20 家询价对象询价,公开发行股数在 4 亿股(含 4 亿股)以上的,参与初步询价的对象应不少于 50 家。承销商要向初步询价的对象提供投资价值研究报告。发行人及其主承销商通过初步询价确定发行价格区间,在发行价格区间内通过累计投标询价确定发行价格。由于网上发行时发行价格尚未确定,参与网上发行的投资者应当按价格区间上限申购,如最终确定的发行价格低于价格区间上限,差价部分退还给投资者。

4. 超额配售选择权(绿鞋机制)

在公司首次公开发行股票并上市的过程中,大多数承销协议都包含这样的规定:允许承销商最多可以按照发行价格购买发行规模 15% 的额外股票以实现对潜在投资者的承诺,这被称为绿鞋机制或绿鞋期权,在我国叫"超额配售选择权"。当 IPO 出现超额认购时,出于稳定价格的需要,承销商会行使这一权利来购买额外的股份。该机制因 1963 年佩恩·韦伯公司为波士顿绿鞋公司发行股票时采用而得名。

我国《证券发行与承销管理办法》规定，首次公开发行股票的公司发行规模在 4 亿元以上的，可以向战略投资者配售股票，可以采用"超额配售选择权"机制。设置绿鞋机制的目的是稳定股价。在期权有效期内，当发行人股票的市场交易价格低于发行价格时，承销商要用超额发售股票获得的资金（事先认购超额发售投资者的资金），从二级市场购买发行人的股票，分配给提出认购申请的投资者。在这种情况下，超额配售资金起到了稳定股价的作用。如果发行人股票的市场价格高于发行价格，主承销商可以根据授权要求增发股票，分配给提出认购申请的投资者，发行人得到增发此部分新股所募集的资金。在这种情况下，不仅扩大了发行人筹资规模，而且有助于抑制股价的过度上涨。

5. 回拨机制

回拨机制是指在同一次发行中采取网下配售和网上发行两种发行方式时，为了保证发行成功和公平对待不同类型投资者，先人为设定不同发行方式下的发行数量，然后根据认购结果，按照预先公布的规则在两者之间适当调整发行数量。

《证券发行与承销管理办法》规定，首次公开发行股票的发行人及其主承销商应当在网下配售和网上发行之间建立双向回拨机制，根据申购情况调整网下配售和网上发行的比例。网下中签率为网上中签率的 2 至 4 倍时，发行人和承销商应将本次发售股份中的 10% 从网下向网上回拨；4 倍以上的应将本次发售股份中的 20% 从网下向网上回拨。网上申购不足时，可以向网下回拨，由网下投资者申购；仍然申购不足的，可以由承销团推荐其他投资者参与网下申购。

6. 中止发行机制

询价结束后，公开发行股票数量在 4 亿股以下、提供有效报价的询价对象不足 20 家，或者公开发行股票数量在 4 亿股以上，提供有效报价的询价对象不足 50 家的，发行人及其主承销商不得确定发行价格，并应当中止发行。

网下机构投资者在既定的网下发售比例内有效申购不足，不得向网上回拨，可以中止发行。网下报价情况未及发行人和主承销商预期、网上申购不足、网上申购不足向网下回拨后仍然申购不足的，可以中止发行。中止发行的具体情形可以由发行人和主承销商约定，并予以披露。

中止发行后，在核准期有效期内，经向证监会备案，可以重新启动发行。

第四节 全球主要资本市场

全球股票市场主要集中在几个发达的资本主义国家。美国纽约证券交易所、伦敦证券交易所和美国纳斯达克证券市场，都是比较有影响力的证券交易市场。

在亚洲,比较大的证券市场有日本东京证券交易所、中国香港联合交易所和上海证券交易所等。其中,上海证券交易所经过20年的发展壮大,已经迈入了国际大型证券交易所的行列。另外,世界各主要国家及地区为了扶持高科技企业,均设有二板证券市场。比如,欧洲创业板市场,中国香港创业板市场、新加坡创业板市场、日本创业板市场和韩国KOSDAQ市场等。

近年来,国内掀起了一阵企业境外上市的热潮。从早期的中国移动、中国石化、中国石油、中国联通等国有企业到海外上市,到新东方、腾讯、巨人网络和阿里巴巴等民营企业到美国等地证券市场IPO,一大批我国企业成功登录国际资本市场。他们不仅筹集到了发展需要的资金,也提升了自身的实力和能力,成为其他企业效仿的对象。同时,海外主要证券市场也瞄准了我国快速发展的高科技企业。2004年至今,纳斯达克、纽约、新加坡、伦敦、法兰克福等世界主要证券交易所和韩国、日本的证券交易所都积极与我国政府取得联系,力邀中国企业去这些证券市场发行上市,并先后在我国建立了引导中国企业海外上市的办事处。

以下就世界主要证券市场的情况和IPO条件进行简要介绍。

一、亚洲地区的证券市场

(一)中国香港证券市场

中国香港证券市场就其交易品种来说,包括股票市场、衍生工具市场、基金市场和债券市场。其中主要的组成部分是股票市场,并有主板市场和创业板市场之分。

主板市场一般为规模较大、成立时间较长、具备一定盈利记录的公司提供资金,其上市公司主要包括金融、公用事业、地产、综合企业、工业、酒店、其他七大类。主板市场的发展最早可追溯到1891年成立的中国香港经纪协会,其后在20世纪70年代成立有四家证券交易所,1986年这四家证券交易所合并成立了中国香港联合交易所,一直发展延续到今天。

创业板市场(growth enterprise market,简写GEM)成立于1999年,主要为有增长潜力的高科技企业融通资金。与主板市场不同,创业板市场对上市公司没有行业类别及公司规模的限制,也不设盈利要求,只需要显示公司有两年的活跃记录即可。由于这类企业日后业绩存在较大的不确定因素,所以创业板市场的投资风险较大。创业板市场执行严格的信息披露制度,强调"买者自负"和"由市场自行决定"的运作理念,为规模较小但具有发展潜力的公司、创业资本提供了资金融通的平台,发展较快。

(二)新加坡证券市场

新加坡证券交易所成立于1973年,目前主要有两个主要的交易板,即第一股市(mainboard)及自动报价股市(the stock exchange of Singapore dealing and automated quotation system,简称 SESDAQ)。自动报价股市相当于创业板,它成立于 1989 年,主要宗旨是要提供具有发展潜力的中小型企业募集资金。自 1997 年起,新加坡证券交易所对外国公司开放,无论是第一股市还是自动报价股市都可接受新加坡本地公司或外国公司前去发行上市。

新加坡证券市场的相关法规比较完善,在监管制度、股票课税制度、信息披露制度等方面有比较严格而详细的规定。《证券行业法》和《公司法》是新加坡证券市场两部非常重要的法律,此外还有一系列非法令性公文、股票交易所章程和实施细则以及各行政部门的政策法令作为补充。

1993 年,中国远洋集团总公司旗下的子公司中远投资率先在新加坡证券交易所发行上市。之后一些规模不大的中国公司陆续在新加坡证券交易所完成 IPO 的过程。在新加坡发行上市的中国企业所处行业主要集中在制造业、交通、基建、通信、商业贸易、服务业和房地产。与国际金融中心相比,在新加坡上市的中国企业规模普遍偏小,这些企业如果去其他境外证券市场难以受到关注。而新加坡证券市场的蓝筹股几乎都是由中小企业发展而来的,所以中小企业在新加坡上市容易受到投资者的欢迎。中国企业到新加坡证券交易所 IPO 主要采用境外注册公司发行红筹股和境内企业直接发行 S 股(指在新加坡证券交易所上市的国内企业股票)上市两种方式。

(三)日本的创业板市场

日本的东京证券交易所是世界第二大的证券市场,但是其发行上市的审查非常严格。经审查认为符合标准的,还要呈报大藏大臣认可,方能上市;对已经上市的有价证券,也要进行不断的严密监督和审查,以决定是否可以继续上市。因此,对于中国企业,比较理想的是在日本创业板发行上市。

目前想要在日本证券市场上市的企业基本上可以通过三个渠道:东京证券交易所的创业板(Mothers)、大阪证券交易所的创业板(大力神市场,简称 Hercules)和 JASDAQ(简称加斯达克)。不同板块的上市要求不一样,其中门槛最低的是 Mothers。这一市场专为新兴行业设立,对资本额等各个项目没有要求,只需股票市值达到 5 亿日元,5 年内须取得利润。但要求申请的企业必须拥有有潜力的经营项目,或该企业为立足于新技术为主的高成长性公司。而大阪创业板市场的要求会高一些,要求成长性企业的净资产分别不低于 4 亿日元和 6 亿日元,利润不低于 7 500 万日元和 1 亿日元。

在这三个板块中,影响力最大的是 JASDAQ 市场。JASDAQ 的全称为日本证券业协会自动报价系统,该系统为计算机化证券交易与信息传输系统,由日本证券业协会于 1990 年 8 月引入日本证券柜台交易市场,后成为日本证券柜台交易市场的别称。JASDAQ 市场对拟上市公司的资本额、总资产、股票锁定情况等没有作出要求,但要求企业有一个以上的做市商,并且必须指定保荐人,同时还要求在正常市场上市的企业净有形资产为2亿日元以上,在特别规则市场上市的企业总市值为5亿美元以上。

日本资本市场的总体市盈率非常高,平均在60~70倍左右,Mothers更达到了100倍。因此,已经有越来越多的国内企业开始注意到日本市场,并开始进入相关的准备阶段。

(四)韩国的 KOSDAQ 市场

除日本外,韩国 KOSDAQ 市场也是东亚比较知名的资本市场,1996年由韩国 OTC 市场发展而来。到2000年,KOSDAQ 市值已达到其主板市场韩国证券交易所(KSE)的1/3,交易额在2000年2月份甚至超过了KSE,2002年上半年更是以1 570亿美元的交易额在众多海外创业板市场中遥遥领先,并成为 NASDAQ 之后全球第二个以科技股为主体的创业板市场交易额超过主板的例子。为应对证券市场的风险和同行业竞争,2001年后 KOSDAQ 重新审视自己的发展思路和发展模式并展开了全方位的改革,内容涉及强化上市审查、调整上市标准、实施更为严厉的退市制度、完善限制股出售制度、强化信息披露监管和市场监察、实施完整的市场营销策略等。

KOSDAQ 将企业分为"非风险型企业"和"风险型企业"。对非风险型企业也采用了多样化的上市条件以区别对待不同规模的公司,公司规模越大要求越低。上市条件如表8-1所示。

表8-1

非风险型公司的 KOSDAQ 上市条件

指标	可选择标准1	可选择标准2	可选择标准3
实收资本(亿韩元)	5(建筑业:10)		无要求
总资产(亿韩元)	无要求	500	无要求
盈利要求	净收入为正		无要求
负债率	低于行业均值的150%	低于行业均值	低于行业均值的400%
股东权益(亿韩元)	无要求	100	1 000
公众持股量	发行在外股份的30%,或者发行在外的股份的10%(但持股总数须超过500万股)		
股东人数	500人及以上		

KOSDAQ 对风险型企业则放宽了要求。风险型企业只要其股票分散比例达到20%,监事认为适合上市,即可登记上市。但是要被认作是风险型企业,必须

符合 KOSDAQ 市场制定的一系列标准。这些标准包括：对有风险资本介入的公司，风险投资必须购买了 10% 以上的股权，或风险资本对公司股权及债权投资的比例超过实收资本的 20%；对研发导向的公司，公司的研发成本必须占总销售额的 5% 以上；对专利技术发展公司，公司具有专利权的产品的销售收入必须占总销售收入的 50% 以上，或者这类产品的出口量占总销售收入的 25% 以上；对新技术发展公司，公司属国家 13 个技术发展项目的产品销售收入必须占总收入的 50% 以上，或是这类产品的出口量占总销售量的 25% 以上。在 2001 年以前，KOSDAQ 对"风险型企业"的开业时间、资本金、经营成果、负债方面等方面没有任何限制。2001 年之后，KOSDAQ 市场对风险型企业提高了上市标准，要求近 1 年实现经常收益而且净资产收益率要达 5% 以上，但最低限额仅为 5 亿韩元，对开业时间仍不作限制。

2006 年，KOSDAQ 又在原有的"非风险类"和"风险类"板块划分基础上，新增了"成长型风险类"板块，以更有力地推动和支持发展中的小企业上市。在上市标准方面，KOSDAQ 对于申请在"成长型风险类"上市的企业无盈利要求，但要求有指定的 7 家评估机构中至少两家提供的技术评估证明。

对我国企业而言，KOSDAQ 市场的主要优势在于上市成本比较低，申请时间比较短。而且韩国对外国企业的要求比对本国企业宽松。但是 KOSDAQ 市场的影响力比较有限，而且法律阻碍也比较多。

二、欧美地区的证券市场

(一) 纽约证券交易所

纽约证券交易所成立于 1752 年，是当今世界上最大的证券交易市场。如今，该交易所已经发展成为非美国公司在美国上市的首选市场。2007 年 4 月，纽约证券交易所联合欧洲证交所合并而成的纽约—泛欧交易所集团，是全球规模最大的证券交易集团。此外，纽约证券交易所还不断加强与东京证券交易所的密切合作，并拥有印度证券交易所 5% 的股份，是全球唯一一家跨国交易所，拥有为各种类型的企业提供全方位融资服务的能力。

纽约证券市场对中国企业有巨大的吸引力，主要基于以下三个方面的原因：首先，纽约证券交易所能为上市公司提供最大的流动性、最低的交易成本、最小的价差和最低的波动性。其次，与纳斯达克相比，纽约证券交易所不是一个单一的市场，而是一个多元化的市场，除高科技行业外，还包括零售业、能源、金融、交通等其他行业企业。尤其值得一提的是，为了吸引高增长企业，纽约证券交易所专门设立了一个高增长板块。中小企业可以采取两步走的策略，即先在纽约证券交易所高增长板市场挂牌，待公司在短时期内迅速成长达到纽约证券交易所主板市场上市的要求后,再转板到纽约证券交易所主板市场。再次,纽约证券交易所鼓励中国公司首先在国内 A 股市场上市,同时在纽约证券交易所上市。这种 A+N 模式既有利于中国资本市场的发展,又有利于中国企业利用国际资本市场来加速其国际化进程,从而对国内资本市场起到一个很好的补充作用。

(二) 纳斯达克证券交易市场

纳斯达克证券交易市场成立于 1971 年 2 月,由全美证券交易商协会创立并负责管理。建立纳斯达克的初衷是为了规范美国的场外交易市场,并作为纽约证券交易所的补充。然而纳斯达克依托其庞大的电子交易系统,主要针对全球高科技高成长的中小企业提供融资和上市服务。随着市场中一批知名企业成为全球知名大企业(如微软、英特尔、雅虎和亚马逊等),纳斯达克也成为全球知名的"二板市场",并曾于 2000 年超过纽约证券交易所,成为全世界成交量、上市公司家数和市值最大的股票交易市场。

纳斯达克证券市场主要包括两个板块:全国市场(national market)和小型资本市场(small cap market)。前者主要针对规模较大的高科技成长型企业,后者面对更不成熟规模较小的成长型中小企业,两者的监管方式和力度上不存在大的区别,但小型资本市场上市条件相对较为宽松。具体选择在哪个市场上市,企业可根据自身实际情况灵活掌握。

纳斯达克执行股票交易的做市商制度。做市商制度就是允许一些独立的股票交易商,在市场上对一只股票同时提供卖出和买入的业务,以此提高市值较低、成交量稀少的股票的流动性。这种制度对知名度较小、风险较大的股票尤为重要。每一只在纳斯达克上市的股票,至少要有两个以上的做市商为其股票报价;一些规模较大、交易活跃的股票的做市商往往能达到 40~50 家。纳斯达克证券市场试图通过做市商制度使市场中挂牌的上市公司的股票能在最优的价位成交,同时又保障投资者的利益。

(三) 加拿大的 TSX-V 创业板市场

多伦多证券交易所(toronto stock exchange,简称 TSX 或多交所)成立于 1878 年,由主板(TSX)和创业板(TSXV)组成,两者合称多伦多证券交易所集团(TSX group)。经过 130 年的发展,多伦多证券交易所目前已经成为世界上成交量最大的五家证券交易所之一,是全球第三大融资地,在北美仅次于纽约交易所和纳斯达克,上市公司的数量位居世界第二。

到目前为止,在多交所上市的公司包括了全球不同国家的各个行业,包括矿业、石油、天然气、林木、制造业、生物科技、交通运输、通讯、金融服务业等,其中来自世界各地的矿业公司达 1 106 家,占世界上市矿业公司总数的 50% 以上,大大超过了世界上的其他交易所,体现了加拿大作为世界资源大国的优势地位。

相比较美国证券市场,多交所具有费用低、效率高等特点,上市费用总额一般在 35 万~100 万加元,只占纳斯达克成本的 50%~60%。并且多交所对公司没有规模限制,亦无 3 年盈利证明,关键看公司发展的潜力。此外,它还专门为中小企业设立了一种"资本库"模式(CPC),非常巧妙地解决了金融机构与中小企业间在成本、风险、利润等方面的两难处境,有利于中小企业成长以达到上市的要求。

(四)欧洲证券交易市场

欧洲证券交易市场是既古老又新兴的证券市场。它既包括了历史最悠久的伦敦证券交易所,又囊括了新近整合建立的欧洲新市场(主要由米兰、巴黎、布鲁塞尔和法兰克福等市场通过电子网络交易联合组成)、欧洲第二市场(2000 年由巴黎、布鲁塞尔巴黎和布鲁塞尔三家证券交易所合并而成,规模仅次于伦敦交易所)和欧洲纳斯达克(即欧盟股票自动报价系统)等板块。

具有 300 年历史的伦敦证券交易所是目前世界上第三大股票交易所、欧洲第一大股票交易所。除主板市场外,伦敦证券交易所还开通了专为成长型的中小企业服务的二板市场 AIM(又称另类投资市场、高增长市场)和技术板市场 TechMARK。

《萨班斯-奥克斯利法案》的出台和实施阻挡了很多海外企业的美国 IPO 之路,同样具有国际化优势的伦敦证券交易所成为海外上市的又一重要选择。2005 年,在全球所有的证交所中,名列世界第三大证券交易中心的伦敦证券交易所业绩排名第一,来自世界 29 个国家的 129 家企业在其主板和二板市场(AIM)挂牌上市,比 2004 年增长了 82%,创下历史最高纪录。国外企业发行新股共筹集资金 59 亿英镑,平均每家 4 600 万英镑。与其他证券市场相比,伦敦证券市场具有以下优势:首先,伦敦是吸引欧洲投资的主渠道,也是世界上最大的管理投资基金的汇聚地,伦敦金融城拥有的投资基金总量为 2.8 亿欧元(约合 20 万亿人民币)。作为一个由成熟投资者组成的国际投资市场和国际证券交易市场,伦敦证券交易所交易量大,流动性好。其次,与美国严厉的监管环境相比,伦敦证券交易所相对宽松,上市程序直接、灵活、上市成本低。如果一家中国企业在海外融资 1 亿美元,美国上市的成本在 8%左右,而在伦敦上市的成本仅仅在 4%左右,如果到 AIM 上市,成本更低,只要 1‰左右。另外,英国政府免收资本增值税的优惠政策,也帮助伦交所留住了很多机构投资者。再次,在伦敦上市的海外公司是世界上最多的,而纽约证交所基本上都是美国公司。此外伦敦证券市场与中国香港证券市场在上市要求和规程上有很多相似之处,这也是吸引中国企业的有利条件。

三、中国香港证券市场 IPO 的要求

不同国家和地区的证券交易所有不同的 IPO 要求,这里以中国香港联合交易所为例,阐述其发行上市的要求。

(一) 中国证监会关于企业申请境外上市的要求

中国证监会发布的《关于企业申请境外上市有关问题的通知》,明确提出国有企业、集体企业及其他所有制形式的企业经重组改制为股份公司后,凡符合境外上市条件的,均可向中国证监会提出境外上市申请,具体申请条件如下:

(1) 符合我国有关境外上市的法律、法规和规则。

(2) 筹资用途符合国家产业政策、利用外资政策及国家有关固定资产投资立项的规定。

(3) 净资产不少于4亿元人民币,过去1年税后利润不少于6 000万元人民币,并有增长潜力,按合理预期市盈率计算,筹资额不少于5 000万美元。

(4) 具有规范的法人治理结构及较完善的内部管理制度,有较稳定的高级管理层及较高的管理水平。

(5) 上市后分红派息有可靠的外汇来源,符合国家外汇管理的有关规定。

(6) 证监会规定的其他条件。

(二) 中国香港主板和创业板发行上市的条件

内地企业到中国香港证券市场 IPO 有两种途径:发行红筹股或 H 股筹资。

红筹股暗指有内地背景的企业在中国香港证券市场发行的股票。受到国内金融制度的制约,有些内地企业选择到中国香港、BVI\百慕大、开曼群岛等地投资设立股份公司,将境内的资产及业务注入该公司,再以这个境外注册公司为主体到中国香港证券市场发行股票并上市。发行红筹股上市也称为"境外注册及上市模式",如金蝶国际、金鼎软件等。它适用于外商投资企业和中外合资企业,公司发行的股份经过一定的上市锁定期后可全部流通。在审批程序上,拟上市公司境内的律师需要向中国证监会提交法律意见书,经过同意才可以向中国香港联合交易所提交申请。

H 股特指我国境内的国有企业,经过改制成立股份公司,获准中国证监会的审批同意,在中国香港证券市场发行的股票。后者也称为境内注册境外上市模式,如北大青鸟、同仁堂科技等。它适用于国有企业和纯内资企业。由于中国为外汇管制国,发起人股份不可以上市流通,只允许股份公司在成立3年后进行转让;在审批程序方面,拟上市公司需要向中国证监会提交境外上市申请,经过审批同意后才可以向中国香港联合交易所递交上市申请。

根据中国香港联合交易所的有关规定,在其主板和创业板发行上市必须符合

以下方面的基本条件。

1. 盈利和市值要求

公司在中国香港主板上市,则必须满足以下三项条件中的至少一项:

(1) 公司具备不少于3个会计年度的营业记录,而在该段期间,公司最近1年的股东应占盈利不得低于2 000万港元,其前两年累计的股东应占盈利不得低于3 000万港元。上述盈利应扣除日常业务以外的业务所产生的收入或亏损。至少前3个会计年度的管理层维持不变;并且至少经审计的最近1个会计年度的拥有权和控制权维持不变。

(2) 公司具备不少于3个会计年度的营业记录,至少前3个会计年度的管理层维持不变;并且至少经审计的最近1个会计年度的拥有权和控制权维持不变。上市时市值至少为20亿港元,经审计的最近1个会计年度的收益至少为5亿港元,以及新申请人或其集团的拟上市的业务于前3个会计年度的现金流入合计至少为1亿港元。

(3) 公司具备不少于3个会计年度的营业记录;至少前3个会计年度的管理层维持不变;并且至少经审计的最近1个会计年度的拥有权和控制权维持不变;于上市时市值至少为40亿港元,且经审计的最近1个会计年度的收益至少为5亿港元。

创业板申请人须具备不少于2个财政年度的营业记录,包括:①日常经营业务有现金流入,于上市文件刊发之前两个财政年度合计至少达3 000万港元。②上市时市值至少达1.5亿港元。

2. 最低市值要求

如在主板申请发行上市,新申请人预期上市时的市值不得低于2亿港元。按"盈利和市值要求"的第二条和第三条申请上市的公司则需要满足上市时市值分别不低于20亿港元及40亿港元的要求。

3. 公众持股市值

主板上市的新申请人预期证券上市时由公众人士持有的股份的市值须至少为1.25亿港元,创业板新申请人预期证券上市时由公众人士持有的股份的市值须至少为4 500万港元。

4. 公众持股数量

(1) 无论任何时候公众人士持有的股份须占发行人已发行股本至少25%。

(2) 若发行人拥有一类或以上的证券,其上市时由公众人士持有的证券总数必须占发行人已发行股本总额至少25%;但正在申请上市的证券类别占发行人已发行股本总额的百分比不得少于15%,上市时的预期市值也不得少于主板1.25亿港元、创业板4 500万港元。

(3)如发行人预期上市时市值超过100亿港元,则本交易所可酌情接纳一个介乎15%至25%之间的较低百分比。

主板上市后,持有有关证券的公众股东须至少为300人;创业板上市后,必须至少有100名公众股东。持股量最高的3名公众股东实际持有的股数不得占证券上市时公众持股量逾50%。

5. 股东人数要求

股东人数须视发行的规模和性质而定,但在任何情况下,主板的股东人数至少为300人,创业板的股东人数至少为100人。

6. 公司治理要求

(1)发行人委任的独立非执行董事必须占董事会成员人数至少三分之一。

(2)需指定至少3名独立非执行董事,其中1名独立非执行董事必须具备适当的专业资格,或具备适当的会计或相关财务管理专长。

(3)发行人董事会下须设有审核委员会和薪酬委员会。

(4)审核委员会成员须有至少3名成员,并必须全部是非执行董事,其中至少1名是独立非执行董事且具备适当的专业资格,或具备适当的会计或相关财务管理专长,审核委员会的成员必须以独立非执行董事占大多数,出任主席者也必须是独立非执行董事。

(5)发行人必须委任一名符合上市规则规定的公司秘书。

以上是在中国香港联合交易所上市的基本要求,其他具体要求可以参考其公布的上市规则之详细内容。

在我国香港发行上市的过程与内地相差不大,在此不再赘述。

案例8-1 阿里巴巴的上市之路

阿里巴巴是目前世界上最大的互联网公司,它成立于1999年,曾经先后于2007年和2014年分别在中国香港联合交易所和纽约证券交易所上市,成为少数经历"上市—退市—上市"的中国公司。

一、阿里巴巴发展简史

1999年,马云领导一个由18个人组成的团队在杭州家中创立了阿里巴巴公司。阿里巴巴的B2B商业模式就是连接供应商和买家。在接下来的1年中,阿里巴巴自软银、高盛、Fidelity以及其他机构融资2500万美元。

2003年,阿里巴巴创立了旗下网站淘宝,建立C2C业务平台,成功地取代了eBay在中国的市场地位。

2004年,阿里巴巴推出在线支付服务——支付宝,解决在线卖家与个人买家的在线交易信任问题,后来这部分业务几经发展,成为阿里金融业务的基础部分。

2005年8月份,阿里巴巴与雅虎达成合作伙伴关系,雅虎以10亿美元收购了阿里巴巴40%的股份,阿里巴巴接管了雅虎在中国的业务。

2007年11月份,阿里巴巴将B2B业务放在中国香港证券市场上市,融资15亿美元,它创下中国互联网公司IPO史上规模最大的纪录。

2008年,阿里巴巴推出淘宝商城(后改称天猫商城),专门针对消费者销售品牌商品,它当时也是淘宝的一个组成部分。3年之后,天猫成为一个独立的网站。

2009年11月11日,阿里巴巴推出"双11购物节"。美国前总统比尔·克林顿(Bill Clinton)、NBA球星科比·布莱恩特(Kobe Bryant)参加了马云举行的阿里巴巴10周年庆。同年,阿里巴巴组建阿里云计算业务。

2010年,阿里巴巴推出了全球速卖通(AliExpress)服务,针对美国以及新兴市场中的消费者。与此同时,支付宝开始从阿里巴巴独立,手机淘宝软件推向市场,人们开始在手机上购物支付。

2011年1月19日,阿里巴巴集团在北京发布物流战略。其核心是两件事:第一,通过"物流宝"平台,大力推进物流信息管理系统;第二,由集团层面主导、投入100亿元着手兴建全国性仓储网络平台,为各大物流公司提供中转服务。

2012年,阿里巴巴集团宣布私有化上市公司,同时也从雅虎手中以76亿美元回购了大约一半的股份,雅虎对阿里集团的持股从最初的39%下降到22.4%。同年7月,阿里巴巴集团宣布将现有子公司的业务升级为阿里国际业务、阿里小企业业务、淘宝网、天猫、聚划算、一淘和阿里云等事业群。

2013年1月10日,阿里巴巴宣布对集团现有业务架构和组织进行相应调整,成立25个事业部,具体事业部的业务发展将由各事业部总裁(总经理)负责。从战略到运营层面为阿里巴巴集团的健康、稳定和可持续发展提供保障。随后,阿里巴巴集团董事局宣布,马云卸任CEO转任阿里巴巴集团董事局主席,任命陆兆禧为阿里巴巴集团CEO。

2014年3月,阿里巴巴宣布放弃在中国香港上市,开始筹备在美国的IPO。5月6日,阿里巴巴正式向美国证券交易委员会递交IPO招股书。9月19日完成IPO,发行价达到68美元,共募集资金250亿美元,成为当时全球最大的IPO。

虽然阿里巴巴赴美上市已过去多年,但两次海外上市的经历仍足以向世人展示很多有益的经验。

二、2007年阿里巴巴B2B业务在中国香港上市

2007年10月22日,阿里巴巴集团旗下负责B2B业务的子公司——阿里巴巴股份公司在中国香港联合交易所进行IPO,发行新股9.726亿股,发行价13.5港元,筹集资金115.95亿港元,折合15亿美元,居当时中国互联网公司融

资规模之最。同年 11 月 6 日,阿里巴巴的股票(代码 1688)在中国香港联合交易所挂牌交易,开盘价 30 港元,收盘价 39.5 港元,成交额高达 174 亿港元。

阿里巴巴的 B2B 业务就是通过建立网上交流的平台,为广大中小企业成功地降低了信息搜索成本。互联网出现之后,信息传递成本大幅度下降,而信息搜集成本却大幅度上升。中小企业可以非常便利地利用互联网开展商务活动,但是却无法在拥有数亿网站的互联网中找到合适的贸易伙伴,信息搜集成本的增加给企业带来了很大的负担。有了阿里巴巴网站,中小企业可以通过交费注册成为会员,接受公司服务,更加快捷方便地找到自己的买卖对象,从而极大地节约了信息搜索成本。而阿里巴巴则通过收取会员费,加收广告费和竞价排名费等形式,形成了稳定的业务收入。

2005 年,阿里巴巴的会员数从 2004 年的 3.59 亿人增长到 7.38 亿人,净利润从 0.25 亿增长到将近 1 亿元,员工数也从 1737 人上升到 2 347 人,几乎所有的指标都实现了翻番。增长最多的是净利润,增长率接近 4 倍。另一个是 2007 年上半年。上半年阿里巴巴会员数达到 2 460 万人,比 2006 年的 1 980 万人增长了 500 万人,其收入也从 2006 年全年的 13.64 亿元增长到 2007 年上半年的 9.58 亿元。这个半年,阿里巴巴最明显的变化体现在利润率的提升上,从前两年的不到 20% 上升到当前的 39%。

2007 年的 10 月,恰好是中国香港资本市场最火热的季节。从 8 月 17 日传出港股直通车消息以来,短短两个月时间,恒生指数从 20 000 点上升到 10 月 30 日的 32 000 点,升幅高达 55%。中资股更是火热。从全球范围来看,科技股价值被重新发现,在美国 NASDAQ 上市的百度成为海外上市的"最牛中国股",因为其股价从 200 美元涨到 300 美元,仅用了两个多月时间(2007 年 7 月 10 日至 2007 年 9 月 24 日);从 300 美元涨到 400 美元,只用了 40 多天(2007 年 9 月 24 日至 2007 年 11 月 2 日)。阿里巴巴此时发行上市,选到了最佳时间。

但是这种成功和繁荣的背后也存在隐忧。

一是 2008 年金融危机席卷全球,各国经济发展预期降低,出现了空前的悲观情绪。美国经济的疲软、失业率高居不下和欧洲主权债务危机、部分北非西亚国家动荡等因素的影响依然未退去。全球贸易增速明显下滑,贸易争端频繁,加之美国"财政悬崖"对世界经济的影响,全球经济未来可能仍维持中低速的增长。以在美上市的"中概股"为例,由于财务风波、会计违规、多方做空机构做空等因素,及支付宝本身的 VIE 恐慌,使境外上市企业受到广泛质疑,当地监督机构也加强了对中国上市公司的监督;同时很多境外上市的公司主要业务都在大陆,而投资者主要在国外,不易明白公司的商业模式,而且易被机构误导,用户和投资人严重不和,使其低估中国在外上市公司的价值。阿里巴巴上市时恰逢股市的最高点,然而上市后不久,金融危机来临,恒指持续走低。阿里巴巴本身的股价长期低迷,市值一直低于投资人的预期。阿里巴巴股价自2009年三季度开始一路下滑,最低达到3.46港元,长期在发行价以下波动,投资人损失惨重。至2012年2月,股价在10港元左右波动。

二是阿里巴巴集团与上市公司的发展存在矛盾。上市公司主要经营B2B业务,虽然市场空间很大,但受金融危机和经济不景气的影响,企业业务增长不快。而同期由于国内消费升级,C2C、B2C业务增长很快,阿里的淘宝和天猫面临京东、当当这样的竞争对手挑战,O2O业务也在不断与传统电子商务衔接。所以,阿里的管理层遇到了以集团为大还是以上市公司为先的矛盾,遇到了上市公司决策受公司治理要求的制约等不够灵活机变的问题。

三是阿里管理层与股东的控制权之争。阿里集团对旗下业务的战略调整,使得上市公司的业务并没有得到预期的发展,对比新秀"淘宝""天猫""支付宝"等业务的发展而变得暗淡。同时这些新业务并不在上市公司内,投资人得不到新业务带来的收益增长,因此,上市公司股东和管理层的矛盾日益显现。在阿里巴巴股份公司构建时,为了适应海外证券交易所和中国法律管辖的要求,采取了VIE股权控制结构,如图8-1所示。

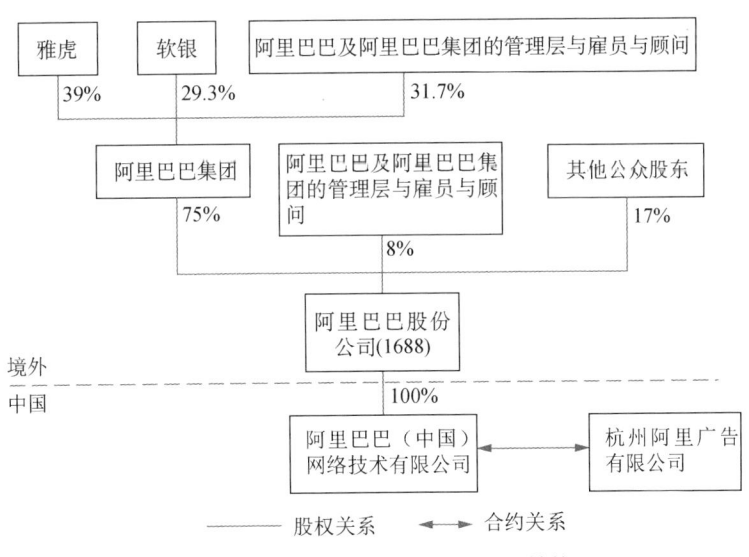

图8-1 阿里巴巴股份公司的VIE结构

从图8-1可以看出,阿里巴巴集团是股份公司的大股东,拥有绝对控制权。但是阿里巴巴集团的股东是三个主体,各自掌握约三分之一的控制权,其中又以雅虎所占比例最多,高达39%,而马云及其团队只占31.7%,所以无法从股权比例上保证掌握集团公司和上市公司的控制权。当上市公司的市值不能增长时,雅虎和软银显然对管理层存在很大的不满。

三、2012年阿里巴巴上市公司退市

为了实现阿里巴巴集团公司的总体发展,阿里从2011年起开始进行战略调整,拆分业务,建立多个事业部群,谋求形成新的互联网生态系统。同时也为了协调股东利益,保证马云等管理层掌握对集团公司的经营控制权,阿里集团的管理层开始谋划公司整体上市。

要实现整体上市,阿里采取了先退市再上市的办法。

1. 退市过程

2012年2月21日,阿里巴巴公司发布公告《阿里巴巴集团控股有限公司建议以协议安排的方式将阿里巴巴网络有限公司私有化》,表示建议以协议安排的方式回购股票并建议撤销上市地位。主要内容如下:

(1) 阿里巴巴采取了较高的溢价以每股13.5港元进行回购。

(2) 公示持股份额:总股份数5 002 039 375股,要约人占52.21%,一致行动且不投票的占20.76%(有Alibaba Group Treasury Limited和Direct Solutions Management Limited,其为要约人的全资附属公司持有),余下的为计划股数(需要投票表决的)占27.03%。

(3) 要约人拟利用一个由银团(即澳盛银行集团有限公司、瑞士信贷银行新加坡分行、星展银行有限公司、德意志银行新加坡分行、中国香港上海汇丰银行有限公司和瑞穗实业银行中国香港分行)提供的外部债务融资并结合要约人的内部现金资源。

本次私有化的收购价格是13.5港元,与之前的发行价一致。有很多人质疑阿里私有化上市公司是对投资者不负责任的行为,相当于利用了一笔4年多的无息贷款,没有为投资者创造价值。但鉴于回购时的股票价格,这个收购价还是有利差的。这个收购价较2月9日停牌前的最近60个交易日的平均收盘价格溢价60.4%,比最近10个交易日平均收盘价溢价55.3%。2012年2月22日,阿里巴巴股票恢复交易。受到私有化行动的影响,阿里巴巴当日高开于13.18港元,此后走势平稳,收盘报13.2港元,较2月9日停牌时大涨42.703%。

5月25日,阿里巴巴上市公司股东大会以5.89亿股数,占整体95.46%的赞成票通过。随后的6月8日,该公司股票正式停止交易。

6月19日晚间,阿里巴巴在中国香港联合交易所发布公告披露,开曼群岛大法院已于当地时间6月15日批准阿里巴巴网络有限公司私有化计划,撤销阿里巴巴网络有限公司在中国香港联合交易所的上市地位。6月20日,阿里巴巴股票正式摘牌,实现退市。

2. 退市的战略意图

伴随着金融危机和全球经济下滑,消费市场需求萎缩,生产制造业大幅收缩。2011年,B2B业务首次出现了衰退,从2011年起阿里巴巴的会员数开始下滑,而会员费收入又在整个收入占比很高,B2B信息公告牌模式难以为继,客户体验变差和商业模式的自有劣势制约了B2B的发展。这既是危机,也是转机。马云在给阿里内部员工的邮件中提到B2B业务模式面临巨大的挑战,需要加快转型和升级,之前受制于上市公司的架构动作不够彻底,正是出于对B2B股东的负责,促使其下定决心把B2B私有化,以完成将影响公司和未来几年收入的业务大调整,也为小股东提供套现的机会。

私有化B2B可能是阿里集团推进整体上市过程中的重要一步。2011年6月,阿里巴巴由一家公司拆分成淘宝网、淘宝商城、一淘网三家独立的公司。2012年7月,阿里巴巴进一步拆分,分为由淘宝、一淘、天猫、聚划算、阿里国际业务、阿里小企业业务和阿里云组成的七大事业群。2013年1月公司业务更是分成25个事业部,让外界不得不惊叹马云的折腾劲头。以前庞杂的阿里大体系下,难免存在业务与业务之间争夺资源、运营效率不高等问题,现在划分为25个事业部,可以重新梳理业务方向,一是有利于提升运营效率,二是可以明确业务线及其市场价值,为日后上市做准备,充分发挥各个小公司的业务价值,带来阿里整体市值的膨胀,更契合资本市场的要求。根据阿里管理层的规划,阿里巴巴未来要通过持续拆分,培养出更多的小公司,进而扩展至上下游产业链,最终目标是要打造一个社会商业生态系统。而这样一个贯穿从消费者到生产企业两端的完整生态链,更可能是阿里巴巴集团未来的理想商业模式之一。在阿里集团各大业务都有所发展之后,整体上市就成了对阿里集团最有吸引力的融资方式。

3. 回购雅虎股票,巩固控制权

阿里巴巴集团私有化B2B上市公司的另一个目的在于为雅虎股权的回购做准备,根本目的在于"控制权"回归。2011年,阿里巴巴启动了一项名为Long March(长征)的项目,目的就是回购雅虎股权。2011年支付宝控制权悄然变更,同时阿里巴巴又加强了对淘宝的控制,再把B2B上市公司退市,都是与此有关。

虽然阿里巴巴公告称"本次私有化与雅虎交易没有相关性,也不互为前提。私有化是否成功都不会影响其与美国雅虎正在进行的谈判",但"关门打虎"还是业内人士对此次私有化给予的最多评论。

2005年雅虎用了10亿美元外加雅虎中国,获得了阿里巴巴集团40%的股权。根据双方协议,5年后雅虎在阿里巴巴董事会席位将从一个增至两个,投票权也从35%增至39%,成为阿里巴巴第一大股东。马云的统治地位随时有可能遭到动摇。加上雅虎自身经营不善,屡次传出雅虎被并购和出售阿里巴巴股票的传闻。如果传闻变成现实，对阿里巴巴管理层无疑是一场灾难。

2012年5月阿里巴巴与雅虎关于股权回购达成协议，第一阶段阿里以76亿美元回购雅虎持有的约16%的阿里股份，这笔交易在2012年年底完成。第二阶段是阿里巴巴必须在2015年12月前上市，然后以IPO发行价每股溢价110%回购雅虎手中剩余的阿里股份。这让阿里集团管理层必须考虑尽快实现第二次发行上市。图8-2为阿里巴巴集团在2014年招股说明书披露的股权结构，其显示雅虎确实降低了股权，而马云和蔡崇信的持股比例都有所上升。

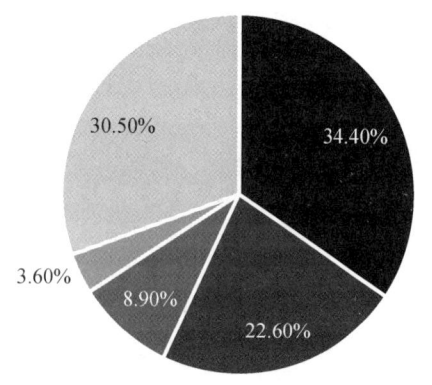

图8-2 2014年阿里集团股权结构

四、2014年阿里巴巴纽交所整体上市

2013年7月，阿里集团管理层与中国香港联合交易所沟通上市事宜，要求保留"阿里合伙人制度"，即让现行的管理团队拥有董事会内多数董事的提名权。比如，上市之后如果董事会设有7名董事的话，则阿里现有管理团队有权提名其中的4名。但经过几次辩驳，中国香港联合交易所最终拒绝了阿里集团的请求，要求必须按照"同股同权"的原则建立公司治理机制。

阿里的"合伙人制度"和美国纽约证券交易所、纳斯达克交易所某些上市公司采取的"AB双重股权结构"有点类似，都是属于"同股不同权"。所谓"AB双重股权结构"就是将普通股分为"A系列普通股"和"B系列普通股"，其中，1个B系列普通股对应10个投票权甚至更多，而1个A系列普通股只对应一个投票权。这种制度能保证掌握少量B系列普通股的股东掌握大量的控制权，一般是特别赋予创始人股东、高层管理者或有特殊贡献的股东。美国的谷歌、脸书公司，我国在美国上市的人人网、百度等公司都采取了这样的治理机制。因此，美国股市成为阿里集团上市的唯一可选地。

2014年5月，阿里巴巴集团正式向美国纽约证券交易所递交了IPO申请。9月3日起持续两周在欧洲、亚洲、北美洲进行100场路演。9月16日，阿里集团最终根据路演及询价结果，将发行价格定为每股68美元，发售3.2亿股美国存托股票。9月22日，承销商宣布行使超额配售权，总计筹资250亿美元，成为当时世界上金额最大的IPO。9月20日，阿里巴巴股票正式在美国纽约证券交易所上市，代码BABA。开盘即冲高，收盘价93.89美元，涨幅38.07%，市值高达2 314.39亿美元，成为当时市值仅次于谷歌的全球第二大互联网公司。

阿里去美国寻求上市也并非一帆风顺,需要梳理整合集团的业务结构,做大做强拟上市主体,并且调整公司制度和业务标准,以符合美国股市严格的法律要求和监管审查制度。

1. 上市前的频繁收购

自 2011 年 7 月起,之前从不涉足投资收购的阿里巴巴陆续收购了新浪微博、高德地图、快的打车、中信 21 世纪、文化中国、恒生集团以及入股银泰等,将业务范围扩展到移动、物流、金融、O2O、医疗和媒体等行业。阿里巴巴如此频繁投资,一方面是为了应对百度、腾讯两大竞争对手投资扩张的需要。当前互联网企业的发展离不开资本的推动,通过收购与公司发展战略相协调的且顺应市场发展潮流的公司,并利用资金的优势将其做大,可以达到巩固其市场地位的目的。另一方面则是为了弥补自己的短处。阿里巴巴频繁收购的基本都聚集在自身比较短板的领域,其收购动机很明确,就是为集团整体上市添砖加瓦。例如,2013 年阿里巴巴最缺乏的概念是移动互联网和物流,便通过收购新浪微博、高德地图,以及投资菜鸟网络等方式补齐这些短板。通过投资收购这种方式,阿里巴巴迅速抢占了多个细分市场,使其在整体上市时有更高的估值。

2. 拆分淘宝

淘宝是阿里巴巴的主要收入来源之一,但一直存在着假货泛滥和信用制度漏洞百出等问题。国外投资者无疑会质疑这个平台,加上国外法律和国内政策的诸多壁垒,淘宝很可能会拖累集团的上市计划。因此,阿里巴巴自 2011 年起对淘宝进行了一系列的运作,如 2011 年 6 月将淘宝拆分为购物搜索引擎一淘、淘宝网和天猫商城三个独立子企业。同年 10 月,打造"高品质及服务"的购物环境,公司宣布提高淘宝卖家门槛,对淘宝进行变革,以维护电子商务诚信、打击假货,并进一步打造"品质之城"。聚划算分离出淘宝网,独立运营。

3. 重组业务架构和组织

2013 年 1 月,阿里巴巴集团原 7 大事业群被调整为 25 个事业部,不同事业部的业务发展由各事业部总裁负责,而马云宣布从 2013 年 5 月 10 日起不再担任集团 CEO,仅保留董事局主席的职务。通过此次变革,阿里巴巴的三层权力体系初步形成:战略决策委员会(由董事局负责)、战略管理执行委员会(由 CEO 负责)以及 25 个事业部。事业部的拆分赋予了各事业部总裁更大的权利和独立性,也降低了对集团首席执行官的依赖,同时解决了内部业务联动不紧凑的问题,突出了天猫、O2O 等未来成长性极强的业务,并提拔了公司年轻领导,抑制了体系内斗争。最重要的是进一步梳理了集团内有价值的资产,一方面使公司的管理制度化和规范化,拆分后阿里巴巴的业务线也更加清晰,便于各个子业务能更好地发展;另一方面提升了企业的运营效率,可以充分发挥各个小公司的业务价值,提升阿里巴巴的整体市值。

图8-3是根据阿里巴巴招股说明书整理出来的主要业务及其境外公司与国内公司之间大致的VIE结构关系图。从图8-3上看,整体上市的阿里巴巴的VIE结构更复杂。

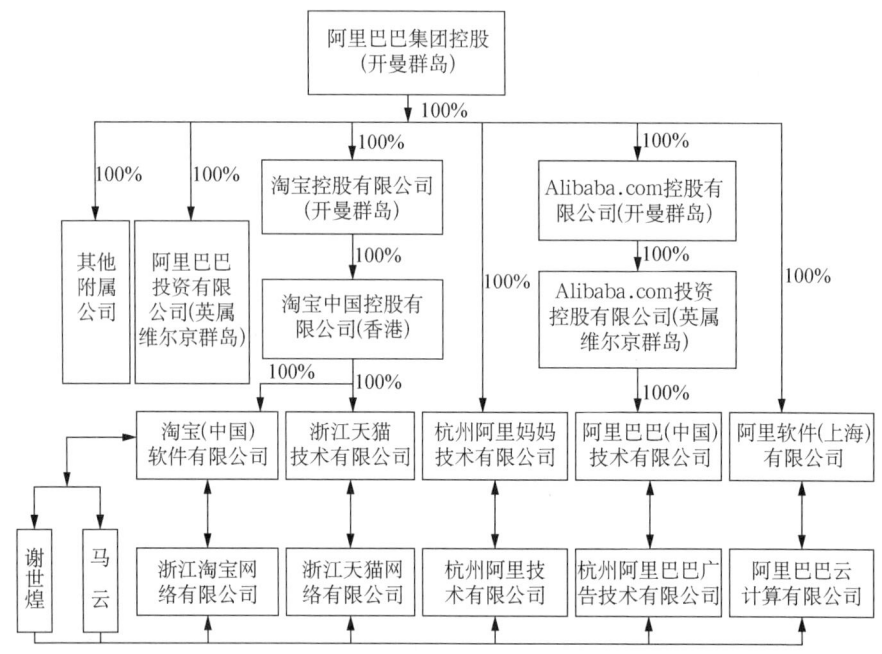

图8-3 阿里巴巴主要业务的VIE结构

4. 上市后的表现

阿里巴巴上市后的表现如表8-2和图8-4所示。

表8-2

阿里巴巴上市前后主要业绩指标比较

项目	2014.3.31	2015.3.31	2016.3.31
总资产增长率	74.88%	128.99%	42.60%
股东权益总额增长率	278.14%	267.64%	48.76%
营业收入增长率	52.11%	45.14%	32.73%
经营活动产生的现金增长率	82.23%	56.25%	37.89%
毛利率	74.54%	68.72%	66.03%
净利率	44.96%	34.00%	72.19%

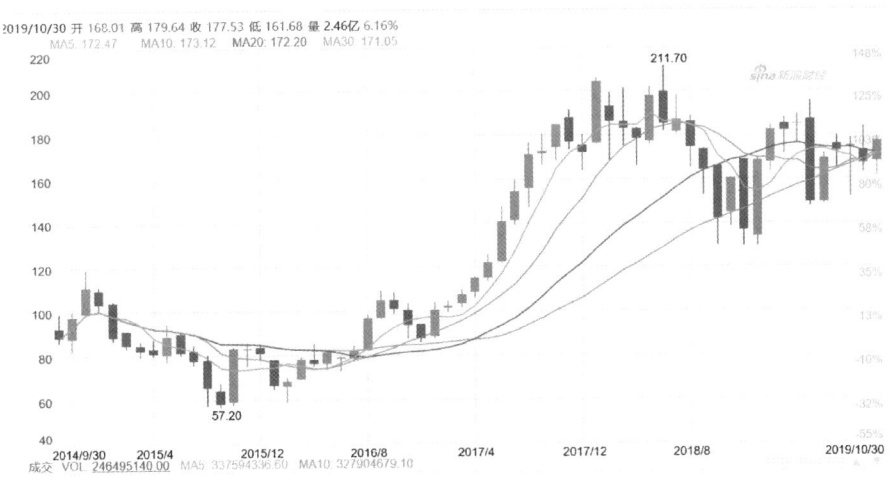

图 8-4　阿里巴巴股价图(月 K 线)

从表 8-2 的数据上看,阿里巴巴上市公司重新上市后,资产、营收和利润都有大幅度上升,并且保持连年增长。从图 8-4 看阿里巴巴的股价,上市后曾经经历过股价下跌,但从 2016 年起股价稳步上扬,最高达到 211.70 美元,目前仍保持在 180 美元左右。显示出阿里巴巴发展后劲较强,投资者对公司发展有很强的信心。从总体上看,阿里巴巴的第二次上市,对公司整体发展和价值提升都有很有好处。

2019 年 11 月 26 日,阿里巴巴集团控股公司(纽交所代码:BABA)在中国香港联合交易所上市,代码 9988。集团的中国香港上市股份与美国纽交所上市的美国存托股将实现完全可转换。

资料来源:

[1] 谢卓亨.关于企业发展与上市时机的选择——以阿里巴巴为例[J].经济师,2013,(9):84.

[2] 杨科.中国境外上市公司的退市分析——基于阿里巴巴退市案例分析[J].财务与金融,2013,(3):22.

[3] 祝继高,等.上市公司为什么要退市——基于盛大互动和阿里巴巴的案例研究[J].中国工业经济,2014,(1):127.

[4] 何瑛,等.阿里巴巴整体上市解析[J].财务与会计,2015,(10):30.

[5] 王振江.阿里巴巴在美成功上市案例研究——基于经济后果的视角[J].财会通讯,2018,(2):89.

复习与思考题

1. 公司首次公开发行股票对公司发展有什么样的影响？
2. 公司首次公开发行股票包括哪些基本环节？
3. 公司首次公开发行股票时如何确定发行价格？
4. 我国对公司首次公开发行提出了什么要求？
5. 我国目前新股发行定价采用什么方法，具体如何操作？
6. 什么是绿鞋机制和回拨机制？
7. 什么是首次公开发行的辅导制度和上市保荐制度，它们有何意义？
8. 我国科创板实施注册制管理股票发行和上市，与主板有何不同？

计算与分析题

1. W公司是我国第一家在境外上市的广告传媒公司，2007年被《福布斯》中文版评为"中国潜力100"中的第52位。2003年11月，D公司在中国香港创业板上市，发行2 500万股，每股发行价5.4港元，虽然成功募集资金1个亿，但是，公司管理层在谈到当年的发行事项时，却心情沉重。第一，机构多。庞大的中介机构，包括国内律师、国外律师、投行、投行律师、国际会计师事务所、财务顾问、翻译公司、公关公司等，中介机构数量足足是国内的2倍以上。第二，文件难懂，语言沟通困难。第三，发行市盈率较低，仅为16倍，感觉受到歧视。同属制造业的一家生产内衣的中国香港公司，发行市盈率高达28倍。因为他们是本土公司，市场的认同度差异巨大。第四，上市过程充满艰险。由于缺乏对离岸市场法律环境和市场规则的了解，在发行上市过程中往往缺乏自主决定权，受制于人。境外发行上市最困难的不在于审批环节，而在于发行的环节。一般而言，包销协议是在刊登招股说明书的前一个晚上签署的。由于前期费用大部分已经付出，公司处于进退两难的境地。这时，中介机构很可能利用公司对境外法制环境和市场环境的不熟悉作为谈判的筹码，压低价格。第五，交投清淡，再融资几乎成为不可能。第六，融资规模小，上市后维护成本高。公司在中国香港联合交易所上市每年的维护成本在300万～500万元人民币，占到募集资金的4%以上。第七，创业板交投不活跃，但想转板比较困难。

要求：

（1）请结合海外证券市场的要求以及W公司的经验，分析企业在海外上市中可能遇到哪些困难？

（2）请结合海外上市的要求以及本案例的经验，谈谈企业在海外上市前应做好哪些方面的准备工作？

2. 某公司在上海证券交易所进行IPO,计划筹资200亿元。由于筹资数额巨大,该公司向全国发出招股说明书,邀请各大机构投资者进行推介活动和询价活动。初次询价区间为2.7~3.6元,共收到有效标书94份,具体投标结果统计如表8-3所示。

表8-3

某公司具体投标结果统计

价格区间	基金公司	财务公司	证券公司	信托公司	保险公司	QFII	合计
3.05元及以下	3	2	3	1	1	1	11
3.06~3.1元	14	4	2	5	4	2	31
3.11~3.15元	8	5	3	2	0	1	19
3.16~3.2元	9	3	1	0	2	0	15
3.21~3.3元	5	2	1	2	0	1	11
3.31元及以上	1	3	0	0	0	3	7
合计	40	19	10	10	7	8	94

根据初步询价结果,拟定网下配售的投标价格区间为3.05~3.15元,最后,根据累计投标的结果再结合发行人等的要求,确定本次发行价格为3.08元。

按此价格共计发售新股649 350.6万股,其中向战略投资者定向配售128 571.2万股(占19.8%);网下配售207 792.2万股(占32%),其余312 987.2万股在网上定价发行。募集资金总额1 999 999.85万元。

该公司预计的每股收益为0.5元,同行业上市公司的参考市盈率为10倍,股票市场平均市盈率为15倍。

要求:

(1)根据初步询价的结果,计算机构投资者投标的均价。

(2)根据市盈率法,计算该公司股票的估价。

(3)将(1)与(2)的结果与实际发行价格相比,分析差异的原因。

(4)该公司IPO采取了什么样的定价方式?结合案例分析这种方法的意义。

第九章

私募股权投资

课程思政

> 通过本章学习，要求理解和掌握：
> - 私募股权投资基金概念及其特征；
> - 私募股权投资的类型及功能；
> - 私募股权投资的基本投资程序；
> - 私募股权投资估值的方法；
> - 董事会条款的设计；
> - 对赌协议的概念、内容、作用及在中国的运用；
> - 私募股权投资的投资方式及策略；
> - 私募股权投资的退出方式。

第一节 私募股权投资概述

一、私募股权投资基金的概念

私募股权投资基金（PE）是指以非公开的方式向机构或个人募集资金，主要对经营较成熟的未上市企业进行股权性投资，并通过被投资企业的上市、并购、股权转让等一系列方式退出投资并获利的一种投资基金。私募股权投资基金一方面是指其募集方式采用非公开的私募方式，另一方面是指其投向目标主要是非公开上市的企业股权，与公开募集①和主要投向于已上市公司股票等有价证券的

---

① 公募基金可以通过银行、证券公司等机构向公众代销，也可以通过广告等方式进行推销，但私募基金则不允许有上述行为。

公募基金形成了明显的区别。

狭义的私募股权投资基金主要是指对已形成一定生产和经营规模,并能产生稳定的现金流和经营效益的成熟企业进行投资的基金。广义的私募股权投资基金包括企业首次公开发行股票之前的各个阶段的权益投资,包括天使投资基金(AC)、风险投资基金(VC)和其他私募股权投资基金(PE)等。其中,天使投资是指具有一定净财富的有钱人,对具有巨大发展潜力的初创企业进行早期的直接投资,属于一种自发而又分散的民间投资方式。天使投资一词源于纽约百老汇,特指富人出资资助一些具有社会意义演出的公益行为。对于那些充满理想的演员来说,这些赞助者就像天使一样从天而降,使他们的美好理想变为现实。风险投资基金则主要侧重于在项目前期的风险投资。若没有特别说明,本章所述的私募股权投资基金都是广义的。

二、私募股权投资基金的起源与发展

(一)全球私募股权基金的兴起与发展

20世纪80年代,私募股权投资只是一个行事低调的小规模金融产业。但现在,该领域控制着全球超过8 000亿美元的资本,每年募集到的资金以千亿美元计。全球已有数千家私募股权投资公司,KKR公司、凯雷投资集团、德州太平洋集团和黑石集团是其中的佼佼者。

私募股权投资公司以往的收购目标多以中型企业为主,现在则开始瞄准大型企业,金额超过百亿美元的并购交易接连涌现。全球私募股权投资中,一半以上的资金来源和投资去向都在北美,欧洲约占1/4。但越来越多的私募股权投资公司开始把目光投向发展中的亚洲市场。2006年,亚洲私募股权投资基金总规模达到1 550亿美元[1]。随着亚洲私募股权投资基金规模的增长,其投资规模也快速增长。2012年上半年,亚洲几乎所有国家和地区(包括中国在内)的私募股权募资和交易规模均出现下降,原因是市况疲软加大了IPO退出的难度,与此同时,高估值也让投资者望而却步。

私募股权投资的回报率曾远高于股市。但是,按投中集团2012年6月5日发布数据显示,截至2012年5月份,中国股权投资机构(VC/PE)市场投资规模继续下滑,5月份中国VC/PE投资市场披露案例总数29起,投资总额5.6亿美元。同时,5月份A股市场回报水平继续下滑,机构平均账面回报率仅为1.99倍,创下近1年来新低,境外IPO窗口紧闭。

---

[1] 曹红辉,刘华钊. 私人股权投资的发展及其经济合理性[N]. 中国证券报,2008 - 3 - 27.

(二) 中国本土私募股权基金的兴起与发展

中国本土的私募股权投资基金业已走过20多年的历程,大体可以分为5个阶段。

1. 起步阶段(1985—1997年)

1991年,国务院在《国家高新技术产业开发区若干政策的暂行规定》中指出:"有关部门可以在高新技术产业开发区建立风险投资基金,用于风险较大的高新技术产业开发,条件成熟的高新技术开发区可创办风险投资公司。"风险投资的政策第一次写入法律。

早期创业(风险)投资机构大多是中央和地方政府财政出资兴办的全资国有企业或事业单位。1989年,由香港招商局集团、国家科委和国防科工委联合发起设立的中国科招高技术有限公司为我国私募股权投资业的第一家中外合资公司。1992年成立的美国数据集团技术创业投资基金(IDGVC)是最早在中国设立和开展业务的跨国公司附属风险投资机构。

2. 第一次高速发展期(1998—2000年)

这一时期,风险投资机构数量从53家增加到246家,2001年继续增加达到266家。风险投资机构管理的资金总量从53亿元增加到405亿元。这一阶段的主要特征是:

第一,"创投热"与"创业板热"。以IT为代表的美国新经济和NADAQ空前繁荣,风险投资创富神话广为传播,在世界上引发仿效热。中国开始筹备创业板市场,引发了国内风险投资的第一个高潮。投资行业相对集中,IT和互联网是本土创投的重点。

第二,政府从政策上规范创投企业的发展。1999年国务院《关于加强技术创新、发展高科技、实现产业化的决定》指出:"要培育有利于高新技术产业发展的资本市场,逐步建立风险投资机制,发展风险投资公司和风险投资基金,建立风险投资撤出机制,加大对成长中的高新技术企业的支持力度。引进和培养风险管理人才,加速制定相关政策法规,规范风险投资的市场行为。"同年,《关于建立风险投资机制的若干意见》提出通过"支持创业的投资制度创新"来构建中国的风险投资体制。

3. 调整期(2001—2003年)

美国股市网络泡沫的破灭,"9·11"恐怖袭击以及随之而来的世界经济调整,国内创业板的搁置,同样使中国风险投资业迅速降温,其后经历了第一个"寒冷的冬天"。2001年,风险投资机构管理的资本额度增速开始回落,2003年更出现了10.5%的负增长。2002—2003年,风险投资机构的数量从266家下降到233家,被投资企业的数量从532家下降到501家。

在这一阶段,由于创业板未能如期推出,不少风险投资企业退出企业困难,部分规模较小、运作不规范企业退出市场。网络泡沫破灭使风险投资向 IT 和互联网以外的行业扩散。

4. 第二次高速发展期(2004—2007 年)

2003 年,全球 IT 产业、资本市场和整体经济回暖。2004 年,国内外风险投资机构对我国港澳台地区以外的企业的投资首次突破 10 亿美元,中国私募股权产业进入第二个高速发展期。这一阶段具有几个重要特征:

第一,前期海外风险投资和本土创投播下的种子喜获丰收。风投支持的企业纷纷以"小红筹"模式在纳斯达克、纽约交易所、伦敦交易所、新加坡交易所和首尔交易所等海外市场主板和二板市场上市。

第二,全球股市步入繁荣期,VC/PE 支持企业成功上市的"财富效应"引发"PE 热"。21 世纪以来,外国对华直接投资逐渐由"绿地投资"(greenfield investment)转向跨国并购等"褐地投资"(cross-boarder M&A)。2004 年美国新桥资本收购深圳发展银行标志着海外收购基金正式进入中国市场。随后,海外 PE 巨头纷至沓来,很快搅得风生水起、风云激荡。几乎与此同时,联想创建了弘毅投资,开始携本土优势"与狼共舞"。多路本土 PE 正式登场。2006 年 12 月,天津渤海产业投资基金成立,产业投资基金正式亮相。

5. 后金融危机阶段(2008 年第三季度至今)

2008 年 9 月,美国"次贷危机"引发全球"金融海啸",世界主要经济体经济陷入衰退,中国经济增速明显放缓。中国私募股权基金行业呈现出以下特点:

第一,中国私募股权基金业出现新的变化,又一个 PE 的冬天已经来临。那些既缺乏增值服务能力,又缺乏投资经验,前两年一味高价哄抢上市前期项目的 PE,投资项目企业不能如期上市,又无法从市场募集新的资金,甚至原来承诺的投资也有"断供"之虞,很可能会从市场消失。

第二,对于筹资和退出,这无疑将是一个"最坏的年代";对于刚刚完成基金募集的机构则可能是一个"最好的时代",因为它们能够以非常有吸引力的价格挑选那些在寒冬依然具有生机和活力的优秀企业。[①]

三、私募股权投资基金的特征

(一)私募股权投资的独特机制

1. 分段投资

投资方为了有效控制风险,往往对于投资进度进行分段控制,一般只提供确

---

① 王燕辉. 中国 PE 行业五个阶段及其特征[OL]. 融资中国网. 2009 - 7 - 15.

保企业下一阶段发展所必需的资金,并保留放弃追加投资的权利和优先购买企业追加融资时发行股票的权利。

2. 复合式金融工具

私募股权投资中的金融工具通常包括可转换优先股、可转换债券、可认股债券等复合证券工具,它结合了债务投资和普通股股权投资的优点,可以有效保护投资者利益,分享企业成长。

3. 灵活的转换比价

通过前述复合式证券工具的使用,可以让投资方通过对优先股和普通股之间转换比例或转换价的调整而相应地来调整投资方与企业之间的股权比例,达到控制和激励企业管理层的目的。

4. 合同条款制约机制

为了防止企业不利于投资方的行为,保障投资方利益,投资方会在合同中详细制定各种条款,如肯定性和否定性条款、股份比例的调整条件条款、违约条款、追加投资的优先权条款等。

(二) 私募股权投资的独特方式

1. 采用可转换债券的形式进行投资

例如,私募股权基金 A 于 2007 年 7 月投资于民营企业 B,民营企业 B 预期将于 2009 年 6 月之前在深圳中小板市场上市,预期 2007 年和 2008 年的税后净利润分别为人民币 2 000 万元和 3 000 万元。那么私募股权基金 A 可以与民营企业 B 商定,采用可转换债券(convertible bond,CB)的方式进行投资。如果 B 未能在 2009 年 6 月之前上市,或者 2007 年和 2008 年的税后净利润未达到预期值,那么 A 将选择不转换成股票,而要求 B 到期还本付息。如果 B 实现预期利润并成功上市,那么 A 有权在上市之日将债权转变为股权。这种设计就在一定程度上保护了投资者的利益。

2. 采用回购条款的形式进行投资

例如,虽然私募股权基金 A 采用了股权投资的形式,但是双方在投资协议中约定,如果民营企业 B 不能在预定时点之前上市,或者未来两年净利润不能达到预期水平,那么 A 有权要求 B 按照规定价格回购所有股权,这一规定价格中就包含了 A 投资的本金以及相应的利息。

3. 将私募股权基金所持有的股权比例与被投资企业未来的业绩挂钩

这种安排具体而言分为两种,一种是单向的,另一种是双向的。前者的案例如下,私募股权基金 A 和民营企业 B 在投资协议中约定,由 A 投入人民币 2 000 万元,持有 B 20% 的股份。换句话说,B 进行本轮私募的估值是人民币 1 亿元,是 B 2007 年净利润 5 倍市盈率。但是 A 持股 20% 的前提是 B 在 2007 年和 2008 年能够实现预期利润,如果不能实现,那么 A 的持股比例将会上升。

假定 B 2007 年净利润仅为 1 500 万元,那么 B 的估值仍为 2007 年净利润的 5 倍市盈率,即 7 500 万元,那么 A 投入 2 000 万元应持有股份比例就提高到 26.67%。双向调整机制又被称为对赌条款,即如果 B 实现利润超过预期利润,那么 A 的持股比例将会下降。

(三) 私募股权投资的独特权利

(1) 优先购股权。在被投资企业 IPO 前,如果原股东向第三方转让股份,在同等条件下投资方有优先购买的权利。

(2) 共同卖股权。在被投资企业 IPO 前,如果原股东向第三方转让股份,投资方有权按照原股东与第三方达成的价格和协议,参与此项交易,按双方股份比例向第三方转让股份。

(3) 要求回购股票权。如果被投资企业在一个约定的期限内没有上市,企业应该以约定的价格回购投资方所持有的全部或部分股票。

(4) 强制原股东卖出股份权。如果被投资企业在一个约定的期限内没有上市,投资方有权要求原股东和自己一起向第三方转让股份,原股东必须按投资方与第三方谈好的价格和条件按双方股份比例向第三方转让股份。

(四) 私募股权投资的独特股权方式

PE 投资国内企业,在股权设计上是比较灵活的(表 9-1),而且,随着私募投资基金目的的不同,其对于股权的要求具有不同的特点。

多数私募投资者除参与企业的重大战略决策外,一般不参与企业的日常管理和经营。它们需要在董事会占有至少一个席位,拥有一票否决权,而且很多 PE 投资者会指派被投资公司的财务总监,对企业财务进行掌控。

一般情况下,私募股权投资基金占公司股份不超过 30%。而且为了减少对于股份的稀释,采取可转换公司债券和可转换优先股之类的金融工具,并能根据需要作出调整。另外,国外 PE 的常见方法还有"卖出选择权"和转股条款等。卖出选择权要求被投资企业如果未在约定的时间上市,必须以约定价格回购私募股权基金的那部分股权,否则私募股权基金有权自由出售所持公司股权,这将迫使经营者为上市而努力。转股条款是指投资者可以在上市时将优先股按一定比率转换成普通股,同享上市的成果。

并购重组基金通过收购上市公司的股权,将其下市、重组、整合然后再上市,在这一过程中,必须先获得目标企业的控制权。也有一些 PE 投资基金逐渐倾向于从参股到控股,如麦格理基础设施基金通过控股提升企业价值获得高额回报,它们期望从被动的少数股权投资转变为购买控制权,甚至 100% 买断[①]。

---

① 郑磊. 私募股权投资案例分析[OL]. 全球品牌网,2009-2-26.

表 9-1

一些私募股权投资案例中的股权安排

PE 投资基金类型	是否战略投资	投 资 概 述	股权安排
成长型投资	否	2007年3月,德州太平洋集团(TPG)旗下的 TPG 成长基金对中国葡萄酒制造企业云南红酒业集团首期投资1 500万美元,未取得控股权。	20%~30%
	是	2007年3月,凯雷旗下的亚洲投资基金Ⅱ以8 000万美元完成收购诚德钢管有限公司的股权。	49%
	是	2005年年末,凯雷集团和战略投资者 Prudential 以4.10亿美元获得了中国太平洋保险的少数股权。	25.0%
并购	是	2004年年末,美国华平投资集团等机构联手收购哈药集团股权,取得了控制权。	55%
	否	2006年1月,PAG 以1.225亿美元的总价买下中国童车之王好孩子,取得了控制权。	67.4%
	否	2004年5月,新桥资本以12.53亿元的价格从深圳市政府的手中收购了深圳发展银行的股份,获得了深发展的控制权。	17.9%
不动产投资	否	2004年12月,上海新茂房地产发展有限公司(新茂大厦的直接持有者)的控股权以9 800万美元的价格转让给房地产基金 MG-PA。	95%
	是	2005年7月,麦格理银行与一个机构投资者组成的辛迪加组织以支付5 500万美元、提供3 800万美元优先债的代价获取了9家中国境内大型商业零售中心的少数股权。	24%
不良债权投资	否	摩根士丹利房地产基金 MSREF 与金地、上海盛融合资设立注册资本约为人民币5亿元的项目公司,处理建行不良资产包。MSREF 取得控制权。	55%
Pre-IPO 资本	否	2006年高盛集团投资约25.82亿美元持有工商银行少数股权。	5.75%
	否	2007年1月,英联、摩根士丹利和高盛向太子奶集团注资7 300万美元,取得少数股权。	约30%
创业投资	否	2000年凯雷集团注入携程旅行网800万美元资金取得少数股权。	约25%

四、私募股权投资的功能

私募股权市场作为一个新的金融子系统,其功能有以下几个方面:

(1) 融资功能。私募股权市场为创业企业、中等规模公司、陷入财务困境的公司以及寻求收购的公司等各种类型的融资市场主体提供融资机会,有利于那些真正有市场潜力的企业实现其经营目标。

(2) 转移和分散风险功能。私募股权市场的投资者通过专业的中介机构,即私募股权基金,对所投资的项目进行分享、筛选、调查评估以及应用多种金融创新工具(如优先股、可转换优先股、可转债和期权等)和设计复杂的融资契约条款以降低风险。同时,还通过"基金的基金"、投资组合等现代风险管理工具和理论进行风险管理,从而更好地降低了风险。

(3) 价格发现功能。私募股权市场通过私募股权基金的投资运作,实现了对那些流动性极差的非上市公司的债权、股权等经营控制权进行定价的可能性,使得企业的产权定价可以在更大的范围内实现。

(4) 提供流动性以及降低金融交易成本功能。企业通过私募股权融资,转让部分或者全部控制权,实现了资产从创业者或企业的手中流入到私募股权基金旗下,从而增强了经济资源的流动性。同时,由于私募股权市场中中介组织——私募股权基金的作用,使得市场中供需双方可以更好地实现自己的交易愿望,降低了金融交易的成本。

五、我国关于私募股权投资基金的法律法规

我国有关私募股权投资基金的法律法规,是伴随着私募股权投资基金的持续发展而不断完善的。目前,我国有关私募股权投资基金的法律法规和相关政策已初步形成了基本的框架。

(一) 法律法规

在我国,法律是指由全国人民代表大会常务委员会[①](以下简称为"全国人大常委会")制定和修改的行为准则。法规是指由国家机关制定的规范性文件,包括由国务院制定和颁布的条例等行政法规,以及由省、自治区和直辖市[②]的人民代表大会及其常委会制定和公布的地方性法规。

---

① 《中华人民共和国宪法》和《中华人民共和国刑法》等基本法律由全国人民代表大会制定并修改。

② 省会城市和经国务院批准的较大的市的人大及其常委会,也可以制定地方性法规,报省、自治区和直辖市的人大及其常委会批准后施行。

目前,我国适用于私募股权投资基金的法律法规主要包括以下内容:

(1) 以《中华人民共和国公司法》为主形成的、对按照公司形式设立的私募股权投资基金的法律规范。

(2) 以《中华人民共和国信托法》为主形成的、对按照信托形式设立的私募股权投资基金的法律规范。

(3) 以《中华人民共和国合伙企业法》为主形成的、对按照有限合伙形式设立的私募股权投资基金的法律规范。

(4) 以《中华人民共和国证券法》为主形成的对私募股权投资基金的投资和退出等方面的法律规范。

(5) 以《创业投资企业管理暂行办法》为主形成的对私募股权投资基金的法规。

(二) 部门规章

部门规章是指由国务院各部、委、总局、局、办、署根据法律和国务院的行政法规、决定、命令,在本部门的权限内制定和发布的调整本部门范围内的行政管理关系的命令、指示和规章等规范性文件。目前,我国适用于私募股权投资基金的部门规章主要包括:

(1) 多部门联合发布的规章,如《科技型中小企业创业投资引导基金管理暂行办法》《关于促进创业投资企业发展有关税收政策的通知》《关于实施创业投资企业所得税优惠问题的通知》《关于创业投资引导基金规范设立与运作的指导意见》《外商投资企业投资者股权变更的若干规定》《关于外国投资者并购境内企业的规定》《外国投资者对上市公司战略投资管理办法》等。

(2) 部门单独发布的规章,如《外商投资创业投资企业管理规定》《信托公司集合资金信托计划管理办法》《信托公司私人股权投资信托业务操作指引》《上市公司收购管理办法》《首次公开发行股票并上市管理办法》《保险资金投资股权暂行办法》等。

(三) 地方性法规

地方性法规是指各政府部门尤其是各级地方政府颁布的各种形式的政策和优惠条件,鼓励设立创业投资基金,希望通过创业投资基金吸引高科技企业落户本地,协助地方政府实现产业升级和转型的目标。

第二节 私募股权投资的交易程序

私募股权投资交易是由企业和私募股权投资机构共同完成的,因此双方都有相关的基本交易程序,下面分别介绍。

一、企业的准备

在企业决定是否采用私募股权融资时,企业经营管理层应该深入了解这种融资方式的前提基础和后果。企业准备阶段从预审计开始,直到企业与第一批潜在投资人建立联系为止。根据公司具体情况(包括企业历史数据准备、商务计划、作为监督工具的目标计划等),准备阶段大约持续 1~3 个月。

(一)预审计

预审计阶段的主要任务是确定企业利用私募股权交易进行融资是否确实可行。预审计阶段有两项最基础的工作:首先是目标企业的历史数据,其次是对目标企业未来潜在发展前景的描述。

在投资之前要对企业进行尽职调查的预审查,对企业作出适当的审查评鉴,这可以使企业对将来的经营与财务发展作出预先评估,并确定资本需求以及基本的融资可能性。

(二)提供"商业计划书"

"商业计划书"与有价证券上市说明书具有相同的功能,即要向潜在的投资人提供企业最重要的财务数据、法律数据和执行管理数据,以便投资人能够对企业有一个尽可能详尽的了解。企业所制作的"商业计划书"是私募股权投资人决定是否出资的首要依据。详细的商业计划不仅构成获得外部投资人的基础,而且也可以用于企业内部规划、纳税、对企业行政业务的自我监督。对于投资人而言,"商业计划书"还是一种监督工具。商业计划,尤其是财务预测,一定要建立在真实数据的基础上。

(1)"商业计划书"的结构如下:① 概要。② 企业经营理念。③ 市场分析与竞争对手分析。④ 组织,特别是营销方案。⑤ 企业组织结构。⑥ SWOT 分析(优势/劣势分析,机会/威胁分析)。⑦ 风险分析。⑧ 资产分析(特别是历史财务数据、流动资金与流动性规划)。⑨ 交易(包括时间表)。⑩ 附件。

(2)"商业计划书"的重点有:①《商业计划书》概要的质量。② 可实现的预测。③ 重点突出。④ 事实清楚,论据确凿。⑤ 企业的长期经营战略。⑥ 全面的市场分析与竞争对手分析。⑦ 完整的资产计划与流动资金使用规划。⑧ 结构清晰、版式考究,措辞前后一致。

(三)对私募股权投资人的选择

企业要对市场上的风险投资公司进行分析比较,选择合适的私募股权投资人。在选择投资公司时,需要考虑他们所要求的投资额度、行业、地区和投资期限(基金期限和额度)以及私募股权投资人的管理质量。此外,两家公司的管理层之间是否会产生"化学反应",即投资公司与被投资企业的管理团队之间是否存在默契,这一点对合作的成功也是至关重要的。根据公司的具体情况,有时还要考虑它们是否提供咨询和指导业务。

（四）与私募股权投资人建立联系

企业将"商业计划书"交给私募股权投资人，双方开始首次接触。两者之间的联系也可以通过专门的私募股权投资顾问或者投资银行建立。

企业也可以在"商业计划书"没有制作完成之前，就可以将"预热性融资广告"寄给投资人或通过预营销与投资人进行交流，以投石问路。通常只有2%～4%的投资需求询盘会最终获得私募股权投资。

二、私募股权投资流程

私募股权投资流程可以分成七个阶段（图9-1）。

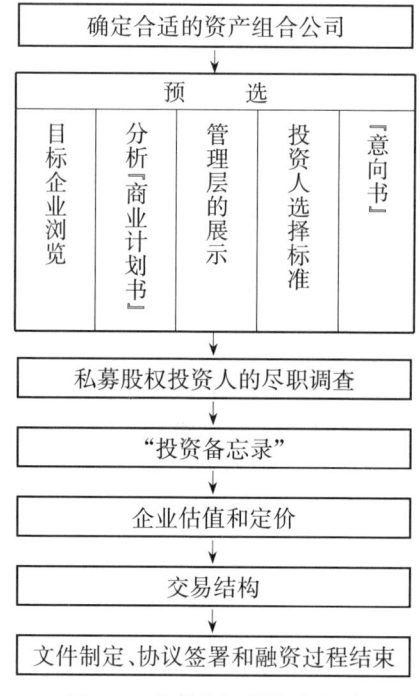

图9-1 私募股权投资流程图

（一）确定合适的资产组合公司

投资伊始，投资公司的任务是要确认许多感兴趣的目标公司，这些公司应该符合基金业务中所设计的投资意图。私募股权公司之间相互竞争，都争取获得符合自己投资意图的目标公司。交易数量越大，即在同一家投资公司寻求投资的企业越多，投资公司可供选择的目标企业越多，实现甚至超过投资的预期收益的机会也越大。

交易流量基本上有三条渠道：① 由管理层有目的地寻找；② 由第三方介绍；

③ 需要资本的企业主动找上门来。传统上,私募股权基金公司倾向于采用第三种方法,它们往往期望通过自己的知名度来提高交易流量。主动寻找投资的目标企业对股权投资基金有好处,它可以扩大投资机会,并加快投资过程。这里的投资中介往往是企业的顾问,他们会通过比较密切的关系,将企业与基金介绍认识。

(二) 预选

私募股权投资是一种不流动的投资方式,这种一次性投资活动很难撤回资金,或者只有在付出亏损代价的情况下才能撤回资金。因此,选择投资目标企业对投资人具有特别重大的意义。由于私募股权交易属于股票交易所之外的融资交易,融资双方的信息沟通严重不对称,所以,选择目标企业的过程也是投资过程中最难的一环。这一预选阶段能够保证投资人不会错过投资成功的机会,同时又可以将一些耗时、耗工但不会带来理想收益的项目排除出去。

1. 目标企业浏览

简单浏览各种商业计划书或者企业投资询盘,考察企业是否在规模、行业、地理位置、企业发展阶段、融资目的以及所期望的投资额方面等重大方面与投资公司战略相匹配。对于有经验的投资管理人而言,这种检查只需要几分钟就能作出决定。在初次过滤后,大约有75%的企业会退出竞选企业行列。

2. 分析"商业计划书"

如果企业通过了首轮筛选,第二步则是分析"商业计划书"中的企业管理、产品、市场、财务等内容,这种审查工作最多需要几天。投资公司在作出决策时,最重要的标准是企业的管理团队是否有经验和才能,之后则是企业的市场是否具有吸引力。

通过两轮预选,会有2/3的备选企业被排除出去,最后只剩下约10%的企业能够进入下一阶段。

3. 管理层的展示

除考察目标企业的"商业计划书"外,投资人往往十分重视与企业主本人相识。这种相识往往与企业展示相关,有经验的企业顾问会帮助企业管理人员准备这一展示。

4. 私募股权投资人的选择标准

私募股权投资在选择合适的目标企业时,核心是较高的资金回报率,通常选择如下标准:

(1) 企业与基金战略要在以下几个方面相互匹配:企业规模、行业、地理位置、企业融资阶段、融资原因以及预期交易额。

(2) 企业管理层有经验,对投资人友好,并且企业组织结构透明。

(3) 企业的增长战略有盈利升值的倾向,企业的市场份额也在稳定地增长。

(4) 企业发展方案令人信服,有独特的销售主张。

(5) 长期保持在市场上的竞争优势地位,或者在市场上居领先地位。

(6) 企业资金管理安全有效。

5. 企业的发展阶段

除考虑上述标准外,企业的发展阶段也对投资人设计选择标准有重要影响,具体说明如下:

(1) 早期投资。企业早期发展阶段是风险最高、同时也是机会最多的投资阶段。风险投资公司对此类公司投资目标是要在中长期内,通过投资使企业升值,从而可以在出售企业股权时从股权升值中获利。早期投资特别注重企业有较好的成长前景,投资人倾向于向技术型、革新型的非上市企业投资,尤其关注新技术的研发与应用,如信息与通信技术、生物医药技术、纳米技术以及新材料技术等。除此之外,还要特别考察企业的如下几点:

一是技术长期在市场上具有垄断地位、唯一性,具有知识产权。

二是市场地位有吸引力,其商业发展方案令人信服。

三是企业团队有经验,有经营理念、行业经验和睿智。

为了正确评价企业及其发展潜力,投资企业早期的投资人需具有特别的、长年的创业经验,有风险资本运作和工业企业经营经验。

(2) 扩张期投资。为了获得私募股权投资,企业的业务发展规划必须具有说服力,企业本身具有稳定的增长率和稳固的流动资金。此外,企业要有较大的市场份额,并且市场潜力是长期的。如果企业在市场上具有独特地位和长期的竞争优势,那么,这也会提高企业获得投资的机会。

(3) 后期投资。后期投资人主要面向成熟的企业。后期投资选择最重要的标准是企业拥有稳定、大量、自由的流动资金,可以尽快偿付累计债务。后期投资还需考虑企业是否拥有成熟的产品,产品是否有较长的生命周期,产品市场是否具有较高的市场准入障碍,是否存在生产率提高的潜力,管理人员是否具有较高的素质,企业对客户、供应商、大订单和许可证发放者是否具有较低的依赖程度等。

6. "意向书"

在经过上述选择步骤之后,私募股权投资公司与企业签订"意向书",以确定双方交易的基本准则。"意向书"只是纯粹的意见声明,并无法律约束效力。通常,"意向书"包括对企业的评价、可能的交易结构、需进一步实施的尽职调查、费用协议和时间表。"意向书"中也协商一些"例外条款",其中有一条就是企业有义务不再与其他感兴趣的投资商进行谈判。在谈判进程中,意向书逐渐开始对谈判双方具有一定的约束功能。它实际上拟就了一个谈判框架,双方在这个框架中进行投资交易。

(三) 私募股权投资人的尽职调查

"意向书"签订后,企业、投资人以及其他参与交易的金融伙伴可以进入真正的实质性谈判阶段,讨论投资的结构。现在要做的是通过尽职调查获取必要信息,以便使整个交易结构最终确定下来。

尽职调查也称谨慎性调查,是指投资人在与拟投资的目标企业达成初步合作意向后,由投资人对拟投资的目标企业与本次投资有关的一切事项进行现场调查、取证和分析等一系列活动,主要包括法律和财务等方面的尽职调查。对目标企业的尽职调查是为了获得目标企业更详尽的资料,降低投资方与目标企业之间的信息不对称,确认对目标企业进行投资的风险。

尽职调查的目的是使投资方尽可能地发现有关他们要投资的目标公司的股份或资产的全部情况。从投资方的角度来说,尽职调查也就是风险管理。对投资方和他们的融资者来说,投资本身存在着各种各样的风险,诸如,目标公司过去财务账册的准确性;是否存在任何可能导致目标公司运营或财务运作分崩离析的任何义务。因而,投资方有必要通过实施尽职调查来补救买卖双方在信息获知上的不平衡。一旦通过尽职调查明确了存在哪些风险和法律问题,双方便可以就相关风险和义务应由哪方承担进行谈判。

尽职调查的信息来源主要包括三个方面:企业内部交流制度与会计制度的信息、与企业管理人员和员工的谈话,以及企业外部谈话伙伴。尽职调查的时间和规模通常由"意向书"规定。具体内容因企业规模大小、行业、融资目标、预期交易结构和交易量、法律规定,以及其他个别具体情况不同而有所不同。以下是尽职调查的部分内容:

(1) 财务调查:审计和预测企业的资产、收益、流动资金、支付能力、自有资本与借入资本的筹措和财政结构,从数量上对投资交易担保因素和破坏因素加以测定。

(2) 商业调查:分析企业市场、经营模型、价值增值链,分析市场与竞争对手,分析企业的标杆管理、客户、产品、价格和独特的销售主张。这里最重要的是商业模式的可持续性。

(3) 纳税调查:纳税因素、影响纳税的关键因素、风险分析、影响交易结构的纳税因素分析。

(4) 法律调查:法律风险,有关法律纠纷,与知识产权法、劳动法等有关的法律审查,企业兼并审查,审查现有租赁关系。

(5) 市场调查:市场形势分析、企业内部分析、企业外部经营分析、计划是否令人信服、数据来源与成功因素。

(6) 技术调查:设备厂房等的技术状态,特别是维护评价、维修评价和现代化潜力。技术调查项目下设一个特别考察内容,就是企业的信息技术状态调查,检查企业信息技术资产和结构,比如信息安全和投资需求等。

(7) 环境调查：调查企业所在地的环境质量、设备、建筑物等。

(8) 人力资源与组织调查：分析企业人力资源的结构，各位员工的状况以及公司的组织结构。

(9) 战略调查：调查企业战略是否与投资人的投资战略具有协同作用。

(四)"投资备忘录"

通过尽职调查后，投资公司与企业会就具体的、确切的交易结构、交易条件、融资额度和估价等内容进行谈判。谈判结束后，双方会就一些关键内容达成一致意见。为了使这些关键内容最终能够写入最后的协议书，双方签订"投资备忘录"，也称"项目表"。虽然除财务规定外，"项目表"中的大部分内容在法律上无法实施，但是，一旦双方经过共同协商就某些协议内容有了一致看法，那么在以后的谈判中，也很难重新协商。"项目表"的作用如下：

(1) 说明谈判各方在关键问题已经达成一致，谈判过程的结束只有签署协议这最后一步了。

(2) "象征性"地遇到了融资过程中会出现的障碍之一，即因为交易成功而要向顾问和中介支付酬金，有时这些酬金是与交易成功挂钩的。

(3) 为法律协议文件提供简短形式。

(4) 说明投资人在投资过程中要缴付的投资额。

(5) 给债权人银行的信号，融资过程几乎要结束了。

(五) 企业估值和定价

在实施了尽职调查并签署了"项目表"之后，投资过程的下一步就是投资公司要根据所获信息对目标企业进行估值和定价。即对特定企业（资产）的整体价值、股东全部权益价值或部分权益价值进行分析与估算。目前，国际上通行的评估方法主要分为收益法、成本法和市场法三大类（图 9-2），根据企业吸收风险投资前后的价值变化，又可以分为投资前估值与投资后估值。

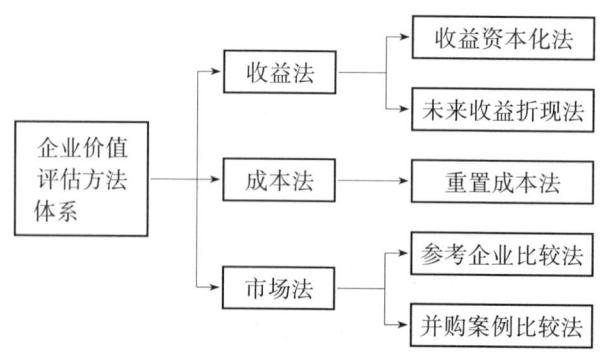

图 9-2 企业价值评估方法体系

1. 投资前估值

所谓"投资前估值",是指某个企业或某项资产在实际获得投资机构的资金前,经投资机构和原始股东等各方认可的该企业或该资产的价值。它不仅包含净资产、有形资产和无形资产,还可能包含了被投资企业的一些独特资源,例如良好的企业营销网络等。这类独特的资源不属于无形资产,也不属于知识产权和商誉等可以被评估的无形资产,但却实实在在地可以为企业创造盈利。如果完全不加考虑,显然很不公平。

2. 投资后估值

"投资后估值"是指在私募股权投资和风险投资领域,某个企业或某项资产在实际获得投资机构的资金后,经投资机构和原始股东等各方认可的该企业或资产的价值。"投资后估值"等于"投资前估值"加上新增投资额。无论是"投资前估值"还是"投资后估值",都是在完全稀释的基础上做的测算。换句话说,要想算出"投资前估值",必须在完全稀释的基础上先算出"投资后估值",然后减去投资额,从而得出"投资前估值"。

例如,A 企业的原始股东 X 占有 A 企业 100% 的股份,共 50 000 股。Y 机构决定向 A 企业投资 3 000 万元,取得 A 企业增发的 10 000 股新股。则 A 企业的"投资后估值"为 1.8 亿元[3 000×(50 000+10 000)÷10 000]。"投资前估值"1.8 亿元减去 3 000 万元,等于 1.5 亿元。在本案中,原始股东 X 的股份被稀释为 83.33%(1−10 000÷60 000)。

(六)交易结构

如果私募股权投资公司与企业旧股东就参股融资商定了购买价,下 步就是要确定交易的财务结构与法律结构。确定交易结构的目标是,同时兼顾所有有关各方的需求和利益,使各方均对融资方案感到满意。

对于私募股权投资而言,在融资结构中有 4 个标准居于首位:① 收益最大化。② 将亏损的风险控制在一定范围内。③ 对企业管理层的影响和监控。④ 保证股权的流通和退出。但有时候这 4 个基本目标是相互冲突的。被融资企业或旧股东的利益很自然地与投资人的利益完全相反,这一点在两个方面表现得更为突出:① 投资人的收益;② 维护老股东的独立经营权和管理权。

对于企业而言,投资人的收益就是资本的成本。从经济上讲,自有资本参股与投资人的收益一样也是资本的成本。鉴于此,在私募股权融资交易中不存在标准的交易结构。融资交易更像是一个动态过程,这个过程的最佳结果是,使交易结构的任何因素都以最佳方式适应交易各方的特殊要求。在评价企业和对企业进行估值过程中所掌握的情况和知识,构成了融资交易结构的基础。

虽然效益不佳的融资项目不能通过最佳交易结构变成最佳投资项目,但是一个在法律、财务、合同等方面都很完美的交易结构,是私募基金投资成功的重要前提。

1. 交易的法律结构

在设计交易的法律结构时,双方要对融资的具体法律问题和纳税问题做好充分考虑,使交易的法律结构趋于完美。此外,双方也会协商具体实施投资人的信息权、监督权和参与权。至于融资协议有哪些具体内容,协议中会规定哪些具体的法律条件、纳税条件等,这些都超出了本章的讨论范围。

2. 融资交易的财务结构

对于融资交易的成功而言,财务结构与法律结构一样非常重要,不可轻视。具体的融资要适应融资交易的特殊要求。从财务角度看,交易结构主要涉及参股额度;在补充性夹层融资或者结构化融资(比如并购)时,各种融资参股工具的选择和比例确定非常重要。那么,除私募基金投资人的投资外,还有哪些融资工具可以用于解决融资额与企业自有资本的差距?应该选择哪种融资工具?这些融资工具分别占有多大比例?这些问题只能根据具体情况而定。除为企业发展提供足够的新鲜流动资金外,任何一次私募股权投资的目的都是要优化企业的资产结构,特别是提高企业的自有资本率。此外,还要考虑许多其他的影响因素,比如企业的流动资金,企业是否拥有足够的资金担保以便获得借入资本等。

(七)文件制定、协议签署和融资过程的结束

在谈判结束后,谈判结果将形成正式文件,成为正式协议的内容,并以法律形式固定下来,这包括"参股协议书""公司章程""管理协议"和"经理协议"等一些补充性协议。

大部分融资交易过程遵循英语国家的通行模式,融资协议分很多阶段来签订,在某些可推迟实现的条件最终满足之后,这些协议正式生效,交易过程结束。随着所有协议的签署,融资谈判也宣告结束。所谓可推迟实现的条件,就是那些能够实现、但尚需时日才能实现的条件,比如,某些协议在签署之后,不能马上落实,需要几天或者几个星期之后才能实施。最后,双方成交,融资交易可以进行。在最后期限到来之日,相关条件得到满足之后,投资方就会支付资本或者提供资本。这样一来,狭义的投资过程结束。交易的实施是投资过程的结束,同时也是参股阶段的开始。

三、监督和控制

在投资过程结束后,私募股权投资公司的活动不仅仅局限在持有被投资企业的股权,而是开始对企业实施监督和控制。成功的监控有一个非常重要的基本前提,那就是,被投资企业应该每月或者每一季度提供定期报告,这个定期报告制度

要正常运行。只有这样,投资人才能提前确认企业问题、偏差和可能的风险,并及时采取应对措施。同时,定期发展报告也使得有可能分析发展失利的原因。

在定期报告框架中,企业除履行公司法中规定的信息义务外,通常也应该将一些信息定期书面通知投资人,这包括月报告或者季度报告,企业日常业务数据(包括环比数据)等。此外,投资人也经常要求获知全面的发展规划,比如,下一个年度的或以后两年的经营业绩规划、融资规划和投资规划等。

此外,即使在投资人没有提出要求的情况下,企业也有义务主动向投资人报告所有可能的不利发展情况,这些不利发展可能会严重影响企业经济状况,并对投资人的经济利益产生重要影响。另一个监控工具是,在企业采取特别措施时,必须征得投资人的同意。

四、私募股权的退出

私募股权追求的退出是在中长期投资后的退出。所谓退出,就是结束投资人和企业之间的参股关系。因此,退出也是投资过程的固定组成部分。私募股权投资的退出方案应该在投资开始时就已经存在,因为最终决定私募股权投资收益率的因素恰恰是最佳的退出方式。私募股权的退出方式详见本章第四节。

第三节 私募股权投资的投资方式及控制策略

一、私募股权投资的投资方式

私募股权投资的具体投资方式通常采用普通股的形式,但普通股并不是其唯一的投资方式,它还可以根据不同的投资策略和风险规避而采用优先股、可转换优先股、公司债券、可转换债券和分期投资等方式。

1. 普通股

普通股是指在公司的经营管理和盈利分配上享有普通权利的股份,代表满足所有债权偿付要求及优先股东的收益权与求偿权要求后对企业盈利和剩余财产的索取权,它构成了公司资本的基础,是股票的最基本形式,也是发行量最大、最为重要的股票。在股票交易所上市交易的股票基本上都属于普通股。

普通股的基本特点是其投资收益(股息和分红)不是在购买(投资)股票时约定,而是事后根据股票发行公司的经营业绩来确定。普通股既是公司资本构成中最重要、最基本和最常见的股份,也是收益和风险都有可能是最大的一种股份。

2. 优先股

优先股是相对普通股而言，是公司发行的在分配红利和剩余财产时比普通股具有优先权的股份。与普通股一样，优先股也是一种没有期限的权利凭证，优先股股东一般不能向公司要求退股。

3. 可转换证券

可转换证券是指持有者可以在一定时期内按一定比例或价格将其转换成一定数量的另一种证券，其实质上是长期的普通股票的看涨期权。

对发行者而言，发行可转换证券可以节省发行费用，降低筹集资金的成本，吸引因法律规定不允许投资普通股票的机构投资者。对投资者而言，可转换证券是在一定范围内可以规避风险但又不回避收益的选择权。

可转换证券最常见的是可转换债券和可转换优先股。

（1）可转换债券。可转换债券是公司债券的一种，是可转换公司债券的简称，又可简称为可转债，它可以按照预先约定的时间和转换比例转换为债券发行者的股票。可转换债券的票面利率通常低于普通债券的票面利率。从本质上讲，可转换债券是在发行公司债券的基础上，附加了一份普通股的买入期权，它允许债券持有人在规定的时间范围内将债券按预先约定的比例转换成公司的股票。

可转换性是可转换债券的重要标志，转股权是债券持有人享有的、一般债券所没有的选择权。可转换债券持有人可以按约定的条件将债券转换成股票，也可以选择继续持有债券，直至债券到期时收回本金和利息。可转换债券具有可转换性，因此其利率一般低于普通公司债券，债券发行人可以借此降低筹资成本。

（2）可转换优先股。可转换优先股是指股票发行后，在一定的条件下允许持有者将其转换成其他种类股票的股票种类。发行可转换优先股的原因一般是发行者或投资者出于某种特定的目的和需要。

4. 分期投资

在很多情况下，由于信息的不对称导致投资者无法确实地、透彻地了解被投资企业的全部真实情况。唯一确定的只有不确定。在无法准确判断风险的情况下，采用分期投资是私募股权投资基金规避潜在风险的最为有效的方法之一。

分期投资的主要目的是减少风险，私募股权投资基金在被投资企业的发展周期内采取渐进式、多轮次的投资方式。在具体的投资条款中，通常只明确规定首次投资的额度和时间，对于后续追加的投资一般不设定具体的额度和时间，而是根据被投资企业的实际发展状况来决定。也就是说，是否追加投资的选择权通常掌握在投资者手中。实质上，每一次（分期）投资都是对被投资企业的重新审查和监督，是对被投资企业的前景进行周期性的重新评估，且投资者保有是否继续投资的选择权。

二、私募股权投资的控制策略

私募股权投资入股后,需要通过对赌协议、董事会条款设计等手段对被投资企业的经营层实施有效的监督与约束,以保证投资的效果。

1. 对赌协议的概念

所谓对赌协议(valuation adjustment mechanism),直译为"估值调整协议",指的是投资方与接受投资的管理层之间所达成的一项协议:如果公司的经营业绩能够达到合同所规定的某一额度,投资方在获得投资股份大幅增值的前提下,将向公司管理层支付一定数量的股份,反之,如果公司经营无法完成合同规定的业绩指标,则必须向投资方支付一定数量的股份,以弥补其投资收益的不足。在这样的对赌协议中,协议双方赌的是公司的经营业绩,而协议双方手中所持的股份则成为这场豪赌的赌注。

对赌协议是一项相对新颖的金融创新,但他与相对传统的期权交易仍然有一定的相通之处。在执行对赌协议时,一旦企业完成协议所规定的经营业绩,投资方就可以从其持有股份的增值中获得巨额利润,与此同时他还必须向企业管理层支付一定数量的股份,这就与当期权购买者在有利价格时,执行期权可以获得比执行市场价格更高的收益,但是其仍然需要支付的股份和期权费有异曲同工之处。而当企业没能完成对赌协议约定的经营业绩的时候,企业管理层要向投资方支付一定数量自身持有的股份,这也与期权等传统金融工具的套期保值功能相类似。

作为一种新兴的金融工具,投资方在选择通过对赌协议对企业进行投资时一般会为企业的发展规定一个相对较高的经营业绩目标,这也给接受其投资的企业的经营管理层提出一项严峻的挑战,在获得融资之后,必须提高资金的利用效率,执行科学合理的发展战略,改善经营层的管理效率,最终实现企业的跨越式发展。

如果能完成投资方规定的目标,企业管理层不但可以获得自身所持股份增值给其带来的收益,也能够获得投资方额外赠予的股份,相反,如果无法达到投资方要求的经营目标,其就将丧失一部分自己所持有的公司股份。这一切,对于国内那批发展相对稳定的连锁企业来说,实现的难度极大,对于它们来说,如果要寻求外部融资,通过海外上市或者转让股份,乃至寻求银行贷款的方式都比选择对赌协议来得稳妥。

根据对赌协议的自身特点,可以发现,作为投资方通常会对接受其投资的企业规定一个相对较高的业绩增长率,以期待业绩的飞速增长可以带来其所持股份的大幅增值。

2. 常用对赌协议的主要内容

(1) 财务绩效。如企业完成净收入指标,则投资方进行第二轮注资;如企业收入未达标,则管理层转让规定数额的股权给投资者;如企业资产净值未达标,则投资方的董事会席位增加3个。

(2) 非财务绩效。如企业能够完成超过指定数量的顾客购买产品并得到正面反馈,则管理层获期权认购权;如企业完成新的战略合作或取得新专利权,则投资方进行第二轮注资。

(3) 赎回补偿。若企业无法回购优先股,则投资方在董事会或多席位或者累积股息将被提高;若企业无法以现金方式分红,则必须以股票方式分红。

(4) 股票发行。5年内企业未上市,投资方有权将企业出售;如企业成功获得其他投资,并且股价达到指定水平,投资方的委任状失效。

3. 对赌协议的作用

对赌协议具有双向的积极作用:一方面能激励管理者,提升公司价值;另一方面也能保护投资者利益。

如果被投资企业的业绩出色,能够实现预期目标,那么管理者将通过股票期权的方式获得企业若干股权(股票),从而加强对企业的控制权,而且企业也往往能够获得投资者的再次注资,从而有利于被投资企业的进一步发展。因此,有利于调动和激励管理者更加充分发挥自身才智和能力,以推动企业的快速发展。相反,如果被投资企业业绩不能达到预期目标,那么投资者将有权利获得更大比例的股权(股票)或者在董事会中获得更多的席位,从而加大自己对被投资企业的控制权,进而有效地保护自身利益,防范和控制投资风险。

从表面上看,选择对赌协议,对于投资方与相关企业管理层的影响似乎是大致相近的:双赢或者双亏。如果公司的经营业绩达成对赌协议中所规定的数额,扣除了赠予公司的股份后,投资方仍然可以获得巨额的股份增值,而公司管理层在获得公司发展的同时又获得投资方的股份赠予,双方的利益都得以增长。相反,如果公司的经营没能达到对赌协议所规定的数额,公司得向投资方支付一定数额的股份,而投资方即使获得了管理层赠予的股份,可以借此获得相关公司的控制权,但对于投资公司来说,这也只是增加其负担而已,自己的利益仍然受到了损害。因此,在对赌协议中,投资方与公司处于"一荣俱荣,一损皆损"的同一阵线。

"对赌协议"名为"对赌",实际上对双方的影响有着本质的不同:对于投资方来说,其结果是稳赚不赔,只不过是"赚多"与"赚少"的问题了。而对于企业管理层来说,"对赌协议"对其压力要沉重得多。赢了"对赌",企业管理层自然可松一口气,而输了对赌,企业不仅要割让给投资者一部分股份,甚至面临丧失企业控制权的风险。为了完成对赌协议,企业管理层疲于奔命,在经营管理中往往更加容易陷入被动,屈服于业绩和资本,有时甚至会将企业推向被并购的结局。

绝对不能丧失控股权——这是在签署对赌协议时的底线。任何一家接受投资的企业都不应该冒着丧失控股权的风险而签署对赌协议。因为国内签订了对赌协议企业，已经出现了几家丧失企业控股权，进而改变企业战略和发展方向的案例，企业被卖给竞争对手。企业在决定是否签订对赌协议、签订什么样的对赌协议时，管理层应该事先算清这笔账：当对赌协议的最坏情况出现，企业管理层在向投资人割让股份之后，自己是否还占有绝对控股权或者相对控股权。

4. 对赌协议的中国运用

对赌协议在我国的企业融资、兼并重组过程中得到了较为广泛的应用，以蒙牛为代表的一些国内企业，在成功地运用对赌协议后也促进了企业的飞速发展，从而诱使国内众多企业在吸引海外资金的时候，也选择了对赌协议这项相对新颖的融资方式（表9-2）。资本市场没有道德的争论，只有理性的博弈。对赌协议就是这样一个博弈的利器。它让企业不必与投资者纠缠于未来预期的合理性的争论，但同时也让企业独自承担起夸下海口的苦果。

表9-2

国内部分签订对赌协议的企业案例

企业名称	对赌双方	签订时间	对赌协议主要内容	对赌结果
蒙牛乳业	蒙牛公司管理层与大摩、鼎晖英联三家投资机构	2003年	2004—2006年，蒙牛乳业每年的业绩复合增长率必须不低于50%，否则管理层应将最多7 830万股（相当于蒙牛乳业已发行股本的7.8%）转让给外资股东，或者向其支付对应的现金，反之亦然。	蒙牛公司管理层赢
永乐家电连锁	永乐电器公司管理层与摩根士丹利和鼎晖创投	2005年	永乐在2007年扣除非核心业务利润后盈利如果高于7.5亿元人民币，投资人向管理层割让4 697万股；利润介于6亿和6.75亿元之间，管理层向投资人割让4 697万股；利润低于6亿元，管理层割让的股份达到9 395万股，约占到永乐上市后总股本的4.1%。	永乐电器管理层输
雨润食品	雨润公司管理层与高盛、鼎晖和新加坡投资公司PVP基金	2005年	如果2005年雨润净利润在2.63亿~3.25亿元区间，中方需将至多2.81%的已发行股份转给外方；若净利润少于2.592亿元，中方需以溢价20%的价格赎回外方所持股份。	雨润公司管理层赢

(续表)

企业名称	对赌双方	签订时间	对赌协议主要内容	对赌结果
海王星辰连锁药店	海王星辰公司管理层与高盛	2004年	在5年时间内,实现国内分店的数量扩张到2 000~2 500家,年度营业额达到40亿元,而利润则要求达到1亿元;海王星辰必须在规定的时间内完成有效的IPO,在IPO之前的估值必须大于2.5亿美元,IPO募集的净资金不少于5 000万美元等。	海王星辰公司管理层赢
中国动向	中国动向公司管理层与摩根士丹利	2007年	如果公司2008年盈利未能达标,其主要股东向大摩转让最多20%已发行股本;如果2008年盈利比目标低15%,则要转让17.6%的股权予大摩;相反,如果盈利能超出5 590万美元,大摩向主要股东转让已发行股本的1%。	中国动向公司管理层赢

三、企业董事会的条款设计

(一) 董事会条款的重要性

"董事会"条款无疑是"控制功能"中最重要的条款之一。在美国硅谷流行这么一句话:"好的董事会不一定能成就好公司,但一个糟糕的董事会一定能毁掉公司。"

对企业家而言,组建董事会在A轮融资时的重要性甚至超过企业估值部分,但很多企业家常常没有意识到这一点,而把眼光主要放在企业估值等条款上。

设想一下,如果融资完成后,企业的董事会批准了以下某个决议,企业家/创始人是否还会后悔把主要精力放在企业估值的谈判上:

(1) 开除创始人管理团队,并使其失去了尚未承兑的股票。

(2) 拒绝其他投资人的投资意向,直到公司几乎现金短缺,然后强迫公司以低估值从当前投资人那里募集B轮融资。

(3) 将公司廉价卖给公司投资人投资过的其他公司。

(二) 董事会条款特色设计

1. 常见董事会条款设计

通常A轮融资完成以后,普通股股东(创始人)还拥有公司的绝大部分所有权,普通股股东就应该占有大部分的董事会席位。假设,A轮融资完成以后,普通股股东持有公司大约60%的股份,如果A轮是两个投资人的话,董事会的构成就应该是:

3 个普通股股东＋2 个投资人＝5 个董事会成员

如果只有 1 个投资人,那么董事会的构成就应该是:

2 个普通股股东＋1 个投资人＝3 个董事会成员

不管是以上哪一种情况,普通股股东都按简单多数的方式选举出其董事。融资谈判地位有时会决定谈判的结果。如果创业企业质量很好,在 A 轮融资时投资人会认可这样的董事会安排。但是如果投资人不答应这种董事会结构而创业者又希望得到他们投资的话,采用下面这个偏向投资人的方案(设立一个独立董事):

2 个普通股股东＋2 个投资人＋1 个独立董事＝5 个董事会成员

偏向投资人方案的董事会给予不同类型股份相同的董事会席位,而不管他们的股份数量(股权比例)。这有点不合道理,但这就是风险投资!如果最终签署的条款是以上方案的话,那么创业者要让投资人同意:在任何时候公司增加 1 个新投资人席位的时候(比如 B 轮投资人),也要相应增加 1 个普通股席位。这样是为了防止 B 轮融资时,投资人接管了董事会。投资人可能会推荐一个有头有脸的大人物做独立董事,创业者通常是无法拒绝的。

2. 分期分级董事会条款设计

分期分级董事会条款,也称为"交错选举董事条款",其典型做法是在公司章程中规定,董事会分成若干组,规定每一组有不同的任期,以使每年都有一组的董事任期届满,每年也只有任期届满的董事被改选。这样投资人即使控制了目标公司多数股份,也只能在等待较长时间后,才能完全控制董事会。

在敌意投资人获得董事会控制权之前,董事会可提议采取增资扩股或其他办法来稀释投资者的股票份额,也可决定采取其他办法达到反收购目的,使收购人的初衷不能实现。分期分级董事会条款明显减缓了收购人控制目标公司董事会的进程,使得投资人不得不三思而后行,从而有利于抵御敌意收购。

第四节　私募股权投资的退出方式

私募股权投资基金都是属于有限期限的投资品种,因此在投资之初就会制定退出战略,并根据被投资企业的发展情况和市场情况而及时调整退出方式。私募股权投资的退出方式主要有被投资企业公开上市、股权交易、企业并购、股权回购和清算五种方式。

一、公开上市

对于私募股权投资基金来说,能够在被投资企业上市后再退出是投资退出的最佳途径和投资最成功的标志。

公开上市通常是指首次公开发行股票。首次公开发行股票就是企业第一次将它的股份向公众出售，公开发行完成后，这家公司的股票通常就可以在证券交易所或报价系统挂牌交易。

中国企业的上市既可以选择国内证券市场，也可以选择海外证券市场；根据不同的企业规模和上市要求的不同，企业既可以选择不同的证券交易所，也可以选择不同的"板块"。中国的证券市场主要包括上海证券交易所和深圳证券交易所，中国企业在海外证券市场上市的主要选择是我国香港地区以及美国、新加坡、德国、英国和日本等国家。在中国证券交易所的"板块"主要包括主板、中小企业板和创业板三种，以及使用外币交易的B股；中国企业在海外上市的市场则根据不同的国家或地区分别称为H股（中国香港）、N股（美国纽约）、S股（新加坡）等。

（一）境内上市

境内上市包括主板、B股、中小企业板和创业板等不同的板块。

1. 主板

主板市场包括上海证券交易所和深圳证券交易所，在上海证券交易所挂牌交易的以SH为代号字头，在深圳证券交易所挂牌交易的以SZ为代号字头，在国内证券交易所主板挂牌交易的股票统称为A股。根据《证券法》《股票发行与交易管理暂行条例》和《首次公开发行股票并上市管理办法》的规定，在主板市场首次公开发行股票并上市交易的有关条件与具体要求可以分为下列几点：

（1）主体资格。A股的发行主体应是依法设立且合法存续的股份有限公司（以下简称为"发行人"），有限责任公司须依法变更为股份有限公司后，才可以发行股票。

（2）公司治理。发行人的公司治理包括：已经依法建立和健全股东大会、董事会、监事会、独立董事、董事会秘书制度，相关机构和人员能够依法履行职责；发行人的董事、监事和高级管理人员符合法律、行政法规和规章制度规定的任职资格；发行人的董事、监事和高级管理人员已经了解与股票发行上市有关的法律法规，知悉上市公司及其董事、监事和高级管理人员的法定义务和责任；内部控制制度健全且被有效执行，能够合理保证财务报告的可靠性、生产经营的合法性、营运的效率与效果。

（3）独立性。发行人的独立性包括：具有完整的业务体系和直接面向市场独立经营的能力；资产完整；人员、财务、机构以及业务必须独立。

（4）同业竞争。发行人与控股股东、实际控制人及其控制的其他企业之间不得有同业竞争；募集资金投资项目实施后，也不会产生同业竞争。

（5）关联交易。发行人与控股股东、实际控制人及其控制的其他企业之间不得有显失公平的关联交易;应完整披露关联方关系并按重要性原则恰当披露关联交易,关联交易价格公允,不存在通过关联交易操纵利润的情形。

(6) 财务。发行人在发行前3年的累计净利润超过3 000万元人民币;发行前3年累计净经营性现金流超过5 000万元人民币或累计营业收入超过3亿元人民币;无形资产与净资产比例不超过20%;过去3年的财务报告中无虚假记载。

(7) 总股本及公众持股比例。发行人在发行前的股本总额不少于3 000万股;上市股份公司股本总额不低于5 000万元人民币;公众持股至少为25%(如果发行时股份总数超过4亿股,发行比例可以降低,但不得低于10%);发行人的股权清晰,控股股东和受控股股东、实际控制人支配的股东持有的发行人股份不存在重大权属纠纷。

2. B股

B股的正式名称是人民币特种股票,又称境内上市外资股,它以人民币标明股票面值、投资者以外汇(美元或港币)买卖、专门提供给外国投资者(包括法人和自然人)参与交易的外资股票。B股是发行人的注册地和股票上市地都在境内,但投资者在境外的一种特殊品种的股票。2001年,国家开放境内居民可以投资B股,但交易计价仍以外汇计算。

3. 中小企业板

企业在中小板上市的法定条件与主板其实没有实质性的不同,差别只是中小板的公司规模一般较小,其发行后的股本总额可以少于5 000万元,但根据《中华人民共和国证券法》的要求也不得少于3 000万元。

自2004年5月27日中小企业板在深圳证券交易所启动以来,至今中小企业板已初具规模,截至2010年9月3日,在深圳证券交易所中小企业板上市的企业总数已达464家,中小企业板已成为多层次资本市场的重要组成部分。

4. 创业板

2009年中国证监会颁布了《首次公开发行股票并在创业板上市管理暂行办法》并从2009年5月1日起实施,深圳证券交易所也在稍后颁发了《创业板股票上市规则》并从2009年7月1日起施行。

根据《首次公开发行股票并在创业板上市管理暂行办法》的规定,企业在创业板上市的门槛比主板和中小企业板都低。创业板是我国建设多层次资本市场的重要一步,它将进一步满足一大批中小型企业的融资需求,推动了产业结构调整。同时,创业板的推出使得众多投资于中小企业的机构的退出渠道更加畅通,极大地刺激了创业投资的发展。截至2010年9月3日,在深圳证券交易所创业板挂牌交易的企业总数已达117家,中小企业板和创业板挂牌交易的企业总数已超过深圳证券交易所上市公司总数的1/3。

（二）境外上市

由于中国境内上市目前仍受到严格的核准限制，使得企业要在境内上市困难很大。对于中小型的民营企业来说更是难上加难，虽然现在已有中小企业板和创业板，但是中小型民营企业的上市历程还是非常艰辛的。就算能成功上市，但以后的再融资还是受到很多限制。

企业在境内上市难的原因，既有国内证券市场仍然坚守核准制而没有市场化的原因，也有国内证券市场发展时间尚短，累积等候上市的企业太多的原因。虽然国内证券市场的市盈率和市净率都比境外的证券市场高，但不少企业仍然为了上市融资以及出于将来再融资的考虑而不得不选择境外证券市场。

中国企业在境外上市不仅需要满足上市地的证券交易所和证券监管部门的要求，而且还要符合中国监管部门的要求，并同时受到中国和上市地监管部门的严格监管。中国企业到境外上市的监管部门包括中国证监会、商务部以及国家外汇管理局。

选择境内还是境外市场上市，需要考虑企业的性质、不同市场的上市条件和管理成本、不同的行业接受程度、未来的融资需求、交易成本等综合因素。

1. 企业的性质

企业的性质是选择境内还是境外市场上市的重要考虑因素。如果企业是国有性质，那么选择境内上市可以较为容易得到批准，如选择境外上市则所面临的审批比较严格，除非是大型国有企业直接在境外发行股票并上市，否则不宜选择境外市场上市；如果企业是民营性质，那么其选择就比较灵活，选择境内上市难度较大，选择境外上市则同样的股权比例所募集的资金较少，亦即整体的融资成本较高。

2. 不同市场的上市条件和管理成本

不同的市场其上市条件（要求）不尽相同，有些要求可能会导致公司今后的管理成本大幅增加。例如，美国的证券市场就要求所有的上市公司必须按照美国的会计准则编制财务报表以及经过美国的注册会计师出具审计报告，导致上市公司的管理成本大幅增加，而且美国对上市公司的股东也有特别的要求。

3. 不同行业的企业在不同市场有不同的接受程度

在国内知名度高的企业当然受国内投资者的欢迎，而房地产业的公司在香港被较多投资者认同，高科技企业在科技大国的美国很难被认同。

4. 企业未来的融资需求

首次公开发行（IPO）固然能够为企业募集资金，但随着企业的发展会产生再融资的需求。再融资在境内股票市场需要经过严格的审批且效果不尽如人意,而在境外市场就可以较为容易地实现再融资。

5. 交易成本

在境外证券市场的交易所的上市初费和月费、交易费用、律师费、审计费等中介费用以及承销费等各种费用都会比境内市场高很多。

总的来说,境外上市的优势主要是上市条件市场化、上市申请时间较短、再融资渠道畅通等;但其缺点是受国家政策的影响较大、要受两地证券监管部门监管、管理成本较高等。

(三)买壳上市/借壳上市

买壳上市是指通过购买市值较低的已上市公司(壳公司)的控股权,然后通过增发股票(通常是定向增发)的形式将资产注入壳公司,间接实现上市的行为。

与买壳上市类似的还有借壳上市,借壳上市与买壳上市的不同之处在于它已经拥有了上市公司的控制权,只是把未上市的资产注入上市公司并置换上市公司股票的行为。

借壳上市的做法主要应用于同一集团或同一实际控制人旗下的上市公司,通过增发股票的形式筹集资金收购同一集团或同一实际控制人的其他资产,或者通过定向增发的形式直接用其他资产置换上市公司股票,以达到整体上市的目的。

二、股权交易

股权交易通常是指非上市公司的股权转让。交易标的是非上市公司的股份,因此不能在证券交易所中交易,它只能是在股权交易所交易,或者是股权持有人与潜在投资者直接协商交易。按照《中华人民共和国公司法》的规定,公司的其他股东在同等条件下对公司股权具有优先购买权。股权交易的模式如表9-3所示。

表 9-3

股权交易的六种模式

买方	卖方	
	股　权	资　产
现金	以股权换现金	以资产换现金
股权	以股权换股权	以资产换股权
票据	以股权换票据	以资产换票据

资料来源:杨金梅.解构私募——私募股权投资基金委托-代理[M].北京:中国金融出版社,2009.

私募股权投资基金通过产权交易市场,转让所持有的企业股权来收回投资的方式通常被称为"卖青苗",即将所投资企业整体或部分出售给另一家企业继续"孵化"。企业买"青苗"的目的主要有以下几种:① 需要好的项目,进入新的产业;② 与原有业务整合,发挥规模优势或范围优势,提升竞争力;③ 继续培育,等企业进一步发展后再通过上市或出售股权实现盈利。

三、企业并购

企业并购的全称是企业间的兼并与收购。狭义的并购主要指吸收型并购,即并购后只有并购方仍然存在,而被收购公司则被解散和法人主体资格消失的并购方式。广义的并购除吸收型并购外,还包括收购,即一个企业通过购买另一个企业的全部或部分股权而取得该企业的全部或部分所有权,或者通过购买另一家企业的全部或部分资产而取得该企业的全部或部分所有权的并购方式。

对于私募股权投资基金来说,并购虽然并不是最佳的退出方案(公开上市是最佳的退出方式),但可以说是一个次优的方案。境外私募股权投资基金的退出方式就以并购为主。

四、股权回购

股权回购是指在投资约定期届满时,被投资企业仍未能达到预先约定的条件,则投资者有权要求控股股东或管理层或被投资企业本身按照投资合同约定的计价方法计算的价格回购投资者所持有的股权。

股权回购的收益率一般不高,所以通常只是备用的退出方式。股权回购可以分为管理层收购(MBO)、员工收购(EBO)和期权等形式。其中,期权形式是指当企业经营状况达到特定条件时,允许或要求原有企业或其管理层分批收购私募股权投资基金所持有的股权。期权形式具体可分为卖股期权和买股期权,卖股期权是指当企业经营条件发生不利变化或没有达到预定指标时,私募股权投资基金有权以预先约定的价格将其持有的股权卖给原有企业或其管理层;买股期权是指当企业经营实现预定目标时,私募股权投资基金允许管理层按照预先约定的价格购买基金所持有的部分股权。设定卖股期权可以控制私募股权投资基金的投资风险,设定买股期权可以激励管理层的积极性,并提前回收部分投资。

五、清算

企业清算分为破产清算和非破产清算两种。破产清算是指企业法人资产不能清偿到期债务而被依法宣告破产,它通常由法院组成清算组对破产企业进行清理,并将破产财产按《中华人民共和国企业破产法》规定的顺序清偿,最终撤销破产企业的法人资格。非破产清算是指在公司法人资产足以清偿到期债务的情况下进行的清算,包括自然清算和解散清算。

清算是私募股权投资基金退出的最后"防线",但清算方式可能因剩余财产不足以弥补投资成本而导致投资亏损,所以也是私募股权投资基金最不愿意执行的方案。但是,由于投资于创业早期阶段的创业投资项目,失败概率较高而不得不实施清算。

无论采用哪一种方式,退出是私募股权投资基金的必由之路和最后环节。是"草草收场"还是"功成身退",一方面取决于基金管理人在投资时对市场的分析和实际上市场的发展与变化相比是否准确,另一方面取决于被投资企业的经营状况以及管理团队的能力和水平。无论如何,投资退出就是对私募股权投资基金管理人的最终考核。

案例9-1　对赌企业中的赢家和输家

(一)赢家:克顿传媒、新疆火炬、郝姆斯

1. 克顿传媒

上海克顿文化传媒有限公司(以下简称"克顿传媒")2004年成立于中国上海,旗下拥有上海辛迪加影视、上海剧芯文化等6家全资子公司。克顿传媒经过10年的发展,成了国内领先的高收视保障、高技术含量的精品电视剧提供商。根据公告数据,2012年克顿传媒的营业收入达到5.85亿元。

2013年5月29日,华策影视发布了停牌公告并筹划重大资产重组。两个月后,华策影视公布了重大资产重组方案,最终确定收购克顿传媒100%股权,交易价格为16.52亿元。具体重组方案为,华策影视向克顿传媒的4名股东孙琳蔚、刘智、吴涛、孟雪以现金方式支付交易对价的35%,其余65%以发行股份的方式支付。为4人支付的现金总计5.78亿元,发行股份数总计为5 382万股,发行价格为19.95元/股。此外,公司与克顿传媒4名股东也签署了业绩对赌协议,要求克顿传媒对未来4年的发展作出业绩承诺。

克顿传媒原股东在与华策影视的对赌协议中作出如下业绩承诺:预计2013—2016年每年拟实现的净利润数(合并报表中扣除非经常性损益后属于华策影视股东的净利润)分别为14 095.32万元、18 188.19万元、23 693.70万元及24 297.91万元。如果承诺期内克顿传媒经审计后的净利润未达到业绩承诺标准,则克顿传媒原股东应对华策影视进行股份补偿。

根据华策影视2014—2016年的财务报告,克顿传媒的净利润在这3年间呈上升的趋势。2014年克顿传媒全年实现净利润20 657.59万元,其中扣除非经常性损益后的净利润为18 675.50万元,超过并购时所作出的18 188.19万元的盈利承诺。

2015年，得益于经济快速发展、居民收入水平提升、科技进步和资本追逐等多重因素，影视娱乐行业呈现爆炸式增长。但是影视剧的质量却参差不齐，观众们对优质内容的需求愈发增加。此外，行业整合速度加快，集中度提升，互联网搅动全局，带来了行业的深度变化。华策影视及旗下克顿传媒为积极应对行业变化，启动了SIP战略，围绕超级IP(SIP)进行产品矩阵的开发。其中，克顿传媒旗下上海剧酷传播文化有限公司制作发行的电视剧《何以笙箫默》成为现象级爆剧，电视和视频网站版权、广告植入等多渠道收入来源全面开花。一系列超级IP带来的巨大经济效益，使得克顿传媒全年净利润较2014年增长了29.17%，达到26 684.42万元，其中扣除非经常性损益后的净利为24 045.50万元，完成了23 693.70万元的业绩承诺。

2016年，我国影视行业增速放缓，大多数影视作品难以满足观众们瞬息万变的口味和日益增加的对剧作质量的要求，鲜有像2015年上映的《琅琊榜》《何以笙箫默》《捉妖记》《大圣归来》这样的大热电视剧和电影。尽管行业整体趋势使得2016年克顿传媒净利润增长率下降至16.83%，但SIP战略的继续实施和升级使得克顿传媒全年净利润仍达到了31 174.41万元，其中扣除非经常性损益后的净利润为27 806.77万元，超额完成了24 297.91万元的业绩承诺。

截至2016年，克顿公司履行完毕了与华策影视约定的业绩承诺。

2. 新疆火炬

新疆火炬燃气股份有限公司(以下简称"新疆火炬")主要从事为城市管道天然气与压缩天然气销售及提供燃气设施、设备的安装服务。目前，公司已经在新疆南疆喀什地区的喀什市、疏附县、疏勒县取得16～30年的城市管道燃气特许经营权，公司已在一市两县区域内目前拥有居民用户12万多户、各类工商业用户2 000多户，此外，公司还拥有公交运输车、出租车等各类双燃料加气车辆用户约1.8万户。目前形成了民用、CNG加气站、工业和商业供气的多元经营模式。

2014年4月，公司引入九鼎投资方6家基金作为机构投资者，并签署《股权转让协议》与《补充协议》。本次股权转让完成后，火炬燃气、建工集团和赵安林对火炬燃气未来一定时间内的经营业绩进行承诺：火炬燃气2013年实现净利润5 000万元，2014年实现净利润6 000万元，2015年实现净利润7 000万元，2016年实现净利润7 000万元，2017年实现净利润7 000万元。其中火炬燃气当年净利润未达到承诺利润且波动范围在15%以内，利润差额部分累积至下一年的业绩承诺。如果火炬燃气未达到承诺业绩，则建工集团及/或其实际控制人对6家机构予以2013年至2017年一次性现金补偿人民币500万元。如火炬燃气2013至2017年净利润分别达到业绩目标并成功上市，则6家机构对建工集团及/或实际控制人及/或火炬燃气管理层予以现金奖励人民币500万元。

新疆火炬2013至2017年实现净利润分别为6 006.70万元、8 055.71万元、9 901.78万元、11 850.95万元、8 525.95万元。新疆火炬完成了业绩承诺。

3. 郝姆斯

2016年,好想你公司以发行股份及支付现金方式购买东朱伟海、高志刚、何航、杭州浩红投资管理有限公司、杭州越群投资咨询合伙企业(有限合伙)、中国—比利时直接股权投资基金持有的郝姆斯100%的股权,并签订对赌协议。杭州浩红及杭州越群承诺如下:承诺郝姆斯2016年度、2017年度及2018年度承诺净利润分别为人民币5 500万元、人民币8 500万元和人民币11 000万元,"承诺净利润"是指经具有证券期货业务资格的会计师事务所审计的扣除非经常性损益后归属于母公司股东的净利润,上述净利润为郝姆斯扣除非经常性损益后归属母公司股东的净利润,但需扣除本次交易所配套募集资金投入郝姆斯的营运资金的资金成本。否则,杭州浩红及杭州越群应按照协议约定对公司予以补偿。

经审计,郝姆斯2016年度合并财务报表中归属于母公司所有者的净利润为6 452.85万元,扣除非经常性损益以及资金成本后归属于母公司所有者的净利润为5 567.57万元。郝姆斯2017年度合并财务报表中扣除非经常性损益以及资金成本后归属于母公司所有者的净利润为8 668.05万元。郝姆斯2018年度经审计的归属于母公司股东的净利润为13 904.43万元,扣除非经常性损益后归属于母公司股东的净利润12 088.38万元,超过承诺数1 088.38万元,完成本年预测盈利的11 000.00万元。至此,郝姆斯完成对赌协议。

(二)输家:天津壳木、六晶科技、金达照明

1. 天津壳木

2013年,神州泰岳软件股份有限公司(以下简称"神州泰岳")并购标天津壳木的100%股权,通过专业资产评估机构的评估并经并购双方协商,交易对价采用收益法的评估结果,经过调整为12.15亿元,由神州泰岳以发行股份和支付现金相结合的方式进行支付。在发行股份支付对价方面,以发行价格8.49元/股,发行股份92 756 183股。在支付现金支付对价方面,神州泰岳采取了分期支付的方式。

对赌协议约定的业绩承诺期为2013—2016年,天津壳木的原股东相应承诺的各年度实现净利润分别为0.8亿元、1.1亿元、1.5亿元和2.0亿元。在业绩承诺期内,若天津壳木累计实现的净利润不及累计承诺净利润,则其原股东需对神州泰岳承担补偿义务,具体补偿计算公式如下:

$$\text{当期需补偿金额} = \left(\text{当期累计承诺净利润} - \text{当期累计实现净利润}\right) \times \left(\text{并购交易对价} \div \text{业绩承诺期内承诺净利润总额}\right) - \text{已补偿金额}$$

如果业绩承诺期内天津壳木的原股东需要承担补偿义务,则其应首先以其持

有的神州泰岳的股份作为补偿,即:

$$当期需补偿的股数 = 当期需补偿金额 \div 股份发行价格$$

天津壳木需补偿的股数应随着业绩承诺期内神州泰岳进行的计提公积金、未分配利润转增资本、派发现金分红等相应调整。如果业绩承诺期内天津壳木持有的神州泰岳的股份不足以承担补偿义务,则其应以现金形式进行补充补偿,即:

$$当期应补偿现金 = 当期应补偿金额 - 天津壳木持有的神州泰岳剩余股数 \times 股份发行价格$$

根据交易合同的业绩承诺安排,天津壳木 2013—2016 年的承诺净利润合计为 54 000 万元,实现净利润合计为 45 068.40 万元,合计实现净利润低于合计承诺净利润 54 000 万元,最终业绩承诺的完成比例为 83.46%。其中 2013—2016 年年实际净利润分别为 8 017.91 万元、8 985.44 万元、7 582.82 万元、20 482.42 万元。

根据交易合同中有关盈利预测补偿的约定,天津壳木的相应股东于 2014 年和 2015 年需补偿的金额分别为 4492.46 万元和 16 688.66 万元。基于对赌协议,天津壳木的原股东应先以其持有的神州泰岳的股份进行补偿。

2. 六晶科技

2013 年 1 月 20 日,景嘉投资以 600 万元价格认缴公司的注册资本,由创业股东朱玉斌等与景嘉投资签署了对赌协议。

在此次增资活动中,六晶科技与景嘉投资签订对赌条约,条约对六晶科技 2013 年、2014 年、2016 年的财务指标作出要求:对 2013 年与 2014 年的营业收入和税后净利润作出最低额度的限制,对 2016 年的净利润以及净利润增长率作出要求。2013 年,经审计主营业务收入不得低于人民币 3 000 万元,税后净利润(扣除非经常性损益后)不得低于人民币 500 万元。2014 年经审计主营业务收入不得低于人民币 5 000 万元,税后净利润(扣除非经常性损益后)不低于人民币 900 万元,主营业务收入人民币 3 000 万元。2016 年扣除非经常性损益后的税后净利润人民币 500 万元,到 2016 年年末,公司平均营业收入和税后净利润增长率不得低于 50%。若约定的财务指标没有达到协议要求,那么六晶科技或者其股东朱玉斌、李建将以 15% 的年复合投资回报率回购景嘉投资 200 万股股权。

六晶科技公司在 2013 年、2014 年、2016 年均未完成业绩对赌指标,2013 年营业收入 1 627.94 万元,净利润 —247.55 万元;2014 年营业收入 3 122.42 万元,净利润 73.74 万元;2015 年营业收入 2 293.04 万元,净利润 45.65 万元;2016 年营业收入 3 087.49 万元,净利润 234.62 万元。但是六晶科技公司在 2015 年 3 月于新三板挂牌。所以根据协议,创业股东应回购景嘉投资所拥有的 200 万股份。

3. 金达照明

2013年1月23日,金达照明的注册资本由6 309.5238万元增加至7 010.5820万元,新增注册资本7 010 582.00元,由荣丰九鼎以货币出资3 000万元,其中7 010 582.00元作为增加注册资本,22 989 418.00元作为资本公积。在此次投资中签署了增资补充协议,该份协议中存在部分对赌条款,协议的甲方为荣丰九鼎,乙方为金达照明,丙方为公司股东庾健航、庾健昆。此次增资后,荣丰九鼎成为金达照明的第四大股东,持有公司10%的股份。

该次增资为溢价增资,荣丰九鼎支付的增资价款高于其增资后所获的公司股权所对应的净资产价值,因此,该次增资完成后,金达照明和公司股东庾健航、庾健昆对公司未来一定时间内的经营业绩进行了承诺,协议约定,金达照明在2012—2014年分别要实现不低于3 500万元、4 200万元、5 040万元的净利润。

2012年,公司未实现承诺业绩,因此庾健航与庾健昆将其持有的金达照明2.48%的股权以1元名义价格转让给荣丰九鼎。2013年,公司未实现承诺业绩,三方就此事项签订了业绩补偿协议,庾健航、庾健昆2人承诺按照约定的金额和支付方式,对投资方进行现金补偿,共转让现金708万元人民币。另外,荣九鼎同意在此次补偿履行完毕之后,放弃其于补充协议项下就公司2014年未实现承诺业绩而向庾健航、庾健昆要求现金补偿的权利。

资料来源:

[1] 李可欣.对赌协议在企业并购中的应用研究——以华策影视并购克顿传媒为例[J].财会通讯,2018(32):3-5+129.

[2] 邹萌萌.私募股权融资下的新三板公司"对赌协议"应用探讨[D].南昌:江西财经大学,2018.

[3] http://www.cfi.net.cn/p20190418004300.html郝姆斯企业年报.

[4] 张伟,刘忻忆.高溢价视角下的游戏企业并购对赌协议防范商誉减值风险研究——以神州泰岳并购天津壳木为例[J].公共财政研究,2018(05):75-89.

[5] 张梦雪.六晶科技私募股权融资中对赌协议的风险防控研究[D].马鞍山:安徽工业大学,2018.

[6] 刘琰.中小企业私募股权融资中的对赌风险研究[D].广州:暨南大学,2018.

案例9-2 蒙牛集团的对赌协议

(一)对赌协议双方简介

1. 蒙牛乳业

成立于1999年年初的内蒙古蒙牛乳业(集团)股份有限公司(以下简称"蒙牛

乳业集团"),总部设在中国乳都核心区——呼和浩特市。蒙牛乳业集团已在全国15个省市区建立生产基地,拥有液态奶、酸奶、冰淇淋、奶品、奶酪五大系列,产品以其优良的品质覆盖国内市场,并出口到美国、加拿大等国家及东南亚国家。

2. 摩根士丹利

摩根士丹利(财经界俗称"大摩")是一家全球领先的国际性金融服务公司,业务范围涵盖投资银行、证券、投资管理以及财富管理。摩根士丹利是最早进入中国的投资银行之一,通过近20年的不懈努力,目前已实现了多元化的商业平台的构架,其中包括证券、商业银行、资产管理和信托平台。1995年,摩根士丹利与建行合资成立了中国首家国际化的投资银行中国国际金融有限公司。

(二)蒙牛和大摩签订对赌协议的具体过程及内容

1999年1月,牛根生创立了"蒙牛乳业有限公司",公司注册资本100万元。后更名为"内蒙古蒙牛乳业股份有限公司"(以下简称"蒙牛乳业")。

2001年年底,摩根士丹利等机构与其接触的时候,蒙牛乳业成立尚不足3年,是一个比较典型的创业型企业。

2002年6月,摩根士丹利等机构投资者在开曼群岛注册了开曼公司。

2002年9月,蒙牛乳业的发起人在英属维尔京群岛注册成立了金牛公司。同日,蒙牛乳业的投资人、业务联系人和雇员注册成立了银牛公司。金牛和银牛各以1美元的价格收购了开曼群岛公司50%的股权,其后设立了开曼公司的全资子公司——毛里求斯公司。

2002年10月,摩根士丹利等三家国际投资机构以认股方式向开曼公司注入约2597万美元(折合人民币约2.1亿元),取得该公司90.6%的股权和49%的投票权,所投资金经毛里求斯最终换取了蒙牛乳业66.7%的股权,蒙牛乳业也变更为合资企业。

2003年,摩根士丹利等投资机构与蒙牛乳业签署了类似于国内证券市场可转债的"可换股文据",未来换股价格仅为0.74港元/股。通过"可换股文据"向蒙牛乳业注资3523万美元,折合人民币2.9亿元。"可换股文据"实际上是股票的看涨期权。不过,这种期权价值的高低最终取决于蒙牛乳业未来的业绩。如果蒙牛乳业未来业绩好,"可换股文据"的高期权价值就可以兑现;反之,则成为废纸一张。为了使预期增值的目标能够兑现,摩根士丹利等投资者与蒙牛乳业管理层签署了基于业绩增长的对赌协议。

双方约定,从2003—2006年,蒙牛乳业的复合年增长率不低于50%。若达不到,公司管理层将输给摩根士丹利6000万~7000万股的上市公司股份;如果业绩增长达到目标,摩根士丹利等机构就要拿出自己的相应股份奖励给蒙牛管理层。

(三)蒙牛和大摩对赌的结果

2004年6月,蒙牛乳业业绩增长达到预期目标。摩根士丹利等机构"可换股文据"的期权价值得以兑现,换股时蒙牛乳业股票价格达到6港元以上。蒙牛乳业惊人的业绩增长,最终使摩根士丹利等3家外资战略投资者提前终止了对赌协议,3家外资投资者分3次退出,获得的投资回报率至少超过了4倍,另外还兑现奖励给蒙牛乳业管理层6 000多万股蒙牛股份。截至对赌协议结束期的2006年,蒙牛乳业的净利润已经达到了8.66亿元,显著高于当初设定的3年内业绩年复合增长率50%的对赌要求。蒙牛乳业2007年半年报显示,股东应占本期利润达到人民币4.85亿元,比2006年同期的3.43亿元增长约41.4%。摩根士丹利等机构投资者投资于蒙牛乳业的业绩对赌,让各方都成为赢家。

(四)案例的启示

虽然通过对赌的方式可以使企业很快获得大量的资金,但是我们应当看到对赌协议的双面性,在认清企业当前状况的情况下,适当地运用对赌协议,让它为企业服务而不是成为企业的负担。企业在参与对赌时,应该认识到以下几点。

1. 合理设定和协商对赌筹码和协议条款

企业在参与对赌时,首先要设置合理的对赌筹码。企业不能只看到赢得筹码所获得的丰厚收益,更要考虑输掉对赌是否在自己的风险承受范围之内。其次,要设定合理的业绩增长幅度或期权行权条件。如果设定的业绩增长幅度过高,则很可能存在企业管理层为赢得博弈而对企业竭泽而渔的过度开发,从而导致企业丧失持续盈利能力的后果。设定得过低,则起不到激励约束的作用,导致博弈失去预期的效果。最后,对赌协议条款最好设计为重复博弈的结构,重复博弈能够降低当事人双方在博弈中的不确定性,较好地解决信息不对称问题,并且能够提高融资者赢得协议的概率。

2. 正确认识对赌协议的利弊

投资方签订对赌协议的好处是控制企业未来业绩,尽可能降低投资风险;而融资方签订对赌协议的好处则是较为简便地获得大额资金,以达到低成本和快速扩张的目的。企业管理层在决定是否采用对赌方式融资时,应谨慎考虑各种因素,权衡利弊,避免产生不必要的损失。

3. 努力提高企业的经营管理水平和抵御风险的能力

很多企业在履行对赌协议时,为了达到约定的业绩指标,重业绩轻治理、重发展轻规范,结果导致对赌失败,影响了企业的长远发展。

4. 良好把握企业所在整个行业的发展态势

一般来说,一个企业未来的发展,主要决定于其所处的行业情况、竞争者情况及核心竞争力。在引入财务投资者后,蒙牛乳业面临着对赌协议中净利润指标的考验,但它所处的环境却在很大程度上决定了它的最终命运。蒙牛乳业面对着一个快速扩张的市场、竞争力缺乏的同行,依靠自身的大胆创新,闯出了一片天地。企业管理层除了准确判断企业自身的发展状况,还必须对整个行业的发展态势有良好的把握,才能够在与外来投资者的谈判中掌握主动权。

复习与思考题

1. 私募股权投资的主要特点是什么?
2. 私募股权投资和风险投资的过程中有哪些异同点?
3. 中国的私募股权投资的发展经历了哪几个阶段?各个阶段有何具体的特征?
4. 简述私募股权投资基金的基本投资流程。
5. 私募股权投资在风险企业不同阶段的投资策略有何不同?
6. 什么是对赌协议?对赌协议对企业筹资有何意义?
7. 中小企业,特别是创业初期的企业在引入PE投资时,与投资方签订对赌协议时该如何规避风险并获取最大收益?
8. 私募股权投资基金的退出在整个私募股权投资过程中有何重要意义?
9. 简述风险投资退出的主要形式及各自的特点。
10. 我国目前私募股权投资退出有哪些形式?

第十章

财务危机、重整与清算

课程思政

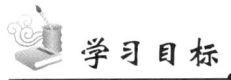

> 通过本章学习，要求理解和掌握：
> - 财务危机的原因和预警方法；
> - 公司重整的方式；
> - 公司清算的一般程序。

在前面各章的讨论中，均以公司持续经营为前提。但事实上，任何公司都有一定的生命周期，包括初创、成长、发展、成熟直至衰落过程。本章讨论公司陷入财务危机后的一些财务事项。

第一节 财务危机

一、什么是财务危机

财务危机又称财务困境，是指公司无法偿还到期债务的困难和危机。财务危机导致公司无法偿还到期债务，或因现金流量不足，或因资产变现价值不足。根据公司财务危机的程度和处理程序的不同，财务危机可以分为技术性失败和破产。

1. 技术性失败

技术性失败是指公司总资产的公允价值尽管等于或超过其总负债，但由于资产配置的流动性差，无法转变为足够的现金用于偿付到期债务所导致的财务危机。这种性质的财务危机通常是暂时的和比较次要的财务困难,一般可以采取一定的措施加以补救。如通过协商,求得债权人让步,延长偿债期限等,从而使公司免于清算。如果补救措施无效,则公司也要被迫停止经营,通过清算来偿还债权人的到期债务。

2. 破产

破产是指公司的全部负债超过其全部资产的公允价值,所有者权益出现负数,并且公司无法筹集新的资金,以偿还到期债务的一种极端性的财务危机。当公司资金匮乏和信用崩溃两种情况同时出现时,公司破产便无可挽回。在这种情况下,如果债权人或债务人要求,经法院裁定,公司则需要按照法定程序转入破产清算。即要按照有关的优先顺序,对资产进行处置分配,以使债权人尽可能多地收回资产。

在《布莱克法律大辞典》里,破产被定义为:一个人无力支付其债务;一个人缺少支付其债务的手段。该定义有两个要点:存量和流量。以这两种方式思考关于破产的定义,结果正如图10-1所描述。当一家公司的净资产为负值,即资产价值小于负债价值时,就会发生存量破产[图10-1(A)];当公司的现金流量不足以偿还到期债务时,则会发生流量破产[图10-1(B)]。

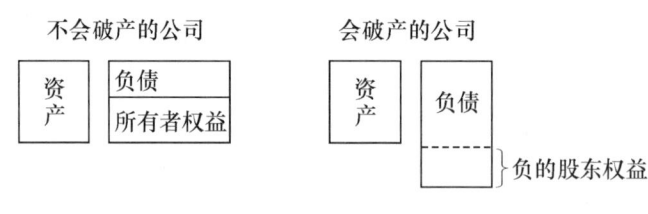

(A) 存量破产图

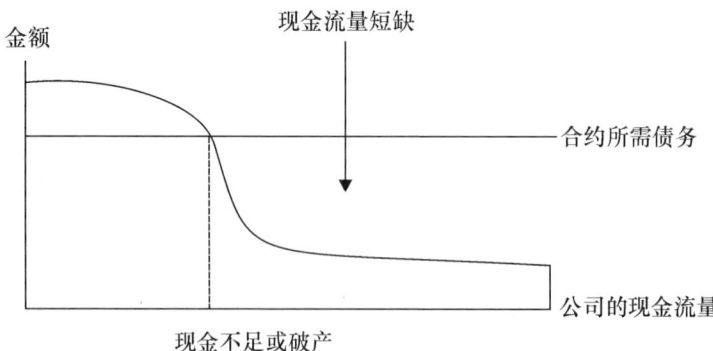

(B) 流量破产图

图10-1 破产定义

一般而言,一个公司的失败往往先出现经营亏损,然后走向财务危机。而财务危机包括了从技术性失败到破产以及处于两者之间的各种情况。不论是公司的技术性失败还是破产,其直接原因都是公司支付能力的丧失。这种情况的出现,一方面会造成公司在生产、销售等经营管理方面的各种困难和麻烦;另一方面还会促成公司在投资项目的选择上偏离正常的投资行为,将危机转嫁给债权人,从而加大公司所有者与债权人之间的矛盾,如果这些矛盾得不到妥善解决,公司进行破产清算将是其唯一选择。

二、财务危机的原因

公司财务危机的表现形式多种多样,最典型的有:股利减少;生产(或经营)停止;亏损;解雇员工;高级主管辞职;股价暴跌等。

导致公司财务危机的原因有很多。有公司无法左右的政治、经济、自然等外部原因,也有公司内部缺乏竞争力和管理不善等内部原因。其中,公司内部管理不善是主要原因。有关研究表明,管理不善主要表现为对特定行业缺乏经验或在生产、销售、人事、技术等方面的管理经验不足、财务管理不善致使资金周转失灵、竞争能力不足等。因此,公司财务危机的主要原因可概括为三个方面:

(1) 缺少管理经验和管理才干。管理者缺少管理经验和管理才干,被认为是财务危机的关键原因。例如,在不作市场调查和资本预算的情况下,盲目追加投资项目,扩大生产能力,致使产品积压,应收账款增加,负债比率上升等。

(2) 宏观经济环境变化。这是公司财务危机的客观原因,它有时使管理人员的努力付之东流,有时又使管理人员所付出的代价与收效不成比例。例如,在金融危机时期,一些公司由于对国际金融市场中的汇率波动估计不足而造成投资大量贬值,致使投资不能产生预期效益,陷入财务危机甚至破产。

(3) 意外原因。这是指政治、自然的原因,一般不能由管理人员所左右。有时管理人员虽然能预计不测事件的发生,但由于防范费用过高而无能为力。

据有关资料显示,美国公司财务危机90%以上起因于公司管理当局的管理无能,而地震、水灾、火灾等不测事件致使公司陷入财务危机的比例很低。

三、财务危机的预警

财务危机预警又称财务预警,是以财务会计信息为基础,通过设立并观察、判断一些敏感性预警指标的变化,对公司可能或者将要面临的财务危机所实施预测和预报的财务分析控制系统。

公司财务危机预警作为一种成本低廉的诊断工具,其灵敏度越高就越能尽早发现问题并告知公司经营者,就越能有效防范与解决问题,避免发生财务危机。

因此,一个有效的财务危机预警系统应具有以下功能:① 预知财务危机的征兆;② 预防财务危机发生或控制其进一步扩大;③ 避免类似的财务危机再次发生。

财务危机预警的系统模型主要有单变量模型和多变量模型两种。

(一) 单变量模型

单变量模型是指使用单一的财务变量对公司财务危机风险进行预测的模型。主要是威廉姆·比弗(William Beaver,1966)提出的单变量预警模型。他通过对1954—1964年期间的79家失败公司和79家成功公司进行比较研究,对14种财务比率进行取舍,最终得出可以有效预测财务危机的比率依次为:

(1) 债务保障率=现金流量÷债务总额。

(2) 资产负债率=负债总额÷资产总额。

(3) 资产收益率=净收益÷资产总额。

比弗认为,债务保障率能够最好地判定公司的财务状况,用这一比率来判断的误判率最低;其次是资产负债率,离失败日越近,这一比率的误判率越低。但各比率判断财务危机的准确率在不同的情况下会有所差异,所以在实际应用中往往使用一组财务比率,而不是一个比率,这样才能取得良好的预测效果。

比弗解释研究结果的理由是:现金流量、净收益和债务状况不能改变,并且表现为公司长期的状况。失败对所有卷入的人来说代价高昂,因此决定一个公司是否要宣告破产或拖欠偿还债务,主要是长期因素,而不是短期因素。

比弗通过比较失败公司发生财务危机前各年13个财务报表项目平均值,最终得出如下结论:① 失败公司有较少的现金而有较多的应收账款。② 如果速动资产和流动资产同时包括现金和应收账款,失败公司和成功公司之间的差别就被掩盖住了,因为现金和应收账款具有完全不同的性质,它们从相反的方向起作用。③ 失败公司的存货一般较少。

这些结论表明,在预测公司财务危机时,应特别关注现金、应收账款、存货等流动资产项目。

(二) 多变量模型

多变量模型是指使用多个变量组成的鉴别函数来预测公司财务危机的模型。美国经济学家爱德华·奥特曼(Edward I. Altman)于1968年发表了《财务比率、离差分析和公司破产》一文,将多元判别分析方法应用于公司财务预警分析。他选取了1946—1965年间的33家破产的公司和正常经营的公司,使用了22个财务比率来分析公司潜在的失败危机。对这22个财务比率,运用多元判别分析方法,最终确定了五个典型的财务比率,建立了一个模型作为公司财务预警的模型——Z-SCORE模型,即 Z 计分模型:

$$Z=1.2X_1+1.4X_2+3.3X_3+0.6X_4+0.999X_5$$

式中：X_1 为营运资本÷总资产；X_2 为留存收益÷总资产；X_3 为息税前收益÷总资产；X_4 为股票市价÷负债账面价值；X_5 为销售收入÷总资产。

这一模型通过上述五个财务比率，将反映公司偿债能力的指标、获利能力指标和营运能力指标有机地联系在一起，可以综合分析、预测公司财务危机或破产的可能性。奥特曼依据这一模型，运用经验数据提出了判断公司破产的临界值为 2.675。即是说，在 $Z=2.675$ 时，公司破产与不破产的概率各为 50%。如果 $Z\geqslant 2.99$，则公司破产的概率很低；如果 $Z\leqslant 1.81$，则公司发生破产的可能性就较大了。Z 值介于 1.81~2.99 之间，则属于未知区域，较难估计公司破产的可能性。一般情况下，Z 分数值越高，公司破产的概率越低；反之，Z 分数值越低，公司破产的可能性就越大。公司可以通过 Z 值的计算来判断自己处于何种状态，一旦发现处于警戒状态，就应当及时采取措施，调整经营战略和财务策略，以降低可能出现的破产概率。

在此基础上，奥特曼又先后于 1983 年和 1995 年对 Z 计分模型进行了两次优化，使得多元判别分析技术具有较好的解释性和简明性，在财务预警领域获得了广泛的应用。但一方面由于其严格的前提条件（数据服从多元正态分布和协方差矩阵相等），另一方面由于建立 Z 计分模型时没有充分考虑到现金流量变动等方面的情况，因而在实际运用中具有较大的局限性。针对这一局限性，周首华、杨济华(1996)提出了 F 分数模式。F 分数模式的主要特点是：

(1) F 分数模式加入了现金流量这一预测自变量。

(2) F 分数模式考虑了现代公司财务状况的发展及其有关标准的更新。如财务比率标准的变化，特别是现金管理技术的运用，已使公司所应维持的必要的流动比率大为下降。

(3) F 分数模式使用 Compuetat PC Plus 会计资料库中 1990 年以来 4160 家公司的数据进行了检查，而 Z 计分模型的样本仅为 66 家（33 家破产公司、33 家非破产公司）。

F 分数模式列式如下：

$$F = -0.1774 + 1.1091X_1 + 0.1074X_2 + 1.9271X_3 + 0.0302X_4 + 0.4961X_5$$

式中：X_1 为期末营运资本/期末总资产；X_2 为期末留存收益/期末总资产；X_3 为（税后收益＋折旧）/平均总负债；X_4 为期末股东权益市场价值/期末总负债；X_5 为（税后收益＋利息＋折旧）/平均总资产。

与 Z 分数模式的计算公式比较，其五个变量中有 X_1、X_4 两个变量是相同的，其他三个变量不同。这些预测变量的选定大多基于 Donalson 的理论，他指出这些财务比率均能反映公司财务困难的征兆。其中：X_1 反映资产的流动性，但它不是用流动比率来衡量,而是用净流动资产占总资产的比重来判断,可以衡量全部资产的流动性水平;X_2 反映公司的全部资产中,来自留存收益的比重,因为留存收益的多少可以代表公司信用历史,所以将该指标应用到原始样本中可显示出极佳的解释能力;X_3 为一个现金流量变量,它是衡量公司所产生的全部现金流量可用于偿还债务能力的重要指标。现金流量比率是被许多专家证实了的预测公司破产的有效变量。X_4 反映公司财务结构;X_5 反映总资产创造现金流量的能力,相对于 Z 计分模型,它可更准确地预测出公司是否存在财务危机。这五个变量的选定基于财务理论,而不像其他模式的变量系数取自于试误选定方法。因而 F 分数模式在理论上更具说服力。

F 分数模式方程以 0.0274 为临界点:若某一特定公司的 F 分数低于 0.0274,则被预测为破产公司;反之,若 F 分数高于 0.0274,则公司将被预测为可以继续生存的公司。

除上述模型外,多变量模型还有日本开发银行的多变量预测模型;中国台湾陈肇荣的多元预测模型。但这几种模型在实际中的应用并不广泛。到目前为止,Z 计分模型仍然占据着主导地位。这些模型都属于静态的统计模型。动态财务预警模型主要是把人工智能中的归纳式学习的方法应用于财务危机预测。目前,这种方法中最常用的是神经网络预测模型。在神经网络模型中,当输入一些资料后,网络会以目前的权重计算出相对应的预测值以及误差,再将误差值反馈到网络中调整权重,经过不断地重复调整,从而使预测值渐渐地逼近真实值。这种方法能有效地解决非正态分布、非线性数据的预测评估问题,目前在财务预警领域得到了重视。

第二节 破产重整

一、公司破产重整的基本目的

在过去较长一段时间中,债务和解与债务展期在化解财务危机和财务重整中一直扮演着主要角色。然而,作为非正式财务重整方式的债务和解与债务展期存在诸多弊端,例如,协议的执行缺乏法律保障;众口难调,重整效率低下。特别在复杂多变的经济环境下,通过非正式财务重整方式挽救陷入财务危机的企业,企业生死时限可能熬不过谈判时间。因此,这类"重症患者"需要在法律的框架下打一剂"强心针"。

破产重整又称司法重整,它是在《中华人民共和国企业破产法》的框架内,在法院的监督、指导和指挥下,对有财务困难或已经发生资金链断裂等财务危机又有挽救必要和挽救可能的企业(债务人)，通过对债权人、债务人以及其他利害关系人的利益协调，进行债务清偿与营业、股权结构的调整，以使企业避免破产清算、获得再生的诉讼活动和相关的制度安排。

破产重整不同于破产清算，一些企业把这种司法重整误认为就是破产清算，企业老板宁可选择跑路也不选择破产重整，这是一种误解。由于司法重整程序和破产清算程序存在关联性，都是《中华人民共和国企业破产法》规制下的程序，但司法重整制度体现了"企业破产保护"的立法意图。

公司破产重整的财务目的在于：

(1) 企业获得了一个喘息期。从欧美主要发达国家和中国法律来看，一旦负债企业向破产法院提出破产保护申请并获得批准，破产法院将下令暂时中止债权人针对债务人的债权主张。这将给企业提供一个喘息的时间，获准破产保护的企业可以保有其资产并继续运营。在这个喘息期，企业所签的重大的不公平合同也会被法院撤销；企业可以暂时冻结不支付受理裁定日前的欠债，并且停止计息等。在管理人的监督下，防止了企业老板转移资产，又可以让他们用企业的资产继续进行经营，维持主营业务，确保核心业务不流失。

(2) 有利于债务企业资产价值最大化。破产重整的首要目的和任务是拯救企业，促进债务人复兴。重整制度的基本设计就是通过重整程序使债权人获得的清偿率不低于通过破产清算程序获得的清偿比率。

(3) 企业轻装上阵，获得重生。按照重整计划减免的债务，自重整计划执行完毕时起，债务人不再承担清偿责任，较高比例的债务豁免使得企业轻装上阵。2007—2011年年底，我国已有30多家濒临破产的上市公司通过破产重整获得新生，这些破产重整企业的债权现金清偿率多在10%～30%；在非上市公司中，实施破产重整案例有200余家。2009年，美国通用汽车破产重整，新通用汽车轻装上阵，获得重生；美国的百年品牌席梦思公司，曾先后七次申请破产重整获得重生；2012年1月，柯达公司提出破产申请保护。

(4) 降低了重组方的财务风险。对重组方而言，很难摸清债务企业的债务窟窿，具有较大的财务风险，这种不确定性影响了重组方的积极性。如果进入破产重整程序，债务企业的各类债权人将进行申报，使债务企业的各类隐形债务充分暴露，重组方只需按重整方案确定的清偿率予以清偿。法庭裁判为债务豁免提供了强有力的法律保障，降低了重组方的财务风险，提高了债务重组的效率。

(5) 有利于优质资产注入。上市公司可以通过破产重整的方式了断公司所有债务，化解各债权人之间互相僵持的局面，简化债务、以资抵债，更重要的是将上市公司壳资源从巨额的债务中解放出来，进而为日后资产重组和股权重组创造有利条件,有利于新投资者的优质资产注入。

二、破产重整程序

破产重整是利用司法机制拯救困境企业的手段,从各国已有的立法和实践看,破产重整程序包括:程序的启动、重整计划的批准、计划的实施、程序的监督至重整程序的终结。破产重整的全部流程都须遵循严格的法律程序,接受严格的司法控制和司法监督。

在破产重整程序的启动中,需要注意以下问题:

(1) 债务人破产的认定。债务人不能清偿到期债务,且资产不足以清偿全部债务或明显缺乏清偿能力,即符合破产条件。一般情况下,债务人的资产负债表,或者审计报告、资产评估报告等显示其全部资产不足以偿付全部负债的,即可认定债务人资产不足以清偿全部债务,但有相反证据足以证明债务人资产能够偿付全部负债的除外。有些债务人账面资产虽大于负债,但法院可根据相关条件认定其明显缺乏清偿能力[1]。

(2) 破产重整申请。债务人或者债权人可以依照相关法律规定,直接向人民法院申请对债务人进行破产重整。

(3) 破产重整的适用对象。我国企业破产法并未对重整程序的对象作出任何限制,然而,破产重整是一项程序复杂、历时长、成本高的制度,主要适用于规模较大、从业人数较多、社会关系广泛复杂、对国计民生有重要影响的大型企业和特大型企业。在美国,破产重整过程通常要2年左右,支付的法律顾问、会计师、财务顾问费用以及由债务人承担的债权人委员会费用[2]将是一笔高昂的成本。

三、破产重整计划

重整计划,是指由重整管理人或重整企业的其他利害关系人(债权人、股东)拟订的,以清理债务、复兴企业为内容,并经重整关系人会议通过和法院认可的法律文件。不言而喻,企业重整计划是实施企业重整的直接依据,重整计划的科学与否,关系到重整的整体成败。因此,法院将债务人在法定期间制定并提交重整计划草案作为裁定破产重整后的首要大事,强化指导并贯彻始终。

重整计划草案应当包括下列内容:

---

[1] 《最高人民法院关于适用"中华人民共和国企业破产法"若干问题的规定(一)》,2011年8月29日最高人民法院审判委员会第1527次会议通过。

[2] Douglas P. Bartner, Restructuring in and out of court, 1347PLI/Corp717, 2002.

(1) 债务人的经营方案。
(2) 债权分类。
(3) 债权调整方案。
(4) 债权受偿方案。
(5) 重整计划的执行期限。
(6) 重整计划执行的监督期限。
(7) 有利于债务人重整的其他方案。

债权人会议将分组对重整计划草案进行表决，出席会议的同一表决组的债权人过半数同意重整计划草案，并且其所代表的债权额占该组债权总额的 2/3 以上的，即为该组通过重整计划草案。经法院裁定批准的重整计划，对债务人和全体债权人均有约束力。当然，重整计划草案失败后，债务企业将被裁定终止重整程序，并宣告破产。

四、我国上市公司破产重整

(一) 上市公司破产重整模式

上市公司破产重整是公司重整的重要途径，上市公司破产重整是经营不善的上市公司获得涅槃重生的必然过程，同时也是市场经济通过优胜劣汰进行资产配置的重要方式，它是债务企业资产重整和股权重整的重要前提和基础。

上市公司破产重整主要分为两种形式，即模拟清算法和破产重整法。

(1) 模拟清算法：将原股份公司的全部资产、负债、所有者权益整体转让给一家当地政府成立的专门处理破产清算事务的有限公司，由该公司将接收的全部资产变现，根据破产法规定的清偿顺序支付清算费用、优先债权、安置职工、按比例向普通债权人清偿债务。原股份公司就变成的无资产、无负债、无人员的净"壳"公司。

(2) 破产重整法：将上市公司现存资产按模拟清算法进行评估，由财务公司以评估资产值为基础，作出该上市公司模拟清算情况下的"偿债能力分析"报告，计算出普通债权人在企业破产情况下，应获得的清偿比例。然后，在原上市公司的评估资产不进行变现的情况下，按公平、等价、有偿的原则，将评估资产与重组方投资按对价方式进行资产重组，重组后的上市公司以其今后经营取得的利润，以模拟清算情况下的清偿比例为基础，提高向债权人清偿债务的比例，使债务人破产重整计划得到债权人的支持。

(二) 上市公司重整计划草案的制作

重整计划草案作为重整程序中最为重要的法律文件，其制作是否公平、合理，能否获得各债权人组、出资人组表决通过，直接关系到重整成败。因此，一方面要调动债务人或管理人的积极性,在多方协调的基础上制作切实合理的重整计划草案;另一方面,债权人、股东、重组方等利害关系人,可以就重整计划草案向债务人或管理人提出切实可行的建议和要求。因此,在上市公司破产重整计划草案的制作中,需要解决的三个主要问题为:破产申请与确定破产偿债比率问题;破产重整中引进新投资者进行资产与股权置换问题;上市公司股票上市流通问题。

上市公司重整计划草案的内容如下:

(1) 关于债务人的经营方案。其中,资产重组方案是其核心内容。对于盈利状况极差的上市公司进行重整,如果没有重组方注入优质资产,单单依靠债务人自身资产的整合和业务的调整,很难使上市公司恢复持续经营能力和盈利能力,更无法实现清偿债务的目的。重组方的选择及资产重组问题对上市公司重整成功具有重要意义。

(2) 关于债权分类和受偿方案。对任何一个特定组的债权人提供的清偿数额不能少于他在破产清算程序中所能获得的清偿。如果存在壳资源价值,亦应优先给予债权人补偿,而并非全部归股东。根据国际通行的惯例与实践,在破产程序中,债权人的权利是优先于股东的。

(3) 关于出资者权益的调整。重整计划草案并不必然要求对出资者权益进行调整,但在上市公司资不抵债的情况下,出资人的股权为负值,并不具有实质权益,同时上市公司通过重整豁免巨额债务获得重生,最大受益人即为上市公司的股东,因此,重整计划草案必须包括对出资者权益进行调整的内容。大股东、控股股东与中小股东,取得上市公司股份所付出的对价不同,对上市公司身陷重整境地所应负的经营责任不同,其通过重整所获得的利益也有所不同。对上市公司陷入经营困境负有不可推卸责任的大股东与控股股东所持有的股份应当进行大比例的折让。

第三节 公司清算

如果债权人通过对负债公司的全面调查和分析后发现,该公司已无继续存在的必要,公司财务危机已不可避免,则清算是唯一可选择的出路。公司清算有非破产清算和破产清算两种形式。

一、非破产清算

非破产清算是指由债权人与债务人之间通过协议私下解决。当财务危机公司的管理层、股东和债权人一致认为持续经营可能会导致公司资产的进一步损失,清算比出售或持续经营可以获得更大的价值时,就会选择非破产清算。这样既可以避免诉讼成本,使债权人和股东更多地收回自己的资金,又节省了诉讼时间。因此,财务危机公司和债权人通常偏好于非破产清算。如果公司管理层与债权人不能在清算问题上达成协议,可以在《破产法》法律框架内进行清算。但与法律服务相关的高额支出可能会使债权人所得减少,股东也可能一无所获。

非破产清算的一般程序是债权人经过协商之后,将债务公司和资产交由按有关规定组成的清算委员会处理。清算委员会的职责主要包括:负责保管和控制债务公司的所有财产;决定负连带责任者的名单和催收应缴未缴的股款;查明应清偿的债务,编制公司财产目录和资产负债表;主持资产的拍卖和收款;按规定的程序和预定的比率清偿债务。

非破产清算必须得到所有债权人的同意,因此,它通常仅适用于债权人人数较少且发行在外的证券不为公开持有的公司。

二、破产清算

破产清算又称司法清算,是指通过正规的法律程序进行清算。当陷入财务危机的公司重整无望时,就进入破产清算程序。破产清算是因经营管理不善造成严重亏损,不能偿还到期债务而进行的清算。具体分两种情况:一是公司的负债总额大于其资产总额,事实上已不能支付到期债务;二是虽然公司的资产总额大于其负债总额,但因缺少偿付到期债务的现金流量,未能偿还到期债务,被迫依法宣告破产。

(一)破产清算的程序

根据我国破产法的相关规定,破产清算的基本程序可以分为三个阶段:一是破产申请阶段;二是和解整顿阶段;三是破产清算阶段。破产清算阶段的主要程序如下:

(1)法院依法宣告破产。如果申请破产的公司不具备和解整顿的条件,或和解整顿方案被否决,人民法院宣告债务人破产。宣告破产后,债务人称为破产人,债务人财产称为破产财产,人民法院受理破产申请时对债务公司享有的债权称为破产债权。

(2)组建清算组。按照破产法规定,人民法院应当自宣告之日起15日内成立清算组,接管破产公司。其成员由法院从财政部门、审计部门、银行、工商管理部门及其他有关部门中选定。清算组负责破产财产的保管、清理、估价、处理和分配。破产公司的一切财产、账册、文书、资料和印章等都由清算组接管。

(3)拟订破产财产变价方案,适时变价出售破产财产。清算组接管破产公司后,需对破产公司的财产进行清算。清算组在对公司财产、债权和债务全面清理的基础上,拟订破产财产的变价方案,提交债权人会议讨论。依据债权人会议通过的破产财产的变价方案进行处理和拍卖。

(4)拟订破产财产分配方案并实施。清算组清理、处置破产财产并验证破产债权后,应在确定公司破产财产基础上拟订破产财产的分配方案,经债权人会议通过,并报请人民法院裁定后,按一定的债务清偿顺序进行分配。破产财产分配方案经法院认可后,清算组以现金或实物方式偿还破产公司的债务。

(5)破产程序终结并办理停业登记。清算组在破产财产分配完毕之后,应编制有关清算工作的报告文件,向法院报告清算工作,并提请法院终结破产程序。清算组在接到法院终结破产程序的裁定后,应及时办理破产公司的注销登记手续。至此破产清算工作宣告结束。

(二)破产财产的界定和变现

破产财产是指在破产程序中依法可以清算和分配的破产公司的全部财产。根据我国破产法规定,破产财产包括:宣告破产时,破产公司经营管理的全部财产;公司宣告破产后至破产清算终结前所得财产,如收回应收账款;应当由破产公司支配的其他财产。

破产财产被确定以后,一般都要变卖为货币资金,以便清偿债务。破产财产应采用分开拍卖方式加以拍卖。财产拍卖一般委托拍卖公司进行,也可由清算组聘请专人负责,谁出价高就卖给谁。但破产财产中若有法律限制自由买卖的商品,如黄金、炸药等,应由政府指定部门收购;破产财产中的整套设备或生产线,应尽量整体出售,确实无法整体出售的,方可分散出售。

(三)破产债权的界定和确认

破产债权是指破产前宣告成立的,对于破产人享有的无财产担保债权。在界定和确认破产债权时,包括下列各项:① 破产宣告前设立的无财产担保债权;② 宣告时未到期的债权,视为已到期的债权减去未到期利息后的债权;③ 放弃优先受偿权利的有财产担保的债权;④ 有财产担保债权其数额超过担保物价款未受偿部分的债权。但下列费用不得作为破产债权:宣告日后的债权;债权人参加清算程序按规定应自行负担的费用;债权人逾期未申报的债权;超过诉讼时效的债权。

(四)破产清算费用与清算损益

1. 清算费用

清算费用是指公司在破产清算过程中所发生的各项支出。清算费用应当从清算财产中优先拨付,一般随时发生随时支付。当破产财产不足以支付破产清算费用时,清算组要向法院及时申报,由法院宣告破产终结。

清算费用的开支范围包括:清算期间职工生活费;清算财产管理、变卖和分配所需费用;破产案件诉讼费用;清算期间公司设施和设备维护费用;审计评估费用;为债权人共同利益而支付的其他费用,包括债权人会议会务费、破产公司催收债务差旅费及其他费用。清算组应严格按照经债权人会议审核的开支范围和标准拨付清算费用。

2. 清算损益

公司破产清算中发生的财产盘盈、财产变价净收入、因债权人原因确实无法归还的债务，以及破产清算期间的经营收益等作为清算收益；公司清算中发生的财产盘亏、确实无法收回的债权，以及清算期间的经营损失等作为清算损失；发生的清算费用优先从现有财产中支付；清算终了，清算收益大于清算损失和清算费用的部分，依法缴纳所得税。

（五）破产财产的分配与清偿

当破产财产全部被确认和拍卖，破产债权全部被界定和确认，破产费用总额估算出来后，清算组可提出分配方案。这一方案要由债权人会议通过，经法院裁定后执行。

破产财产在优先扣除破产费用后，一般按下列顺序在各有关利益主体之间进行分配：

（1）支付应付未付的职工工资、劳动保险等。

（2）缴纳应缴未缴国家的税金。

（3）支付各种破产债权。

如果破产财产不足以清偿同一顺序的债权，则应按比例在各债权人之间进行分配。未得到清偿的债权不再清偿。如果在清偿所有破产债权后，破产财产尚有剩余，则先支付给优先股股东，再支付给普通股股东。

【例 10-1】 某公司申请破产，破产前经审计后的资产负债表（简表）如表 10-1 所示。

表 10-1

某公司破产前资产负债有关项目表

2008 年 6 月 30 日　　　　　　　　　　　　　　　单位：万元

资产		负债和所有者权益	
流动资产	800	应付账款	500
固定资产——厂房	1 400	应付职工薪酬	100
固定资产——设备	900	应交税费	300
无形资产	300	银行借款	700
		抵押债券	800
		所有者权益	1 000
合　计	3 400	合　计	3 400

表 10-1 中的银行贷款属于信用贷款,抵押债券则是以公司厂房为抵押。

公司进入清算程序后,资产变卖收入如下:流动资产为 450 万元,厂房为 750 万元,设备为 700 万元,无形资产不能变现,合计变现 1 900 万元。清算期间发生清算费用 100 万元。则:

扣除清算费用后清算财产结余＝1 900－100＝1 800(万元)

扣除应付职工薪酬、应交税费的财产结余＝1 800－100－300＝1 400(万元)

扣除支付抵押资产后的债务结余＝1 400－750＝650(万元)

一般债权的求偿总额＝500＋700＋(800－750)＝1 250(万元)

结余收入的分配比例＝650÷1 250×100％＝52％

如: 银行应分配的财产结余金额＝700×52％＝364(万元)

案例 10-1 浙江海纳的财务危机与破产重整

一、案例背景

浙江海纳科技股份有限公司①(以下简称"浙江海纳"或"公司",股票代码 000925)于 1999 年 6 月 11 日在深交所挂牌上市,主营单晶硅及其制品、半导体元器件的开发、制造、销售与技术服务等业务。注册资本 9 000 万元。公司成立之初的股本构成是法人股 6 000 万股,流通股 3 000 万股,其法人股东为浙江大学公司集团控股有限公司②(以下简称"浙大公司集团")、浙江省科技风险投资公司以及四位自然人,其中浙大公司集团持有 5 620 万股,占 62.45％。在广大投资者面前呈现的浙江海纳是以浙江大学为技术依托并具有良好经营业绩的高科技公司。

2003 年 2 月,浙大公司集团分别与珠海经济特区溶信投资有限公司③(以下简称"珠海溶信")、海南皇冠假日滨海温泉酒店有限公司(以下简称"海南皇冠")签订了《股权转让协议》。根据该协议,浙大公司集团将其持有的 2 560 万股(占总股本的 28.44％)和 2 160 万股国有法人股(占总股本的 24％)分别转让给珠海溶信和海南皇冠。珠海溶信和海南皇冠的实际控制人为"飞天系"掌门人邱忠保。2004 年 3 月,股权转让完毕,浙江海纳的实际控制人变更为邱忠保。在邱忠保全

---

① 浙江浙大海纳科技股份有限公司已于 2006 年 2 月 22 日更名为浙江海纳科技股份有限公司。

② 浙江大学公司集团控股有限公司已于 2005 年 12 月更名为浙江浙大圆正集团有限公司。

③ 珠海经济特区溶信投资有限公司已于 2004 年 9 月更名为深圳市瑞富控股有限公司。

并掌控浙江海纳之后,公司高管变动频繁。截至2004年12月31日,即邱忠保正式入驻浙江海纳的第1年年末,公司董事、监事和高级管理人员中,有确切迹象表明与邱忠保相关联的人员有9名,占总人数18人的50%,且在公司担任董事长、总裁、财务总监等要职的人员均曾在邱忠保控制的相关公司中担任高层领导。

2005年4月,浙江海纳巨额担保、关联方占款等违规事项浮出水面。邱忠保和其控制的原公司高管人员利用控制地位违规挪用上市公司巨额资金高达2.53亿元,以浙江海纳的名义为其掌控的"飞天系"公司向银行贷款或个人借款提供连带保证担保,本金总额高达3.95亿元。因涉嫌虚假信息披露,2005年4月14日被中国证监会立案调查。

2006年2月起,邱忠保和"飞天系"高管、财会等人员相继被捕。浙江海纳涉及的重大诉讼、仲裁事项多达19项,涉及债权人有16人,债权人纷纷起诉公司破产还债,财务危机全面爆发。至2006年年末,公司已严重资不抵债,濒临退市破产清算边缘。

2007年4月23日,浙江海纳股票停牌。2007年5月9日,公司接到证监会行政处罚决定书,主要内容为:对公司处以40万元罚款;对公司原董事长薛卫国给予警告,并处以20万元罚款;对公司其他责任人分别给予警告或罚款。同时,公司接到证监会《关于对邱忠保等3人实施市场禁入的决定》:自证监会宣布决定之日起对公司原实际控制人邱忠保实施永久性市场禁入,对薛卫国、纪鸿实施10年市场禁入。

2007年9月13日,浙江海纳被债权人向杭州中院申请破产重整,10月24日,公司第一次债权人会议通过了《海纳破产重整计划(草案)》;11月20日,法院裁定批准公司债权人会议通过的该重整计划,终止重整程序。

二、财务危机的表现

表10-2列示了该公司2003—2006年主要财务指标的变动情况。

表10-2

浙江海纳2003—2006年主要财务指标

年　　度	2003	2004	2005	2006
每股经营活动现金流量(元)	0.29	−2.90	0.37	0.19
每股净资产(元)	4.34	4.03	−3.03	−3.20
每股收益(元)	0.13	−0.31	−7.07	0.13
净利润(万元)	1 186.45	−2 814.37	−63 585.69	1 207.37
净利润增长率	−6.24%	−337.21%	−2 159.32%	101.90%

(续表)

年　　　　度	2003	2004	2005	2006
预计负债（万元）	0	0	36 948.43	46 391.61
负债总额（万元）	17 766.41	19 470.63	44 185.93	50 582.02
负债比率	30.32%	33.40%	255.54%	227.12%
审计意见	标准无保留意见	保留意见	无法表示意见	无法表示意见

从盈利能力看，2004年、2005年公司净利润与每股收益均为负数，且在2005年出现6.36亿元的巨额亏损。其根本原因在于浙江海纳在这两年对占用资金计提大量坏账准备和对未解除违规担保计提了巨额预计负债。公司在2005年计提预计负债3.7亿元，另有对关联方占用资金（其他应收款）本年计提坏账准备2.7亿元。代表公司抵御风险能力的每股经营活动现金流量在2004年为负值，每股净资产则在2005年、2006年呈负值，这是2004年、2005年两年巨额亏损的体现。

从偿债能力看，其负债比率从2004年的33.40%提高到2005年、2006年的255.54%和227.12%，表现为严重的资不抵债。

三、财务危机的原因

浙江海纳财务危机的最终爆发的主要原因在于大股东掏空，即实际控制人的"隧道行为"。浙江海纳实际控制人所采用的"隧道行为"方式主要有两种。

1. 巨额违规担保

在邱忠保入驻后，便以浙江海纳为平台，为其多家关联公司提供担保。资料显示：2004年5月，浙江海纳为中油飞天实业投资开发有限公司的8 000万元银行借款提供连带责任担保；2004年6月，为武汉民生石油液化器有限公司3 000万元的银行借款提供担保；2004年8月，浙江海纳和中油龙昌又共同为南京恒牛工贸实业有限公司3 500万元的银行借款提供连带责任担保；同时还为珠海溶信和海南皇冠的1.46亿元债务承担连带责任担保；等等。

2. 直接占用资金

公司被"飞天系"直接占用的资金包括：招商银行上海大木桥支行账户余额与公司该银行存款账户余额之间的差额20 200万元，国债投资1 845万元，关联方资金拆借8 804万元及其在中国银行廊坊分行的银行存款1 350万元，金额合计32 199万元。从表10-3浙江海纳1999—2003年的其他应收款净额和当年度计提的坏账准备可以看到，公司的其他应收款在2002年以前数值较为平稳，维持在1 100万元左右，而在2004年，其他应收款高达3亿多元，几乎全部为关联方违规占用资金。

表 10-3

浙江海纳 1999—2007 年其他应收款

单位：万元

年　　度	1999	2000	2001	2002	2003
其他应收款	925.70	1 172.91	1 154.02	1 185.62	2 523.99
年　　度	2004	2005	2006	2007	
其他应收款	30 761.55	3 265.96	3 350.76	87.05	

由此，浙江海纳财务危机产生过程可以概括为：邱忠保入驻→通过违规担保和占用资金掏空浙江海纳→巨额亏损和巨额负债→资不抵债→无力偿还到期债务。浙江海纳财务危机的根本原因是其大股东的"隧道行为"。

四、财务危机的预警方法——多变量模型

表 10-4 为根据浙江海纳 2002—2006 年财务数据计算的 Z 值。

表 10-4

浙江海纳 2002—2006 年 Z 值

年　度	X_1	X_2	X_3	X_4	X_5	Z
2002	0.4187	0.0886	0.0332	5.9455	0.3340	4.6374
2003	0.4575	0.0988	0.0377	3.2233	0.2291	2.9746
2004	0.4812	0.0510	−0.0094	2.7986	0.2979	2.5947
2005	−1.9157	−3.5054	−3.5920	−0.0860	0.6417	−18.4699
2006	−1.5699	−2.7952	0.1107	−0.1238	0.5625	−4.9438

从表 10-4 中可以看出，除主营业务收入/总资产呈整体上升趋势外，公司的资产流动性、内部融资能力、资产盈利能力和权益负债比均呈整体下降趋势，尤其是 2005 年除 X_5 外的其他指标均为负数。从 Z 值看，浙江海纳 2003 年和 2004 年 Z 值处于 1.81~3.00，属于破产可能性不确定区间；到了 2005 年，公司的 Z 值已降到 1.81 之下，呈现较大负数，破产可能性很高。事实上，浙江海纳于 2006 年 5 月 8 日起实行退市风险警示。

此外，公司高管变动频繁，注册会计师的非标意见（浙江天健会计师事务所对浙江海纳 2004 年年报出具了带强调事项段的保留意见的审计报告，对 2005 年和 2006 年年报均出具了无法表示意见的审计报告）等迹象也从另一个侧面反映了浙江海纳的财务危机。

五、财务危机的解救方法——破产重整

1. 债权重整

2007年9月14日,杭州市中级人民法院依法受理了债权人申请浙江海纳破产重整一案;10月19日,15家债权人向浙江海纳管理人申报了债权;10月24日,浙江海纳第一次债权人会议召开,并通过了《海纳破产重整计划(草案)》(以下简称《草案》);11月21日,浙江省杭州市中级人民法院裁定,批准浙江海纳重整计划,终止重整程序。浙江海纳成为2007年6月我国《破产法》颁布实施后按破产重整程序成功实施债务重整的第一家公司。

《草案》提出浙江海纳的实际大股东深圳市大地投资发展有限公司(下称"大地投资")以浙江海纳持续经营条件下的资产价值11 072.87万元为基数,提供等值现金,用于完成浙江海纳重整计划。其中1 227.26万元现金用于购买浙江海纳截至重整受理日的全部对外应收款,以提高浙江海纳的资产质量,转让价格为资产的账面价值,公司收到转让款后,优先支付重整期间发生的重整费用和共益债权799万元,剩余428.26万元全部用于清偿债权人;另外,9 845.61万元现金由大地投资代浙江海纳直接用于清偿债权人,大地投资代偿后,形成对浙江海纳9 845.61万元新的债权。因此,可用于清偿债权的现金合计达10 273.87万元。普通债权人在重整计划执行期内获得上述现金一次性清偿后,免除浙江海纳剩余本金债权和全部利息债权及其他债权,免除债务近3亿元。

经专业评估机构的评估,浙江海纳的债权总金额为5.42亿元,债权本金总额为4.05亿元,而其资产价值仅为1.107亿元,已严重资不抵债。如果浙江海纳破产清算,其重整申请受理日的资产清算价值为99 640 667.51元,而在持续经营假设条件下,其重整申请受理日的资产价值为110 728 700.00元;破产清算条件下,浙江海纳债权人可获得的本金清偿率为19.84%,而在破产重整条件下,可获得25.35%的清偿;若浙江海纳破产清算,所有非流通股股东和所有中小流通股股东的投资权益为零,且其资产将大幅贬值,浙江海纳本部及下属公司的员工也将会失业,增加社会负担,造成社会不稳定因素,而破产重整可避免此类不良结果产生。

2. 股权重整

浙江海纳在债务重组以后,公司生产经营基本恢复正常,相应的对外违规担保、主要经营性资产的冻结及查封也得到解除,公司于2008年4月3日公布了股改说明书,正式启动股改,成为浙江省最后一家股改的公司,同时也公布了其股权重组方案。

为提升浙江海纳的持续盈利能力,浙江海纳拟以(定价基准日前20个交易日

股票均价)12.21元/股向浙大网新科技股份有限公司(以下简称"浙大网新")发行44 724 054股收购浙大网新所持有的网新机电100%的股权(经评估机构评估价值为546 080 700.00元),认购完成后,浙大网新持有浙江海纳32.05%的股份,成为其第一大股东。并且浙江浙大网新集团有限公司(以下简称"网新集团")承诺,在2009年6月30日前将轨道交通类资产以合规、合理的方式注入浙江海纳,优化资产,提高盈利能力。

资料来源:本案例根据浙江海纳股份有限公司2002—2008年年度财务报告和公司公告提供的数据分析整理而成。

复习与思考题

1. 什么叫财务危机?其预警方法有哪些?Z计分模型有何缺陷?
2. 破产重整的一般方式有哪些?非正式财务重整有哪些方式?比较它们的特点。
3. 破产重整计划包括哪些内容?
4. 公司剥离和分立的原因有哪些?公司剥离和分立有哪些类型?
5. 公司破产清算财产的一般分配顺序如何?

计算与分析题

1. 本年A、B两公司的有关财务数据如下(金额单位:万元):

项　　　目	A公司	B公司
营业收入	26 000	18 000
息税前利润	2 200	800
资产总额	45 000	62 000
营运资金	21 000	13 000
负债总额	18 000	23 000
留存收益	1 600	1 000
股票市价总额	27 000	18 000

要求:运用Z计分模型分析A、B两公司破产的可能性。

2. 某公司准备重整,重整前公司的资本结构如下:银行借款6 500万元,长期债券2 800万元,优先股1 800万元,普通股5 000万元。预计重整后未来10年的现金净流量为2 200万元,同行业平均资本报酬率水平为16%。银行提出将手中的贷款转化为新的4 000万元贷款和2 000万元优先股,长期债券持有人提出将原有的债券转化为1 200万元优先股和300万元普通股,优先股股东持有人分配1 200万元,并继续以优先股存在。

要求:
(1) 计算重整企业的价值。
(2) 以重整企业价值为上限,确定重整后新公司的资本结构。

第十一章

非营利组织财务管理

课程思政

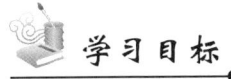

> 通过本章学习,要求理解和掌握:
> - 非营利组织的基本概念、分类和特征;
> - 非营利组织财务管理的含义、目标和特征;
> - 非营利组织财务预算的作用与编制方法;
> - 非营利组织资金的筹集与管理;
> - 非营利组织的投资管理原则、决策程序及效益评价。

非营利组织和营利组织是两大社会组织体系,虽然非营利组织的规模和数量与营利组织相比有较大的差距,但它们在社会生活中所起的作用是营利组织所不能替代的。随着非营利组织的发展和壮大,非营利组织的财务管理问题日益引起重视。本章将主要介绍非营利组织的基本理论,讨论非营利组织预算管理、筹资管理和投资管理事项。

第一节 非营利组织概述

一、非营利组织的概念

非营利组织(nonprofit organization,简称 NPO)是指不以营利为目的、主要开展各种自愿性公益或互益活动的非政府社会组织。实际上,目前国际上对非营利组织尚无统一的定义,各个国家对其也有不同的称呼:美国就叫"非营利组织",英国则称"公共慈善组织",德国则叫"志愿组织",法国的产业分类中称为"社会经济",意大利人的非营利组织又被称作"基金组织",而在日本,"公益法人"才是法定的称呼。关于非营利组织的界定,目前学界普遍认同的是美国约翰·霍布金斯大学非营利组织比较研究中心提出的界定方法,认为凡是符合组织性、民间性、非利润分配性、自治性、志愿性这五个特点的组织都是非营利组织。

我国学术界对于非营利组织的界定主要有以下三种观点:① 非营利组织包括事业单位、民办非企业单位和社会团体;② 非营利组织除包括事业单位、民办非企业单位和社会团体外,还包括政府组织;③ 非营利组织仅指财政部会计准则委员会所界定的民间非营利组织,包括依照国家法律、行政法规登记的社会团体、基金会、民办非企业单位和寺院、宫观、清真寺、教堂等。

二、非营利组织的分类

(一)按照非营利组织的所有权性质分类

非营利组织按照所有权性质分类可以分为公立非营利组织(主要指事业单位)和民间非营利组织两大类。

1. 公立非营利组织

事业单位是我国在特定历史条件下形成的一类社会组织,是一种有别于党政群机关及企业,受国家管理,具备独立法人资格,多以服务的方式进行专业性生产劳动,创造出精神和物质产品服务于社会,在追求社会效益的同时也谋求合法的经济效益,所需经费靠财政全额拨款或差额拨款或自行解决的实体单位。

事业单位按其具体的业务性质大致上包括以下两类:① 科学、教学、文艺、卫生、体育、广播电视、信息服务等科学文化事业。② 气象、水利、地震、环保、计划生育、社会福利等公益事业。

事业单位的类型按财政资金支持程度可分为全额拨款事业单位、差额拨款事业单位和自收自支事业单位。全额拨款事业单位的所有开支一般主要由财政拨付;差额拨款事业单位一般只有人员工资由财政拨付,其他开支由组织开展业务活动所获取的收入来解决;自收自支事业单位一般无财政拨款,所有开支由组织开展的业务活动收入来支付。

另外,按事业单位性质不同,可以将事业单位分为承担行政职能、从事生产经营活动和从事公益服务三个类别。对事业单位陆续进行的改革因其性质不同而异,对承担行政职能的事业单位,逐步将其行政职能划归行政机构或转为行政机构;对从事生产经营活动的事业单位,逐步将其转为企业;对从事公益服务的事业单位,继续将其保留在事业单位序列、强化其公益属性。今后,国家将不再批准设立承担行政职能的事业单位和从事生产经营活动的事业单位。此外,根据职责任务、服务对象和资源配置方式等情况,将从事公益服务的事业单位细分为两类:承担义务教育、基础性科研、公共文化、公共卫生及基层的基本医疗服务等基本公益服务,不能或不宜由市场配置资源的,划入公益一类;承担高等教育、非营利医疗等公益服务,可部分由市场配置资源的,划入公益二类。

需要注意的是,事业单位不同于行政单位,两者在以下方面有所区别:

(1) 事业单位虽不以营利为目的,但却实行有偿服务,有的还可以做到收支相抵。而行政单位的服务都是无偿的,不能搞创收,政企要分开,从根本上看行政单位是依靠纳税人所缴的税款来开展业务活动的。

(2) 事业单位虽以实现社会效益为宗旨,但具有一定的经营性,并要实行经济核算,其事业收入和事业支出大都与业务活动相联系。事业单位可以通过扩大服务规模、提高服务质量,实现增收节支,争取改善自身的运营条件;而行政单位不进行成本核算,其收入与支出的来源与去向并不一致。

(3) 事业单位虽然不提供物质产品,但大都进行着能创造价值的智力劳动,向社会提供精神产品和劳务,具有一定的生产性,是一种特殊的生产部门。而行政单位主要进行国家行政管理,组织经济建设和文化建设,维护社会公共秩序。

2. 民间非营利组织

民间非营利组织是指按照财政部 2004 年 8 月颁布的《民间非营利组织会计制度》所界定的,依照国家法律、行政法规登记的社会团体、基金会、民办非企业单位和寺院、宫观、清真寺、教堂等。这些民间非营利组织一般具有以下三个方面的特点:该组织不以营利为宗旨和目标;资源提供者向该组织投入资源不取得经济回报;资源提供者不享有该组织的所有权。

改革开放至今,尤其是进入 20 世纪 90 年代以后,中国政府加大了对市场机制的改革,确立了"小政府,大社会"的改革目标,民间非营利组织得到了发展的空间,其数量和规模都有了显著的增长。据民政部社会组织管理局统计,截至 2019 年 12 月 31 日,在民政部登记注册的县级以上社会团体已经发展到 360 356 个,在民政部登记的基金会 7 629 家,民办非企业单位达到 475 998 个。

实践证明,大力发展民间非营利组织,对于社会、政府、公民个人等均有非常重要的作用,主要表现在:首先,可以弥补政府在公共产品和准公共产品提供上资金不足的问题,使社会和公民得到更多、更好的服务。民间非营利组织一般没有政府财政资金的支持,而是依法从民间广泛地筹集所需资金用于社会救助、扶贫、教育、医疗、养老等社会公益事业,是公立非营利组织的有益补充。其次,民间非营利组织更具有效率优势。这是因为民间非营利组织是市场经济中的有机组成部分,是依照市场经济体制建立的、依靠市场机制维持的,因而它更具效率优势。最后,民间非营利组织的业务开展透明度高,便于社会和政府的监督,更具公平性。由于民间非营利组织的资源主要来自捐赠人、会员和服务对象(有的还会得到政府的资助),所以,其资源提供者将对组织的正常运转实施有效的监管,再加上政府部门和社会公众的监督,使其业务透明度明显提高,其效率和公平性将会得到更大程度的保障。

可见,非营利组织的健康发展,对于社会的稳定和团结、对于经济的持续协调发展、对于社会主义市场经济的健康有序进行都有非常重要的作用,所以,如何搞好非营利组织的财务管理工作,保证其健康、稳定、持续发展已经成为摆在我们面前的一项艰巨的任务。《民间非营利组织会计制度》明确规定:民间非营利组织不以营利为宗旨和目的,并要求民间非营利组织应当根据国家有关法律、行政法规和内部会计控制规范,结合本单位的会计特点,制定相适应的内部会计控制制度,以加强内部会计监督、提高会计信息质量和管理水平等。但2007年发生的牙防组事件,却凸显出我国民间非营利组织在财务管理方面的混乱状况,必须引起社会各方的高度关注。

(二)按照国际标准产业分类体系分类

美国约翰·霍布金斯大学非营利组织比较研究中心以比较分析世界各国非营利部门状况而著称。在研究过程中,出于对比较研究的便利性考虑,他们首先对"非营利组织"进行了分类。考虑了既有的一些分类方案,同时又考虑到需要遵循的两个原则:一是要尽量与各国的非营利组织的实际情况相结合;二是尽量接近联合国国际标准产业分类体系(ISIC),以便学者能够充分利用联合国收集的各国国民收入数据——该中心组织了13个国家的学者依据非营利组织工作和服务内容设计了一个被称作"非营利组织国际分类体系"(ICNPO)的分类方法,把非营利组织分为12大类,24小类:

(1) 文化与休闲:文化与艺术;休闲;服务性俱乐部。
(2) 教育与研究:中小学教育;高等教育;其他教育;研究。
(3) 卫生:医院与康复;诊所;精神卫生与危机防范;其他保健服务。
(4) 社会服务:社会服务;紧急情况救助;社会救济。
(5) 环境:环境保护;动物保护。
(6) 发展与住房:经济、社会、社区发展;住房;就业与职业培训。
(7) 法律、推促与政治:民权与推促组织;治安与法律服务;政治组织。
(8) 慈善中介与志愿行为鼓动。

(9) 国际性活动。
(10) 宗教活动和组织。
(11) 商会、专业协会、工会。
(12) 其他。

这种分类方式基本上涵盖了各国"非营利组织"所涉足的领域,从中也基本可以看出"非营利组织"主要在哪些领域发挥作用。

三、非营利组织的特征

1. 非营利组织的设立不以营利为目的

非营利组织与营利组织的一个根本区别在于它们的宗旨不同。营利组织的最终目标是为组织的所有者或者股东赚钱。非营利组织的宗旨是服务于公共目的,而不是获取个人经济利益。虽然有的非营利组织也开展各种经营活动,实行有偿服务,进行经济核算,但是所获取的收入主要用于补偿完成其社会使命所花费的支出,创造的营业盈余不分配给组织内的成员,而是将这些盈余留在组织内部,使组织能够持续不断地发展,因此非营利组织的营业盈余一般享受政府给予的免税待遇。非营利组织努力赚钱是为了实现组织的宗旨,而不是使组织的所有者或者股东富有,资源提供者向该组织投入资源不取得经济回报、不准备收回所投入的资财、不享有该组织的所有权。所以,非营利组织是以实现社会效益为宗旨,社会效益是衡量非营利组织业绩的基本标准。

2. 非营利组织不具有政府管理职能

非营利组织与政府组织都具有社会公益性,但两者相比,后者的行政管理职能强,前者的行政管理职能弱,除一部分具有一定行政职能的事业单位外,大多数非营利组织不具备行政管理职能;在资金支持方面,后者完全由财政提供资金,而前者除一部分享受全额或差额财政拨款或财政补助的单位外,绝大多数没有财政资金支持。

3. 非营利组织主要向社会提供各类公益性服务

非营利组织都是为提高科学文化水平和居民素质服务的,随着社会生产力的逐步发展,非营利组织在现代社会中的作用也越来越重要。一个高效率的、有能力的、负责任的、透明的非营利组织运行体系,无论是对经济的发展,还是对整个社会的可持续发展都是不可缺少的。

非营利组织一般不提供物质产品,但它们大都从事着能够创造价值的智力劳动,向社会提供精神产品和劳务,具有一定的生产性。有的非营利组织虽然也提供物质产品,但它与企业进行的生产经营不同,其所提供的物质产品是作为知识、信息和技术等的载体。

第二节 非营利组织财务管理概述

一、非营利组织财务管理的含义

非营利组织财务管理是指非营利组织的财务活动,处理与政府、资源提供者、债权人等各方面财务关系的一项管理工作。

为了实现非营利组织的目标,非营利组织必须选择合适的财务资源并合理使用这些资源,保持良好的财务状况以保障经营的有效性和效率的问题。有效性是指非营利组织能否圆满完成其任务,效率是指非营利组织是否以最少的资源消耗来实现其组织目标。

非营利组织并不排斥营利精神和商业行为,非营利组织的有效经营管理,恰恰需要引入营利精神和商业行为。这是因为营利性的管理和某些商业手段对提高服务质量和效率大有好处;对于营利组织,创造财务上的利润是一种目的;而对于非营利组织,则是顺利开展业务活动的一种手段。财务资源是非营利组织实现其最终目的的必要手段,没有充分的财务资源,组织一般不能完成其任务。要实现非营利组织的目标,就必须做好财务计划,诸如组织有哪些财务资源?这些资源足够否?怎样筹集业务发展所需的各种资源?如何运用这些资源?组织能否以最小的资源消耗获取最大的社会效益?等等。尽管非营利组织不以获取利润为最终目的和根本任务,但是并不是说非营利组织不追求效率、不追求资源的有效使用。

非营利组织财务管理的重点在于选择、获取合适的财务资源,合理使用这些资源,不断提高资源利用效果和效率,保持良好的财务状况,同时,注重加强对财务信息的分析与评估,不断提高财务决策水平。

二、非营利组织的财务管理关系

1. 与政府及其职能部门的财务关系

非营利组织与政府的财务关系主要是指事业单位与政府之间预算资金及预算外资金的上缴下拨所形成的资金领拨、使用的关系。财政部门追踪拨款与付款的信息来确保政府实施预算的能力。事业单位应服从主管部门和财政部门的管理和监督,确保经费支出的合规性,正确反映预算的执行能力。

非营利组织与政府职能部门的财务关系是指非营利组织按照国家税法规定缴纳各种税款;各类学校、医院等组织的收费要经过物价部门的审批核定等。

2. 与主管部门和下属单位之间的财务关系

非营利组织与主管部门之间不仅存在着行政与业务上的领导关系,还存在着资金往来关系,从事业单位的收入构成来看,一部分收入可以来自"上级补助收入",从事业单位的支出来看,"上缴上级支出"也是构成支出的一项内容。同样,非营利组织与下属单位存在着业务关系和资金往来关系。

3. 与资助者之间的财务关系

每一位捐赠者在实施捐赠之后,都有权对受捐单位的财务进行核查,而受捐单位也应及时公布对资金的使用情况。建立信息透明与公示制度,建立监督与评估体系,使非营利组织避免"制度腐败",真正将取之于民的资金运用好、管理好。

4. 与组织内部的各职能部门和员工的财务关系

非营利组织的各职能部门为完成组织的目标各自承担着不同的任务与职责,存在着彼此分工协作的关系,各部门之间将发生相对独立的资金往来关系,相互之间存在着资金结算关系,体现了各部门之间的利益分配关系。

非营利组织与员工之间的财务关系主要体现在人员支出上,诸如工资、福利、奖金、保险、公积金等支出反映了组织与员工的经济关系。

5. 与债权人之间的财务关系

为了实现非营利组织的宗旨和目的,除政府与其他出资者的资助外,很多非营利组织可能为了发展业务的需要向银行或非银行金融机构借款。但因为非营利组织不以营利为目的,贷款额度过大将导致非营利组织短期内的还款压力过大,财务风险过大,进而影响到非营利组织正常业务的开展。

三、非营利组织财务管理的目标与特征

(一)非营利组织财务管理的目标

非营利组织为完成某一具体的社会使命需要有足够的资金支持,资金的获得和有效使用需要有科学的财务管理。与非营利组织的目标完成某一具体的社会使命相适应,非营利组织财务管理的目标可以描述为:获取并有效使用资金以最大限度地实现组织的社会使命。

(二)非营利组织财务管理的特征

从非营利组织的定义和特征看,非营利组织理财有别于企业理财,非营利组织理财的主要特征可以归结为:非营利组织的大部分资源来源于资财的供给者,它们并不期望收回或据以追逐经济上的利益;非营利组织业务运营的目的是实现组织的使命,注重的是社会效益,不是为了赚取利润而提供产品或劳务;不凭借所有权在组织清算解散时分享一定份额的剩余资财。据此,可以将非营利组织的财务特征概括如下。

1. 非营利组织的资金主要来源不是产品销售收入或提供劳务所得的收入

企业主要的资金来源是通过销售产品和提供服务从顾客那里获得收入,而非营利组织不完全靠从顾客那里获得服务收入来维持生存和发展。比如,学校收取学生的学费,医院收取病人的医疗费和药费,但是顾客接受服务所支付的款项无法支撑非营利组织运行的全部资金需要。何况有些非营利组织如慈善机构,顾客所接受的服务与其向组织提供资源的多少之间没有直接联系。

2. 非营利组织运行的最高目标不是利润

在企业理财目标实现中,利润指标通常是衡量业绩的标准之一。而非营利组织是不以获得利润为目的而向社会提供公益服务的组织。非营利组织即使进行损益的计算,对于盈余部分也不进行分配,而是将盈余继续投入组织的运行以实现其使命。

3. 非营利组织具有特殊的所有权形式

企业的投资者创办了实体后,成为企业的所有者,拥有企业资产、负债和权益,而非营利组织的权益属于组织本身。非营利组织不能对组织的所有权进行转让、出售,而且在大多数情况下,必须按照资财提供者的要求来运作、管理和处置资财。

四、非营利组织财务管理方式

1. 预算控制

预算控制是财务管理的核心。非营利组织的预算是各项事业发展计划在财务上的体现,也是非营利组织分配资源方式的具体体现。它是搭在政府财政部门与非营利组织之间的桥梁,也是对非营利组织进行财务控制所使用的主要手段。通过对预算管理方式的改革,可以增强预算管理方式的合理性,增强政府财政部门控制非营利组织的财务收支行为的能力和效率。

2. 制度控制

制度控制是控制的基础,制度是一种行为规则,在非营利组织的财务控制中占有重要的地位。有效的管理制度和程序的建立,使得组织对财务管理有了明确的依据。这种方法将传统的以纪律为核心的指挥链式的管理融于其中,其核心是通过制定严格的制度,确立组织及其内部各岗位人员的行为规范。有效的制度不仅可以约束被管理者的行为方式,而且可以限制管理者滥用管理权。非营利组织的财务控制制度非常广泛,而预算管理、财务收支方面的制度是其核心体系。

3. 技术控制

技术控制是指通过对业务运转程序的改革,增强业务运转的可控性,使业务运转程序更加科学、合理。如前面所讲的预算是政府财政部门与非营利组织之间的桥梁,它既是一种控制非营利组织财务管理行为的制度,又是政府财政部门以完善这种制度为目的的编制、执行方法的改革,达到控制非营利组织财务收支行为的目的。

4. 激励管理

为了降低代理成本,实现非营利组织全方位的管理和多元化的财务监控措施及循序渐进的多道财务管理防线,必须设计一套完整的激励与约束机制。

这里的全方位的财务管理体系是指财务管理应渗透到财政管理与组织内部管理的各个层次、业务运转的全过程,覆盖所有的职能部门、各个岗位和员工。

多元化的财务监控措施是指建立事前、事中、事后监控手段。循序渐进的多道财务管理防线是指在非营利组织的业务运转过程中与财务收支相关的支出、收入管理等的管理必须由两个人、两个系统或两个职能部门共同负责,并将其作为第一道财务管理防线;在此基础上建立起的文件、重要文书在相关岗位或部门间传递的制度可以作为第二道防线;组织内部的财务监督和内审机构的监督检查可以作为第三道防线;财政部门依法进行的预算管理、收入管理、支出管理是第四道防线。

第三节 非营利组织的预算管理

一、非营利组织预算的含义

预算是非营利组织财务管理的计划环节,通过预算给出的是一个组织发展的蓝图。

然而,不少非营利组织没有对财务预算给予足够的重视,认为非营利组织只要搞好财务收支平衡就可以了,这种观念不利于非营利组织的财务稳定。例如,美国一家非营利的学院,以本地及该州执政人物所提供的烹饪方法出版了一本食谱,希望募款并提升该学院的知名度。食谱印制了10万本,总共支出40万美元。但销售情况不佳,只售出了6 000本,使得该学院不得不削减其正常的学术活动经费。

假如这个学院预先做好财务预算,则可评估其财务可行性,平衡可用的资源,并制定出与其他项目的优先关系,则上述案例中以学术活动的经费去投资高风险的项目的决策就不会发生。由此可见,制定财务预算对非营利组织的正常运作非常重要。

二、非营利组织预算的作用

(1) 非营利组织运转的资金需要通过预算来分配。预算的收入来源和支出用途全面反映了非营利组织的经济活动。

（2）财务预算使得非营利组织可以将各项经济活动与事先的安排进行比较，使得组织的经营活动始终与目标宗旨保持一致而不偏离原先的轨道。

（3）预算有助于管理者了解非营利组织期望收入是否超过支出，形成结余，或者是期望收入小于支出，形成赤字。如果是出现了赤字，那么预算就可以提示管理者如何确定计划，保证在持续经营的情况下，弥补非营利组织的亏损。

三、非营利组织预算方法

财务预算有许多不同的方法，各个非营利组织可根据自己的情况选择一种或交叉选择几种预算方法。

（1）递增预算法。在上一年度实际支出的基础上，考虑员工加薪、通货膨胀等因素的影响，结合新计划所需的资金，计算出下年度的预算计划。这是一种粗略的方法，这种方法基本上只是用来预测开支，而没有考虑项目成果和需求变化，最后预测和实际出入往往比较大。尽管这样，因为递增预算法操作简单，在实际工作中被大量使用。一种改进的方法是：不仅以上年度的实际支出为基础，而且综合考虑上年度的预算、往年的预算和实际支出，作相应的修正。

（2）项目预算法。将现有资源按比例分配于不同的项目，并将预算过程与评估过程紧密结合在一起，借以考核项目运作是否有效，并检查组织是否实现其宗旨与目标。项目预算法主要根据与宗旨结合的程度、项目可行性、费用开支三个指标，来决定排列服务方案的优先顺序。

（3）零基预算法。每期的预算必须先归零，从零开始考虑预算的增减。

（4）弹性预算法又称可变预算，它把未来的收支预算值看成一个概率分布，并准备若干种方案。如果组织处于不稳定状态下，宜于采用可经常调整的弹性预算法。如果非营利组织在不确定的环境下运营而不制定弹性预算，那么组织只能在"事后"作出适应环境的决策，这样的决策往往比较仓促，可能会使组织利益受损。

预算必须同时考虑到项目的直接成本和间接成本，若有多个项目，间接成本可按照比例分摊下去。同时，也要考虑外部的经济大环境的变化情况。经过讨论修正后的财务预算，方可落实执行。

第四节 非营利组织的筹资管理

非营利组织的筹资是根据非营利组织的特点和对资源的需求，通过可能渠道依法筹措非营利组织生存和发展所必需的资金，从而使非营利组织完成某一社会使命的行为。

一、非营利组织筹资的特点

与营利组织筹资相比,非营利组织的筹资有其自身的特点。

(一)非营利组织筹资追求的是多种目标

第一个目标是保证组织的基本运作,是非营利组织筹资的最低额度。非营利组织的设立、生存需要资金额度,是非营利组织筹资需达到的第一个目标,也是实现筹资第二个目标的基础。第二个目标是实现非营利组织的社会任务。社会使命的完成与否是非营利组织筹资的出发点和归结点。这两个筹资目标的归结点是实现非营利组织的社会使命。在筹资过程中,非营利组织筹资者不必考虑过多的筹资使用方向,当社会使命已完成或无法完成其具体的社会使命时,非营利组织就没有生存的必要了,组织的筹资也就没有必要了。

(二)非营利组织的筹资渠道和方式多样

非营利组织的筹资渠道和方式主要有:向政府申请财政拨款和补贴,申请项目支持和政策支持;向其他组织和个人收取会费,吸收捐赠,或个别进行负债筹资;挖掘自身潜力,利用组织资源进行合法运营,进行收益性筹资。非营利组织除负债性筹资外,向政府、其他组织和个人进行筹资具有非偿还性的特点。

(三)非营利组织筹资主要依赖于政府

由政府机构演变产生的组织或在社会上具有较大影响力的非营利组织,可以通过各种渠道从政府手中获得各种拨款、补贴、项目支持、特许权。非营利组织筹资依赖政府的原因是因为政府与非营利组织有共同使命,都是服务大众,为大众提供公共物品。一定程度上,非营利组织有理念、有能力、有使命解决问题,但没有钱;政府有资源、有钱,也想做事,但有时由于自身弊端无法达成或是努力了也达不到好的效果,这样政府为非营利组织提供资源也在情理之中。

二、非营利组织筹资过程中应注意的问题

(1)非营利组织应做好充分、科学的预测,合理确定筹资规模,选择适当的筹资方式。坚持数量、规模适宜原则,以用定筹,防止因筹资不足和过时而影响组织各种活动的开展,也防止因过分筹资而加大偿债压力,同时降低组织公信度,避免因资金过剩而形成浪费。

(2)非营利组织应结合自身的特点,权衡利弊,选择既能满足业务发展所需,又能减少资本成本和财务风险的筹资方式或筹资组合。坚持经济性原则,把筹资成本作为衡量筹资决策是否恰当的主要标准。非营利组织中筹集的资金,有的可以无偿使用,有的要支付使用报酬,这些支付的使用报酬形成了组织的资金成本。

筹资成本形成组织支出,在收入一定的情况下,支出额度的缩小,能提供给组织的生存发展资金也就越多。因此,应以组织能够承担多大的风险作为组织筹资多少的依据。

(3) 非营利组织应努力提高社会声誉和知名度,尽量争取政府的支持,尽可能地争取政府的补助和社会各界的捐赠和捐助。民间非营利组织要不断提高服务质量,吸引更多的人加入组织,成为组织的会员。

三、非营利组织的资本成本

非营利组织增加基金资本,主要有三种方法:① 获得利润。法律规定,利润必须是非营利组织本身所取得的。② 接受政府机构的拨款。③ 接受个人或团体的捐赠。非营利组织资本成本是非营利组织为筹措和使用资金而付出的代价,这里的资本是指所筹措的长期资金,包括债务资本和基金资本。

关于基金资本的成本至少有以下四种观点:

(1) 认为基金资本的成本为零。基本原理阐述如下:① 捐赠者并不寄希望于他们的捐赠能带来货币性报酬;② 非营利组织其他的基金资本提供者,特别是那些为享受服务付费超过企业可见成本的消费者,并不要求企业由于留存资本而支付明确的报酬。

(2) 认为基金资本的成本为零,但当通货膨胀存在时,基金资本必须能够带来足够的回报,使非营利组织可以更新它们磨损的现存资产。假设一家非营利医院购置一栋价值 2 000 000 美元的大楼作为住院楼,随时间的推移,大楼的成本可以通过折旧收回。所以,至少从理论上讲,需要 2 000 000 美元用于大楼陈旧时的更新。然而,由于通货膨胀的影响,新建大楼只需 2 500 000 美元。如果这家医院无法利用它的收益来增加基金资本,那么这额外的 500 000 美元只能从下列渠道取得:接受政府拨款或捐赠(这些并不是任何时候都可以得到),或是增加负债(这样会提高它的负债比率,这可能是大家不愿意接受的)。所以,即便只是为了随时间的推移保持现有资产,非营利组织的基金资本的回报率至少也要与通货膨胀率相等。这样,通货膨胀率必须加入非营利组织的资本成本测算中。当然,如果为了提供额外服务而需要增加现有资产时,所需留存收益就要大于由于受通货膨胀影响所需的现有数额。

(3) 认为基金资本的成本并不很高。当一家非营利组织收到捐赠或留存收益时,它们一般都是将这些基金投资于有价证券,而不是购置实物资产。所以,基金资本存在机会成本。资本成本大致等于短期、低风险的证券(如国库券)所提供的报酬。

(4) 认为非营利组织的基金资本成本与营利组织的留存收益的成本大致相

等。这里的理论基础同样也建立在机会成本的概念之上,但这里的机会在此被定义为将基金资本投资于其他具有相似风险的可行性投资项目所带来的回报。

那么,这四种观点中哪一种是正确的呢?通常,机会成本原理适用于所有的基金资本,这些资本的成本与某个类似的营利性组织留存收益的成本相等。然而,出于某种特殊目的的捐赠(如为了建造某家儿童医院的活动楼),实际上的成本可能为零。因为这笔基金的用途已被严格限制于某个特殊的项目,所以非营利组织没有机会将这笔基金投资于其他方面。因为非营利组织的很多基金都是要求专款专用的,所以对于这部分基金资本的成本就为零。那么对于没有限定专门用途的基金,可以以它的机会成本为基础确定基金资本的成本。

四、事业单位资金的筹集与管理

(一) 事业单位资金的筹集

与其他非营利组织一样,事业单位可以通过业务活动中形成的负债,如应付票据、应付账款、其他应付款、预收账款和应付工资等应付项目,为单位取得短期资金;也可以通过向银行借入长期借款,发行债券或者股票的方式来筹集长期资金;还可以利用开展业务活动及其辅助活动的收入来弥补所需资金。

但与其他非营利组织不同,对于我国大部分事业单位来说,其主要资金来源是缴拨款收入。拨款收入是指财政部门或上级单位拨给本单位的各种款项,如财政补助收入、上级补助收入、拨入专款和基建拨款。缴款收入是指附属单位上缴给本单位的各种款项。但随着事业改革的深入,越来越多的事业单位的资金主要通过业务活动来筹集,如事业收入、经营收入。

(1) 财政补助收入。财政补助收入是指事业单位按照核定的预算和经费领报关系从财政部门取得的各类事业经费。为了加强对财政补助收入的管理,主管部门应编制季度分月用款计划。在单位需要资金时,可申请当月财政补助,填写预算经费请拨单,报同级财政部门。但是事业单位在使用财政补助时,应按计划控制用款,不得随意改变资金用途。如果确需调整资金用途,应当向主管部门或财政部门提出申请,并经财政部门批准后才可使用。

(2) 上级补助收入。上级补助收入是事业单位从主管部门、上级单位取得的非财政性补助资金。它是由事业单位的主管部门或上级单位用自身组织的收入或集中下级单位的收入拨付给事业单位的资金,是主管部门或上级单位用于调剂附属单位资金收支余缺的机动财力。

(3) 拨入专款。拨入专款是财政部门、上级主管部门或其他单位拨入的有指定用途、需要单独报账的专项资金。拨入专项款的管理和使用必须遵循以下原则:① 严格实行专款专用原则;② 严格执行单独报账原则。

(4) 拨入基建款。拨入基建款是指从财政部门或上级单位拨入的基本建设资金，也包括其他单位、社会团体或个人无偿捐赠用于基本建设的物资。

(5) 附属单位缴款。附属单位缴款是指事业单位所属的独立核算的单位按规定标准或比例缴纳的各种款项。附属单位缴款是事业单位完成事业计划所需资金的必要补充，事业单位应当对其附属单位的业务活动和上缴款项实行计划管理，并加强调控和监督。

(6) 事业收入。事业收入是事业单位开展专业业务活动及其辅助活动所取得的收入。事业收入的种类因不同行业的事业单位从事的专业业务活动及其辅助活动而有所不同。根据现行有关事业单位行业财务制度的规定，有关事业单位事业收入主要包括中小学的事业收入、高等学校的事业收入、广播电视事业单位的事业收入、文化事业单位的事业收入、医院的事业收入、科研事业单位的事业收入、文物事业单位的事业收入、体育事业单位的事业收入等。

(7) 经营收入。经营收入是指事业单位在专业业务活动及辅助活动之外开展的非独立核算经营活动所取得的收入。事业单位的经营收入具有两个基本特征：一是事业单位的经营收入是开展经营活动取得的收入，而不是开展专业业务活动及其辅助活动取得的收入；二是事业单位的经营收入是非独立核算经营活动所取得的收入，而不是独立核算经营活动所取得的收入。经营收入主要包括销售收入、经营服务收入、租赁收入、其他经营收入等。

（二）事业单位的资金管理

(1) 事业单位应按照"事业单位的各项收入全部纳入单位预算，统一核算，统一管理"的原则，研究分析各项收入的范围、内容和特点，有针对性地加强管理。

(2) 事业单位要注意划分各项收入。要划清基建拨款与事业经费，两者虽都属于政府或上级拨款，但前者是用以形成固定资产，后者则是在完成事业任务中消耗的；要划清财政补助收入与上级补助收入，后者是主管单位或上级单位用自身组织的收入或者集中下级单位的收入拨给事业单位的资金；要划清事业收入和经营收入，前者是事业单位通过开展专业业务活动及其辅助活动取得的收入，后者是事业单位在专业业务活动及其辅助活动之外开展经营活动取得的收入；要划清经营收入与附属单位缴款，后者不仅包括附属单位上缴的利润，也包括附属单位上缴的收入，而且上缴利润的经营性企业为附属独立核算单位。

(3) 事业单位应充分利用现有条件依法合理组织各项收入。事业单位要圆满完成社会赋予的特殊使命，必须按照市场经济的要求，充分利用现有的人、财、物、技术等条件，不断拓宽服务范围和领域，提高服务质量和水平，在国家政策允许的范围内，依法合理组织各项收入，不断扩大收入来源，为单位的长期发展提供资金，增强单位抵御风险能力和经济实力，使事业单位能够健康、持续地发展。

(4) 事业单位要正确处理社会效益与经济效益的关系,坚持把社会效益放在首位,同时注重经济效益。事业单位组织的各项收入活动,必须本着有利于事业发展的原则,既要按照经济规律办事,讲求经济效益,又不能单纯追求经济效益而忽视社会效益,必须将社会效益放在首位,要把经济效益和社会效益有机地统一起来,力求获得社会效益、经济效益双促进、双丰收。

五、民间非营利组织资金的筹集与管理

(一) 民间非营利组织资金的筹集

(1) 捐赠收入。捐赠收入是指民间非营利组织接受其他单位或者个人捐赠所取得的收入。

(2) 会费收入。会费收入是指民间非营利组织根据章程等的规定向会员收取的会费收入。

(3) 服务收入。提供服务收入是指民间非营利组织根据章程等的规定向其服务对象提供服务取得的收入,包括学费收入、医疗费收入、培训收入等。

(4) 政府补助收入。政府补助收入是指民间非营利组织因为政府拨款或者政府机构给予的补助而取得的收入。

(5) 投资收益。投资收益是指民间非营利组织因对外投资取得的投资净损益。

(6) 商品销售收入。商品销售收入是指民间非营利组织销售商品(如出版物、药品)等所形成的收入。

(7) 其他收入。其他收入是指除上述主要业务活动收入外的其他收入,如固定资产处置净收入、无形资产处置净收入等。

(二) 民间非营利组织的资金管理

(1) 民间非营利组织基本资源的提供者主要是组织的捐赠者和会员,接受捐款和发展会员成为其资金的重要来源。民间非营利组织应充分认识到不同捐赠人、会员的性格特点和捐赠意图、入会目的,不断拓展业务空间,吸引不同阶层、不同领域、不同国家的人员向组织捐款、捐物或成为组织的会员。必须注意的是:不论捐赠者、会员的身份如何,他们最关心的问题是相同的,即所捐赠的资产、缴纳的会费能否为民间非营利组织开展业务活动服务、能否保证按照捐赠者、会员的意愿发挥资产应有的服务潜力。

(2) 民间非营利组织有时会得到政府给予的适当资助,随着民间非营利组织发挥作用日趋增强,政府给予的资助将会逐步增大,因而民间非营利组织应该努力争取政府的支持和资助,与政府部门特别是民政部门、财政部门、统计部门等加强沟通和联系,以争取更多的政府资助和财政支持。

（3）民间非营利组织可以通过向银行等金融机构或非银行金融机构借款的方式筹集自身发展所需的资金。由于非营利组织不以营利为目的，所以利用这种方式筹资时会碰到困难。民间非营利组织应加强财务管理工作，合理确定贷款规模，努力规避和控制财务风险，不断提高自身的社会声誉，以便更容易取得贷款。

（4）民间非营利组织应加强对筹集资金的管理，分析收入的构成及收入管理中存在的问题，采取得力的措施，努力增加政策性收入和服务性收入、经营性收入的份额，使组织具备可持续发展的能力，拥有广阔的发展前景。

第五节 非营利组织的投资管理

非营利组织为使组织稳定和可持续发展，也要有投资活动。所谓投资管理，指的是如何应用营运资金、固定资产及年度结余去投资，使资产增值。

一、非营利组织投资管理的基本原则

非营利组织投资管理有三个基本原则：一是安全低风险；二是有一定的投资回报率；三是保证基金的增值。根据这三个基本原则，确定投资策略时，要考虑下列参数：投资目标、投资期、风险、要求的回报率、要求的流动性、支出的原则、须签订的契约、法规的限制等。

世界上的许多国家，为体现非营利组织投资管理的上述三个原则，一般通过立法给予特别的规定。比如，美国允许基金会投资于股票和债券，但必须遵循《一般谨慎投资者法》(Uniform Prudent Investor Act)。按照这项法令，基金会的投资不是为了营利目的的"投机"，而是在确保操作稳健、风险合理基础上的"投资"，为此要求基金会的理事承担投资的责任。为减少风险，美国许多大的基金会通常将其资金的60%投资于股市，30%投资于债券，10%作为存款。

此外，美国税法规定，禁止基金会的"内部交易"(self-dealing)。内部交易指基金会与其"圈内人"发生的各种交易行为，包括买卖、租赁、借贷、资产及收益的使用或转移等。"圈内人"包括主要捐助人或企业、基金会理事，以及他们的家庭成员等。因为内部交易违反社会公益事业的责信(accountability)原则，会带来各种利益冲突(interest conflict)。

二、非营利组织投资结构

非营利组织和企业组织有着相似的投资结构，只是基于投资目标的分歧而有所不同。与企业相对应，非营利组织在投资时也可以分为两个方面。

(一) 商业化经营

非营利组织在其实现社会使命的业务活动之外开展商业性的经营活动取得的收入,可以成为其重要的资金来源。商业性的项目不一定非要有丰厚利润才值得去做,有些项目虽然利润不高,但可以减少对捐款的需求,提供更可靠和多元化的资金来源,从而改善组织的效率和效益。

面对成本增加,捐赠和资助减少,以及越来越多的营利性组织逐渐进入社会服务领域等严峻形势,非营利组织行为的商业化逐渐成为一种必然的趋势。

(二) 资本市场投资

非营利组织不同于企业,它的最终目标不是利润最大化,而是完成某一特定的社会使命,但是资金对非营利组织来说仍然是不可或缺的,因此,非营利组织要实现资金的保值和增值,并且是在保值的基础上实现增值。非营利组织投资管理的三个基本原则要求非营利组织在投资时要首先考虑那些风险较低的投资组合,如可以选择投资收入比较稳定且流动性好的政府债券组合或大型企业债券进行投资。

无论是商业化经营,还是资本市场投资都是带有营利性质的投资,这并不是非营利组织的根本目标,公益性使命才是非营利组织存在的意义。因此,非营利组织的决策者一定要时刻以组织社会使命为根本出发点,即投资活动也是为了更好地完成其社会使命而筹集资金。

三、非营利组织投资决策的程序

一个项目是否值得被非营利组织投资,要经过详细准确的决策分析。分析的具体方法是各不相同的,但决策的程序有一定的共通性。对于任何的投资机会,基本的评价都包含以下几个基本步骤:

(1) 提出各种投资方案。新的项目方案可能来自组织内的不同部门。

(2) 估计方案的相关现金流量。注意,只有和项目相关的增量现金流量才是和项目相关的现金流量。

(3) 计算投资方案的价值指标,如净现值、内部收益率(IRR)等。

(4) 价值指标与可接受标准进行比较。

(5) 对已经接受的方案进行再评价。这项工作很重要,但只有少数非营利组织对投资项目进行跟踪审计。项目的事后评价可以告诉我们预测的偏差,究竟在哪里的预测偏离了实际,还可以改善财务控制的线索,即执行中有哪些地方出了问题,这都有助于指导未来决策。

四、非营利组织投资效益评价

在企业财务管理理论中,资本投资项目评价的基本原理是:投资项目的收益率超过资本成本时,企业的价值将增加;投资项目的收益率小于资本成本时,企业的价值将减少。

但是企业的投资评价涉及投资的货币投入与利润产出,由于非营利组织提供公益性产品或服务,这一部分是低利润的,有时甚至只是为了收回成本,非营利组织在进行投资效益评价时很难像企业一样找到一套量化指标评价体系,即很难进行定量分析。

但是,如果只是用是否使社会福利提高等类似的比较含糊的定性指标来评价,非营利组织并不能很好地掌握其投资是否有效,效益有多高,所以研究出一套可行的量化指标是摆在非营利组织面前的一个亟待解决的问题。这种量化的评价体系必须能够取得公益性与盈利性的平衡。

非营利组织可以对其投资效益进行综合评分,利用平衡计分卡,将财务与非财务指标结合起来,综合评价投资绩效。

首先,研究确定营利性投资和公益性投资在总评分中各自所占的比例,总和为100分,然后,确定营利性投资和公益性投资效益的标准比重,并得出实际得分,最后,求出总得分。其中,营利性投资效益的标准比率可以借鉴企业的投资效益标准比率,而公益性投资效益的标准比重正处于探索性应用阶段。例如,非营利组织可以收集大量公益性投资效率的各项指标的实际比重,然后进行加权平均,以此来获得一个近似标准比例的平均比重。

案例 11-1 某高校预算的编制

假设某高校年初学生人数为 2 500 人,年度计划秋季毕业 500 人,招生 800 人,按规定教职员工与学生的比例为 1:3.6。该校教职员工工资的预算定额确定为平均每人每月 120 元,根据历年开支规律,补助工资占工资总额的比例为 15%,按照国家规定的福利费标准和历年开支规律,职工福利费约为工资总额的 5%;离休人员费用年平均定额为 2 600 元,退休人员费用年平均定额为 2 000 元,离休人员为 20 人,退休人员为 25 人;该校学生享受助学金的比例为 80%,每月标准为 19.50 元。公务费年人均定额为 120 元,业务费年人均定额为 150 元,设备购置费每个新生每年开支定额为 600 元,修缮费全年每个学生开支定额为 160 元,全年安排的其他费用为 20 万元。单位预算的编制步骤如下。

一、确定基本数字

学校的学生人数是确定教职员工人员编制,以及决定助学金和学校其他经费数额的基础,学校人数变动大,因此,需要求出计划年度平均在校学生人数。公式为:

$$\begin{aligned}\text{年度平均在}\atop\text{校学生人数}=&\text{年初学}\atop\text{生人数}+\left[\left({\text{招生}\atop\text{人数}}-{\text{毕业}\atop\text{人数}}\right)\times{\text{当年新生}\atop\text{在校月数}}\right]\div 12\\=&2\,500+(800-500)\times 4\div 12=2\,600(\text{人})\end{aligned}$$

确定教职员工编制人数的方法有两种：一种是按教职员工与学生的比例；另一种是教职员工与班级数的比例。公式为：

$$\begin{aligned}\text{教职员工数}=&\text{计划年度平均在校学生人数}\div\text{教职员工与学生的比例}\\=&2\,600\div 3.6=722(\text{人})\end{aligned}$$

二、测算人员经费

（一）工资

根据教职员工平均人数和每人每月平均工资定额求出工资额。平均工资定额根据历年执行情况，考虑计划年度工资调整和增减人员影响工资水平的因素，加以调整确定。公式为：

$$\begin{aligned}\text{全年工资总额}=&\text{月平均工资定额}\times\text{教职员工人数}\times 12\\=&120\times 722\times 12=1\,039\,680(\text{元})\end{aligned}$$

（二）补助工资

一般在全年工资总额的基础上，根据补助工资占工资总额的比例测算。公式为：

$$\begin{aligned}\text{全年补助工资}=&\text{全年工资总额}\times\text{补助工资占工资总额的比例}\\=&1\,039\,680\times 15\%=155\,952(\text{元})\end{aligned}$$

（三）职工福利费

$$\begin{aligned}\text{全年职工福利费}=&\text{全年工资总额}\times\text{计提比例}\\=&1\,039\,680\times 5\%=51\,984(\text{元})\end{aligned}$$

（四）离休退休人员费

按离休退休人数和全年费用定额计算。公式为：

$$\begin{aligned}\text{计划全年离退休人员费用}=&\text{离退休人数}\times\text{全年费用定额}\\=&2\,600\times 20+2\,000\times 25=102\,000(\text{元})\end{aligned}$$

（五）助学金

按照学生人数和国家规定的享受比例、助学金标准及享受的时间进行计算。公式为：

$$\begin{aligned}{\text{全 年}\atop\text{助学金}}=&{\text{每月助学}\atop\text{金标准}}\times{\text{计划年度平均}\atop\text{在校学生人数}}\times{\text{助学金}\atop\text{享受比例}}\times{\text{全年享}\atop\text{受月数}}\\=&19.50\times 2\,600\times 80\%\times 12=486\,720(\text{元})\end{aligned}$$

该校全年人员经费＝1 039 680＋155 952＋51 984＋102 000＋
486 720＝1 836 336(元)

三、公用经费的计算

公务费和业务费一般是根据计划年度平均学生人数和开支定额进行测算的；购置费和修缮费一般是根据实际需要和财力可能进行测算的。实行经费包干后，这部分费用则根据需要，并参考历年开支规律，从而确定开支额度；然后，设备购置费按新增学生人数，修缮费按原有学生人数计算经费数额。

（一）公务费

该费用是根据计划年度平均在校学生人数和开支定额进行计算的。公式为：

全年公务费＝计划年度平均在校学生人数×全年平均开支定额
＝2 600×120＝312 000(元)

（二）业务费

高等学校的业务费是指为了完成专业所需的消耗性费用开支。业务费的计算一般也是按照计划年度平均在校学生人数和平均开支定额计算的。公式为：

全年业务费＝计划年度平均在校学生人数×全年平均开支定额
＝2 600×150＝390 000(元)

（三）设备购置费

该项费用的计算是按全年平均开支定额和计划年度新增加人数，即招生人数与毕业人数的差额计算的。公式为：

计划年度设备购置费＝开支定额×(招生人数－毕业人数)
＝600×(800－500)＝180 000(元)

（四）修缮费

该项费用的计算是按修缮费定额和原来的学生人数进行计算的。公式为：

计划年度修缮费＝开支定额×原来学生人数
＝160×2 500＝400 000(元)

该校全年公用经费＝312 000＋390 000＋180 000＋400 000＋200 000
＝1 482 000(元)

该校全年经费＝全年人员经费＋全年公用经费
＝1 836 336＋1 482 000＝3 318 336(元)

资料来源：王为民.公共组织财务管理[M].北京：中国人民大学出版社，2005：97-99.

 **案例 11-2　公立医院资产运行效率实证研究**
——以 A 省省级公立医院为例

随着公立医院资产规模不断扩大,对公立医院资产运行效率进行研究,以用于评价公立医院整体资产运营管理水平,完善医院管理者的绩效考核体系,从而为财政资金预算分配提供合理的决策参考具有重大意义。通过对公立医院资产运行效率研究,可用来诊断资产管理中存在的问题,发掘其潜在的风险,进而采取积极有效对策以妥善解决面临的问题,以期进一步提高医院资产管理的水平和资产运行效率。本文着手对公立医院资产运行效率进行研究,并不是最终目的而是一种手段。通过对 A 省省级公立医院资产运行效率现状研究,以摸清家底,发现问题,并提出切实可行的对策方案,从而为上级主管部门资产管理考核、绩效考核提供参考。

一、对象与方法

1. 研究对象

本研究选取 A 省省级医院财务资料汇编中的省级医疗机构(剔除 A 省皮肤病防治研究所)共 16 家三级甲等医院财务数据进行重点分析,使用 H_A—H_P 作为各省级医院的简称,其中综合性医院 11 家(H_A、H_B、H_F、H_G、H_H、H_J、H_K、H_L、H_N、H_O、H_P),专科性医院 5 家(H_C、H_D、H_E、H_I、H_M),通过相关评价指标的选取和评价指标体系的构建,分析省级医院资产运行效率情况,以期为省级公立医院资产的绩效管理和评价提供新的研究思路和方法。

2. 研究方法

本文将理论研究与实践分析、定性研究与定量研究、归纳分析与演绎分析分别相结合的研究方法开展研究。通过专家咨询、小组座谈等方式,并结合省属公立医院运营目标责任制考核指标体系,确定了 3 个一级指标和 9 个二级指标作为 16 家省级公立医院资产运行效率考核指标。

二、结果与分析

1. 省级公立医院基本情况分析

2015—2017 年省级公立医院基本情况如表 11-1 所示。

表 11-1

2015—2017 年省级公立医院基本情况表

项目	单位	2015 年	2016 年	2017 年
资产总额	万元	2 880 575.91	3 204 023.65	3 549 432.45
固定资产总值	万元	1 774 097	1 934 198	1 995 370

(续表)

项目	单位	2015年	2016年	2017年
其中:房屋及建筑物	万元	886 438	950 496	964 698
专业设备	万元	772 018	863 238	923 552
大型医用设备				
其中:甲类	台套	11	12	13
	万元	23 329.36	24 800.83	26 978.3
乙类	台套	170	187	195
	万元	144 706.49	159 049.85	171 869.84
实有床位数	张	27 692	28 757	29 424
卫技人员	人	31 789	33 134	35 077
门急诊人次	次	30 366 498	31 753 547	33 870 908

由表11-1数据分析可知:16家省级公立医院近3年资产总额逐年增加,2017年年底总资产规模达354.94亿元,平均年增长率为11%,固定资产规模也不断扩大,房屋及建筑物和专业设备年平均增幅分别为4.32%和9.37%,房屋及建筑物占固定资产总值48.35%,专用设备占固定资产总值46.28%。具体到大型医用设备,甲类和乙类医用设备数量也不断增多;截至2017年年底,省级医院实有床位数29 424张,年均增长3.08%,卫技人员35 077人,年均增长5.04%,门急诊人次3 387.10万人次,年均增长5.61%。可见省级公立医院为满足不断增长的门急诊量而不断扩大资产规模。

2. 省级公立医院运行效率对比分析

(1)资产周转效率分析。2015—2017年,省级公立医院资产周转率情况如表11-2所示。

表11-2

2015—2017年省级公立医院资产周转效率情况分析

单位代码	药品周转天数			应收账款周转天数			总资产周转率		
	2015年	2016年	2017年	2015年	2016年	2017年	2015年	2016年	2017年
H_A	17.2	16.71	15.81	23.74	23.64	24.17	1.34	1.23	1.22
H_B	19.3	17.93	17.53	20.39	19.58	18.69	1.44	1.37	1.38
H_C	24.41	21	22.2	11.6	10.71	11.85	0.75	0.82	0.75
H_D	27.52	20.77	20.34	16.7	16.82	17.47	0.77	0.82	0.93
H_E	35.39	30.81	26.63	10.15	10.54	11.09	0.62	0.57	0.56
H_F	15.56	15.81	14.15	23.3	23.44	23.31	1.49	1.53	1.7

(续表)

单位代码	药品周转天数			应收账款周转天数			总资产周转率		
	2015年	2016年	2017年	2015年	2016年	2017年	2015年	2016年	2017年
H_G	23.54	22.78	22.63	10.98	6.86	1.67	0.98	0.99	1.01
H_H	32.87	27.96	30.88	21.64	16.74	11.82	1.26	1.22	1.16
H_I	20.86	25.78	25.61	23.32	21.34	18.18	0.83	0.77	0.76
H_J	21.16	19.39	18.76	35.73	37.57	37.01	0.67	0.56	0.5
H_K	19.08	20.05	23.78	26.53	26.82	27.75	0.92	0.9	0.91
H_L	18.36	17.08	17.06	30.13	28.48	25.81	0.97	1.04	0.99
H_M	9.82	10.25	11.75	17.95	18.41	18.44	1.09	1.02	1
H_N	14.28	14.33	13.94	35.08	33.88	34.93	0.93	0.95	0.93
H_O	19.34	17.67	16.03	38.86	41.21	41.24	1.03	0.95	0.91
H_P	16.91	16.04	18.59	42.24	41.83	40.64	0.85	0.79	0.77
AV_ALL	19.42	18.74	18.59	21.78	20.85	19.59	1.08	1.06	1.06
AV_ZH	18.52	17.82	17.53	22.78	21.74	20.19	1.13	1.11	1.11
AV_ZK	21.6	20.58	19.86	16.56	16.28	16.52	0.87	0.86	0.87

注：AV_ALL为16省级医院平均数，AV_ZH为11家综合医院平均数，AV_ZK为5家专科医院平均数，下同。

由表11-2数据分析可得：资产周转效率指标中，近3年省级医院药品周转天数、应收账款周转天数逐步下降，总资产周转率基本趋于稳定。2015—2017年省级医院平均药品周转天数总体呈下降趋势，由2015年的19.42天下降至2017年的18.59天，其中12家医院药品周转天数均有显著下降，其中H_D医院下降26.09%；而4家医院2017年较2015年药品周转天数上升，其中H_I医院增加了4.75天。不同医院横向对比来看，专科医院药品周转天数普遍高于综合性医院。近3年平均药品周转天数最高为H_E医院30.94天，最低为H_M医院10.61天，建议药品周转天数较高的医院合理预测药品消耗量，药品采购选择最优经济采购量，在保障患者用药安全的基础上确保库存无大量积压。

2015—2017年省级医院平均应收账款周转天数由21.78天下降到19.59天，说明应收款账期变短，流动资金使用效率在逐步提高；其中降幅最大的3家医院分别为H_G医院、H_H医院、H_I医院，该3家医院应收账款周转天数降幅明显且周转天数较低的主要原因是该地区医院与医保中心结算的时间在缩短。由此可见，地域性的医保结算政策与应收账款周转天数密切相关。此外，2017年专科性医院应收账款平均周转天数为16.52,综合性医院为20.19,专科性医院应收账款周转天数显著低于综合性医院。

由表11-2可知,16家省级公立医院2015—2017年总资产周转率基本趋于稳定,其中仅4家医院(H_D,H_F,H_G,H_L)2017年较2015年周转率加快,另12家医院均有所下降,反映出大部分医院资产利用率在逐步降低,呈现资产规模边际效应递减。再进一步将综合性医院与专科医院数据进行对比,2017年综合性医院总资产周转率均值为1.11,专科性医院均值为0.87,综合性医院总资产周转率高于专科医院总资产周转率。

(2) 资产服务能力分析。

a. 万元资产提供服务量。

省级医院万元资产提供服务量平均值对比图和H_D医院2015—2017年万元资产提供服务量趋势图分别如图11-1和图11-2所示。

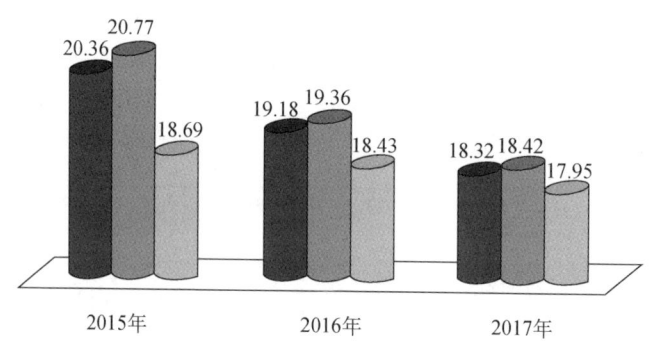

图11-1　省级医院万元资产提供服务量平均值对比图

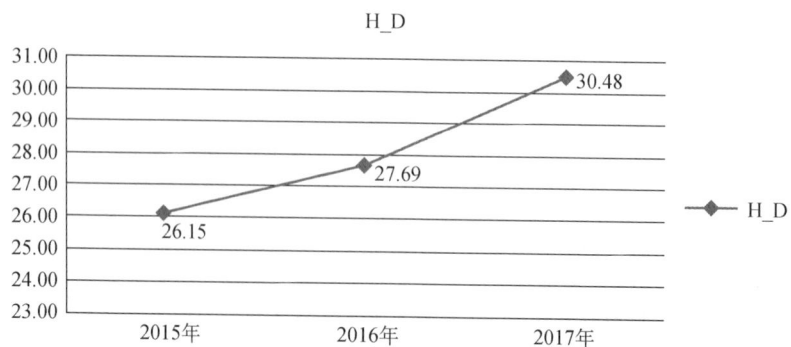

图11-2　H_D医院2015—2017年万元资产提供服务量趋势图

由图 11-1 知,2015—2017 年 16 家省级医院平均万元资产提供服务量从 2015 年的 20.36 人次逐年降低至 2017 年的 18.32 人次,表明医院近 3 年单位资产提供服务量逐步降低,新增资产边际效用递减。综合性医院平均值要高于专科医院平均值,且该指标也是逐年下降,而且综合性医院与专科医院差距也逐渐缩小。

另重点分析 H_D 医院(图 11-2)。H_D 医院由 2015 年的 26.15 人次上升到 2016 年的 27.69 人次,在 2017 年指标值达到 30.48 人次,较上一年增长 10.08%,经了解,H_D 医院为省级儿童专科医院,在全面放开二胎政策后,2016—2017 年门急诊和住院人次快速增长,尤其 2017 年因流感病毒暴发,该院门诊量暴增,医护人员劳动负荷高,因此万元资产提供的服务量遥遥领先。

b. 每职工提供服务量。

省级医院每职工提供服务量对比排序如表 11-3 所示。H_D 医院服务量指标分析如表 11-4 所示。

表 11-3

省级医院每职工提供服务量对比排序表　　　　单位:人次

排序	单位代码	2015 年	单位代码	2016 年	单位代码	2017 年
1	H_P	2 659.03	H_P	2 554.71	H_P	2 376.84
2	H_D	2 003.18	H_D	2 120.12	H_D	2 329.71
3	H_G	1 959.93	H_G	1 825.90	H_L	1 852.08
4	H_N	1 751.40	H_L	1 730.28	H_G	1 843.16
5	H_M	1 750.71	H_C	1 704.14	H_B	1 779.86
6	H_L	1 724.13	H_N	1 661.98	H_M	1 724.54
7	H_K	1 651.10	H_K	1 647.92	H_K	1 668.80
8	H_O	1 634.29	H_M	1 618.17	H_C	1 654.97
9	H_C	1 608.08	H_B	1 606.20	H_N	1 632.84
10	H_B	1 594.83	H_I	1 590.30	H_I	1 632.74
11	H_I	1 535.46	H_E	1 561.00	H_E	1 629.44
12	H_E	1 521.60	H_A	1 501.19	H_F	1 542.87
13	H_A	1 519.13	H_O	1 481.61	H_A	1 540.26
14	H_F	1 364.16	H_F	1 366.55	H_O	1 403.95
15	H_H	1 254.53	H_H	1 289.94	H_H	1 327.63
16	H_J	857.53	H_J	737.12	H_J	653.64

由表 11-3 可知,2017 年 16 家省级医院每职工服务量最高值与最低值相差 3.63 倍。H_P 医院该值始终处于第一位,但逐年下降,降幅达 10.61%;位于第二名的 H_D 医院每职工提供服务量逐年上升,H_D 医院为儿童专科医院,受二胎政策与 2017 年流感暴发因素影响,该院门诊量暴增,医护人员的劳动服务强度非常高,由表 11-4 数据可得,2015—2017 年职工人数仅增长 6.10%,而门急诊人次数和出院人次增幅分别达 27.65% 和 28.55%,职工人数与医疗业务增长配比失衡,医护人员劳动负荷重。

表 11-4

H_D 医院服务量指标分析表

年份	职工人数	门急诊人次	出院人次
2015 年	2 082	2 896 533	58 689
2016 年	2 154	3 168 079	67 305
2017 年	2 209	3 697 507	75 447
增幅	6.10%	27.65%	28.55%

c. 单位服务量能耗支出。

综合性医院和专科医院单位服务量能耗支出平均值对比图如图 11-3 所示。

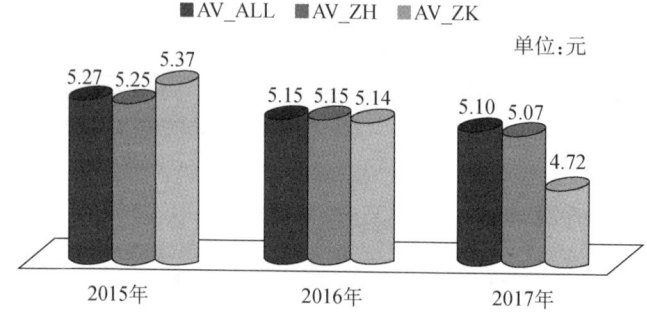

图 11-3 综合性医院和专科医院单位服务量能耗支出平均值对比图

单位服务量能耗支出指标为低优指标,衡量医院降低能耗的努力和成果。2015—2017 年,省级医院平均单位服务量能耗支出在降低,2015 年,综合性医院的平均值较专科医院平均值低,但在 2016—2017 年,专科医院单位服务量能耗支出均比综合性医院低,由此可见,虽然在降低医院能耗方面均努力取得的一定成果,但是专科性医院成果更显著。

(3) 资产保障能力。

省级医院各资产保障能力指标对比分析如表 11-5 所示。

表 11-5

省级医院各资产保障能力指标对比分析

单位代码	总资产增长率			医疗成本费用率			资产保值增效率		
	2015年	2016年	2017年	2015年	2016年	2017年	2015年	2016年	2017年
H_A	15.59%	14.83%	8.31%	102.6%	104.42%	105.61%	8.62%	4.31%	7.17%
H_B	16.58%	15.23%	13.89%	102.39%	102.88%	99.78%	4.55%	2.38%	8.23%
H_C	7.57%	9.93%	16.15%	99.39%	98.15%	101.09%	5.07%	5.54%	14.9%
H_D	12.3%	3.4%	2.35%	115.78%	111.91%	105.47%	-4.44%	-4.2%	3.81%
H_E	52.95%	8.78%	31.38%	72.83%	76.37%	75.83%	50.86%	3.88%	32.21%
H_F	16.41%	10.59%	11.19%	104.13%	104.24%	101.2%	4.1%	2.05%	8.25%
H_G	2.93%	9.45%	9.68%	99.65%	101.09%	98.7%	8.28%	3.02%	8.29%
H_H	14.2%	16.83%	11.53%	99.04%	98.95%	99.18%	9.85%	9.48%	9.45%
H_I	19.9%	17.22%	8.05%	92.33%	88.58%	85.65%	20.99%	21.73%	8.38%
H_J	16.44%	13.37%	20.38%	109.54%	113.35%	115.02%	14.74%	11.06%	18.81%
H_K	10.4%	8.14%	9.89%	103.28%	100.5%	99.55%	8.27%	6.55%	10.53%
H_L	6.58%	10.21%	13.08%	104.31%	104.62%	102.57%	3.8%	4.48%	1.38%
H_M	11.25%	12.39%	13.38%	96.59%	97.42%	96.05%	9.57%	9.72%	11.5%
H_N	9.25%	5.77%	3.42%	104.82%	105.68%	104.77%	3.23%	1.82%	-1.67%
H_O	15.46%	8.87%	8.83%	108.44%	110.42%	106.19%	20.39%	5.12%	-4.99%
H_P	13.51%	11.32%	3.39%	102.34%	109.06%	111.98%	9.67%	6.48%	-1.7%

根据表 11-5,在 2015—2017 年间,16 家省级医院平均总资产增长率有所下降,由 2015 年增长 11.98% 下降至 2017 年增长 10.78%,增速趋缓。个别医院如 H_C 和 H_E 为专科医院,有新的分院区建设,从而总资产增长快速。2017 年,16 家省级医院医疗成本费用率指标值最高的是 H_J,为 115.02%;而最低的是 H_E,仅为 75.83%。省级医院 2015—2017 年资产保值增效率大多医院均为正数,H_D 医院为省级儿童专科医院,在 2015 年和 2016 年医院因新院区搬迁,医疗及人员储备成本增加,发生亏损,后因院区结构调整,二胎政策放开使医院工作量暴增、儿科医疗项目物价调整等原因,在 2017 年扭亏为盈;H_N、H_O、H_P 医院在 2017 年发生了亏损。

三、讨论与建议

(1) 医院资产周转效率总体并不高,且各医院之间资产周转效率差异较大。

部分医院药品周转天数偏高达32天,应收账款周转天数偏大,这说明医院资金的使用效率低,医院存在潜在的财务风险。另外,随着医院资产规模的不断扩大,总资产周转率却不再提高,大部分医院已达到规模效益边际值,医院急需寻求对策以提高资产的周转效率。A省乃至全国未形成规范、完善的存量资产调剂机制。资产周转效率不高的医院或有富余资产的医院并不情愿与资产周转效率高的医院进行资产共用共享,缺少相关资产的单位不愿意也不会主动去调剂资产,而更倾向于购置新资产。这会从总体上降低国有资产的运行效率。

(2) 建议建立医疗行业资产运行效率考核标准及评价体系。建议财政部门着手研究建立事业单位资产管理相关的评价标准和评价机制,对行政事业单位资产进行绩效考评,督促行政事业单位按要求实行资产绩效管理并开展绩效自评工作。对公立医院资产运行效率考评,可结合医疗行业的独特性,由卫生主管部门依据财政部门制定的标准和政策进行细化和明确,尽快制定医疗行业资产运行效率统一的指标考核标准及评价体系,可促使各级医院进行横向对比和纵向对比分析,挖掘资产管理潜力,提高资产精细化管理水平。

(3) 建议完善医院考核机制,将医院资产运行效率考核纳入绩效考核。一套完善的、行之有效的考核机制尤为重要。完善医院考核体系,将与公立医院资产运行效率相关的考核纳入考核体系,并引入资产绩效管理问责机制,建立院长负责制,采用科学有效的方法,激励资产运行效率管理水平较高的公立医院;同时对于资产运行效率管理不到位的公立医院予以惩戒。该机制可用以督促公立医院重视资产管理工作,以切实可行的措施贯彻落实,提高资产运行效率,从而实现资产保值增效的目的。

(4) 从医院内部管理角度出发促进资产运行效率提高。医院在精细化管理要求下,医院的资产管理需要依据制度流程加以规范,并将各部门资产运行效率考核与科室绩效成本核算挂钩,以激励员工自觉力行,精益求精。建立严格的责任到人制度,将医院资产绩效考核与全员职工利益挂钩。公立医院要加强内部资产管理,提高资产运行效率,可有效利用信息化管理手段。公立医院提高资产运行效率,需有效遵循资产管理与预算管理相结合的工作机制,将资产配置、使用、处置等管理职能纳入预算管理流程,为单位和主管部门预算编制提供细化、准确、动态的资产信息。

复习与思考题

1. 什么是非营利组织?它有何特征?
2. 什么是非营利组织财务管理?它的目标和特征是什么?
3. 如何认识基金资本成本?

4. 非营利组织应如何加强资金管理？
5. 非营利组织投资管理的基本原则是什么？
6. 如何评价非营利组织的投资效益？

 **计算与分析题**

1. 某事业单位 2004 年和 2005 年的事业支出情况如表 11-6 所示。

表 11-6

事业支出情况表

单位：元

年份	实际支出数									
	合计	工资	补助工资	职工福利费	离退休费	公务费	业务费	修缮费	设备购置费	其他费用
2004	713 500	287 000	69 000	12 000	11 500	60 000	45 000	19 000	200 000	10 000
2005	638 300	307 600	76 500	9 800	12 000	41 000	50 500	15 500	115 600	9 800

该单位 2004 年职工 150 人，2005 年增加 10 人。

要求：用比较分析法分析该事业单位 2005 年人员经费的增减变化情况，并简要加以文字分析（"其他费用"可忽略不计）。

2. 中国青少年发展基金会（China Youth Development Foundation，缩写为 CYDF），以下简称"中国青基会"。中国青基会属于全国性公募基金会，面向公众募捐的地域是中国以及许可中国青基会募捐的国家和地区。中国青基会的使命是：通过资助服务、利益表达和社会倡导，帮助青少年提高能力，改善青少年成长环境。截至 2007 年，中国青基会筹集捐款逾 40 亿元人民币，资助农村家庭经济困难学生（包括小学、中学、大学生）近 320 万名，建设希望小学 14 000 多所，培训农村小学教师 30 000 余名，建设保护母亲河工程造林项目总规划面积 100 多万亩；援建希望医院 5 所；帮助 1 000 余名艾滋孤儿和受艾滋病影响的儿童继续完成学业；直接参与古诗文诵读的青少年儿童逾 500 万名。科技部中国科技促进发展研究中心评估表明：希望工程已经成为我国社会参与最广泛、最富影响的民间社会公益事业。

要求：分析中国青少年基金会作为民间非营利组织，怎样才能筹集更多的资金，把"希望工程"事业做好。

计算与分析题参考答案

第一章

（1）运用SWOT分析法，分析钱江啤酒面临的环境。① S(优势)：产品市场占有率高(市内95%；全省60%)，有一定的生产加工能力。② W(劣势)：销售队伍不太雄厚，市场没有进行细分，产品没有特色。③ O(机会)：拥有很高的客户群，产品在当地拥有一定的影响力。④ T(威胁)：来自天目山啤酒公司的竞争压力。

（2）天目山啤酒公司竞争战略评价。① 营销是天目山啤酒公司在竞争中的主要弱点，加强营销是提高其竞争能力的关键和核心所在。② 在竞争中急功近利，缺乏长远和全局考虑以及不能针对啤酒销售的特点，忽视建立稳定的销售渠道。

（3）钱江啤酒应当在竞争战略上采用差异化战略。

（4）由于销售增长率30%大于可持续增长率16%，企业现金短缺；同时，投资资本回报率22%与其资本成本8%的差额为正数，为股东创造了价值。所以"钱江啤酒"采用了增值型现金短缺财务战略。

可采取的措施包括：① 提高可持续增长率，包括提高经营效率，如降低成本、提高价格、降低营运资本、剥离部分资产、改变供货渠道等，以及改变财务政策，如停止支付股利、增加借款比例。② 增加权益资本，包括增发股份和兼并成熟企业。

第三章

1．（1）① 边际贡献总额900万元；② 可控边际贡献700万元；③ 部门边际贡献500万元。

（2）① 投资利润率=23%；② 剩余收益=156(万元)。

2．（1）宝钢钢管公司业绩评价系统的特色体现在：① 在业绩评价体系中融合了财务指标和非财务指标；② 将EVA与BSC两种业绩评价模式融为一体；③ 对各级价值贡献中心根据其特点实施分类考核，突出为企业核心价值服务。

(2) EVA 和 BSC 两种业绩评价模式的融合是 BSC 理论的进一步发展,将 EVA 作为 BSC 的财务业绩指标测量有利于更好地从财务方面评价企业真实业绩,衡量投入与产出之间的关系或投资效率。

第四章

1. (1) 公司整体价值=5 602.36(万元),公司股权价值=2 602.36(万元)。
(2) 公司整体价值=12 521.98(万元),公司股权价值=9 521.98(万元)。
2. (1) 甲公司净资产收益率为 13.75%,市盈率为 16.16 倍;乙公司净资产收益率为 6%,市盈率为 12.5 倍。
(2) 乙公司的每股价值为 44.44 元。

第五章

1. 并购后甲企业股东的每股收益为 1.86 元,并购后乙企业股东的每股收益为 1.68 元。
2. 股票交换率比率为 0.67。

第六章

1. 上海电气的财务控制是一种集权模式,这种模式与该集团的总体战略与业务发展是吻合的。
2. 集团现状分析(在集团公司网站查阅年报和其他公开信息公告,网址:http://www.shanghai-electric.com)。
(1) 外部环境对现有业务发展带来了较大的不确定性。国际金融危机加剧了宏观经济环境的复杂多变,但是,集团公司正处于发展提升阶段,仍将大力开拓国内外市场。
(2) 上海电气的产业较多,分属于多个产业集团及上百家子公司,管理复杂。上海电气旗下有电站集团、输配电集团、重工集团、机电股份、机床、电梯、印刷机械等多个产业集团,员工总数超过 70 000 人。
(3) 上海电气集团股份有限公司是中国装备制造业排名第一的集团公司,其品牌亦为中国机械类品牌第一名,亚洲机械类品牌的第五名。2011 年度,公司实现销售收入 683.02 亿元,利润总额 52 亿元。
3. 财务控制集权模式的优点分析。上海电气实施财务控制集权模式为公司带来了以下好处:
(1) 财务管理效率较高,能够全方位地控制子公司的财务行为。集团公司通过加强预算管理,推进"现金为王"战略,有效地对多个产业集团及上百家子公司进行财务控制。"现金为王"战略与财务集权控制,有利于应对复杂多变的宏观经济环境。

(2) 便于实现资源共享,集团公司较易调动内部财务资源,促进财务资源的合理配置。资产总额 1 067 亿元,负债 691 亿元,资产负债率 64.8%,财务风险略高,通过集权进行财务资源配置,可以有效控制集团的总体财务风险。2011 年年末,集团公司货币资金 226.7 亿元,占总资产规模 22%左右,近 3 年平均为 20%左右。

(3) 通过集团产品结构和组织结构的整体优化,有利于降低成本,取得规模效益。集团公司 2011 年预收账款 282 亿元,近 3 年平均为 270 亿元以上;银行借款(包括短期与长期借款)合计 11 亿元,仅占全部负债总额的 1.6%。2011 年财务费用为－1 598 万元,2010 年为 3 780 万元,比同行业企业低很多。

4. 依托信息化手段,推行现代化企业管理,弥补了财务控制集权模式的缺点。拓展集团信息化应用新领域,推进总部管理决策、全面预算、资金管理、供应商关系管理等系统的建设,助力集团管理创新。

第七章

1. 该企业如果采用远期外汇交易,则有 60%的可能性其结果不如不进行保值,在这种情况下,企业是否采用远期外汇交易则要看管理人员对待风险的态度了。如果该企业管理人员厌恶风险,希望能够控制未来现金流量,则应该签订远期合约;如果该企业管理人员认为即便签订了远期合约,能够给企业带来好处的概率只有 20%,而如果不保值,获得利益的可能性更大,则可以选取不保值。

2. 企业需要在当前借入人民币 17 137.2165 万元。具体操作步骤如下:

(1) 从银行借入 3 个月期人民币 17 137.2165 万元,借款利息为 3 个月 1.5%。

(2) 在即期市场上将 17 137.2165 万元人民币兑换成 1 974.3337 万美元。

(3) 将 1 974.3337 万美元存入银行,3 个月的定期存款利息为 1.3%。

(4) 3 个月到期时,得到定期存款本息 2 000 万美元,用其支付外汇债务。

(5) 归还人民币本息合计 17 394.2748 万元。

第八章

1. (1) 主要困难有:能否找到合适的上市地点(交易场所);能否找到合适的中介机构;语言和沟通;融资规模和上市及维护成本能否承受;后续融资和发展等方面。

(2) 应做的准备工作有:明确企业发展战略和海外上市的必要性;选择合适

的上市地点和交易场所；充分了解该上市地法律和市场情况；慎重考虑海外上市的成本和收益；冷静对待国内外中介机构的上市鼓噪，选择合适的中介机构。

2. (1) 3.13元。

(2) 5元。

(3) (1)小于(2)，两者的定价方法不同。经过累计投标询价方式得出的价格更接近实际的发行价。两者的差异主要在于，(1)是充分考虑投资者需要定出的价格，而(2)是一种相对价格法，无论是预期的每股收益还是同行业的参考市盈率，离实际价值可能都存在较大的偏差。

(4) 该公司 IPO 采取了累计投标询价的方法来进行定价，能够充分了解市场(投资者)对公司新股的价值认定，有利于制定出合理的价格，减少新股发行的风险。

第十章

1. A 公司 $Z=2.249$；B 公司 $Z=1.076$。由计算结果可知，A 公司处于灰色地带，其财务状况不稳定；而 B 公司已出现破产的先兆。

2. (1) 企业价值 $=10\ 633.04$(万元)。

(2) 新公司资本结构：银行借款 4 000 万元，长期债券 0，优先股 400 万元，普通股 2 233.04 万元。

第十一章

1. (1) 2005 年人员经费增减额 $=26\ 400$(元)

(2) 2005 年人员经费增减百分比 $=26\ 400\div 379\ 500\times 100\%=6.96\%$

(3) 2005 年人员经费比 2004 年增加 26 400 元，增长幅度为 6.96%，主要是人员增加所致。2005 年职工人数比 2004 年增加 10 人，工资额增加 20 600 元，补助工资等其他人员经费项目也有所增长。人均经费 2005 年为 2 536.88 元(405 900÷160)，2004 年为 2 530 元(379 500÷150)，仅增长 6.88 元。总的来看，属于合理范围。

2. 首先，应尽力争取公众的捐款，这是中国青少年基金会筹集资金的主要渠道，为此应充分认识不同捐赠人的性格特点和捐赠意图，不断拓展业务空间，吸引不同阶层、不同领域、不同国家的人员向组织捐款、捐物。

其次，应尽力争取政府的支持和资助，随着非营利组织的进一步发展壮大，政府给予的资助也将逐步增大。

再次，加强对筹集资金的管理，实现资金的保值和增值。中国青少年基金会应将部分筹集的资金用于稳健性投资，以获得投资收益。

最后，取得合法收入。中国青少年基金会可以利用非营利组织的影响力和社会资源通过服务或经营取得合法的服务性收入和经营性收入。

主要参考文献

[1] 崔伟.运用财务战略,助推企业腾飞——访开元旅业集团副总裁褚国飞[J].中国总会计师,2007(6).
[2] 冯彬.风险投资导论[M].上海:上海财经大学出版社,2007.
[3] 胡元木,姜洪丽.高级财务管理[M].北京:经济科学出版社,2006.
[4] 陆正飞.高级财务管理[M].北京:北京大学出版社,2008.
[5] 罗伯特·卡普兰,安东尼·阿特金森.高级管理会计[M].吕长江,译.大连:东北财经大学出版社,1999.
[6] 汤谷良.财务管理案例[M].北京:北京大学出版社,2007.
[7] 汤谷良.高级财务管理[M].北京:中信出版社,2006.
[8] 王为民.公共组织财务管理[M].北京:中国人民大学出版社,2005.
[9] 王庆成.政府与事业单位会计[M].2版.北京:中国人民大学出版社,2004.
[10] 王化成.高级财务管理学[M].2版.北京:中国人民大学出版社,2007.
[11] 王名.非营利组织管理概论[M].北京:中国人民大学出版社,2002.
[12] 袁振宇.外汇风险管理与宝钢的探索与实践[J].财务与会计(理财版),2006(6).
[13] 张先治.高级财务管理[M].大连:东北财经大学出版社,2007.
[14] 竺素娥.财务管理[M].杭州:浙江人民出版社,2007.
[15] 张蕊.企业战略经营业绩评价指标体系研究[M].北京:中国财政经济出版社,2002.
[16] 朱国泓,刘培源.基于EVA的管理变革:一项案例研究[J].财会通讯,2005(8).
[17] 中国注册会计师协会.财务成本管理[M].北京:经济科学出版社,2008.
[18] 曾萍,蓝海林.高科技企业可持续发展的财务战略:来自Cisco的实证分析[J].科技管理研究,2006(10).
[19]《浙江财税与会计》编辑部.成功企业财务运作经验集[M].北京:经济

科学出版社,2004.

[20] 叶刚.遍及全球的跨国公司[M].上海:复旦大学出版社,1989.

[21] 张纯.非营利组织理财[M].上海:上海财经大学出版社,2007.

[22] 吴秀波.评述阿里巴巴上市盈利模式[J].国际融资,2007(12).

[23] 孟建民.中国企业效绩评价[M].北京:中国财政经济出版社,2002.

[24] 陈力农.公司价值评估[M].上海：上海财经大学出版社,2012.

[25] 竺素娥,赵秀芳,李郁明.财务管理[M].北京：科学出版社,2011.

[26] 中国证券业协会.证券发行与承销[M].北京：中国金融出版社,2012.

[27] 巴曙松.私有化的四个理由[J].赢在中国,2012(7)：21.

[28] 理查德·汤普森.风险投资实务[M].北京：机械工业出版社,2012.

[29] 马提亚斯·君德尔,布庸·卡佐克.私募股权融资工具与投资方式[M].北京：中信出版社,2011.

[30] 李磊,陈传进. 私募股权投融资指引[M].北京：经济科学出版社,2009.

[31] 林金腾.私募股权投资与创业投资[M].广州：中山大学出版社,2011.

[32] 关景欣.私募股权融资[M].北京：中国金融出版社,2011.

[33] 谢建宏.企业集团资金集中管理问题探讨[J].会计研究,2009(11)：44-47.

[34] 周顾宇,王炳志.我国企业集团资金集中管理模式与实践探析[J].特区经济,2007(10)：28-30.

[35] 汤谷良,等.多元化集团公司管理控制体系的整合观——基于华润集团6S的案例分析[J].会计研究,2009(2)：53-61.

[36] 杨蓉.财务预算管理——企业管理重中之重[J].上海国资,2010(9)：72-73.

[37] 戚文举.集团管控模式：从分散走向协同竞争——以华润集团为例[J].浙江经济,2008(5)：50-51.

[38] 魏斌.多元控股企业怎么管——华润集团的财务管理探索[J].新理财,2004(7)：44-48.

[39] 王世璋.关于集团公司资金管控的探讨[J].中国总会计师,2011(4)：57-58.

[40] 向文生.企业衍生金融工具的风险管理研究——基于中信泰富事件的分析[J].财会通讯·综合,2010(9)：129-131.

[41] 杨淑娥,杨峰.累计外汇期权合约适合做套期保值吗？——中信泰富案例带给人们的思考[J].财务与会计·理财版,2011(4)：44-47.